中国中外关系史论丛第26辑

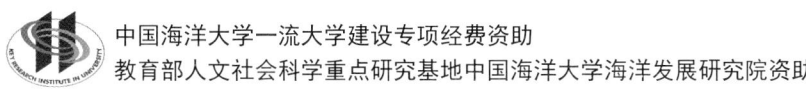

中国海洋大学一流大学建设专项经费资助
教育部人文社会科学重点研究基地中国海洋大学海洋发展研究院资助

海陆丝绸之路的历史变迁与当代启示

中国中外关系史学会第九届会员代表大会暨学术研讨会论文选集

万明 曲金良 修斌 ◎ 主编
马树华 ◎ 执行主编

中国社会科学出版社

图书在版编目（CIP）数据

海陆丝绸之路的历史变迁与当代启示：中国中外关系史学会第九届会员代表大会暨学术研讨会论文选集/万明，曲金良，修斌主编.—北京：中国社会科学出版社，2020.5

ISBN 978-7-5203-5751-7

Ⅰ.①海… Ⅱ.①万…②曲…③修… Ⅲ.①丝绸之路—史料—学术会议—文集 Ⅳ.①K928.6-53

中国版本图书馆 CIP 数据核字（2019）第 291783 号

出 版 人	赵剑英
责任编辑	宋燕鹏
责任校对	周 昊
责任印制	李寡寡

出　　版	中国社会科学出版社
社　　址	北京鼓楼西大街甲158号
邮　　编	100720
网　　址	http://www.csspw.cn
发 行 部	010-84083685
门 市 部	010-84029450
经　　销	新华书店及其他书店
印　　刷	北京明恒达印务有限公司
装　　订	廊坊市广阳区广增装订厂
版　　次	2020年5月第1版
印　　次	2020年5月第1次印刷
开　　本	710×1000　1/16
印　　张	26
插　　页	2
字　　数	421千字
定　　价	128.00元

凡购买中国社会科学出版社图书，如有质量问题请与本社营销中心联系调换

电话：010-84083683

版权所有　侵权必究

编委会名单

组　编：中国中外关系史学会 中国海洋大学

编委会：万　明　曲金良　修　斌　金天宇　赵成国
　　　　闵锐武　马树华　孙　泓　乌云高娃

承上启下、继往开来（代前言）

万 明

"海陆丝绸之路的历史变迁与当代启示"，以此为主题的中国中外关系史学会第九届会员代表大会暨学术研讨会召开得十分成功，参会人数150多人，学术氛围浓厚，学术质量高，内容丰富，讨论热烈。大会学术报告和小组讨论，涉及海陆丝绸之路的各个领域和各个方面，包括陆上丝绸之路、海上丝绸之路、草原丝绸之路、南方丝绸之路、丝绸之路理论、国际关系理论、中外关系史理论的探讨等，在学术研究上取得进步，会上发布的青岛共识，将载入丝绸之路研究与中国中外关系史研究的史册。

我们中国中外关系史学会汇聚了研究海陆丝绸之路的专家学者，讲好丝绸之路的故事是我们的分内之事。现在摆在我们面前的，是承上启下、继往开来的任务。是搭建好中国中外关系史学术交流合作的平台，建立整体丝绸之路视野下的中外关系史学术共同体，以进一步推进学术的进一步发展。如今广义的丝绸之路，早已超出了字面含义，成为后世对中国与中亚、东南亚、南亚、西亚乃至西方所有来往通道的统称；不仅是东西方商业贸易之路，而且是中国和世界各国之间政治往来、文化交流的通道；不仅内含交通道路之意，而且是四通八达、辐射广泛的中国与世界各国之间的交通网络；不仅是丝绸西传，西物东来，而且也沉淀了东西方文明相互交往几千年的历史；不仅是一个地理的概念，而且已扩展为一种历史文化的象征符号。迄今中外学术界对丝绸之路的研究已经持续了100多年，取得了举世瞩目的辉煌成就。在中国，从中西交通史至中外关系史，形成了诸多专门研究领域，诸如"陆上丝绸之路"（也称西北丝绸之路）、"草原丝绸之路""海上丝绸之路""南方丝绸之路"（也称西南丝绸之路）等。

此外，还有不少是没有带"丝绸"二字的中外交往通道的研究，如"陶瓷之路""茶叶之路""茶马古道""瓷银之路""白银之路""皮毛之路"等，不断拓展丝绸之路的内涵与外延，而且凸显了古代诸文明之交流对人类的巨大贡献。

今天建设"21世纪海上丝绸之路"，基于国家层面所需的历史文化软实力支撑，整合丰厚的历史文化遗存，继承和发扬古代丝绸之路和平交往与合作发展的价值理念，赋予了古老丝绸之路以崭新的时代内涵：以和平合作、开放包容、互学互鉴、互利共赢的丝绸之路精神，打造与丝绸之路相关各国互利共赢的"利益共同体"和共同发展繁荣的"命运共同体"。

当前学术出现新的发展大趋势，是全球史，倡议整体视野下的丝绸之路研究，说到底，就是全球史视野下的中外关系史研究。总的来说，这次会员代表大会召开得非常成功，不仅代表着学会影响力和凝聚力的提升，同时更重要的是体现出了中外关系史研究蓬勃发展的一种态势。习主席提出"一带一路"国家倡议，无疑将是一个中外关系史研究发展的良机，把握好发展的历史机遇，以创新的合作模式，深入践行21世纪新的丝绸之路，是新形势发展的要求。下面是此次会议的几点倡议与感言：

1. 根据"一带一路"倡议，建立中外关系史学术共同体，是我们的历史使命。学会得天独厚汇聚了陆海丝绸之路研究相关各个领域的专家学者，在原有丝绸之路研究的基础上，努力开拓学术研究领域，2015年我在西安会议上提出整体视野下丝绸之路的概念，倡议发展新的学术增长点，以整体观关注各条丝绸之路之间的互联互通问题研究，这方面将大有可为。

2. 调整学会会议单一的结构，鼓励创新型合作，组成各种研究panel，将丝绸之路会议办成论坛，形成各个专业小组，进行专门讨论；还有工作坊会议，致力于推进各条丝绸之路研究的深度和广度，以及各条丝绸之路之间的互动关系。为促进各条丝绸之路研究的交流与合作，还可以举办巡回会议，带有实地学术考察、社会调查、各条丝绸之路研究的最新成果进行交流汇报。

3. 准备建立各条丝绸之路（或按照区域）的专业委员会，老中青学者结合，组织专家提供丝绸之路咨询、宣讲活动，推动研究进一步深入的同时，兼顾普及丝绸之路知识。与中国国家图书馆合作举办丝绸之路系列讲座，都是丝绸之路的宣讲者，可以自报题目，讲座后结集出版。并探索与中国博物馆协会的合作与交流，联系相关国际组织，召开国际会议，推动中外文化交流与合作。

4. 依托地方省市的重点需求，拓宽丝绸之路研究领域，扩大和填补原有的丝绸之路研究的薄弱点、空白点研究，参与"一带一路"方面充分发挥作用，这中间有很多工作值得去做，配合实现各地"走出去"战略，推进各地的丝绸之路研究和宣教工作，推进丝绸之路研究。

5. 发挥学会团体会员组织的作用，壮大中外关系史的青年研究群体，增强中国文化的软实力，在国际上发出中国学者的声音。以学会名义参与举办中外关系史专题研究培训班，各条丝绸之路的专家担任培训班教授，带领进行学术考察活动等。帮助青年会员提高素质、增强创新能力。

6. 今天是一个大数据时代，快速地传递各方面的信息，实现信息整合与共享，就要办好网站。在此我提议向我会第一届会员、名誉会长陈佳荣先生致敬。陈先生虽然没有来开会，但他独立创建了学会网站并长期以来维持网站运转，功莫大焉。这次学会将丝绸之路分会和学会网站的工作交托给暨南大学马建春副会长，我们今后要依仗他的团队，为此我代表学会表示感谢。

7. 进一步办好《中外关系史论丛》，继续提升品质，尤其是要针对研究发展中理论、实践的热点、焦点问题组织深入探讨，提高影响力和引导力，加强中外文化交流，将丝绸之路精神传承下去，发扬光大。

此次大会是学术交流、相互学习的盛会，我们有一支专业化的团队，为今后工作开展打下了良好的基础。我们将充分认识新时期丝绸之路——"一带一路"研究的倡议作用，增强使命感和责任感，讲好中国的故事，把握机会，面对挑战，应对新形势的需要，增强学会的凝聚力和影响力，共创新业绩。

目 录

略论古蜀艺术形式与近东古文明的关系 …………… 段 渝 邹一清（1）

唐代丝绸之路的繁荣对当代"一带一路"建设的启迪
　　——以东方海上丝绸之路为例 ………………………… 刘晓东（13）

唐诗咏海上丝路舶来品 …………………………………… 石云涛（27）

长春真人西觐事迹及其时代意义 ………………………… 丘 进（46）

元代流行宫廷与民间西域饮品辑述 …………… 马建春 马磊磊（65）

15世纪海上丝绸之路上的货币新探 ……………………… 万 明（83）

16—18世纪广州对外贸易与国际白银市场 ……………… 耿 昇（104）

近代祁门红茶对外贸易述论 ……………………………… 康 健（132）

论南海古代海上丝绸之路与海南渔民的航海 …………… 阎根齐（149）

南海史的研究范围及其分期问题 ………………………… 张一平（160）

早期华南海上丝路民间贸易的重新审视 ………………… 周永卫（170）

《更路簿》的航线探析 …………………………… 夏代云 汪 婷（185）

从"内陆人"到"沿海人"
　　——宋代福建和浙东沿海地区海洋性地域
　　　特征的形成 …………………………………………… 黄纯艳（191）

大航海时代葡萄牙人在漳州的活动 ·················· 廖大珂（213）

海参之链
——"海上丝绸之路"上的中澳早期交通 ·········· 朱建君（233）

18至19世纪南沙群岛英文地名的形成与演变 ············ 王　涛（245）

关于中琉关系历史与琉球群岛定位的几个问题 ············ 曲金良（263）

琉球地位的变迁及其复杂性 ······················ 修　斌（283）

函馆中华会馆与近代中日交流 ·············· 赵成国　陈　娜（293）

渤海遗民移居高丽研究 ························· 孙　泓（313）

耶稣会著译与孔子思想向美国的最初传播 ············ 张　涛（321）

19世纪中期北京天主教"北堂藏书"的命运 ············ 柳若梅（336）

对近代以来中国留学史的几点认识 ·················· 李雪涛（354）

太仓航海文化遗存调查 ···················· 顾宇辉　朱金龙（363）

附录 ·· （384）
　一　中国中外关系史学会第九届会员代表大会暨"海陆丝绸
　　　之路的历史变迁与当代启示"学术研讨会日程表 ·········· （384）
　二　中国中外关系史学会第九届理事会名单 ·················· （388）
　三　中国中外关系史学会第九届会员代表大会暨"海陆丝绸
　　　之路的历史变迁与当代启示"学术研讨会《青岛共识》 ··· （389）
　四　中国中外关系史学会第九届会员代表大会暨"海陆丝绸
　　　之路的历史变迁与当代启示"学术研讨会论文目录 ········ （390）
　五　"海陆丝绸之路的历史变迁与当代启示"学术研讨会
　　　论文综述 ··· （395）

略论古蜀艺术形式与近东古文明的关系

四川师范大学　段　渝　邹一清

在迄今有关古代巴蜀与近东古文明的研究成果里，有关对二者艺术和艺术形式进行比较研究的论文还不多见。笔者不揣谫陋，愿将一得之见抛出，就教于学术界博学同人。

一　偶像式构图与情节式构图艺术形式的来源

史前从西起比利牛斯山、东到贝加尔湖的广大欧亚地区，存在着一种所谓"偶像式构图"的艺术形式。它的典型代表是裸体女像，学术界称之为"早期维纳斯"。历史时期，在近东、中亚到南亚文明中，发展出了与偶像式构图形式相并行的所谓"情节式构图"的艺术形式。在中国东北地区西辽河流域的红山文化，曾发现裸体女像。但在黄河流域和长江流域，迄今还没有发现这类早期的裸体女像。在先秦时期的中原诸夏中，是不奉行偶像崇拜的。所以在夏商时代，黄河流域中原地区极少有人物图像的塑造品，青铜器和玉石器不流行人物雕像，而以动物和饕餮像为主，零星出现的人物像也主要是小型塑像和人面具，没有大型人物造型。春秋战国时代，黄河流域青铜器的纹饰受到斯基泰文化的一些影响，但仍然缺乏偶像式以及具有故事情节性的造像和雕刻。汉代河南南阳和山东等地的画像砖，始有富于情节的图像，但这并不是黄河流域的文化传统，从构图形式和刻画内容上看，它们很可能同秦灭巴蜀后，巴蜀的鍪釜甑和饮茶等习俗由秦人北传中原的情形一样，是由蜀地传播而去的。

从古蜀三星堆文化和金沙遗址出土的大批文物①，我们可以看到偶像式构图和情节式构图这两种艺术形式的存在。

三星堆青铜神坛（K2③：296）的第二层和第四层分别塑造有一组铜立人雕像（图一、图二）。其中，第四层（盝顶建筑层）的每个人物都作跪坐、双臂平抬前伸、双手呈环状，作抱握状，看不出手中握有什么器物。第二层（山形座）的每个铜人的手势完全相同，都是双臂平抬于胸前，双手前伸呈抱握状，手中各握一藤状枝条，此物已经残损，无完整形状。三星堆另一座青铜神坛（K2③：296-1）的圆座上有一立人像，双手作横握拳、收臂状。三星堆二号坑的一件跪坐持璋小铜人像（K2③：325），两臂平抬，双手执握一牙璋②。二号坑另出有一件小型铜立人像，两臂向前平伸，双手相握，手中有一竖形孔隙，推测所执之物为牙璋一类器物③。

图一　三星堆青铜神坛上层人物雕像

三星堆二号坑出土的一件戴兽冠人物像（K2③：264）④，所戴的兽冠应为象首冠，冠顶两侧有两只斜立的大耳，冠顶正中是一只直立而前卷的象鼻（图三）。戴象首冠人物的双手曲臂前伸至胸，作握物状，颇为类似青铜大立人双手前握的形状，但角度与大立人不同。从戴象首冠人物像双

---

① 四川省文物考古研究所：《三星堆祭祀坑》，文物出版社1999年版。成都市文物考古研究所：《金沙——21世纪中国考古新发现》，五洲传播出版社2005年版。
② 四川省文物考古研究所：《三星堆祭祀坑》，文物出版社1999年版，第231—235页。
③ 同上书，第164—167页。
④ 同上书，第164、167、168页。

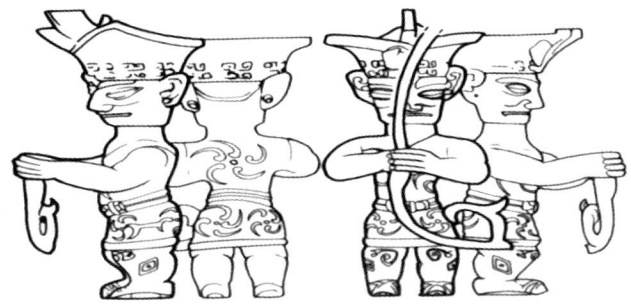

图二 三星堆青铜神坛中层人物雕像

手前握的角度看,它不具备双手同握一物的条件,很像是双手各执一物的形态,但它所握之物究竟是何器物,目前还无法加以推测。如果联系到成都市金沙遗址出土的短节象牙柱来看,也许这件戴象首冠人物双手所握之物各是一个短节象牙柱。

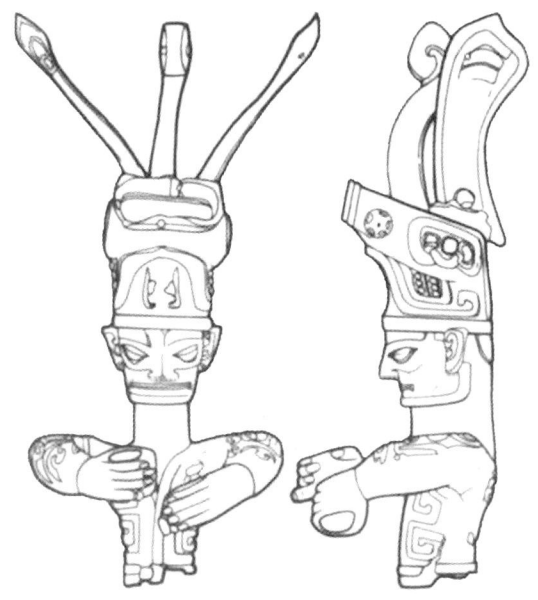

图三 三星堆戴象首冠青铜人物雕像

成都市金沙遗址出土的一件青铜小立人雕像，双手也作前伸握物状①（图四），其形态与三星堆青铜大立人近似（图五）。金沙遗址 10 号祭祀遗迹玉璋所刻肩扛象牙跪坐人像②，应是一幅写实之作，有可能刻画的是蜀王举行祭祀仪式时的跪祭形象，但也有可能不是蜀王跪祭，而是蜀人肩扛象牙前行即搬运象牙的形象刻画，这一类例子在古代近东文明的雕像中常常可以见到。

 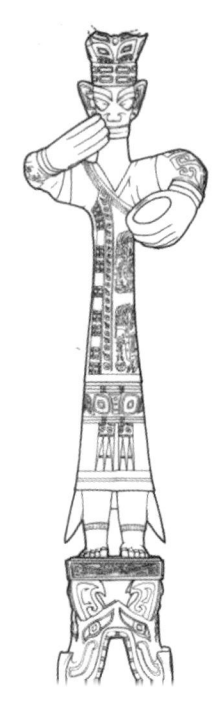

图四　成都市金沙遗址出土的小型青铜立人雕像　　**图五　三星堆出土的大型青铜立人雕像**

不难看出，三星堆二号坑出土的上下呈四层的青铜神坛，其艺术形式是典型的情节式构图，金沙遗址出土的玉璋所刻四组对称的肩扛象牙跪坐

---

① 成都文物考古研究所：《金沙——21 世纪中国考古新发现》，五洲传播出版社 2005 年版，第 35—37 页。
② 同上书，第 74 页。

人像同样也是典型的情节式构图。而整个三星堆青铜制品，包括青铜人物雕像、动物雕像和植物雕像，如果仅从单件作品看，大量的是偶像式构图；但是这些青铜制品的功能是集合性的，必须把它们集合到一起才能充分认识其社会功能和艺术功能。我们已经指出，三星堆青铜制品群既是蜀王作为西南夷各族之长的艺术表现，又是古蜀政治权力宗教化的艺术表现①。从这个意义上认识，三星堆大型青铜雕像群是为了表现古蜀王国的政治目的和意识形态意图而制作的，对它们的艺术形式自然也应当从这个角度出发去认识，才有可能切合实际。因此，我们认为，三星堆青铜雕像制品群总的艺术特征，是情节式构图，各个雕像之间的关系具有连续性，整个雕像群具有可展开的情节性。

将金沙遗址 10 号祭祀遗迹玉璋上所刻四组对称的肩扛象牙跪坐人像图案，联系三星堆二号坑出土的牙璋上所刻祭山图图案，以及三星堆祭祀坑内出土的大型青铜雕像群、金杖图案、神坛以及神殿立雕等分析，商周时期的古蜀文明在艺术形式尤其绘画和雕刻艺术上，盛行具有连续、成组的人物和故事情节的图案，并以这些连续、成组的图案来表达其丰富而连续的精神世界，包括哲学思想、政治观念、意识形态以及价值观和世界观等。如果把这些图案分类进行整理，并加以综合研究，以分析古蜀文明的艺术形式及其文化内涵，将是很有意义的。由此我们还可以进一步看出，它们与同一时期中原玉器和青铜器图案的艺术表现形式和内涵有很大不同，而与近东文明艺术形式的某些方面有着表现手法上的相似性。这种情形，当可以再次证实古蜀文明与近东文明之间所存在的某种关系。商周时期，古蜀文明这种富于形象思维的文化特征，在它后来的发展史上凝为传统，成为蜀人思维模式的一个重要方面。而商周时期古蜀文明有关文化和政治内涵的艺术表现形式及其手法，则在后来的滇文化中得到了比较充分的继承、发扬和创新②。

有的学者认为，汉代四川的西王母造像，在制作技术和构图形式等方

---

① 段渝：《商代蜀国青铜雕像文化来源和功能之再探讨》，《四川大学学报》1991 年第 2 期；段渝：《政治结构与文化模式——巴蜀古代文明研究》，学林出版社 1999 年版，第 108—121 页。
② 段渝：《论商代长江上游川西平原青铜文化与华北和世界古文明的关系》，《东南文化》1993 年第 1 期。

面，有可能同中亚地区有关①。另有一些学者认为，汉代四川的西王母图像，在艺术形式上来源于古蜀三星堆文化②。实际上，如果仅从单件雕像制品看，广汉三星堆祭祀坑出土的大量青铜人物雕像，是典型的偶像式构图艺术，但是从总体上看，三星堆青铜雕像却是情节式构图艺术。汉代四川的西王母造像，艺术手法多为圆雕或立雕，这类艺术手法与商代三星堆青铜制品的艺术形式十分相似，很有可能是古蜀文明雕刻艺术传统的传承和演变。从图像形式上看，汉代四川的西王母造像是从情节式构图向偶像式构图的转变，反映了它的早期形式应是起源于情节式构图，这与三星堆和金沙出土文物中有故事情节的雕像或雕刻，在形式和表现手法上十分相似。这就说明，不论情节式构图还是偶像式构图的造像艺术，都是古蜀文明的一种固有传统，它们在古代四川是从商代一脉相承的，而均与近东文明的类似传统有关③。

二　巴蜀文化中的"英雄擒兽"母题

巴蜀文化中有一种符号，这种符号的基本结构相同，都是中间一个物体，两边分别一个相同的物体。这一类符号屡见于巴蜀印章（图六），在巴蜀青铜器如新都马家大墓出土的青铜戈内部、青铜钺、青铜钲，涪陵小田溪出土的青铜钲以及其他地点出土的青铜器上亦较常见（图七），可以说是巴蜀文化中一种习见的、使用较为普遍的符号。

图六　巴蜀印章

---

① 李淞：《论汉代艺术中的西王母图像》，湖南教育出版社2000年版，第38—47页。
② 何志国：《论汉代四川西王母图像的起源》，《中华文化论坛》2007年第2期。
③ 段渝：《古蜀象牙祭祀考》，《中华文化论坛》2007年第1期。

这一类符号，在商代青铜器铭文中并不鲜见，见容庚《金文编》（增订第2版，1933年，长沙），李济先生在其《中国文明的开始》一文里，把这类符号称作"英雄擒兽"，并引之为中国文明与美索不达米亚文明关系的重要证据。李济先生认为："这种英雄擒兽主题在中国铜器上的表现已有若干重要的改变。英雄可能画成一个'王'字。两旁的狮子，先是变成老虎，后来则是一对公猪或竟是一对狗。有时这位英雄是真正的人形，可是时常在他下方添上一只野兽。有时中间不是'王'字，代之以一个无法辨识的字。所有这些刻在铜器上的不同花样，我认为是美索不达米亚的原母题的变形。"① 李济先生所说的"英雄擒兽"母题，是指近东文明中常见的一种图案，即中间一人，两旁各有一兽。H. 法兰福德曾指出，这种图形最早源于美索不达米亚，后来流传到埃及和古希腊米诺斯文明②。李济先生认为商代铜器上的这种母题源于近东文明的看法，近年来得到更多材料的支持，国内一些学者将这类图形称为"一人双兽"母题。

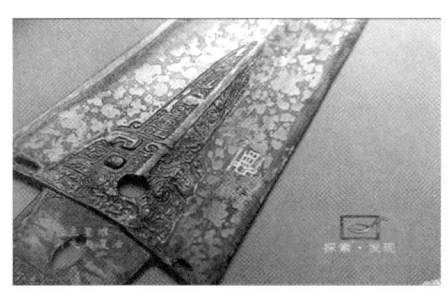 

图七　青铜器上的符号
1. 四川新都马家青铜戈；2. 重庆涪陵小田溪青铜钲

仔细观察巴蜀文化中的这类图案，它的基本结构与"英雄擒兽"母题即今所谓"一人双兽"母题完全一致，都是中间一个人形，两旁各有一兽。只不过在巴蜀文化中的这类图形，中间的人形已经简化或变化，两

---

① 李济：《中国文明的开始》，江苏教育出版社2005年版，第25页。
② H. Francford, *The Dong of Civilizaton in the Near East*, 1954.

旁的兽形也已同时发生简化或变化，图形发生了改变。

至于这类图形的含义，在美索不达米亚表现的是英雄擒兽，在中国商代则演变为家族的族徽，在巴蜀文化中也有可能是家族的族徽。基本结构的相同，是否意味着来源于一个共同的祖先，而图形的变化，则可能意味着家族的裂变，表明是共同祖先的不同分支？或者并不是意味着血缘关系而是意味着文化传播抑或文化趋同呢？

如果裂变说成立，那么在巴蜀文化研究中，会出现一些新的说法。在同属于商代的古蜀文明三星堆金杖上的图案，人头像（蜀王）的上方分别有两只鸟和两条鱼，一支羽箭将鱼和鸟连在一起，这个图形与"英雄擒兽"或"一人双兽"母题在基本结构上相似。新都马家战国墓属于战国时代中期，而涪陵小田溪墓则属于战国晚期秦昭王时期，前者的年代早于后者。这是否说明涪陵小田溪墓与蜀人及蜀文化有一定关联，抑或反过来，战国时期的蜀文化与巴文化有关？（若这类图形见于川东鄂西巴地较之见于蜀地为早的话。也有一些学者认为开明王来源于巴人或巴地）其实，从战国时期巴文化与蜀文化已经趋同，在物质文化上已是可分而不可分，以致最终形成今天所谓巴蜀文化的情况看，英雄擒兽母题之在蜀地和巴地相继出现，就不是一个令人感到奇怪而是可以合理解释的文化现象了。

在中国西南地区，除在巴蜀文字或符号中发现大量"英雄擒兽"母题外，在一些地方出土的青铜器纹饰上也发现这类母题，而且还有一些青铜器直接被制作成"英雄擒兽"的形制。

在古蜀文明辐射范围内的今四川盐源县境内，发现大量以"英雄擒兽"或"一人双兽"为母题的青铜器，如学者称为"枝形器"的青铜杖首和青铜插件。在今云南保山也发现有这类图形，如青铜钟上的图案等。在这些地区所发现的刻铸有此类图案的青铜器，年代多属于战国至西汉。有的学者认为是从中国西北地区传入的斯基泰文化的因素。但如联系到商代三星堆、战国新都、战国末小田溪的同类母题来看，问题恐怕没有这样简单。斯基泰文化是公元前7世纪中亚兴起的一种文化，主要特征是动物尤其是猛兽或猛禽纹样，以及立雕和圆雕手法等，大多体现在青铜兵器和小件青铜器的装饰上，没有重器。但在中国西南地区（西南夷）发现的具有"一人双兽"母题的青铜器，如盐源青铜器，多属平雕，而其图案缺乏斯基泰文化最常见的母题"格里芬"或猛兽形象。如此看来，如果要把西南夷地区发现的"一人双兽"母题青铜器简单地与斯基泰文化联系起来，还缺乏必要的证据。考虑到古蜀文明这类图形的来源，特别是古蜀文明在青铜文化方面对西南夷的影响，认为西南夷地区的这类图案是受到蜀文化的影响，这种看法也许更加符合实际情况。

四川盐源发现的一种青铜杖首，下方为一个腰带短杖的人，两旁侧上方分别为一匹马，马上坐一人。这个图形中间的人物，形象与商代金文族徽图形极其相似，其间关系值得深入探讨。商代这类图形来源于美索不达米亚，那时斯基泰文化还没有兴起。盐源这种图形如与商有关，则可能是受到蜀文化同类图形影响的孑遗，而不是来源于西北高原传入的斯基泰文化因素。盐源青铜器如果是笮人的文化，那么更与斯基泰文化无关。笮人属于古羌人的一支，原居岷江上游，为牦牛羌之白狗羌，秦汉时期主要聚居在大渡河（今雅安市汉源）一带，是古蜀文明与外域交流的通道——南方丝绸之路的重要枢纽之一①，所受古蜀文明的影响无疑较大，所以笮文化的这类图形很有可能与古蜀文明有关，还难以与斯基泰文化搭上关系。

图八 四川盐源发现的青铜枝形器

---

① 段渝：《四川通史》第1册，四川大学出版社1993年版。

根据《华阳国志·蜀志》的记载，秦汉时蜀郡州治成都少城西南两江有七桥："直西门郫江中曰冲治桥；西南石牛门曰市桥；下，石犀所潜渊也；城南曰江桥；南渡流曰万里桥；西上曰夷里桥，亦曰笮桥；从冲治桥西北折曰长升桥；郫江上西有永平桥。"① 成都少城是先秦时期古蜀王国都城的中心位置所在地，也是秦汉时期蜀郡郡治的官署所在地。这说明了两个史实：第一，"夷里桥"的名称来源于夷人居住的区域名称"夷里"。第二，"夷里"的"里"，是地方低层行政单位的名称。"十里一亭"，里有里正，是标准的汉制，而汉制本源于秦制，"汉承秦制"。由此可见，在先秦时期，成都城市西南居住着不少夷人，建有专门的街区"夷里"。第三，"夷里桥"亦曰"笮桥"，说明居住在"夷里"的夷人是西南夷中的笮人。既然成都少城西南有夷里桥，又称笮桥，直到秦之蜀郡守李冰治蜀时仍然还居住着西南夷笮人并保留着笮人的街区和名称，那么先秦时期的蜀国与笮人相同，都属于西南夷的组成部分，应该是没有什么疑问的②。既然笮人与蜀不论是在族系上还是在文化上都有着如此深厚密切的关系，那么如果说笮人此类"一人双兽"形青铜枝片的文化渊源于蜀，是不是较之它的斯基泰文化来源说更加合理呢？

有意思的是，在巴蜀和西南夷地区，不但发现这一类所谓"英雄擒兽"或"一人双兽"母题的文字字形（巴蜀文字）或符号，而且还发现大量同样类型的青铜器造型或图案。这种情况，恐怕仅仅用巧合是难以解释的，二者的这种关联性意味着其中必然有着深刻的内在联系。

此外，三星堆青铜神树上的龙，脖颈上生翼，这是中国最早出现的带翼兽。中国古代没有带翼兽的艺术形象，不论红山文化出土的玉龙还是河南濮阳出土的蚌龙，龙身均无翼。带翼兽的艺术形象，是古代美索不达米亚巴比伦文化的艺术特征，后来为中亚草原游牧族群所接受，并随其迁徙和流布传向东亚和南亚。有学者认为，中国境内带翼兽的出现是在春秋晚期到战国时期③，这其实是就黄河流域中原地区而言，事实上应是商代中晚期的古蜀三星堆。到了汉代，双兽图案多分布在西南的四川地区，如四川绵阳的平阳府君阙上的带翼狮，就是最为典型的代表。带翼兽和双兽母

---

① 常璩著：《华阳国志·巴志》，刘琳校注，巴蜀书社1984年版，第227页。
② 段渝：《先秦汉晋西南夷内涵及其时空演变》，《思想战线》2013年第6期。
③ 李零：《论中国的有翼神兽》《再论中国的有翼神兽》，均见所著《入山与出塞》，文物出版社2004年版。

题图案在古蜀地区如此之早出现，确切表明了古蜀三星堆文明与欧亚古代文明的关系。

三　巴蜀卐形纹饰的来源

迄今所发现的卐形纹饰，最早出现在公元前3000年古埃及十二王朝时期的塞浦路斯和卡里亚陶器上，在属于公元前3000—前2000年的印度河文明摩亨佐·达罗出土的印章上，也发现卐形纹饰。中国青海乐都柳湾出土的新石器时代彩陶上，亦大量发现卐形纹饰。一般认为，青海乐都柳湾陶器上的卐形纹饰，是通过西亚、中亚、南亚的途径传播而来的①。

在广汉三星堆祭祀坑出土的一尊青铜神坛（K2③：296）上的人物雕像的衣襟上，铸有十字形纹饰，这种纹饰被认为是卐形纹饰之一种。三星堆出现的卐形纹饰不多，可以肯定是从外传播而来的，但究竟是通过青海地区南传还是经由印缅通道传播而来，这个问题必须深入探讨。若是通过青海南传，那么必然与藏彝走廊有关。若是经由印缅而来，那么必然与南方丝绸之路有关。

卐形纹饰在三星堆出现，而三星堆文化是以氐羌民族为主体的古蜀人的文化遗存。这一点，与卡诺文化有相似之处。卡诺文化中即有西方文化的因素，但主体是当地文化与甘青古羌人文化因素相融合的文化。看来，不排除三星堆的卐形纹饰是通过藏彝走廊传播而来的可能性。

四　神树崇拜

在三星堆祭祀坑内，出土8株青铜神树的枝干个体，其中可以复原的有3株。三星堆青铜神树中，体量最大的是1号神树，高3.95米，树枝上有飞龙、金乌、花蒂等装饰物。令人惊讶的是，有一株神树的残断树枝竟然是由纯金箔包卷起来的。这不但与弗雷泽在其名作《金枝》里所叙述的人类学资料雷同，而且与早年吴雷在美索不达米亚发掘的乌尔王陵中出土的黄金神树几乎完全相同。在印度古代文明里，同样存在着十分明显的神树崇拜，这在印度青铜器上比比可见。这一文化传统播染到西南夷地

---

① 饶宗颐：《梵学集》，上海古籍出版社1993年版。

区,四川盐源发现的青铜树枝形器即是神树崇拜的产物,云南的滇文化亦盛行神树崇拜。而在黄河流域中原地区,地民与天神之间相交通的工具是山[①]和青铜器上的动物纹样[②]。从美索不达米亚向北延伸到欧洲,向南经印度延伸到中国西南的神树崇拜习俗,和从中国西南经印度延伸到中亚、西亚和欧洲的丝绸之路的存在,证实了古代亚洲交通大动脉和文化交流线路的存在,这充分说明了中国文化开放性的事实。

---

① 袁珂:《山海经校注》,上海古籍出版社1980年版,第451页。
② 张光直:《中国青铜时代》,生活·读书·新知三联书店1982年版。

唐代丝绸之路的繁荣对当代"一带一路"建设的启迪

——以东方海上丝绸之路为例

鲁东大学　刘晓东

一

唐初，国家的统一、强大，也带动了外交事业的发展和对外贸易的繁荣，周边国家不仅频繁地向唐王朝派遣各种名义的遣唐使团，并且还携带着自己国家的大批土特产品和珍贵礼品奉献给唐朝廷以示友好。东亚诸国，包括日本，朝鲜半岛的高丽、新罗，还有渤海国（唐朝时，渤海国在今丹东、长春、哈尔滨以东地区，包括今朝鲜，俄罗斯部分疆土）都向中国派遣了多批遣唐使团。唐朝廷为了显示自己的富庶和大度，表示与周边国家的友好关系，则回赐给各国遣唐使团大量的物品，如《旧唐书·东夷列传·高丽》记载：贞观十四年（640），高丽"遣其太子桓权来朝，并贡方物，太宗优劳甚至"。"优劳甚至"，是说唐太宗回赠给高丽的物品价值大于贡品。唐王朝与周边国家的这种形式物品往来，也称朝贡贸易。这种官方间的朝贡贸易，每次物品交换的数量都多，价值也很可观。

公元 927 年成书的日本《延喜式》记载了日本遣唐使带给大唐皇帝贡礼的清单和遣唐使人员随船带的自己用于交换的物品：

> 大唐皇：银大五百两、水织绝、美浓绝各二百匹、细绝、黄绝各三百匹、黄丝五百绚、细屯绵一千屯、别送彩帛二百匹、叠绵二百帖、屯绵二百屯、𬘓布卅端、望绝布一百端、木绵一百帖、出火水晶

十颗、玛瑙十颗、出火铁十具、海石榴油六斗、甘葛汁六斗、金漆四斗。①

一大两等于三小两。一绚，等于一斤。一屯，等于二斤。一帖等于二十张或四十八张。一端，长五长二尺，宽二尺四寸。

以上只是送给唐朝皇帝的礼单，还有送给朝廷相关衙门礼品，由于遣唐使团需要与京都多个衙门打交道，还有沿途的州县衙门，合计起来，礼品的数量和价值都不是小数。除此之外，还有遣唐使团每个成员也都带有大量物品，用于在中国市场销售和交换其他物品。日本遣唐使团每个成员携带的物品数量，这在《延喜式》中也有记载，《中日关系史》一书并据此做过统计，每个遣唐使团各类人员（按三百人计）自身携带的物品数量：绝三百七十一匹、绵二千五百五十屯、布一千五百一十二端、彩帛三百二十五匹、赀布七十四端。② 以上统计是按遣唐使团三百人计算的，有的遣唐使团有六百多人，最多的一次达到六百五十一人。③ 那就是以上数量的两倍多。如果把日本遣唐使带给大唐皇帝及各衙门的礼品加在一起，其数量和价值在当时都是很大的。而唐朝给予的回赐物品，其价值更是远远高于遣唐使进贡的物品。日本圆仁和尚在《入唐求法巡礼行记》里记载了最后一次日本遣唐使的一些情况：遣唐使来中国时有四艘船，海上遇飓风还毁了一艘，实际到中国的只有三艘（四艘船共650余人，有一艘船遇难，登陆人员390余人），返国时日本遣唐使又雇了新罗人"九只船"，"更雇新罗人谙海路者六十余人"。④ 这只有一个答案，就是回国时带的东西多了，在中国得到了大量的回赐物品，或自购了大量的物品。有专家根据史料分析，唐朝廷对遣唐使的回赐相当丰厚，"这种回赐则远过贡物数倍，甚至数十倍。利之所在，趋之若鹜"。⑤ 通过朝贡、回赐这样一种特殊的贸易方式，吸引了周边国家到唐朝朝贡，用自己国家的土特产换回了大量的高档丝绸等中国物品，实现了唐朝与周边国家之间的官方

---

① 《延喜式》（卷30），转引自张声振《中日关系史》（卷一），吉林文史出版社1986年版，第109页。
② 张声振：《中日关系史》（卷一），吉林文史出版社1986年版，第111页。
③ 池步洲：《日本遣唐使简史》，上海社会科学院出版社1983年版，第40页。
④ 白化文：《入唐求法巡礼行记校注》，花山文艺出版社1992年版，第128页。
⑤ 池步洲：《日本遣唐使简史》，上海社会科学院出版社1983年版，第63页。

贸易。

唐高宗时期，朝鲜半岛东南部的新罗国在唐军的支持下统一了朝鲜半岛，唐朝与新罗的官方贸易也大多是通过朝贡贸易的形式进行的。

新罗国在唐初武德年间就开始遣使朝贡，《旧唐书》记载："唐武德四年，（新罗）遣使朝贡。高祖亲劳问之，遣通直散骑侍郎庾文素往使焉，赐以玺书及画屏风、锦彩三百段，自此朝贡不绝。"①《新唐书》也记载："玄宗开元中，数入朝，献果下马、朝霞䌷、鱼牙䌷、海豹皮"，"帝间赐兴光瑞文锦、五色罗、紫绣纹袍、金银精器"。② 据相关专家统计，新罗以"各种名义向唐派出使节126次"，唐王朝以"各种名义向新罗派出使节34次，双方共160次"。③

新罗使臣与唐朝使节的相互往来，实际也是一次物品的大交换，如《三国史记》记载，新罗景文王五年（865）夏四月，唐懿宗遣使"吊祭先王，兼赙赠一千匹"，册封新罗景文王，"仍赐王官诰一道，旌节一副，锦彩五百匹，衣二副，金银器七事。赐王妃锦彩五十匹，衣一副，银器二事。赐王太子锦彩四十匹，衣一副，银器一事。赐大宰相锦彩三十匹，衣一副，银器一事。赐次宰相锦彩二十匹，衣一副，银器一事。"④ 新罗景文王九年秋七月，新罗景文王"遣王子苏判金胤等入唐谢恩，兼进奉马二匹，麸金一百两，银二百两，牛黄十五两，人参一百斤，大花鱼牙锦一十匹，小花鱼牙锦一十匹，朝霞锦二十匹，四十升白毡布四十匹，三十升纻衫段四十匹，四尺五寸头发百五十两，三尺五寸头发三百两，金钗头五色綦带，并班胸各一十条，鹰金锁镟子并纷鏉红韬二十副，新样鹰金锁镟子纷鏉五色韬三十副，鹰银锁镟子纷鏉红韬二十副，新样鹰银锁镟子纷鏉五色韬三十副，鹞子金锁镟子纷鏉红韬二十副，新样鹞子银锁镟子纷鏉五色韬三十副，鹞子银锁镟子纷鏉红韬二十副，新样鹞子银锁镟子纷鏉五色韬帽三十副，金花鹰铃子二百颗，金花鹞子铃子二百颗，金镂鹰尾筒五十双，金镂鹞子尾筒五十双，银镂鹰尾筒五十双，银镂鹞子尾筒五十双，系鹰绯缬皮一百双，系鹞子绯缬皮一百双，瑟瑟钿金针筒三十具，金花银针

---

① 《旧唐书》，中华书局2000年版，第3632页。
② 《新唐书》，中华书局2000年版，第4712页。
③ 杨昭全：《中朝关系史论文集》，世界知识出版社1988年版，第11页。
④ ［高丽］金富轼：《三国史记》，孙文范校勘，吉林文史出版社2003年版，第154页。

筒三十具，针一千五百。"① 由此可见双方交换物品的数量之多，种类之多。这里虽然没有提到唐朝回赐给新罗国的物品数量和种类，但按照惯例，回赐的物品价值会远远大于贡品的价值。以上也说明，只有国家的强大和富裕，才能吸引周边国家的使团频繁来华，也才有能力给予来华使团以丰厚的回赐，并由此繁荣了丝绸之路。

  唐代繁荣的丝绸之路除了承载着官方的朝贡贸易外，还将唐朝先进的文化输入到丝绸之路沿线的国家。特别是东方诸国，更是大量地引进和吸收唐朝的文化，有的学者甚至将中日韩古代的海上航线称之为"书籍之路"②。除大量的书籍外《三国史记》还提到，新罗善德王做太子时（善德王于公元632年登基，应指这之前），曾"得自唐（朝）来牡丹花图并花子，……种植之"。③ 此时系唐高祖时期，唐朝与新罗间的民间贸易尚不发达，牡丹花子应是赴唐使节带到新罗的。新罗兴德王三年（828）冬十二月，"遣使入唐朝贡。……入唐回使大廉持茶种子来，王使植地理山。茶自善德王时（632—647）有之，至于此盛焉"。④ 这说明，新罗国盛开的牡丹及盛行的饮茶习俗都是通过入唐朝贡带入朝鲜半岛的。先进文化及生活习俗的输出也是丝绸之路繁荣的重要内容。

二

  有唐一代，东方海上丝绸之路始终繁荣，即使在安史之乱之后，唐王朝国力衰微，但山东半岛及东南沿海一带与东亚诸国的海上贸易和人员往来依然兴盛。"中唐以后，随着唐朝、新罗地方藩镇势力的崛起，中央政权对地方控制力减弱，藩镇为增加财源，扩充势力，把触角伸向有着丰厚利润的海上贸易，大批民间商团也顺势而起。地方官员的引领和参与，以及大批民间商团的加入，占据中国大陆、朝鲜半岛新罗、日本三地的海上商贸往来和文化交流的主导地位，这也是唐中后期东方海上丝绸之路繁荣

---

  ① ［高丽］金富轼：《三国史记》，孙文范校勘，吉林文史出版社2003年版，第155—156页。

  ② 王勇：《中日古代的书籍之路》，《新华文摘》2007年第1期。

  ③ ［高丽］金富轼：《三国史记》，孙文范校勘，吉林文史出版社2003年版，第64—65页。

  ④ 同上书，第145页。

的主要原因。"①

唐代中后期，受安史之乱的冲击，唐中央政府对地方割据势力的掌控越来越力不从心，连一些外事职能也下放给藩镇。从唐代宗年间开始，驻青州的节度使兼任"押新罗、渤海两蕃使"②，代表朝廷负责监管与新罗、渤海等东亚诸国的海上运输和海外贸易等外事活动。当时驻青州的节度使，曾经管辖十五个州，即"淄、青、齐、海、登、莱、沂、密、德、棣等州之地"，唐代宗大历（767—779年）中，"复得曹、濮、徐、兖、郓，共十有五州"，③ 不仅控制了今山东省的绝大部分地区，而且把持了苏北、河南北部的部分地区。驻青州的节度使李正己家族利用掌控海上运输和海外贸易的机会，大力开展对东亚诸国的海上贸易，积累了巨额财富。据史料记载，李正己"货市渤海（国）名马，岁岁不绝。法令齐一，赋税均轻，最称强大"。④ 李正己死后，他的儿子李纳继续驻青州的节度使，并兼任"海运陆运押新罗渤海两蕃使"，李纳死后，他的儿子李师古继任，继续大搞对外贸易，"下令恤商……天下珍宝，日日不绝"。⑤ 李氏家族"雄踞东方，邻藩皆畏之"⑥，最后竟与唐中央政府抗衡。

唐代中后期的朝鲜半岛新罗国，对地方诸侯从事海外贸易也不加干涉，新罗国驻守南部沿海一带清海镇（今韩国莞岛）的地方官员张保皋也借机做大海外贸易，繁荣了唐代的东方海上丝绸之路。

张保皋曾在唐朝军队驻徐州一带的军营里任职，⑦ 熟悉中国的情况，他还在中国山东半岛东部沿海赤山（今荣成市石岛管理区斥山一带）建起了赤山法华院，韩国学者金德洙认为："赤山法华院不仅是求神拜佛的寺院，而且是张保皋将军外交活动的处所，国际海洋贸易的一个据点。唐政府、新罗和日本三国使者经常出入法华院，而且张保皋国际贸易船队也

---

① 刘凤鸣：《唐中后期东方海上丝绸之路繁荣原因探析》，《中国高校社会科学》2015 年第 6 期。
② 《旧唐书》，中华书局 2000 年版，第 2403 页。
③ 同上书，第 2404 页。
④ 同上。
⑤ 姚铉：《唐文粹》，影印四库全书本第 1344 册，上海古籍出版社 1987 年版，第 483 页。
⑥ 《资治通鉴·唐纪第四十一》，中华书局 1956 年版，第 7250 页。
⑦ 杜牧：《樊川文集》，上海古籍出版社 2007 年版，第 101 页。

经常出入赤山浦（石岛湾）"①。

日本圆仁和尚在《入唐求法巡礼行记》里也记载了张保皋的交关船在赤山法华院一带停泊及张保皋手下的贸易官员在中国的活动情况，如开成四年（839）六月二十七日，"闻张大使交关船二只到旦山浦。"六月二十八日，"张宝高遣大唐卖物使崔兵马来寺问慰"。②"张大使"，指张保皋。"交关船"，指的是张保皋进行贸易需要通关的船只。"旦山浦"，在赤山法华院附近。"崔兵马"，指的是崔晕，此人既是张保皋的兵马使，也是张保皋的遣唐卖物使，负责张保皋在中国的贸易活动。江苏一带当时也有张保皋在中国的贸易基地，《入唐求法巡礼行记》记载，张保皋的遣唐卖物使崔晕曾给圆仁留书："和上（尚）求法归国之时，事须将此名纸到涟水，（崔）晕百计相送，同往日本。"张保皋的遣唐卖物使在涟水县，说明这里也有张保皋的贸易基地。"同往日本"，说明遣唐卖物使崔晕要将中国的货物运往日本销售，而涟水县沿海一带或是张保皋船队驶往日本的起航地，或是他在中国的一个货物集散中心。③ 张保皋将中国货物运往日本销售的情况，日本官方史料《续日本后记》就有多处记载，如承和九年（842）春正月二日的记载中还提到：张保皋在日本"贸唐国货物"，张保皋死后，日本的仓库里仍"其数不少"，④ 这说明张保皋从事的唐日贸易规模很大。张保皋因从事唐朝、新罗、日本间的海上贸易迅速致富，其实力甚至可以左右新罗王室的权利更迭，因而也引起了新罗贵族的警觉，便派人暗害了张保皋。张保皋从事海上贸易而成为"海上王"的经历，被今天的韩国搬上了银幕，成为了韩国人家喻户晓且引以为傲的民族英雄。

另一位在中国经商的新罗人金清，也得益于唐末地方官员的支持而致富。

金清的有关记载主要来自昆嵛山的《唐光化四年无染院碑》碑文："鸡林金清押衙，家别扶桑，身来青社，货游鄞水，心向金田，舍青凫择

---

① ［韩］金德洙：《张保皋与东方海上丝绸之路》，见耿昇主编《登州与海上丝绸之路——登州与海上丝绸之路国际学术研讨会论文集》，人民出版社 2009 年版，第 137 页。
② 白化文：《入唐求法巡礼行记校注》，花山文艺出版社 1992 年版，第 169 页。
③ 同上书，第 484 页。
④ ［日］黑板胜美：《新订增补国史大系》第三卷《续日本后记》，吉川弘文馆 1966 年版，第 127—128 页。

郢匠之工，凿白石竖竺乾之塔。"① "昆嵛山"，在今烟台市牟平区、威海市文登区、乳山市境内。唐代属登州文登县管辖。"鸡林"，新罗国的别称。"扶桑"，指日出之地，这里借指东方的新罗国。"青社"，祀东方土神处，后借指东方齐国管辖的山东半岛一带。"鄞"，古代鄞县，唐代属明州。"身来青社，货游鄞水"，说金清从新罗来到山东半岛，并往来于山东半岛和江浙沿海一带经商。"金田"，佛寺的别称。"心向金田"，说金清信奉佛教。"青凫"，青色的野鸭，这里代指金钱。② "郢"，指春秋战国时楚国都城郢都，郢都出能工巧匠，故后人常以"郢匠"代之。"竺乾"，指佛法。"押衙"指唐朝地方军事官员。金清被称为"押衙"，可能与张保皋一样，也在唐朝军队里做过官，熟悉中国的情况。《唐光化四年无染院碑》碑文对金清作了特别介绍，说明金清是当时修建昆嵛山无染院的主要资助方。

《唐光化四年无染院碑》碑文还提到驻青州的节度使兼押新罗、渤海两蕃使王师范"德化青邱，恩宽碧落"，③ 说新罗得到王师范的恩德，连上天也感受到了。这里应具体指新罗人金清得到王师范的帮助和支持，金清为昆嵛山无染院捐献巨资也是为报答唐朝官员的支持。"青邱"，指古朝鲜，这里指新罗。"碧落"，指天上。碑文还提到了一些山东半岛与两浙一带的地方官员，也为昆嵛山无染院捐资，其中有"两浙定乱安国功臣、镇海镇东两军节度使、检校太师兼中书令彭城郡王钱镠"等一批两浙高官。④ 这说明新罗商人金清资助修建昆嵛山无染院的举动也得到了两地高官的支持和帮助，也说明金清做生意往来于山东与江浙之间，和当地的高官相互熟悉，否则，他们也不会参与以金清为主的捐资活动，特别是江浙地区的高官，不会到山东半岛来彰显自己的影响。金清通过捐资昆嵛山无染院的活动，也强化了与两地高官的联系，进一步争取到唐朝地方高官的支持，有助于他在中国的贸易活动。

像张保皋、金清等新罗商人，能在唐、日、新罗的海上贸易中获得成功，主要原因是得到了地方政府对海上贸易的支持，至少是默许，没有限

---

① 张玉强：《中国道教名山昆嵛山》，宗教文化出版社2005年版，第132页。
② 郭宪：《洞冥记》卷4："青鸭化为三小童，皆着青绢文襦，各握鲸文大钱五枚，置帝几前。身止影动。因名轻影钱。"
③ 张玉强：《中国道教名山昆嵛山》，宗教文化出版社2005年版，第131页。
④ 同上书，第132页。

制和抵制，从而形成了唐代中、后期东方海上丝绸之路的繁荣景象。

三

由于官方"朝贡贸易"带来的对丝路沿线国家的商品的浓厚兴趣，也刺激了丝路沿线国家的民众对各自稀缺商品的进一步需求。有专家统计指出："唐后期，中日间的官方往来停顿之后，海上民间贸易应运而生，其规模远超之前的官方朝贡贸易。"① 民间对外贸易的兴起，也是东方海上丝绸之路繁荣的一个重要支撑，特别是丝路沿线国家民间商人的参与，更是丝绸之路繁荣的重要体现。

据日本学者木宫泰彦统计，自日本官方废止遣唐使后，仅从839年至907年间，到达日本的唐商船就有24艘，日本赴唐商船有13艘，他还指出，以上"不过是文献中我所看到的，实际上，此外当然还有很多往来的船舶，可见交通频繁出于意外"，"唐朝的商船主要是从事贸易，每次来到日本，必载很多货物，因此，凡记载唐船到达的，都记载'多赍货物'等句。"② 这说明，唐代后期中日民间商船往来频繁，海上贸易非常繁荣。

日本圆仁和尚在《入唐求法巡礼行记》中也记载了从事唐日贸易的唐商、日商及新罗商人的一些情况。

开成五年（840）三月二日，圆仁和尚一行"到登州，……城南街东有新罗馆、渤海馆"。③ 说明有大量的新罗人、渤海人往来于登州，所以才建有专门接待新罗人、渤海人的馆舍。唐代中、后期，这些新罗馆、渤海馆，应主要是接待来这里经商的新罗人、渤海人。开成四年（839）八月十三日，圆仁和尚在登州境内记载："闻相公已下九只船在青山浦，更有渤海交关船同泊彼浦"④。"交关船"，前面介绍过，即需要通关的贸易船只。"相公"，这里指日本遣唐的使者。渤海国的交关船在登州管辖的

---

① 刘凤鸣：《唐中后期东方海上丝绸之路繁荣原因探析》，《中国高校社会科学》2015年第6期。
② [日] 木宫泰彦：《日中文化交流史·隋唐篇》，胡锡年译，商务印书馆1980年版，第117、122页。
③ 白化文：《入唐求法巡礼行记校注》，花山文艺出版社1992年版，第222页。
④ 同上书，第178页。

沿海办理通关手续，说明当时登州一带也是渤海国进出口货物的主要集散地。

《入唐求法巡礼行记》中也记载了山东半岛及江浙沿海一带的许多城镇都建有新罗馆，除前面提到的山东半岛东部赤山一带，苏北涟水一带外，江苏楚州（今江苏淮安）、山东半岛的文登县一带也有"新罗坊"。① 甚至山东半岛的内陆城镇也有接待新罗人的馆舍，如青州、淄州长山县都有"新罗院"。② 说明当时往来于两地的新罗人很多，除了到大唐来进行文化交流、学习的僧人、学子外，再就是从事贸易活动的商人。圆仁和尚就看到了许多在华进行贸易活动的新罗商人。

唐开成四年（839），日本圆仁和尚在从海州（今江苏连云港）到山东半岛赤山一带的海行途中遇到了许多新罗的船只。四月四日，从海州乘船出发不久，就遇到海运的船只，船上的人说："吾等从密州来，船里载炭，向楚州去。本是新罗人，人数十有余。""密州"，州府在今山东诸城，当时管辖包括山东日照、胶州、胶南等沿海地区。四月二十日，在文登乳山口附近的邵村浦（今乳山市海阳所一带），见"新罗人乘小船来"。四月二十六日，在文登乳山西浦，见"押衙驾新罗船来"。五月二十五日，在文登乳山口（今乳山市乳山口）海域，圆仁和尚见到"新罗舶一只悬白帆从海口渡去"。③ 前面提到，由于在华从事海运和经商的新罗人很多，连日本遣唐使团归国时也雇佣新罗人的船只。

唐大中元年（847），圆仁和尚一行归国的一段经历同样说明在中国东部沿海一带从事海运及经商的新罗船只非常之多。唐大中元年（847）闰三月十日，在山东半岛赤山，圆仁和尚一行"将十七端布雇新罗人郑客之车载衣物，傍海往密州界去"。闰三月十七日，在"密州诸城县大朱山驳马浦（今青岛胶南大朱山沿海），遇新罗人陈忠船载炭欲往楚州，商量船脚价绢五匹定"，乘船至楚州。六月九日，在楚州新罗坊，圆仁得知新罗商人金珍的商船"从苏州松江口发往日本国，过二十一日，到莱州界牢山（今青岛崂山）"。六月十八日，圆仁和尚一行"乘楚州新罗坊王可昌船"，赶赴牢山（崂山）。六月二十六日，到达牢山（崂山），见到新

---

① 白化文：《入唐求法巡礼行记校注》，花山文艺出版社1992年版，第480、491页。
② 同上书，第243、252页。
③ 同上书，第137、152、156、162页。

罗商人金珍给圆仁和尚留书："专在赤山（今荣成市石岛港）相待。"六月二十七日，只好又雇楚州新罗坊"船主王可昌船，望乳山去"。七月二十日，"到乳山长淮浦，得见金珍等船，上船便发"。① 日本圆仁和尚一行乘金珍的商船经山东半岛赤山、新罗等地回到日本。圆仁和尚归国后，从他在唐大中元年十月十九日的记载中得知，当时"金珍的商队进入日本的人员就有四十四人之多"②。这不仅说明了当时在中国经商的新罗商船很多，商队庞大，而且经商的区域辐射了朝鲜半岛和日本列岛。新罗商船遍布中国东部沿海各个港口，也有力地推动了唐与新罗，包括与日本的海外贸易，繁荣了唐代中、后期的东方海上丝绸之路。

由于当时往来中国、新罗、日本的商船很多，所以往来三地的人员也多乘商船，日本圆仁和尚一行归国是乘坐新罗人的商船回到日本。当时新罗著名僧人义湘大师来唐求法，来时"附商船达登州岸"，回国仍"复至文登旧檀越家，……便慕商船迻巡解缆"。③ 义湘往返都是乘"商船"，也说明了往来新罗的商船很多，从一个侧面也反映出当时唐与新罗海上贸易的繁荣。

日本商人往来中日间进行海上贸易的情况，《入唐求法巡礼行记》也有记载。唐大中元年（847）闰三月十日，圆仁和尚一行在登州沿海一带，"商量往明州，趁本国神御井等船归国"。④ 因日本的商船已经起航了，圆仁和尚一行只得乘坐新罗人到日本经商的船只归国。日本商人神御井的船往来于中日之间，说明了日本商人也在大唐经商。《入唐求法巡礼行记》在大中元年（847）六月九日的记载中还提到，日本商人往来明州于广州之间，⑤ 这说明，从事中、日、新罗三国贸易的商人非常活跃，贸易范围遍及大唐的沿海诸州，不仅东部沿海一带，南海广州一带也是唐代中、后期，中、日、韩海上贸易的重要基地。

日本圆仁和尚在大唐国土发现了那么多经商的新罗人和日本人，说明当时唐王朝对外国商人在中国做跨国生意是允许和支持的。同样，日本对

---

① 白化文：《入唐求法巡礼行记校注》，花山文艺出版社1992年版，第505、507、509、512、513页。

② 同上书，第521页。

③ 赞宁：《宋高僧传·唐新罗国义湘传》，中华书局1987年版，第75页。

④ 白化文：《入唐求法巡礼行记校注》，花山文艺出版社1992年版，第505页。

⑤ 同上书，第509页。

从事海上民间跨国贸易也给予了支持,如《入唐求法巡礼行记》记载,大中元年(847)十一月十四日,圆仁和尚一行乘坐新罗人金珍的船只到达日本后,"得太政官十一月十三日符,有优给唐客金珍等事"。①"优给",即"优厚的供应"。"唐客",指从唐朝来的商船。日本政府给予从唐朝来的商船"优给",说明了日本官方是允许和支持民间进行海上贸易的。

唐代中、后期,中、日、新罗三国民间海上贸易的繁荣,应得力于唐朝、新罗、日本宽松的民间海上贸易环境。

四

唐代丝绸之路的繁荣,也对今天的"丝绸之路经济带"和"21世纪海上丝绸之路"建设带来启迪。

一是国家的强大和繁荣是丝绸之路繁荣的首要条件。无论是汉武时期,开辟通西域的陆路丝绸之路,还是本文提到的唐代东方海上丝绸之路,包括明初郑和下西洋,从历史上看,丝绸之路繁荣的几个时期,无不是强大的国家和繁荣的经济作为后盾。我国之所以在今天提出"丝绸之路经济带"和"21世纪海上丝绸之路"建设(简称"一带一路"建设),也与中国现在雄厚的国力和经济势力相适应。

"丝绸之路经济带"和"21世纪海上丝绸之路"建设第一步是通畅的交通环境和条件,除了国内的铁路、港口、机场的建设需要大量的资金外,"丝绸之路经济带"的出口,西亚各国的交通建设也需要中国资金的帮助,"21世纪海上丝绸之路"出口,东南亚国家的铁路、港口建设也需要中国的投资,试想一下,这在我们改革开放初期能办得到吗?现在中国的投资,不仅是在"一带一路"建设的出口上,包括沿线的东欧、非洲的一些国家,甚至发达的西方国家的基础设施建设也需要中国的帮助,如果没有雄厚的经济势力作为后盾,"一带一路"的建设就是空话。

经济实力的另一体现,就是在进出口贸易总量上要有比较大的体量,才能支撑丝绸之路的繁荣。改革开放初期,我们只有附加值很低的商品可以出口,也没有太多的外汇进口商品。据海关统计,1978年,中国货物

---

① 白化文:《入唐求法巡礼行记校注》,花山文艺出版社1992年版,第522页。

进出口总额只有206.4亿美元，而到了2014年，中国货物进出口总额就达43030.4亿美元，并且成为仅次于美国的世界第二大经济体。正是在这样的背景之下，中国才提出要建设"一带一路"，也才有可能迎来丝绸之路新的繁荣。

除了经济实力作为后盾外，国家强大的武装力量也是"一带一路"建设的重要保障。"一带一路"建设，不仅国内需要安定有序的政治环境，国外也需要安全的环境才能保障"一带一路"的实施。《旧唐书·本纪第十六》记载，唐朝中、后期，海盗猖獗，驻青州的节度使薛平在朝廷的支持下，对山东半岛沿海一带的海盗进行剿灭，确保了海上贸易的安全畅通。同样，今天的中国不仅需要强大的军队保护丝路沿线的安全，防止类似索马里海盗那样的干扰、破坏。还要防止沿线国家的政局动荡、民族宗教矛盾的冲突对"一带一路"建设的干扰、破坏。没有强大的武装力量保护我们的"一带一路"建设，保护我们在国外的巨大投资，也就没有丝绸之路的繁荣。近年来，我们在利比亚、伊拉克、叙利亚等国也有着大量投资，当这些国家发生动乱时，仅仅派出武装力量大量撤侨是不够的，还要有能力保护我们投资的设备，保护我们在当地雇佣的人员，并组织有效地生产。想要做到这一点，没有比现在更强大的武装力量是不行的。

二是丝绸之路的繁荣必须是沿线国家、地区共同参与的结果。历史上丝绸之路的繁荣，都离不开沿线国家、地区的共同参与。唐代东方海上丝绸之路之所以繁荣，是日本、朝鲜半岛的高丽、新罗，还有今中朝俄边境上的渤海国共同参与的结果。他们之所以有兴趣参与，是因为都能从海上贸易中获得利润。唐朝前期朝贡贸易的兴盛，是因为朝贡国得到了比朝贡物品的价值大得多的金银和物品，所以即使海上航路有危险，也阻挡不了他们朝贡的步伐。新罗人为了从海上贸易中获得更多的利润，不仅投资建造了许多适宜于海上远航的船只，连日本遣唐使团也雇佣他们的船只，他们还在中国东部沿海一带建有修造船只的作坊及贸易基地。因很多新罗人在中国从事海上贸易和海上运输活动，他们更是在中国东部沿海一带建有许多新罗坊。

"一带一路"，是中国提出和主导的国际宏大经济倡议，其他国家感不感兴趣，愿不愿意参与，是要看能不能从"一带一路"中获得好处。如果像唐代的日本、新罗等国一样，能从海上贸易和海上运输中获得可观的利润，其才有积极性参与。

中国提出"一带一路"倡议，是要让丝路沿线的国家和地区一起分享中国发展的红利，增进沿线国家人民的福祉，促进世界和平发展与合作共赢。"一带一路"倡议之所以能得到沿线许多国家的响应和参与，他们也正是瞅准了这一点。更何况，中国还对沿线的不少国家和地区进行了大量的投资，进行基础设施建设，雇佣当地大量的人员，不仅帮助他们改善了投资环境，也解决了当地人的就业问题。但实施"一带一路"这样宏大的建设，仅靠中国自身的力量，不可能完成。仅就"一带一路"的基础设施建设而言，投资大、周期长、收益慢，虽说在前期的推进中，中国扮演着主要角色，但自己的力量毕竟有限，还必须沿线国家、地区共同参与，才能有序地推进。唐代东方海上丝绸之路的繁荣，就有新罗等国对海上运输的大量投入，要使得沿线国家和地区明白，投入越大，回报越大。今天的"一带一路"的基础设施建设应是中国主导下的沿线国家和地区的共同承担，这样才能夯实丝绸之路的根基，更有能力迎接各种意想不到的风险和挑战。

三是"一带一路"这样宏大的建设，仅靠国家中央政府的资源是难以成就的，必须调动地方及民间的资源参与其中，才会迎来丝绸之路的真正大繁荣。"支撑唐代中后期海上丝绸之路繁荣的基础在地方，在民间。尽管当时是被迫和不自愿的，但地方政府因为有了更大更多的外贸自主的权限和空间，得以将以往单一的官方朝贡贸易，拓展为地方政府和民间商人共同参与的海外贸易的新格局。"[①] 唐代中、后期，在国力衰微的情况下东方海上丝绸之路持续繁荣，靠的就是地方政府和民间海外贸易的兴起。而要调动地方政府和民间参与的积极性，就必须有宽松的对外贸易环境，使参与者能从中获得好处。唐代的山东半岛和江浙沿海一带，之所以有地方衙门和民间商人参与了海外贸易，就是因为唐朝朝廷将外贸权力下放给了地方，地方政府有了外贸的自主权限后，进而迎来东方海上丝绸之路新的繁荣，也使得地方上的财富迅速增长，使山东半岛的李氏家族"雄踞东方"。张保皋、金清等新罗商人的致富，除了唐朝宽松的贸易环境外，新罗国王室也因无力控制地方诸侯，对新罗商人的海上贸易放任自

---

① 刘凤鸣：《唐中后期东方海上丝绸之路繁荣原因探析》，《中国高校社会科学》2015年第6期。

流，使得张保皋等新罗商人从海上贸易中获得巨额利润，做强做大。

当然，今天的"一带一路"建设，不可能放任自流，但制定优惠政策，为企业松绑，降低投资及经济合作的门槛，吸引民间资本，以大力支持国内，包括沿线国家和地区有关项目的投资建设，不仅是必需的，也是完全可行的。这既可缓解国家投资的压力，也可使民间资源参与到"一带一路"建设中来，并从中分享"一带一路"建设所带来的红利。不仅国内要有宽松安全的投资环境，国家有关部门还要争取到沿线国家和地区的好的投资环境，指导中国民间企业如何走出去，并实施跨国经营管理，以最大限度地减少海外投资和经营的风险。这样才能吸引更多的民间企业参与其中，使得"一带一路"倡议得以扎实地长期推进。

唐诗咏海上丝路舶来品*

北京外国语大学　石云涛

引　言

在唐代海上贸易兴盛的时代，大海给中外文化交流提供了便利。唐朝对海外贸易采取开放和鼓励政策，经过海路入华的外国商人可以在中国自由贸易，政府允许他们把商品自由运进口岸，可以往来各地市易或开铺经营。广州和交州是中外通商的要地，当时南海诸国与唐朝通好的约有20多个国家和地区，关系最为密切的有林邑、真腊、丹丹、盘盘、堕和罗、赤土、骠国、室利佛逝、堕婆登、诃陵、波斯、大食、婆利、印度、师子国等。唐代海上交通和贸易的情况，史书上有所记载，同时也反映在唐诗的描写中。

唐代广州和交州的政治中心分别是南海（今广州）和龙编（在今越南），唐诗中常常写到南海和龙编的商舶与贸易。吕温《风咏》："悠然返空寂，晏海通舟航。"① 王建《送郑权尚书南海》："市喧山贼破，金贱海船来。"② 韩愈《送郑尚书赴南海》："货通师子国，乐奏武王台。"③ 刘禹锡《南海马大夫远示著述兼酬拙诗辄著微诚再有长句》："连天浪静长鲸

---

* 本文为国家社会科学基金后期资助项目（项目编号：17ZFS001）阶段性成果。
① 《全唐诗》卷371，中华书局1960年版，第4174页。
② 王建著：《王建诗集校注》卷5，王宗堂校注，中州古籍出版社2006年版，第280页。
③ 韩愈撰：《韩昌黎诗系年集释》卷12，钱仲联集释，上海古籍出版社1984年版，第1259页。

息,映日帆多宝舶来。"①陆龟蒙《和吴中言怀寄南海二同年》:"城连虎踞山图丽,路入龙编海舶遥。"②皮日休《送李明府之任海南》:"蟹奴晴上临潮槛,燕婢秋随过海船。"③这些诗句都反映了唐代海上交通和对外贸易的繁盛。

唐诗中的"海舶""海船"都是指从事海外贸易的中外商舶,这些商舶从海外带来了异域物产,丰富了唐人的生活。这些来自域外的物产也引起诗人们吟咏的兴趣,因此唐诗中有不少写到这些舶来品的作品。唐诗描写为唐代海上丝绸之路研究提供了新的材料,在某种程度上可补史籍之不足。而且,在反映唐人心态和情感方面,唐诗又是其他史料不能替代的。因此,本文略加探讨,供研究唐诗和中外文化交流史者参考。

一 珠宝

珠宝是海上丝路贸易的重要内容,汉代中国商使携"黄金杂缯"出海,赴印度洋诸国进行贸易,所获即"明珠、碧琉璃、奇石异物"等。④ 作为奢侈品,唐代海外珠宝仍是皇亲国戚达官贵人和豪富之家孜孜追求的商货。韩愈《送郑尚书序》讲到广州海上贸易之利云:"外国之货日至,珠、香、象、犀、玳瑁,奇物溢于中国,不可胜用。"⑤ 唐代诗歌中写到海舶载来犀角、象牙、翡翠、明珠、水晶、琉璃、珊瑚、翠羽等舶来品。

中国东南和东南亚沿海地区出产珍珠,唐诗反映了这些地区的采珠活动和珍珠贸易。施肩吾《岛夷行》诗:"腥臊海边多鬼市,岛夷居处无乡里。黑皮年少学采珠,手把生犀照咸水。"⑥ 翁宏《南越行》:"因寻买珠

---

① 刘禹锡著:《刘禹锡集笺证》外集卷5,瞿蜕园笺证,上海古籍出版社1989年版,第1307页。
② 陆龟蒙著,何锡光校注:《陆龟蒙全集校注》,凤凰出版社2015年版,第567页。
③ 《全唐诗》卷614,中华书局1960年版,第7081页。
④ 《汉书》卷28《地理志》,中华书局1962年版,第1671页。
⑤ 韩愈著,马其昶校注:《韩昌黎文集校注》卷4,上海古籍出版社1986年版,第284页。
⑥ 《全唐诗》卷494,中华书局1960年版,第5592页。

客,误入射猿家。"① 项斯《蛮家》:"领得卖珠钱,还归铜柱边。看儿调小象,打鼓试新船。"② 张籍《送海客归旧岛》:"海上去应远,蛮家云岛孤。竹船来桂府,山市卖鱼须。入国自献宝,逢人多赠珠。"③ 奇珍异宝有的通过贸易而来,所以在南方沿海地区的贸易中珠宝交易是重要内容,故刘禹锡诗称外国商船为"宝舶"。王建《送郑权尚书赴南海》写广州市面:"戍头龙脑铺,关口象牙堆。"④ 从唐诗可知,有中国商贾赴海外从事珠宝生意。王建《南中》诗:"独有求珠客,年年入海行。"⑤ 历史文献中常见到关于域外商人入华活动,被称为"商胡"或"胡商",中国人出海经商的活动少见,王建的诗是这种情况的反映。

最受皇室欢迎的是域外珍品,这些奇珍异物有的通过入贡而得,而贡使是通过海上丝路先至南方沿海地区,再通过地方官员奉送朝廷。林邑是海上丝路沿线重要国家,频入唐朝贡,曾向唐朝进贡珊瑚树。张谓《杜侍御送贡物戏赠》诗:"铜柱朱崖道路难,伏波横海旧登坛。越人自贡珊瑚树,汉使何劳獬豸冠。疲马山中愁日晚,孤舟江上畏春寒。由来此货称难得,多恐君王不忍看。"⑥ 南方沿海地方官员有转送海外贡物之职责。韦应物《送冯著受李广州署为录事》诗:"大海吞东南,横岭隔地维。建邦临日域,温燠御四时。百国共臻奏,珍奇献京师。"⑦ 殷尧藩《偶题》:"越女收龙眼,蛮儿拾象牙。长安千万里,走马送谁家。"⑧ 这些描写说明从海外贸易和南海入贡中获得的"珍奇"输入京都,成为皇室和上层贵族的奢侈品。安南向朝廷进贡珍珠,唐诗中也有反映,如皮日休《贱贡士》诗:"南越贡珠玑,西蜀进罗绮。到京未晨旦,一一见天子。"⑨

林邑国还曾向唐朝献火珠,"大如鸡卵,圆白皎洁,光照数尺,状如

---

① 童养年辑录:《全唐诗续补遗》卷14,《全唐诗补编》,中华书局1992年版,第514页。
② 《全唐诗》(卷554),中华书局1960年版,第6408页。
③ 张籍著,徐礼节、余恕诚校注:《张籍集系年校注》(卷2),中华书局2011年版,第227页。
④ 《王建诗集校注》卷5,中州古籍出版社2006年版,第280页。
⑤ 同上书,第224页。
⑥ 《全唐诗》卷197,中华书局1960年版,第2020页。
⑦ 韦应物著,陶敏、王友胜校注:《韦应物集校注》卷4,上海古籍出版社1998年版,第215页。
⑧ 《全唐诗》卷492,中华书局1960年版,第5575页。
⑨ 《全唐诗》卷608,中华书局1960年版,第7020页。

水精，正午向日，以艾承之，即火燃"。① 火珠是一种能聚光引火的珠，在传说和神话中是一种吉祥物，象征祥光普照永不熄灭。在中国古代宫殿塔廊建筑正脊上常用它做装饰，有两焰、四焰、八焰等不同形式。它常在龙的面前，又常是雷和闪电的象征。从唐诗可知，火珠在唐代被视为国宝。武则天时建天枢，以火珠为饰，诗人歌咏其事。刘肃《大唐新语》记载："天枢下置铁山，铜龙负载，狮子、麒麟围绕。上有云盖，盖上施盘龙以托火珠，珠高一丈，围三丈，金彩荧煌，光侔日月。武三思为其文，朝士献诗者不可胜纪。唯（李）峤诗冠绝当时，其诗曰：'辙迹光西崦，勋名纪北燕。何如万国会，讽德九门前。灼灼临黄道，迢迢入紫烟。仙盘正下露，高柱欲承天。山类丛云起，珠疑大火悬。声流尘作劫，业固海成田。圣泽倾尧酒，熏风入舜弦。欣逢下生日，还偶上皇年。'后宪司发峤附会韦庶人，左授滁州别驾而终。开元初，诏毁天枢，发卒销烁，弥月不尽。洛阳尉李休烈赋诗以咏之曰：'天门街里倒天枢，火急先须御火珠。计合一条丝线挽，何劳两县索人夫。'先有讹言云：'一条线挽天枢。'言其不经久也，故休烈之诗及之，士庶莫不讽咏。"② 武则天时建明堂，亦用火珠为饰，科举考试以此为题试诗。崔曙《奉试明堂火珠》就是这样的一首诗："正位开重屋，凌空出火珠。夜来双月满，曙后一星孤。天净光难灭，云生望欲无。遥知太平代，国宝在名都。"③

这些经海上丝路传入的珠宝进入了唐朝达官贵族的生活中。唐诗中常称豪华的宴会为"玳筵""象筵"，即用玳瑁、象牙制的席子。杜甫《观公孙大娘弟子舞剑器行》："玳筵急管曲复终，乐极哀来月东出。"④ 刘禹锡《马大夫见示浙西王侍御赠答诗因命同作》："象筵照室会词客，铜鼓临轩舞海夷。"⑤ 韩翃《别李明府》："宠光五世腰青组，出入珠宫引箫鼓。醉舞雄王玳瑁床，娇嘶骏马珊瑚柱。"⑥ 李明府在岭南仕职，地近林邑，来到京城，将归时诗人送别写此诗，其中写到李氏生活用具大多是海外珍奇。杜牧《送容州中丞赴镇》："交阯同星座，龙泉佩斗文。烧香

---

① 《旧唐书》卷197，中华书局1960年版，《南蛮传》，中华书局1975年版，第5270页。
② 刘肃：《大唐新语》卷8，中华书局1984年版，第126页。
③ 周勋初等主编：《全唐五代诗》卷129，陕西人民出版社2014年版，第2715页。
④ 杜甫著，（清）仇兆鳌注《杜诗详注》卷20，中华书局1979年版，第1818页。
⑤ 《刘禹锡集笺证》外集卷5，上海古籍出版社1989年版，第1314页。
⑥ 《全唐诗》卷243，中华书局1960年版，第731页。

翠羽帐，看舞郁金裙。鹢首冲泷浪，犀渠拂岭云。莫教铜柱北，空说马将军。"①

当唐王朝全盛之时，奇珍异宝为皇室贵族汲汲追求，源源不断地从海上输入。但遇到战乱或南方沿海地方官员贪腐，会影响到中外贸易的开展和珠宝的输入。李群玉《石门戍》云："到此空思吴隐之，潮痕草蔓上幽碑。人来皆望珠玑去，谁咏贪泉四句诗。"② 杜甫《自平》云："自平宫中吕太一，收珠南海千余日。近供生犀翡翠稀，复恐征戎干戈密。"③ 杜甫《诸将五首》之四云："回首扶桑铜柱标，冥冥氛祲未全销。越裳翡翠无消息，南海明珠久寂寥。"④ 杜甫这两首诗皆作于唐代宗广德年间。当时宦官兼广州市舶使吕太一发动叛乱，在广州城烧杀抢掠，市舶贸易遭到打击，影响到京城海外奢侈品的供给，诗人写诗记录当时南海贸易的萧条景象。从唐诗里我们还看到这种珠宝贸易也有伪劣假冒现象。元稹《送岭南崔侍御》写岭南地方"无限相忧事"，其中有"蛟老变为妖妇女，舶来多买假珠玑"。⑤ 妖妇惑众，以假珠玑出售。

二　动物

来自南海国家和地区入贡或贸易所得动物主要有象、犀牛、鹦鹉、翠鸟等。从南方海上交通中获得的动物，主要是象和犀牛，唐诗中写海外国家物产往往写到这两种动物。中国原产象，但汉代北方已经罕见大象，对于黄河流域的人来说，大象已经成为异域奇兽。在汉晋作家笔下象已经成为今越南境内特产。许慎《说文解字》："象，长鼻牙，南越之大兽。"⑥ 汉朝人知道在东南亚、南亚和西域一些国家，象作为坐骑和战骑使用，象牙受人珍视。《史记·大宛列传》记载，身毒国"人民乘象以战"。⑦ 唐代从今越南之地获得驯象。封演《封氏闻见记》云："异方禽兽，象出南

---

① 杜牧：《樊川文集》卷2，上海古籍出版社1978年版，第29页。
② 《全唐诗》卷570，中华书局1960年版，第6616页。
③ 《杜诗详注》卷20，第1809页。
④ 《杜诗详注》卷16，第1368页。
⑤ 元稹：《元稹集》卷17，中华书局1982年版，第202页。
⑥ 许慎：《说文解字》（九），中华书局1963年版，第198页。
⑦ 《史记》卷123《大宛列传》，中华书局1982年版，第3166页。

越，驼出北胡，今皆育于中国；然不如本土之宜也。"① 韩翃《别李明府》："罗山道士请人送，林邑使臣调象骑。"② 张籍《送南迁客》："去去远迁客，瘴中衰病身。青山无限路，白首不归人。海国战骑象，蛮州市用银。一家分几处，谁见日南春。"③ 豢养这来自异域的大象浪费钱财，因此林邑入贡的驯象，曾被唐德宗送还，诗人称赞他的这种行为。元稹《驯犀》诗云："建中之初放驯象，远归林邑近交广。兽返深山鸟构巢，鹰雕鹍鹘无羁鞅。"④ 白居易《驯犀》诗："君不见，建中初，驯象生还放林邑。君不见，贞元末，驯犀冻死蛮儿泣。所嗟建中异贞元，象生犀死何足言。"⑤

汉代时中国境内仍有犀牛。《史记·货殖列传》记载："江南出楠、梓、姜、桂、金、锡、连、丹沙、犀、玳瑁、珠玑、齿革"。⑥ 又云："番禺亦其一都会也，珠玑、犀、玳瑁、果布之凑。"⑦ 但犀牛越来越少见了。汉代犀牛已经是珍稀动物，犀角作为珍贵物产从海外国家传入。正如桓宽所云："犀象兕虎，南夷之所多也，……中国所鲜，外国贱之。"⑧ 唐代诗人知道在南方岛国犀牛是常见动物。殷尧藩《寄岭南张明甫》诗："瘴雨出虹蜺，蛮烟渡江急。尝闻岛夷俗，犀象满城邑。"⑨ 施肩吾《岛夷行》："腥臊海边多鬼市，岛夷居处无乡里。黑皮年少学采珠，手把生犀照咸水。"⑩ 林邑入贡的驯犀在宫廷里的表演，进入诗人的吟咏。卢纶《奉和圣制麟德殿宴百僚》："蛮夷陪作位，犀象舞成行。"⑪ 还有画家画犀牛，储光羲《述韦昭应画犀牛》诗："遐方献文犀，万里随南金。大邦柔远人，以之居山林。"⑫ 诗人赞美朝廷把犀牛放入林野。代宗时林邑入贡的一批驯犀被德宗放之林野，此事也见于诗人的吟咏，赞美唐德宗的行为。

---

① 封演撰：《封氏闻见记校注》卷7，赵贞信校注，中华书局1958年版，第60页。
② 《全唐诗》卷243，中华书局1960年版，第731页。
③ 《张籍集系年校注》卷2，第145页。
④ 《元稹集》卷24，中华书局1982年版，第283页。
⑤ 《白居易集》卷3，中华书局1979年版，第69页。
⑥ 《史记》卷129《货殖列传》，第3253—3254页。
⑦ 同上书，第3268页。
⑧ 桓宽撰：《盐铁论校注》卷7《崇礼》，王利器校注，中华书局1992年版，第438页。
⑨ 《全唐诗》卷492，中华书局1960年版，第5577页。
⑩ 《全唐诗》卷494，中华书局1960年版，第5592页。
⑪ 《全唐诗》卷254，中华书局1960年版，第2858页。
⑫ 《全唐五代诗》卷195，第4093页。

元稹《驯犀》诗：

> 贞元之岁贡驯犀，上林置圈官司养。玉盆金栈非不珍，虎咆狴牢鱼食网。渡江之橘逾汶貉，反时易性安能长。腊月北风霜雪深，踡跼鳞身遂长往。行地无疆费传驿，通天异物罹幽枉。乃知养兽如养人，不必人人自敦奖。不扰则得之于理，不夺有以多于赏。脱衣推食衣食之，不若男耕女令纺。尧民不自知有尧，但见安闲聊击壤。前观驯象后驯犀，理国其如指诸掌。①

白居易《驯犀》诗：

> 驯犀驯犀通天犀，躯貌骇人角骇鸡。海蛮闻有明天子，驱犀乘传来万里。一朝得谒大明宫，欢呼拜舞自论功。五年驯养始堪献，六译语言方得通。上嘉人兽俱来远，蛮馆四方犀入苑。秣以瑶刍锁以金，故乡迢递君门深。海鸟不知钟鼓乐，池鱼空结江湖心。驯犀生处南方热，秋无白露冬无雪。一入上林三四年，又逢今岁苦寒月。饮冰卧霰苦踡跼，角骨冻伤鳞甲蹜。驯犀死，蛮儿啼，向阙再拜颜色低。奏乞生归本国去，恐身冻死似驯犀。君不见，建中初，驯象生还放林邑。君不见，贞元末，驯犀冻死蛮儿泣。所嗟建中异贞元，象生犀死何足言。②

上引两首诗中提到林邑进献驯象驯犀之事，集中在唐大历、建中及贞元时期，这段时间唐与林邑国交往非常频繁，德宗施政方面的变化在对待林邑入贡的犀象的态度上表现出来，君王不能善始善终，受到诗人的责难。

从海外得到的动物还有鸟类，主要是供观赏的珍禽。翡翠鸟是生长在东南沿海和东南亚的美丽的小鸟，羽毛可作饰品，称为"翠羽"。这种鸟及其翠羽从南方沿海地区和东南亚入贡中原。杜甫《诸将五首》其三："回首扶桑铜柱标，冥冥氛祲未全销。越裳翡翠无消息，南海明珠久寂寥。"③ 周繇《送杨环校书归广南》："天南行李半波涛，滩树枝枝拂戏

---

① 《元稹集》卷24，中华书局1982年版，第283页。
② 《白居易集》卷3，中华书局1979年版，第69页。
③ 《杜诗详注》卷16，第1368页。

猱。初著蓝衫从远峤，乍辞云署泊轻艘。山村象踏桄榔叶，海外人收翡翠毛。"① 林邑国曾向唐朝进贡鹦鹉，白居易《红鹦鹉》写的就是来自安南的鹦鹉："安南远进红鹦鹉，色似桃花语似人。文章辩慧皆如此，笼槛何年出得身。"② 题注云："商山路逢。"诗人路逢安南都护府赴京上贡红鹦鹉，写下这首讽喻诗。林邑国的方物有时是通过安南都护府进贡的，安南都护府送到京城里的红鹦鹉来自林邑的入贡。

三　植物

中国很早就从域外引入各种植物，主要有两类，一类是供观赏的奇花异草，一类是实用的植物，即具有食用价值的果树或具有医药价值的草木。经过海上丝路引种的品种很多，这些植物的新奇美观与果实的味美可口引起诗人吟咏的兴趣。

有的植物是从南方沿海地区移植中原的，有的是从海外移植中国南方再移植其他地区的。桂树是具有香料和医药价值的植物，来自南方。卢僎《题殿前桂叶》："桂树生南海，芳香隔楚山。今朝天上见，疑是月中攀。"③ 木兰花树既美观，又散发芳香。刘长卿《题灵祐上人法华院木兰花（其树岭南，移植此地）》："庭种南中树，年华几度新。已依初地长，独发旧园春。映日成华盖，摇风散锦茵。色空荣落处，香醉往来人。菡萏千灯遍，芳菲一雨均。高柯倘为楫，渡海有良因。"④ 棉花是从南亚移植过来的，古代文献称为"白氎""木绵"。唐代南方沿海地区普遍种植棉花。王建《送郑权尚书南海》："白氎家家织，红蕉处处栽。"⑤ 元稹《送岭南崔侍御》："火布垢尘须火浣，木绵温软当绵衣。"⑥ 茉莉花从南亚地区经海路传入中国南方，后来移植到中国各地。皮日休《吴中言怀寄南海二同年》："曲水分飞岁已赊，东南为客各天涯。退公只傍苏劳竹，移

---

① 《全唐诗》卷635，中华书局1960年版，第7292页。
② 《白居易集》卷15，中华书局1979年版，第313页。
③ 《全唐诗》卷99，中华书局1960年版，第1072页。
④ 刘长卿撰：《刘长卿集编年笺注》，储仲君校注，中华书局1996年版，第325页。
⑤ 《王建诗集校注》卷5，第280页。
⑥ 《元稹集》卷17，中华书局1982年版，第202页。

宴多随末利花。"① 史载李德裕营造平泉园林，"远方之人，多以异物奉之"，时有题诗云："陇右诸侯供语鸟，日南太守送名花。"② 岭南的红蕉曾移植长安。刘昭禹《送人红花栽》："世上红蕉异，因移万里根。艰难离瘴土，潇洒入朱门。叶战青云韵，花零宿露痕。长安多未识，谁想动吟魂。"③ 椰子树也被移植到北方皇家园林里。张谔《岐王山亭》："石榴天上叶，椰子日南枝。出入千门里，年年乐未移。"④

来自南海和域外的植物有的根茎或果实可以食用，异乡美味，新鲜可口，受到诗人赞赏。荔枝、龙眼、柑橘之类一直是南方交州地区的贡物。汉武帝平南越之后，南方水果大量输入中原地区，因为唐玄宗宠幸杨贵妃，曾令南海快马驿递南海新鲜荔枝，受到诗人的诟病。杜甫《病橘》诗："忆昔南海使，奔腾献荔枝。百马死山谷，到今耆旧悲。"⑤ 从唐诗的描写可知，这些南方的珍果美味主要还是贵族之家享用。戴叔伦《春日早朝应制》："丹荔来金阙，朱樱贡玉盘。六龙扶御日，只许近臣看。"⑥ 鲍防《杂感》："汉家海内承平久，万国戎王皆稽首。天马常衔苜蓿花，胡人岁献葡萄酒。五月荔枝初破颜，朝离象郡夕函关。雁飞不到桂阳岭，马走先过林邑山。"⑦ 殷尧藩《偶题》："越女收龙眼，蛮儿拾象牙。长安千万里，走马送谁家。"⑧ 扶南国的甘蔗味道特别甜美，受到诗人李颀的称赞，他的诗《送刘四赴夏县》写刘四被召入麒麟阁任职："扶南甘蔗甜如蜜，杂以荔枝龙州橘。"⑨ 在刘氏朝廷任官的惬意生活中，他特意提到扶南甘蔗。

刺桐原产于非洲、南亚和东南亚。唐代南方沿海地区引种了刺桐，唐代诗人对刺桐的题咏不少。无名氏《杂曲歌辞·太和第三》："庭前鹊绕相思树，井上莺歌争刺桐。"⑩ 曹松《送陈樵校书归泉州》诗："帝京须

---

① 《全唐诗》卷614，中华书局1960年版，第7082页。
② 康骈：《剧谈录》，古典文学出版社1958年版，第64页。
③ 《全唐诗》卷886，中华书局1960年版，第10019页。
④ 《全唐五代诗》卷107，第2193页。
⑤ 《杜诗详注》卷10，第854页。
⑥ 戴叔伦著：《戴叔伦诗集校注》卷3，蒋寅校注，上海古籍出版社2010年版，第224页。
⑦ 《全唐诗》卷307，中华书局1960年版，第3485页。
⑧ 《全唐诗》卷492，中华书局1960年版，第5574页。
⑨ 《全唐五代诗》卷193，第4060页。
⑩ 《全唐诗》卷27，中华书局1960年版，第382页。

早入，莫被刺桐迷。"① 徐夤《昔游》诗："昔游红杏苑，今隐刺桐村。"② 罗邺《放鹧鸪》："好傍青山与碧溪，刺桐毛竹待双栖。花时迁客伤离别，莫向相思树上啼。"③ 刺桐树的花儿最引起诗人情思。张籍《送汀州源使君》："地僻寻常来客少，刺桐花发共谁看。"④ 朱庆馀《南岭路》："越岭向南风景异，人人传说到京城。经冬来往不踏雪，尽在刺桐花下行。"⑤ 李郢《送人之岭南》："回望长安五千里，刺桐花下莫淹留。"⑥ 曹唐《奉送严大夫再领容府二首》其二："蕲竹水翻台榭湿，刺桐花落管弦闲。"⑦ 方干《送人宰永泰》："北人虽泛南流水，称意南行莫恨赊。道路先经毛竹岭，风烟渐近刺桐花。"⑧ 方干《题画建溪图》："六幅轻绡画建溪，刺桐花下路高低。分明记得曾行处，只欠猿声与鸟啼。"⑨ 王毂《刺桐花》："南国清和烟雨辰，刺桐夹道花开新。林梢簇簇红霞烂，暑天别觉生精神。"⑩ 徐夤《春末送陈先辈之清源》："贫中惟是长年华，每羡君行自叹嗟。归日捧持明月宝，去时期刻刺桐花。"⑪ 陈陶《泉州刺桐花咏兼呈赵使君》六首盛赞刺桐花的美艳，其一："仿佛三株植世间，风光满地赤城闲。无因秉烛看奇树，长伴刘公醉玉山。"其二："海曲春深满郡霞，越人多种刺桐花。可怜虎竹西楼色，锦帐三千阿母家。"其三："石氏金园无此艳，南都旧赋乏灵材。只因赤帝宫中树，丹凤新衔出世来。"其四："猗猗小艳夹通衢，晴日熏风笑越姝。只是红芳移不得，刺桐屏障满中都。"其五：不胜攀折怅年华，红树南看见海涯。故国春风归去尽，何人堪寄一枝花。"其六："赤帝常闻海上游，三千幢盖拥炎州。今来树似离宫色，红翠斜攲十二楼。"⑫ 在他笔下，刺桐花简直不是人间所有，而是从仙境移来。从这些诗中涉及的地名可知，当时在广西、广东和福建等地

---

① 《全唐诗》卷717，中华书局1960年版，第8242页。
② 《全唐诗》卷708，中华书局1960年版，第8141页。
③ 《全唐诗》卷654，中华书局1960年版，第7522页。
④ 《张籍集系年校注》卷4，第583页。
⑤ 《全唐诗》卷514，中华书局1960年版，第5866页。
⑥ 《全唐诗》卷590，中华书局1960年版，第6849页。
⑦ 《全唐诗》卷640，中华书局1960年版，第7342页。
⑧ 《全唐诗》卷650，中华书局1960年版，第7467页。
⑨ 《全唐诗》卷653，中华书局1960年版，第7504页。
⑩ 《全唐诗》卷694，中华书局1960年版，第7987页。
⑪ 《全唐诗》卷709，中华书局1960年版，第8165页。
⑫ 《全唐诗》卷746，中华书局1960年版，第8492页。

刺桐的种植非常普遍，刺桐花的美丽给诗人留下非常深刻的印象，来到南方沿海地区的人看到这种美丽的树与花，自然写诗咏叹；没有来到南方的诗人送别朋友到南方去，也歌咏刺桐树和花的美，以赞叹朋友之行的惬意和愉快。

四 香料、药物

香料经海上丝绸之路传入中国南方沿海地区，进而传入中原。考古发现汉时南越国已有从海外输入香料和燃香习俗。通过海上交通联结东西方贸易的道路又称"香料之路"，产于阿拉伯半岛、南亚、东非和东南亚的香料通过这条路线西传欧洲，东传至中国。唐诗反映了烧香和熏香的习俗。李益《宫怨》："露湿晴花宫殿香，月明歌吹在昭阳。"① 杜牧《送容州中丞赴镇》："烧香翠羽帐，看舞郁金裙。"② 李商隐《故番禺侯以赃罪致不辜事觉母者他日过其门》："江陵从种橘，交广合投香。"③ 薛能《吴姬十首》其五："退红香汗湿轻纱，高卷蚊厨独卧斜。"④ 和凝《宫词百首》其三："中兴殿上晓光融，一炷天香舞瑞风。"⑤ 海外输入的香料也在唐诗中屡见吟咏。

龙涎香是得之海外的产品。传说龙涎香是龙的口水凝结而成，后世研究发现实际是由鲸消化系统分泌物产生。公元前18世纪巴比伦、亚述和波斯的宗教仪式中所用的香料已经有龙涎香。龙涎香最早是南亚居民发现，成为王室贵族的奢侈品，唐时通过阿拉伯半岛商人传入中国。龙涎香被唐人称为"阿末香"，来自阿拉伯语。晚唐段成式《酉阳杂俎》记载："拨拔力国，在西南海中，不食五谷，食肉而已。……土地唯有象牙及阿末香，波斯商人欲入此国，团集数千，赍彩布，没老幼共刺血立誓，乃市其物。"⑥ 这个记载反映龙涎香是由波斯商人通过海路贩运至中国。拨拔力国，一般认为即今非洲索马里北部亚丁湾南岸的柏培拉一带。杜牧

---

① 李益著：《李益诗注》，范之麟注，上海古籍出版社1984年版，第114页。
② 杜牧：《樊川文集》卷2，第29页。
③ 李商隐撰：《玉溪生诗集笺注》卷1，冯浩笺注，第49页。
④ 《全唐诗》卷561，中华书局1960年版，第6520页。
⑤ 《全唐诗》卷735，中华书局1960年版，第8393页。
⑥ 段成式：《酉阳杂俎·前集》卷4，中华书局1981年版，第46页。

《暝投云智寺渡溪不得却取沿江路往》:"沙虚留虎迹,水滑带龙涎。"①项斯《寄流人》:"象迹频藏齿,龙涎远蔽珠。家人秦地老,泣对日南图。"②陈光《送人游交趾》:"浪歇龙涎聚,沙虚象迹深。"③贯休《怀匡山山长二首》其一:"杉罅龙涎溢,潭坳石发多。"④这几首诗都写到龙涎香,说明龙涎香在唐代已经输入中国。有人认为宋代才有"龙涎"之名,⑤不确。关于其产地,宋人周去非《岭外代答》"龙涎"条云:"大食西海多龙,枕石一睡,涎沫浮水,积而能坚。鲛人采之以为至宝。新者色白,稍久则紫,甚久则黑。因至番禺尝见之,不薰不莸,似浮石而轻也。人云龙涎有异香,或云龙涎气腥能发众香,皆非也。龙涎于香本无损益,但能聚烟耳。和香而用真龙涎,焚之一铢,翠烟浮空,结而不散,座客可用一剪分烟缕。此其所以然者,蜃气楼台之余烈也。"⑥元人汪大渊《岛夷志略》记载从中国南海西行,有一岛名"龙涎屿",产龙涎香。据苏继庼考证,其地在今苏门答腊北部南巫里附近。⑦周氏、汪氏关于龙涎香产生的传说固不可信,但言其产地说明了龙涎香来自"大食"(阿拉伯)、东南亚沿海地区和岛国应该没有问题。

龙脑香是由龙脑树树干析出的白色晶体,龙脑树原产于东南亚苏门答腊、加里曼丹、马来半岛等地。从唐诗可知,广州市场上有大量龙脑香出售。王建《送郑权尚书南海》:"戍头龙脑铺,关口象牙堆。"⑧与龙脑香大量进口和出售有关,唐诗中写贵族生活常常写到龙脑香。长孙佐辅《古宫怨》:"看笼不记熏龙脑,咏扇空曾秃鼠须。"⑨戴叔伦《早春曲》云:"博山吹云龙脑香,铜壶滴愁更漏长。"⑩李贺《春怀引》:"宝枕垂云选春梦,钿合碧寒龙脑冻。"⑪李贺《唐儿歌》:"青骢马肥金鞍光,龙

---

① 《全唐诗》卷526,中华书局1960年版,第6020页。
② 《全唐诗》卷554,中华书局1960年版,第6414页。
③ 陈尚君:《全唐诗续拾》卷36,《全唐诗补编》,中华书局1992年版,第1247页。
④ 《全唐诗》卷831,中华书局1960年版,第9373页。
⑤ 汪大渊著,苏继庼校释:《岛夷志略校释》,中华书局1981年版,第46页。
⑥ 周去非著:《岭外代答校注》卷7,杨武泉校注,中华书局1999年版,第266页。
⑦ 《岛夷志略校释》,第44—45页。
⑧ 《王建诗集校注》卷5,第280页。
⑨ 《全唐诗》卷469,中华书局1960年版,第5335页。
⑩ 《戴叔伦诗集校注》卷4,第256页。
⑪ 李贺著:《李贺诗集》外集,叶葱奇疏注,人民文学出版社1959年版,第337页。

脑入缕罗衫香。"① 薛能《吴姬十首》其二："龙麝薰多骨亦香，因经寒食好风光。"② 其六："取次衣裳尽带珠，别添龙脑裹罗襦。"③ 段成式《戏高侍御七首》其四："欲熏罗荐嫌龙脑，须为寻求石叶香。"④ 吴融《个人三十韵》写女道士："炷香龙荐脑，辟魔虎输精。"⑤ 黄滔《马嵬二首》其二："龙脑移香凤辇留，可能千古永悠悠。夜台若使香魂在，应作烟花出陇头。"⑥ 杜牧《八六子》词："洞房深，画屏灯照，山色凝翠沈沈。听夜雨，冷滴芭蕉，惊断红窗好梦。龙烟细飘绣衾，辞恩久归长信。凤帐萧疏，椒殿闲扁。"⑦ 段成式《酉阳杂俎》云："龙脑香树出婆利国，婆利呼为'固不婆律'，亦出波斯国。"⑧ 婆利国在今印度尼西亚加里曼丹岛。所谓"出波斯国"可能是经波斯商人将龙脑香贩运至中国。广州南越国时期墓葬中出土的铜熏炉，腹内常有灰烬或炭粒状香料残存，广西罗泊湾二号汉墓出土的铜熏炉内，盛两块白色椭圆形粉末块状物，研究者认为属龙脑或沉香之类的树脂香料残留物。⑨

沉香，古代文献中有时写作"沈香""琼脂"，又名"沉水香""水沉香"。古来常说的四种香料"沉檀龙麝"之"沉"即指沉香。沉香香品难得，被列为众香之首。沉香树野生或栽培于热带地区，印度、缅甸、柬埔寨、马来半岛、菲律宾、摩鹿加群岛、南中国、海南岛皆产沉香木。国外主要分布于印度、印度尼西亚、越南、马来西亚等国。⑩ 沉香是古代国际贸易中的重要商品，唐代是用途最为广泛的香料，也是唐诗中描写最多的香料。从唐诗描写看，沉香有多种用途，有时用作建筑材料和装饰。唐玄宗时有沉香亭，李白《清平调词三首》其三："解得春风无限恨，沈香亭北倚阑干。"⑪ 唐穆宗长庆四年（824）九月"丁未，波斯大商李苏沙

---

① 《李贺诗集》外集，第342页。
② 《全唐诗》卷561，中华书局1960年版，第6519页。
③ 同上书，第6520页。
④ 《全唐诗》卷584，中华书局1960年版，第6770页。
⑤ 《全唐诗》卷685，中华书局1960年版，第7870页。
⑥ 《全唐诗》卷706，中华书局1960年版，第8132页。
⑦ 《全唐诗》卷891，中华书局1960年版，第10059页。
⑧ 《酉阳杂俎》卷18《木篇》，第177页。
⑨ 兰日勇、覃义生：《广西贵县罗泊湾二号汉墓》，《考古》1982年第4期。
⑩ 刘永新主编：《国家药典中药实用手册》，中医古籍出版社2011年版，第278页。
⑪ 《李白集校注》卷5，上海古籍出版社1980年版，第393页。

进沉香亭子材"。拾遗李汉进谏,认为"沉香为亭子,不异瑶台、琼室"。① 唐后期波斯商人往往经海路入华,李苏沙的沉香应该经海路运至中国。李贺《莫愁曲》:"归来无人识,暗上沉香楼。"② 刘禹锡《三阁词四首》其三:"沉香帖阁柱,金缕画门楣。"③ 孙元晏《望仙阁》:"多少沈檀结筑成,望仙为号倚青冥。"④ 温庭筠《菩萨蛮》:"宝函钿雀金鸂鶒,沈香阁上吴山碧。"⑤ 有时用沉香木直接做成器具。杨凝《花枕》诗:"席上沈香枕,楼中荡子妻。"⑥ 王建《宫词一百首》七十七:"各把沉香双陆子,局中斗累阿谁高。"⑦ 从这些诗的描写看,有的枕头和棋子用沉香木制成。沉香通常在香炉里点燃,增加室内香味和温暖。李白《杨叛儿》:"博山炉中沉香火,双烟一气凌紫霞。"⑧ 刘复《夏日》:"银瓶绠转桐花井,沉水烟销金博山。"⑨ 郑良士《寄富洋院禅者》:"雪上茗芽因客煮,海南沈屑为斋烧。"⑩ 李贺《贵公子夜阑曲》:"袅袅沉水烟,乌啼夜阑景。"⑪ 施肩吾《夜宴曲》:"兰缸如昼晓不眠,玉堂夜起沈香烟。"⑫ 罗隐《香》:"沈水良材食柏珍,博山烟暖玉楼春。怜君亦是无端物,贪作馨香忘却身。"⑬ 和凝《宫词百首》其八:"红兽慢然天色暖,凤炉时复爇沉香。"⑭ 沉香有时用来熏染衣物或器物,使具有香味。李峤《床》:"传闻有象床,畴昔荐君王。玳瑁千金起,珊瑚七宝妆。桂筵含柏馥,兰席拂沉香。"⑮ 韩翃《别李明府》:"五侯焦石烹江笋,千户沉香染客

---

① 《旧唐书》卷17《敬宗纪》,第512页。
② 《李贺诗集》外集,第332—333页。
③ 《刘禹锡集》卷26,上海人民出版社1975年版,第236页。
④ 《全唐诗》卷767,中华书局1960年版,第8711页。
⑤ 《全唐诗》卷891,中华书局1960年版,第10065页。
⑥ 《全唐诗》卷290,中华书局1960年版,第3300页。
⑦ 《王建诗集校注》卷10,第625页。
⑧ 《李白集校注》卷4,第287页。
⑨ 《全唐诗》卷305,中华书局1960年版,第3470页。
⑩ 《全唐诗》卷726,中华书局1960年版,第8324页。
⑪ 《李贺诗集》卷1,第22页。
⑫ 《全唐诗》卷494,第5585页。
⑬ 罗隐《甲乙集》,《罗隐集》,中华书局1983年版,第31页。
⑭ 《全唐诗》卷735,中华书局1960年版,第8363页。
⑮ 《全唐五代诗》卷45,第896页。

衣。"① 元稹《白衣裳二首》其二："藕丝衫子柳花裙，空著沈香慢火熏。"② 李商隐《效徐陵体赠更衣》："轻寒衣省夜，金斗熨沈香。"③ 胡宿《侯家》："彩云按曲青岑醴，沈水薰衣白璧堂。"④ 韩偓《浣溪沙二首》其二："雪肌仍是玉琅玕，骨香腰细更沉檀。"⑤

与沉香并称的是檀香，佛家谓之"旃檀"，取自檀香树木质心材（或其树脂），分为白檀、黄檀、紫檀等品类。檀香木主产于印度东部、泰国、印尼、马来西亚、澳大利亚、斐济等湿热地区。唐诗中常把沉香与檀香并称为"沉檀"或"沈檀"。张贲《玩金鸂鶒和陆鲁望》："谁怜化作雕金质，从倩沉檀十里闻。"⑥ 和凝《宫词百首》之十七："多把沈檀配龙麝，宫中掌浸十香油。"⑦ 李中《宫词二首》其二："金波寒透水精帘，烧尽沈檀手自添。"⑧ 孙元晏《陈·望仙阁》："多少沈檀结筑成，望仙为号倚青冥。不知孔氏何形状，醉得君王不解醒。"⑨ 李煜《一斛珠》词："晚妆初过，沈檀轻注些儿个。向人微露丁香颗。"⑩

香料往往具有医药价值，通过海上丝绸路也有专门的药物传入。诃梨勒是产于印度的植物，其果实和树叶皆具药性。诃梨勒果实汉代传入中国，作为药用。后来也作为一种植物移植中国，其传入的路线是经过海路而来，所以先见于南方沿海地区。晋嵇含《南方草木状》云："诃梨勒树，似木梡，花白，子形如橄榄、六路，皮肉相著，可作饮，变白髭发令黑，出九真。"⑪ 九真郡，在今越南境内，说明印度的诃梨勒是经过东南亚而来。雷云飞指出："诃子原产波斯、印度、缅甸，马来西亚亦产。……到汉代时，诃子沿着丝绸之路传入我国，并开始栽于云南西部和广东南部。唐代鉴真和尚东渡日本时，广州乾明寺（今光孝寺）就栽有

---

① 《全唐诗》卷243，中华书局1960年版，第731页。
② 《元稹集》外集卷7，第686—687页。
③ 《玉溪生诗集笺注》卷3，第681页。
④ 《全唐诗》卷731，中华书局1960年版，第8369页。
⑤ 《全唐诗》卷891，中华书局1960年版，第10070页。
⑥ 《全唐诗》卷631，中华书局1960年版，第7237页。
⑦ 《全唐诗》卷735，中华书局1960年版，第8394页。
⑧ 《全唐诗》卷748，中华书局1960年版，第8526页。
⑨ 《全唐诗》卷767，中华书局1960年版，第8711页。
⑩ （五代南唐）李璟、李煜：《李璟李煜词》，人民文学出版社1958年版，第16页。
⑪ 嵇含：《南方草木状》（卷中），广陵书局2003年版，第5页。

诃子数株。"① 这种栽种数量极少，唐代仍从域外传入。不仅果实具有药用及饮用价值，树叶也具有药效。包佶《抱疾谢李吏部赠诃黎勒叶》："一叶生西徼，赍来上海查。岁时经水府，根本别天涯。方士真难见，商胡辄自夸。此香同异域，看色胜仙家。茗饮暂调气，梧丸喜伐邪。幸蒙祛老疾，深愿驻韶华。"② 包佶获得的诃梨叶经海上丝路传来，他认为诃梨叶有"调气""伐邪"和"祛老疾"之功效。明胡震亨《唐音癸签》引逌叟语："包佶《诃梨勒叶》诗：'茗饮暂调气，梧丸喜伐邪。'按《本草》：'诃梨勒树似木梡，花白，子似栀子，主消痰下气等疾。来自南海舶上，广州亦有之。'茗亦能下气，此言其功胜茗。梧丸，谓入用丸如梧子也。今医家所用诃梨勒，是其子，不闻用叶者，应是本草失收耳。"③

丹砂又称朱砂、辰砂，在中医中被用作药材，具镇静安神和杀菌等功效，道家用作炼丹原料。杜甫《送段功曹归广州》："交趾丹砂重，韶州白葛轻。幸君因旅（一作估）客，时寄锦官城。"④ 交趾丹砂质量好，他希望到南方去的朋友给自己捎带或寄来交州的丹砂。施肩吾《自述》："箧贮灵砂日日看，欲成仙法脱身难。不知谁向交州去，为谢罗浮葛长官。"⑤ 皮日休《寄琼州杨舍人》："清切会须归有日，莫贪句漏足丹砂。"⑥ 句漏县即今越南北宁省顺城县。交州的薏苡具有重要医药价值，在皮日休等人《药名联句》诗中专门提到薏苡，张贲诗云："为待防风饼，须添薏苡杯。"⑦ 海外国家的药方有的也通过广州传至内地。唐无名氏《和剂方补骨脂丸方诗》："三年时节向边隅，人信方知药力殊。夺得春光来在手，青娥休笑白髭须。"此诗序云："宣宗朝，太尉张寿知广州，得补骨脂丸方于南蕃，人服之验，为诗纪之。补骨脂，《神农本草》不载，生广南诸州及海外诸国，衰年阳气衰绝，力能补之。"⑧

---

① 雷云飞等：《佛教圣树诃子及其开发利用展望》，《广东林业科技》2010 年第 4 期。
② 《全唐诗》卷 205，中华书局 1960 年版，第 2140 页。
③ （明）胡震亨：《唐音癸籖》卷 20，上海古籍出版社 1981 年版，第 218 页。
④ 《杜诗详注》卷 11，第 928 页。
⑤ 《全唐诗》卷 494，中华书局 1960 年版，第 5598 页。
⑥ 《全唐诗》卷 614，中华书局 1960 年版，第 7080 页。
⑦ 《全唐诗》卷 793，中华书局 1960 年版，第 8929 页。
⑧ 《全唐诗》卷 880，中华书局 1960 年版，第 9959 页。

五　器物

　　从海外传入中国的器物，因为新奇珍贵引起诗人歌咏的兴趣。螺壳可作酒杯和碗，螺杯和螺碗来自海外国家或南方沿海地区。张籍《和韦开州盛山十二首·流杯渠》："渌酒白螺杯，随流去复回。似知人把处，各向面前来。"① 曹唐《南游》："尽兴南游卒未回，水工舟子不须催。政思碧树关心句，难放红螺蘸甲杯。"② 白居易《代书诗一百韵寄微之》写与元稹的友情和交游："密坐随欢促，华尊逐胜移。香飘歌袂动，翠落舞钗遗。筹插红螺碗，觥飞白玉卮。"③ 吴融《个人三十韵》诗："鱼网徐徐褰，螺卮浅浅倾。"④ 南海地区花藤制成的药盒得到诗人的吟咏。朱昼《赋得花藤药合寄颍阴故人》："藤生南海滨，引蔓青且长。剪削为花枝，何人无文章。非才亦有心，割骨闻馀芳。繁叶落何处，孤贞在中央。愿盛黄金膏，寄与青眼郎。路远莫知意，水深天苍苍。"⑤

　　东南亚和中国西南地区的铜鼓屡见于诗人的吟咏。许浑《送客南归有怀》："瓦尊迎海客，铜鼓赛江神。"⑥ 皮日休《吴中言怀寄南海二同年》："铜鼓夜敲溪上月，布帆晴照海边霞。"⑦ 温庭筠《河渎神》："铜鼓赛神来，满庭幡盖裴回。"⑧ 东南亚地区用鱼骨贝壳制成的酒樽，被称为"诃陵樽"。皮日休《五贶诗·诃陵樽》："一片鲎鱼壳，其中生翠波。买须能紫贝，用合对红螺。尽泻判狂药，禁敲任浩歌。明朝与君后，争那玉山何。"⑨ 陆龟蒙《奉和袭美赠魏处士五贶诗·诃陵尊》："鱼骼匠成尊，犹残海浪痕。外堪欺玳瑁，中可酌昆仑（酒名）。水绕苔矶曲，山当草阁门。此中醒复醉，何必问乾坤。"⑩ 诃陵，古国名，位于今印度尼西亚爪

---

① 《张籍集系年校注》卷5，第621页。
② 《全唐诗》（卷640），中华书局1960年版，第7343页。
③ 《白居易集》卷13，第245—246页。
④ 《全唐诗》卷685，中华书局1960年版，第7870页。
⑤ 《全唐诗》卷491，中华书局1960年版，第5561页。
⑥ 《全唐诗》卷530，中华书局1960年版，第6062页。
⑦ 《全唐诗》卷614，中华书局1960年版，第7082页。
⑧ 《全唐诗》卷891，中华书局1960年版，第10066—10067页。
⑨ 《全唐诗》卷612，中华书局1960年版，第7059页。
⑩ 《全唐诗》卷622，中华书局1960年版，第7160页。

哇岛或苏门答腊岛，或兼称二岛。白居易《送客春游岭南二十韵》："诃陵国分界，交趾郡为邻。"贞观十四年曾遣使来朝，大历三年、四年皆遣使朝贡。元和十年遣使献僧祇僮五人、鹦鹉、频伽鸟并异种名宝。"诃陵樽"当出于其国。

火浣布即石棉布，由于具有不可燃性，在火中能去污垢。其产地亦有不同说法，一曰西域；二曰火洲或炎洲，其地大约在东南亚或斯里兰卡。东汉杨孚《异物志》云："斯调国在火州，在南海中，其上有野火，春夏自生，秋冬自死。有木生于其中而不消也，枝皮更活，秋冬火死则皆枯瘁。其俗常冬采其皮以为布，色小青黑；若尘垢污之，便投火中，则更鲜明也。"[①] 斯调国即今斯里兰卡。三国吴朱应《扶南土俗传》云："火洲在马五洲之东千馀里，春月霖雨，雨止则火燃洲上，林木得雨则皮黑，得火则皮白。诸左右洲人，以春月采木皮，绩以为布，即火浣也，或作灯柱。"[②] 马五洲，一般认为在印度尼西亚，或谓巴厘岛，或谓马鲁古群岛。[③] 唐诗中写到火浣布，以之为贵族服饰。李颀《行路难》："汉家名臣杨德祖，四代五公享茅土。父兄子弟绾银黄，跃马鸣珂朝建章。火浣单衣绣方领，茱萸锦带玉盘囊。"[④] 唐代多取火浣布来自炎洲或火洲之说。王贞白《寄郑谷》："五百首新诗，缄封寄去时。只凭夫子鉴，不要俗人知。火鼠重收布，冰蚕乍吐丝。直须天上手，裁作领巾披。"[⑤] 元稹《估客乐》写商贾"北买党项马，西擒吐蕃鹦。炎洲布火浣，蜀地锦织成。"[⑥] 其《送岭南崔侍御》写岭南物产："火布垢尘须火浣，木绵温软当绵衣。"[⑦] 他们把火浣布视为珍异之物，看作南海异域国家的特产。

在中外文化交流形成高峰的唐代，海上丝绸之路的发展促进了中外贸易的繁荣，也为唐诗创作提供了丰富的素材，唐诗的繁荣与中外文化交流有直接关系；唐诗作为社会生活的反映，对于认识丝路发展具有重要的参考价值，以上所引唐诗中关于海外舶来品的吟咏，反映了海上丝绸之路的

---

① 《三国志》卷4《魏书·三少帝纪》，裴松之注引，中华书局1959年版，第117页。
② 乐史：《太平寰宇记》卷177《四夷·南蛮》，中华书局2007年版，第3380页。
③ 陈佳荣等：《古代南海地名汇释》，中华书局1986年版，第166页。
④ 《全唐诗》卷25，中华书局1960年版，第345页。
⑤ 《全唐诗》卷701，中华书局1960年版，第8061页。
⑥ 《元稹集》卷23，中华书局1982年版，第268页。
⑦ 《元稹集》卷17，中华书局1982年版，第202页。

兴盛，具有重要的史料价值。唐代丝绸之路与中外文化交流的发展，前后期有很大变化，总的来看"安史之乱"前陆上丝路进入黄金时代，"安史之乱"后，陆上丝路迅速衰落，海上交通日益发达和重要。从我们看到的唐诗资料，唐后期的作品居多，正是这一变化在诗歌描写中的反映。

长春真人西觐事迹及其时代意义

华侨大学　丘　进

前　言

近些年，随着国际学术交流之频繁与深入，学界对历史上跨境文化交往研究愈发重视。若站在国际大视野观之，儒释道之发轫、交集、互通、融合，以及几种宗教对中外社会交往产生的影响，应该是中外关系史研究之重要内容。笔者注意到，不久前，各地学者齐聚宝鸡，就"纪念老子传人丘处机，发扬慈爱和平精神"为主题，从一个新的角度，对道教在宋元时期的发展变化展开研讨，尤其对丘处机在陕西修行历程做了实地考察，释放出诸多新识。据史料记载，金大定年间，被奉为"活老子"的丘处机，隐居陕西之磻溪、陇州潜修达十三载，静思忘念，密考丹经，而道业大成，进而创立全真教龙门派。丘氏返回山东故里后，在蒙元帝王和朝廷的大力支持与推动下，老子之道以全真教为道教新载体，在短期内得以复兴，并呈压倒性优势。其中尤其更令人瞩目的是，丘处机的个人修行与活动，大大带动了中国传统宗教思想和社会政治理念向北国、西域诸地深刻传播，以致在很大程度上影响了蒙元时期的政治制度和社会特质。

对丘处机及其西行壮游之研究，学界已有百余年之深厚积淀，历代学者著述丰厚。清乾隆六十年（1795），著名学者钱大昕、段玉裁从苏州元妙观《正统道藏》中发现《长春真人西游记》，抄传问世，渐为学界所知。①

---

① 该文与钱大昕的跋文均收入王国维：《蒙古史料校注》本《长春真人西游记·附录》，清华学校研究院1926年排印本，又见《王国维遗书》，上海书店1983年版。

道光年间，徐松和程同文等曾对书中的地理、名物加以考订。① 清末西北舆地和蒙元史研究之兴起，越来越多的学者开始研究丘处机及其游记，如道光年间学者张穆著《蒙古游牧记》十六卷，对北方和西域蒙古各部落的历史、山川城堡等都予以详考，对于研究蒙古各部落历史和满蒙关系价值极高，其《长春真人西游记》之校注，堪称对全真道教和丘处机研究之开山之作。光绪年间教派学者陈教友著《长春道教源流》八卷，亦属此领域之重要文献。② 清末丁谦撰《〈长春真人西游记〉地理考证》，③ 虽舛误较多，但毕竟是初校，堪称难能可贵。近代学者之研究，尤以王国维作《〈长春真人西游记〉校注》④ 最有影响，观堂先生为此书做了174条注释和考证。张星烺编《中西交通史料汇编》收录此书，亦有百余条精辟考释。⑤ 近三十年来，随着研究的深入，涌现出大量新成果，如陈正祥的《〈长春真人西游记〉选注》、⑥ 杨建新主编《古西行记选注》、⑦ 纪流的《成吉思汗封赏长春真人之谜》⑧、张文主编《丘处机与龙门洞》⑨、唐代剑的《王嚞丘处机评传》⑩ 等；而赵卫东的《丘处机与全真道》⑪ 以及尚衍斌、黄太勇的《〈长春真人西游记〉校注》，⑫ 收纳史料颇为大观，探讨与研究也更为深邃。

此外，学术刊物刊载的论文，对于推进和深入相关研究贡献巨大，⑬

---

① 参阅上引王国维《蒙古史料校注》本《长春真人西游记·附录》。
② 该书有《全真教总论》《王重阳事迹汇纪》《邱长春事迹汇纪》《邱长春弟子纪略》《邱长春再传以下弟子纪略》《邱长春后全真法嗣纪略》等。
③ 民国四年（1915）《浙江图书馆丛书》（即《蓬莱轩地理学丛书》）本。
④ 此书有多种版本，最早为《蒙古史料校注》本（1926年清华学校研究院排印），后又收入《海宁王忠悫公遗书》（1927年海宁王氏排印石印本）、《海宁王静安遗书》（1940年商务印书馆长沙石印本），较为常引的是《王国维遗书》本（上海书店1983年版）。
⑤ 张星烺编著：《中西交通史料汇编》第五册，朱杰勤校注，中华书局1978年版。
⑥ 陈正祥：《中国游记选注》第一集，第三篇，香港商务印书馆1979年版。
⑦ 杨建新：《古西行记选注》，宁夏人民出版社1987年版。
⑧ 纪流：《成吉思汗封赏长春真人之谜》，中国旅游出版社1988年版。
⑨ 张文：《丘处机与龙门洞》，陕西人民出版社1999年版。
⑩ 唐代剑：《王嚞丘处机评传》，南京大学出版社2000年版。
⑪ 赵卫东：《丘处机与全真道》，山东文艺出版社2004年版。
⑫ 尚衍斌、黄太勇：《〈长春真人西游记〉校注》，中央民族大学出版社2016年版。
⑬ 如舒天啸在《中国道教》陆续发表数篇专文，杨善友、车轩《丘处机的三教合一思想》（《宗教学研究》2008年第1期），赵卫东《丘处机养生思想略论》（《山东师范大学学报》2008年第1期）。

虽未充栋，也难胜数。囿于篇幅，不赘罗列。

蒙元史专家陈得芝教授认为，《长春真人西游记》（以下简称《西游记》）是汉文载籍中第一部横贯蒙古高原的亲身游历记录，也是唐代以后第一部根据实地见闻记述从天山东部到河中广阔地域的书，其价值可与玄奘的《大唐西域记》相比。① 这一评价是恰如其分的。

综观丘处机的行道与思想核心，大致集中于慈爱与和平。这是历代研究者所共识的。鉴于其德高望重，丘处机在当时即被奉为老子在世，大贤至圣，但可贵的是，他从不以神仙自居，历来随凡就俗，从不装腔作势，更无虚幻缥缈之谈。作为真教、真人，其真在何处？为何在北方游牧异族轮番南侵、蒙元初期战乱频仍之世，丘氏仅以独善之身，宣昭万里之遥、不可一世的成吉思汗，进而影响蒙古族朝政接纳儒释道之核心理念与思想，在短短数十年内，使源于华夏本土的儒道之教迅猛发展。此类问题，学界关注似乎不多。笔者检阅相关文献，细读丘氏游记、会录，对此粗陈孔见，努力阐发真人西觐之本意、宗旨，其西觐对中西思想、政治、宗教、文化、科学交往之价值，以及在当时、后世乃至当前中西"一带一路"之时代意义略加探究。

一　真人西觐之背景

自汉以降，道界以黄老为宗，清净无为为本，热心炼丹化身、长生不老之术，进而拓展诡幻之论，逐渐沦为虚诞之道，流弊益甚。至北宋末年，有豪杰之士，佯狂玩世，志之所存，求返其真。全真之教，自此初生，其要义为"摒去妄幻，独全其真者神仙也"，其修持大略可归结为"识心见性，除情去欲，忍耻含垢，苦己利人"，要求"绝利欲而笃劳苦，推有余而利不争，要归清净无为而已"。② 如此贴近普罗大众和遂顺社会动荡之教义与主张，很快在北方得以声张，并快速流传。而作为此教执掌人，其声名大噪，似属必然。

丘处机（1148—1227），金代山东登州栖霞人。金大定六年（1166），

---

① 参见前揭尚衍斌、黄太勇《〈长春真人西游记〉校注》。
② 周良霄、顾菊英：《元代史》，上海人民出版社1993年版，第745页，引自《金石萃编》卷158，《全真教祖碑》。

丘十九岁，弃家隐居宁海昆嵛山石门峪学道。次年，他得知咸阳王喆（重阳）在海州（今山东牟平）传道，创立全真派，道行甚高，即前往拜谒，恭奉为师，因天性聪颖，"博物洽闻"，"于书无所不读"，悟性拔萃，被留在庵中掌文墨，其名、字及道号长春子皆王重阳所命。马钰、谭处端、刘处玄、王处一、郝大通、孙不二皆为王重阳弟子，后代全真教徒称其为"七真"。

王重阳去世后，丘处机为追寻师道之源流，于金大定十四年（1174）西行至磻溪（今宝鸡东南），居于山洞之中，长达6年，"烟火俱无，箪瓢不置"，"破衲重披，寒空独坐"，四季单衣破衫，蓑草为披，日进一餐。① 在磻溪期间，他以对真道坚定之信念与非凡之毅力，一方面磨炼与塑造坚韧不拔的品性，同时勤于钻研、求学，撰写大量著述与诗作。二十年，又率门徒数人，迁至陇州龙门山娄景洞，历7年之功，越生苦志，"静思忘念，密考丹经"。金大定二十六年（1186），应京兆统军夹谷龙虎之请，五往终南刘蒋祖庵（现户县祖庵重阳宫），自谓至此道业始成。此后，长春子名誉渐著，秦陇士人有很多与他结交，广传真教新谛，名声亦随蒙古之开拓而远播西北。

大定二十八年（1188）二月，金世宗召丘处机赴阙，主万春节醮事，又敕修官庵为其居修之所。同年五月，金世宗召见丘处机问延生之理，丘处机对以"惜精全神，修身之要；恭己无为，治天下之本。富贵骄淫，人情所常，当兢兢业业以自防耳。诚能久而行之，去仙道不远。诞诡幻怪，非所闻也"。② 丘处机平实真切的回答深得金世宗认同，这也给丘处机传播真教以极大信心。返回终南途中，他大阐教化，一路主持建造宫观，如：苏门之资福、修武之清真、孟州之岳云、洛阳之云溪等观，皆在此时所建。丘处机于明昌二年（1191）东归山东栖霞，以故居为基，兴建滨都观。其后又以滨都观为基地，在山东各地积极弘道，兴建了多所宫观，收授了大批弟子，为全真道的兴起积蓄了力量。

在山东传道期间，丘处机曾先后于金泰和五年（1205）与金大安

---

① 丘处机：《磻溪集》（卷五），《无俗念·居磻溪》，见赵卫东辑校《丘处机集》，齐鲁书社2005年版，第63页。

② 《金莲正宗仙源像传》，见赵卫东辑校《丘处机集》，齐鲁书社2005年版，第424页。

元年（1209）两次造访崂山，奠定了崂山真道基础。金贞祐二年（1214），蒙古军占领山东、河北，金都南迁，山东发生叛乱，应仆散安贞之请，处机"使其徒持牒招求于战伐之余，由是为人奴者得复为良。与滨死而得更生者，毋虑二三万人"，① 所至皆投戈拜命，避免了战争之灾。贞祐三年到兴定元年（1217）之间，山东发生严重灾荒，丘处机令全真道众辛勤耕耘，分粮济馁，大大减少了死亡，充分展现了宗教领袖之影响力。

金泰和三年（1203年）二月，丘处机任全真掌教，承担起了弘扬全真道之重任。随着全真道的发展壮大，其影响力不断增强，引起了各方统治者的重视。

丘处机生逢乱世，一生经历了金朝七帝、南宋五帝。在他人生的八十载岁月中，金、南宋、西夏三朝并立，得以亲历其发展到衰落，可谓世事洞明。他因势利教，撷取释儒之精髓，融合入道，在承传与推进全真教派之过程中，尤其注意历史上道教不同民族和教义之间的和谐相容。丘处机执掌全真道后，提倡"除情去欲，忍耻含垢"，"以柔弱为本"，"苦己利人"，不抗争，不谋利，勤笃耕作，忍辛耐劳，鼓励普罗百姓听天由命、逆来顺受。这些理念，既包含了佛释苦炼、修行、普济、利他等核心内容，又与儒家仁义道德、天人合一的处事哲理相符，将三教融合为全真教派之宗义，② 因而赢得广大民众追随、信奉，全真道乃至整个道教之发展达致鼎盛。南宋、后金、蒙元朝野各界，皆认可并遵从此种多元融合之教派，尤慕丘处机之名，各派使者前往莱州敦请丘处机。从1216至1219年间，南宋与金朝廷屡次诏请丘处机赴京城讲学布道，但他认为宋廷有"失政之罪"，金人则附"不仁之恶"，均以专致修行为由，婉拒不往。③ 其实，此间丘处机审时度势，本其"欲罢干戈致太平"之教义，纵观蒙古统扩东西之局，察其有顺天理之势，暗

---

① 《元史》卷202，《释老》。
② 王重阳：《重阳真人金关玉锁诀》，见白如祥辑校《王重阳集》，齐鲁书社2005年版，第4、16、287页。
③ 《长春真人西游记》卷上云：戊寅岁（1218）之前，师在登州。河南屡欲遣使征聘，事有龃龉，遂已。明年，住莱州昊天观。夏四月，河南提控边鄙使至，邀师同往，师不可。使者携所书诗颂归。继而复有使自大梁来，道闻山东为宋人所据，乃还。其年八月，江南大帅李公权、彭公义来请，不赴。尔后随处往往邀请。莱之主者难其事，师乃言曰："我之行止，天也，非若辈所及知。当有留不住时也。"

生辅佐之意。在此心态下，才有其人生最重要的一次选择，亦是中西交通史上之一次壮举：丘处机以古稀之岁，越崎岖数万里之遥，越大漠雪山之艰，踏版图之所不载，历数年之时，前往成吉思汗位于大雪山（今中亚兴都库什山之北）之行宫，觐见大汗，宣释全真道教之真谛，深得大汗理解与信任，欣然吸纳释儒道三教之要旨，作为其立国治邦与为人之道的重要理念。丘处机功莫大矣！

有关真人生平及其弟子李志常所撰《长春真人西游记》（拙文简称《西游记》）之研究及出版物，可谓充栋，繁不具录，仅从以下三个角度略陈陋见：真人西游之复杂心态；觐见之要旨；对蒙元时期中西交通之意义。

二　真人西游历程中之复杂心态

丘处机执掌全真教期间，成吉思汗正率军西征，途中听随行的中原人宣介全真道教，称丘处机法术超人，成吉思汗遂有意宣调丘处机，且十分执着。于金兴定四年（1220）于乃满国兀里朵（大汗行宫）遣侍臣刘仲禄携诏书前往莱州，敦请丘处机到帝都相见。帝诏悬虎头金牌，其文曰："如朕亲行，便宜行事。"刘仲禄于是年冬十二月抵达莱州，对丘处机曰："丘师名重四海，皇帝特诏仲禄逾越山海，不限岁月，期必致之"，① 并展示成吉思汗手诏（见附录）。

成吉思汗诏聘丘处机时，正率大军在中亚征扩花拉子模，② 此正值其战事最为关键的时期，不仅日事攻占，军务紧张，而且朝政复杂，内争激烈，可谓日理万机，但他却如此恳切与急迫地派遣专使，盛聘丘处机到大汗行宫，向他传授善德处世之务，保体养生之方。他的诏书中表示出对丘处机识博道高之由衷仰怀，及渴望得到神仙面教之迫切心情，称其"道

---

① 张星烺编注，朱杰勤校订：《中西交通史料汇编》（第五册），中华书局1978年版，第74页。

② 从蒙古建国到成吉思汗去世，二十余年间，成吉思汗不停地侵占周边国家和部族领土。周良霄将此分为三个阶段：第一阶段，从1205—1218年，主要是三征西夏、伐金、灭辽；第二阶段，从1218—1224年，重点在两大战场，即征战中亚各国和经略中国北方广大地区；第三阶段，1224—1227年，继续伐金、灭亡西夏。参见周良霄、顾菊英《元代史》，上海人民出版社1993年版，第135—177页。

逾三子"。诏书所言，令丘处机感沛至深，同时亦有不可违抗之压力。

刘仲禄"传皇帝所以宣召之旨"，① 丘处机"知不可辞"，遂选门弟子十九人，于次年底与刘仲禄俱行，拥骑四百，浩浩荡荡，经临淄（淄博）、邹平、济阳（济南）、陵州（景县）北上，次年二月底经丽泽门（北京正南门）入京，修整二月，继而经龙阳西行。其往返路径，多有专论，文中对中西交通之作用，本文后有简议。

从总体观之，丘处机之西游，其心态亦十分矛盾，一方面有向大汗传教布道之本意，亦有受其诏书恳切诚邀之感动和蒙古皇帝专诏②之巨大压力；同时也不乏对往返万里危途之担忧，以及以古稀高龄离别家乡之悲切。李志常作为弟子随师西行，一路细心记录，尤重丘处机所言和诗赋。细读李氏所撰《西游记》，不难看出丘处机的此种矛盾心理。在此仅举其困惑、忧虑、惆怅与怀乡诗文数则。③

由京城往龙阳之时，为1221年初春，丘处机以诗示众曰："生前暂别犹然可，死后长离更不堪。天下是非心不定，轮回生死苦难甘。"可观其沉痛之感。

十二月，以诗寄燕京道友曰："此行真不易，此别话应长。北踏野狐岭，西穷天马乡。阴山无海市，白草有沙场。自叹非元圣，何如历大荒？"复云："去岁幸逢慈诏下，今春须合冒寒游。不辞岭北三千里（指成吉思汗行宫兀里多），仍念山东二百州。"思念故里之情，凄然而生。

二月由宣德（宣化）出塞与道友告别时曰："行止非人所能为也。兼远涉异域，其道合与不合，未可知也。"可见其对此行能否成功，心中并无把握。

夏时抵西域山上卫城，书词于壁，其中有云："万劫轮回遭一遇，九元齐上三清路。""死去生来生复死，轮回变化何时已？""日中一食那求饱，夜半三更强不眠。""弱冠寻真傍海涛，中年寻迹陇山高。……无极山川行不尽，有为心迹动成劳。也知六合三千界，不得神通未可逃。"西行路途遥远，气候变幻无常，住行困苦不堪，令大师有生不如死之伤，内

---

① 成吉思汗在世时并未及登皇位，但在蒙古国势力范围内普遍称其为帝，其本人也以朕自称。这在诏书与《西游记》中频频出现。
② 若包括西去和返回北京途中的五次诏书，实际共为丘处机发出六道诏书。
③ 本文所引丘处机诗文，均录自张星烺、朱杰勤《中西交通史料汇编》第五册，第九章之《长春真人西游记》，以下不一一标注。

心之悲切与惶惑，难以掩饰。

丘处机一行抵达耶律阿海邪米斯干城①休驻时，异其陋俗，闲居无聊，做绝句云："北出阴山万里余，西过大石半年居。遐荒鄙俗难论道，静石幽言且看书"，流露其深感寂寥之态。

此类言表，在大师西去途中频频有载，不一一赘录。

丘处机经过长达一年多之艰难跋涉，于1222年四月抵达成吉思汗行宫，曾与大汗军旅辗转同行数月。当时成吉思汗西部攻占大功告成（克花拉子模，占两河流域，征钦察，经略华北），正启程东归，以伐金、灭夏。大汗之意，邀丘处机随其东行，以便一路请教习道，但丘处机决意先行离开。《西游记》载，1223年二月七日，师入见，奏曰："山野离海上，约三年回。今兹三年，复得归山，固所愿也。"上曰："朕已东归，同途可乎？"对曰："得先行便……今上所咨访，敷奏讫，因复固辞。"二月二十四日，"再辞朝"，"三月七日，又辞"。十日，终于获成吉思汗同意，得以启程返回。

丘处机竟然明确拒绝成吉思汗的再三挽留，而且迫不及待，可见其返回故里之决心与急切。

东行途中，丘书教语一篇示众云："万里乘官马，三年别故人。干戈犹未息，道德偶然陈。论气当秋夜，还乡及暮春。思归无限众，不得下情伸。"这首五律应属即兴所发，十分朴素简洁，未加雕琢，没有用典，而句句实言，几乎总结了西行三年之过程、效果、心态和期望。

五月下旬，因寒暑无轮，师体有恙，尹志平辈关切问候，师答曰："余疾非医可测，圣贤琢磨故也。卒未能愈，汝辈勿虑。"是夕，尹志平梦神人曰："师之疾，公辈勿忧，至汉地当自愈。"一语道破其疢根所在。

六月二十一日，度渔阳关而东，至丰州，②师患自愈，梦验不虚。丘处机书曰："身闲无俗念，乌宿至鸡鸣。一眼不能睡，存心何所萦。云收溪月白，气爽谷神清。不是朝昏坐，行动扭捏成。"东归行程过半，故土在望，丘处机不仅身体康复，而且变得精神矍铄，神情清朗。

---

① Samarkand，《史记》《汉书》《魏略》《晋书》为康居地，1220年蒙古灭花剌子模，归行省辖，今乌兹别克斯坦之撒马尔罕。

② 丰州乃辽王朝在西南部兴建之军事重镇，金、元两代先后沿用，城址在今呼和浩特市东郊白塔村。

七月九日至云中，①留居二十余日，以诗赠当地士大夫，云："得旨还乡早，乘春造物多。三阳初变化，一气自冲和。驿马程程送，云山处处罗。京城一万里，重到即如何。"折射出其对返回中原之焦虑与期待。

丘处机西游往返三载，不顾高龄，克服困难，终于安全回到京城，完成了他一生中最重要的旅途。虽然路途有各种困难，但有成吉思汗派刘仲禄和专门队伍陪护，又诏令沿途驿站幕营接待迎送，可谓有艰无险，基本还是顺利的。在行宫期间，更得到成吉思汗无微不至的关怀。但无论西去东归途中，还是在行宫居住期间，无论诗文还是言表，丘处机皆或多或少流露出悲观、焦躁、思乡之情绪。

故此，所谓神仙，实为凡人，亦非完人。李志常作为随从弟子，但一路所书之《长春真人西游记》，全文写真，不事溢美，实事求是，承具师风。也许唯有如此侧观，才能完整地展示丘处机之真人特征与风范。

三　觐见成吉思汗之主旨与成果

诸多研究认为，丘处机西游觐见成吉思汗，向他宣传去暴止杀、济世安民的宗旨，"道德欲兴千里外，风尘不惮九夷行"，抒发胸臆，希望此行将全真思想推至蒙古部落和西部疆域。其道义与理念深得大汗赞同，并改变了其行为观念及为政之道，这对蒙古后期乃至元朝的政治有一定影响，是无疑的。

丘处机与成吉思汗之接触，基本由随行的李志常记录，《西游记》全文19000余字，绝大多数记载沿途山河、路况、风俗、民情等途中见闻，粲然靡不毕载。而对于此行最为重要之事——觐见成吉思汗，及与他交流传道等事宜，李志常之记载却十分简略。丘处机在成吉思汗行宫里住了半年有余，《西游记》此段记载不过寥寥千余字，而且大多是居住事务与一般活动，涉及道德深层与教义要旨的内容更少。检阅之，丘处机与成吉思汗的直接接触，主要有以下数端：

1. 金兴定六年（1222）四月初，丘处机顺利抵达成吉思汗行宫，五日，二人相见，帝深表感激之意，而丘谦虚对曰："奉诏而赴者，天也。"帝又询："真人远来，有何长生之药以资朕乎？"师曰："有卫生之道，而

---

① 赵武灵王设云中郡，郡治在云中城，今托克托县古城乡。

无长生之药。"上嘉其诚实,并从此后称丘为"神仙"。可见成吉思汗并不迷信,且具尊重科学之优良潜质。

2. 因其时上亲征回纥,原定四月十四日继续问道,而不得不延期,故遣千余骑护送师回撒马尔罕暂居。八月初,在太师耶律楚才亲护下,二十二日再抵行宫见帝,入帐拜见(无跪拜礼,折身叉手而已)。"既见,赐湩酪,竟乃辞。"丘处机对蒙古佳食美酒颇不适应,拒不收纳。

翌日,帝又遣近伺官传旨曰:"真人每日来就食可乎?"每日与皇帝共进三餐,这是多么难得的机会和礼遇?但丘处机一点面子都不给,曰:"山野修道人,惟好静处。"上令从便。

丘处机虽然身居大汗行宫,但只是公事公办,顺势而为,我行我素,泰然自若,并未显示出神仙下凡至高无上之威严状,亦无机不可失、急促成事之紧迫感。

3. 九月朔,丘处机随成吉思汗大军渡阿姆河而北,师奏:"话期将至,可召太师阿海",① 月望,上设宫宴,退左右伺者宫女,师与阿海、阿里鲜入帐坐,丘处机要求刘仲禄和镇海入帐闻道话,帝从之。"师有所说,即令太师阿海以蒙古语译奏,颇惬圣怀。"这俨然是一次带同声翻译的学术讲座,道话之后,成吉思汗十分惬意。

4. 二十三日,帝"宣师入幄,礼如初。上温颜以听。令左右录之,仍敕志以汉字,意示不忘。谓左右曰:神仙三说养生之道,我甚入心,使勿泄于外"。这一次是以养生之道为专题之传授,成吉思汗心领神会,颇得要领。

5. 十月朔,帝率部至邪米思干,丘处机奏告先还旧居,上从之。是月六日,上暨太师阿海见师,这次丘处机向成吉思汗申诉"御帐遣车马杂遝,精神不爽",不愿随大汗和军队行动,要求独自静处。上从之,并问"要秃鹿马②否?"师曰"无用",似乎显得有些不耐烦。

6. 十二月二十五日,成吉思汗大军渡霍阐河,③ 三日后,闻航桥突然断散,帝问"震雷之事",师对曰:"尝闻三千之罪莫大于不孝者,天故以是警之。今闻国俗多不孝父母,帝乘威德,可戒其众。"儒家视孝悌乃

---

① 太师即耶律阿海,见《元史》卷110《三公表》。
② 秃鹿马,又做兜罗锦,是一种棉织品。
③ Khojend,即锡尔河,耶律楚才《西游录》之苦盏,又为忽章。

为人守德之根本，道教亦持同论。丘处机注意到蒙古传统只敬天，几无孝，极为担忧，趁此机会向成吉思汗提出警示，致帝猛醒，慨曰"神仙是言，正合朕心"，接纳此谏，并敕左右记以回纥字。师又"请遍谕国人，上从之。又集太子诸王大臣曰：'汉人尊重神仙，犹汝等敬天。我今愈信，真天人也'"。且云："天俾神仙为朕言此，汝辈各铭诸心。"

帝据此遍喻国人，尊崇孝道，进而在很大程度上止缓了对普通百姓的屠戮，促使蒙古荒蛮传统得以进步。此乃丘处机对成吉思汗影响最著的授道成果之一。或许谓丘处机"一言止杀"，即由此演绎而成。就此，拙文后有微议。

7. 次年（1223）一月二十八日，太师府提控李公向丘处机道别，希望三月返回行宫时再相见，此时丘处机东归意决，答曰："汝不知天理，二三月决东归矣。"果然，二月七日，师入见上，请求离别东归，成吉思汗劝曰："朕已东矣，同途可乎？"丘坚辞不就。汗只好请求其再留三五日，待"太子来，前来道话，所有未解者，朕悟即行"。

次日，"上猎东山下，射一大豕。马蹄失驭，豕傍立不敢前。左右进马，遂罢猎，还行宫"，丘处机闻之，入谏曰："天道好生。今圣寿已高，① 宜少出猎。坠马，天戒也。豕傍立不敢前，天护之也。"上曰："朕已深省，神仙劝我良是。我蒙古人骑射，少所习。未能遽已。虽然，神仙之言在衷焉。"并对左右大臣曰："但神仙劝我语，以后都依也。"表示出对大师的无比信任和依赖，此为丘处机就为人、修身、卫生等事宜与成吉思汗进行最后一次正式交流。

经再三磋商、准备，丘处机终于得以提前东归。他谢绝帝所赐赠之牛马等礼物，只乘驿骑，三月十日，与答喇汗以下官员挥泪告别，匆匆踏上东归之途。

令人感动的是，丘处机启程前，成吉思汗下诏，通告沿途地方，"悉令蠲免"，并"赐圣旨文字一通，且用御宝"，又"命阿里鲜为宣差，以蒙古带、喝剌八海副之，护师东还"。

以上所列各项，为《西游记》记载的师与帝所发生的交往与对话的全部内容。

不难看出，丘处机与成吉思汗几乎朝夕相处了近一年之久，除了上述

---

① 癸未年，成吉思汗62岁。

第 3 端可能涉及传教论道之正题外（可能当时李志常并未获准入帐旁听，故无法记录此次论道之详细情况），其余的接触与交流，基本集中于孝悌之道、节欲养生等话题。除《西游记》外，记载丘处机与成吉思汗直接恳谈之实录，见于耶律楚才之《玄风庆会录》，很可能楚才参与了此次论道，方有此详细记录。《玄风庆会录》旨在论述道教对阴阳、气神、色戒与中和修身之关系，告诫成吉思汗"宜减声色，省嗜欲，得圣体康宁，睿算遐远耳"，委婉规劝其"不见可欲，使心不乱"。在《玄风庆会录》之最后，丘处机顺势将修身养性、康宁护体与卫生保健提升到治国安民之高度，① 我们注意到，《长春真人西游记》《西游录》《玄风庆会录》等记载中均未见丘处机有推崇宣介长生不老药物等虚幻之事，极少关注蒙古及成吉思汗的政治军事之略，亦未过多涉及济世安民之策。丘处机之西觐，基本集中于传输真道教义，以及道教礼义之下的修身养性之术。正因丘处机坦诚率直，知无不言，毫无忌讳，决不虚浮，如此求真务实之范，召感他人情商之高，赢得成吉思汗由衷之敬佩、尊重与珍视，乃至与丘处机建立了十分亲密的私人关系。

丘处机离开行宫东返途中，成吉思汗每日牵挂，先后发出三道圣旨：

> 是年十一月望，元帅贾昌自行宫趋抵，传旨："神仙自春及夏，道途匪易。所得食物驿骑，好否？到宣德等处，有司在意馆谷否？招谕在下人户，得来否？朕常念神仙，神仙无忘朕。"眷恋关切，感人至极。

> 正大元年（1224）初，丘处机一行经居庸关顺利返回燕京城内。二月二十五日，喝剌至行宫来传旨："神仙至汉地……甚好。教神仙好田地内爱住处住。道与阿里鲜，神仙寿高，善为护持。神仙无忘朕旧言。"关爱照顾，至周至深。

> 是年夏季，上又差相公传旨："自神仙去，朕未尝一日忘神仙。

---

① 《玄风庆会录》文曰："壬午之冬，十月既望，皇帝畋于西域雪山之阳。是夕，御行在，设庭燎，虚前席，延长春真人以问长生之道。"《会录》所记之事，恰与本节上述第 3 端之时间与主旨相吻合，而《会录》记载得十分详细，全文约 3500 字，集中论解养体、劫色、修身之关系，主张"贵乎中和，太怒则伤乎身，太喜则伤乎神，太思则伤乎气。此三者，于道甚损，宜戒之也。"最后，丘处机顺势提及治国方略，称山东、河北天下美地，物产丰厚，"自古得之者为大国"，又举金世宗皇帝之例，奉劝成吉思汗唯有修身养命，方能开疆拓土，治国保民。

神仙无忘朕。朕所有之地,爱愿处即住。门人恒为朕诵经祝寿则嘉。"

足见帝对丘处机之厚谊比山,深情似海,感天动地,以至史不绝书。

由于成帝之无限关注与厚爱,丘处机师徒东归后,定居燕京,未返山东故里。成吉思汗赐赠虎符、玺书,令其掌管天下道教,并免道院及道众一切赋税差役。于是道侣云集,真道势力猛增。①

在此,顺就丘处机对成吉思汗"一言止杀"论略陈陋见。

需要肯定的是,遍查《长春真人西游记》《玄风庆会录》《西游录》以及其他直接记载丘处机觐见成吉思汗的文献、碑刻,均未见丘有"止杀"之言。但从丘处机五十余年修道理念与济世安民的实践观之,他主张德行与仁政,在与成吉思汗接触和布道中,一直强调天理与仁、孝之统一。如上所述,成吉思汗多次对丘处机表示"神仙是言,正和朕心""我今愈信,真天人也""天俾神仙为朕言此,汝辈各铭诸心"等,足以证明成吉思汗对丘处机所传布之道义与所提各种建议,是全盘接受的,并且"遍喻国人"。如果说丘处机"一言止杀"缺乏直接证据,那么说他"一言弘孝""一言弘道"或"一言卫生",则毫不为过。

赵卫东先生认为,丘处机不断地劝说成吉思汗"行善进道""作善修福"等,即是委婉地劝说成吉思汗止杀,而不能采用直接的方法,否则可能引来杀身之祸,这正显示了他的高明之处。此种推理,是有一定道理的。②

极为巧合的是,丘处机于金大定四年(1227)七月七日归真,春秋八十,葬于京郊白云观。而成吉思汗也于同年同月在清水县西江病逝,年六十六。之后,元朝历届帝王对丘处机及其真道亦十分尊崇。元至元六年(1269),元朝皇帝敕赠丘处机"长春演道主教真人"尊号。至大三年(1310),元朝皇帝又加赠丘处机"长春全德神化明应真君"。此后,丘处机曾经居住的道观一律晋升为宫,如清溪宫、磻溪宫、常宁宫等,民间一直妥为保护、修缮,直到"文革"期间才几乎全遭摧毁,

---

① 周良霄、顾菊英:《元代史》,上海人民出版社1993年版,第747页。
② 赵卫东:《丘处机"一言止杀"辨正》,2013-06-28,山东师大全真道研究中心网站,http://www.hongdao.net/a/daojiaoxuezhe/wz/.html 2013/0627/1099,2017-05-08。

唯磻溪宫遗址之"全真第五代宗师长春演道主教真人内传碑"、① 道德经全文碑②及河南内乡县石堂山普济宫之"成吉思汗皇帝赐丘神仙手诏碑",③ 得以残存。

四 对历代中西交通之意义及时代价值

金兴定六年（1222）春,丘处机师徒从北京出发,正式踏上西行之途。笔者根据《西游记》所记,发现其路径与秦汉以降历代中西交通路线有所不同；而沿途所见各地山川漠湖、民风习俗、社会状况,亦有独见。兹就此两方面略作陈述。

（一）书中之详细载述,为蒙元时期东西交通勾勒出壮观路线图

据李志常记载,成吉思汗特遣近臣刘仲禄,率蒙古人二十余人,于金兴定四年（1220）五月从"乃满国兀里朵"④出发,六月至白登,七月至德兴（今涿鹿县）,过居庸关,八月抵京城,又经益都府（山东益都）,十二月抵莱州。次年迎丘处机师徒,按原路返回,经京城北上西去。此为蒙古时期成吉思汗军队打通的一条横亘万里的大通道,它以蒙古草原为基本干线,东段连接华北平原直至北京,西段进入新疆北部,从伊犁通往中亚。从具体路径上看,似乎不够笔直,但通过卫星地图比较,大凡弯曲绕道之处,不是沼泽湖泊,便是高山峻岭,难以行走。在当时条件下,如此路径,是合理的。

此外,该线路与汉唐时期的西域交通线路完全不同。盖因蒙古国之缘起、发展、西扩,基本均在北方,东西交通主要线路自然以北方为基本。⑤ 蒙古扩张之同时,极为重视驿站建设,视之为军事指挥与社会统治之重要神经,尤其在北方草原地带,驿站颇密,仅从和林（今乌兰巴托）

---

① 此碑立于1281年（元世祖至元十八年）。
② 立于1299年（元大德三年）。
③ 立于1309年（元至大二年）。
④ 即《元史》中之乃蛮国,张星烺考为阿尔泰山东西两麓。兀里朵为蒙古语之行宫。
⑤ 参见周良霄、顾菊英《元代史》,上海人民出版社1993年版,第24—50页。

到上都，就有三条驿路。① 从《西游记》所载路径情况观之，刘仲禄迎接护送丘处机从北京西去，以及丘处机由中亚行宫返回京城，便是取道部落连贯、驿站相望、比较成熟且稳定之道路，所经之地，多有蒙古大小部落迎送护卫，宿有庐帐，食以佳肴，美酒珍果不断，往返顺畅无虞，可见交通之成熟；不仅蒙古军队、使臣、商旅频繁穿梭，而且欧洲、西亚的人士前往中国也发现这条道路相当近便、安全。史载马可·波罗等知名商人、教士，即多取此路来华。据《出使蒙古记》等史籍载，"经过北鞑靼的皇帝阔丹（Cothay）的领土较为安全可靠，如与使者同行，在五六个月内即可到达大都"。②

汉唐时期由长安为起点西去的中西交通，西出两关后，沿塔里木沙漠南北两线，过葱岭而至中亚，此线古已有之。然在蒙古扩张之初，虽回纥较为依顺，但西夏各部（以今宁夏与陕西西部至甘肃一带）则长期与蒙军对峙，整个河西地区战事频仍，旧时西安至中亚之古道，在宋金以后因经常阻断而逐渐衰败。相比较而言，以域北蒙古草原为基本干线，尤其是（由东往西）西辽部、蒙古部、斡亦剌部、乃蛮部之通道渐呈旺势，而由蒙古部南下至中原大都之间，交通更为频密，成为蒙元时期由大都经蒙古各大部落，直抵中亚之间最为稳定、安全、近便、通畅之道路。

《西游记》所详细记录的路径，为蒙元时期各类人员、车马、物质往来之主要干道，也是历史上东西交通的一条重要线路。故此，无论刘仲禄在成吉思汗行宫领诏东往，还是他与数百蒙古军士护卫丘处机师徒由山东北上、出居庸关踏上北域草原之路西行，皆为这条横亘于北亚草原、山岭之间的"丝绸之路"。

从这个意义上说，称北京为蒙元时期"丝绸之路"之起点或终点，应是名副其实的。

不无遗憾的是，近现代以后，这条道路大多不在中国境内，迄今对这条横贯东西的重要道路之研究，远不如对汉唐"丝绸之路"具体、深入。

---

① 参见陈得芝《岭北行省诸驿道考》，载《元史及北方民族史研究集刊》第一期，《南京大学学报》专辑，1977年。
② 《出使蒙古记》，第264页，转引自周良霄、顾菊英《元代史》，上海人民出版社1993年版，第522页。

清末民初时期，诸多俄国学者与军旅人士曾深入蒙古西部，对地理状况进行考察，① 但我国学者极少参与。《西游记》作为历史真实记录，足以成为地理考证之重要基础。结合中外历代学者之研究与实地勘察，加之检索谷歌地图，古今对应，大致可以描绘出当时丘处机西觐队伍之路径。

笔者认为，若能就此组织跨国考察，相信定有更多重要收获。

（二）对蒙元时期东西交通实际情景及人文活动之科学记录

金兴定五年（1221）四月，丘处机一行进入蒙古境后，即注意到漠北风土人情与中原之迥异。记载十分详细而生动，诸如：

彼处造房，"无瓦皆土木"；夏短而冬早，"八月即霜"；"时已清明，春色渺然，凝冰未泮"；"四月朔，冰始泮，草微萌"。

记载漠北风沙之大，"季春边朔苦寒同，走石吹沙振大风。旅雁翅垂南急去，行人心倦北征穷"；又有："大风傍北山西来，黄沙蔽天，不相物色"。

诗记路途曲折："坡陀折叠路弯环，到处盐场死水湾"，又记当地物产，五谷不生，不知纺织："五谷不成资乳酪，皮裘毡帐亦开颜"。

对当地游牧民族生活及风俗，更有详载，如："皆黑衣白帐，随水草放牧"，"其俗牧且猎，衣以韦毳，食以肉酪。男子结发垂两耳，妇人冠以桦皮，高二尺许，往往以皂褐笼之。富者以红绡其末如鹅鸭，名曰故故，大忌人触"；"出入庐帐，须低回"；"俗无文籍，或约之以言，或刻木为契"；②"遇食同享，难则争赴。有命则不辞，有言则不易，有上古之遗风焉"。丘处机对此印象十分深刻，以诗记之："极目山川无尽头，风烟不断水长流。茹毛饮血同上古，峨冠结发异中州。圣贤不得垂文化，历代纵横只自由"。

丘处机沿途颇注意对文物遗迹的田野考察与研究。如，五月中，在渡

---

① 如：席什马莱夫（Shishimareff）、马图索甫斯基（Matussowsky）、皮甫特索夫（Pevtsoff）、波兹特涅夫（Pozdneff）、博塔宁（Potanin）等先后踏察此地，并出版了《蒙古游记》等研究著述，很多考察报告刊载于俄、德、法国之学术刊物。

② 长春西行时蒙古尚无文字，约在 1269 年，忽必烈命国师吐蕃人八思巴、回纥人文书奴等创制了八思巴拼音文，可用以拼读各民族语言，但未能普及，仅在官方使用。参见周良霄、顾菊英《元代史》，上海人民出版社 1993 年版，第 278—279 页。

过图拉河的一处平川，见"古城基址，若新街衢，巷陌可辨，制作类中州。岁月无碑可考，或云契丹所建。既而地中得古瓦，上有契丹字，盖辽亡士马不降者，西行所建城邑也"。又论曰："西南至寻思干城万里外，回纥国最佳处，契丹都焉。历七帝"。

五月二十三日，他们甚至目睹了一次日食，记曰："众星乃见，须臾复明"，这显然是一次日全食。① 而且丘处机沿途询问当地人士该次日食所观日相，从而得知愈是西去，日食则愈偏（由东而西，在图拉河为全食，在金山为至七分，而在阿尔泰地区则为六分）。此即体现了作为真道宗师，丘处机对天象观测之重视，并善于比较与总结，堪称一次日食与地理位置关系之天文实地观察。此事实属罕见，极有科学价值。

六月中下旬，丘处机一行在杭爱山脉和额尔坤河、色楞格河流域的崎岖道路上艰难行进；七月二十五日抵八剌喝孙城，② 此处有汉民工匠聚居，闻真道宗师至此，悉数欢呼迎接。丘处机深为感动，在此驻休，择地建观，一月落成，榜名"栖霞观"。③ 后两月，行于阿尔泰山间，所记奇景目不暇接。九月抵伊犁河之北域，丘处机注意到此地种植羊毲（即棉花），称"其毛类中国柳花，鲜洁细软，可为线，为绳，为帛，为绵"，为中原所无，颇感新奇，描述细腻。据此可知棉花乃于蒙元时期经此地传至中原。④ 在铁门关西南之麓，丘处机留意到此处出产岩盐，且分布山上，远观若冰，此与马可·波罗所记相符。

十月入冬，师徒一行入回纥境，详载其地人文风貌及历史沿革；十一月中由浮桥渡霍阐河，至是年岁末抵柴拉夫香河（即锡尔河与阿姆河之间的泽拉夫善河），因积雪过深，驻冬以待。三月十五日启行，过碣石城、铁门关，渡阿姆河，四月初日抵达成吉思汗行在。

《长春真人西游记》对沿途记载细腻，包括山势、水系、林木、气候、物产、人文、社会、移民、历史文物等，皆有准确描述，又多与历代

---

① 张星烺注曰："见日食事，与宋、金二史《天文志》所书相合，英国人伟烈亚力（A. Wylie）用天算法推算，该年五月二十三日（旧阳历）确有日食事。此亦可证明《长春真人西游记》全书皆实也。"

② 是处考为蒙古极西，今之科布罗附近。

③ 有纪怀其故乡栖霞之实也。次年三月丘从行宫东返，亦取道此地。

④ 据史载，棉花传入中国分两道，南道较早，南朝时期即由海陆传入粤桂琼等沿海地区，南宋末在广东有所种植，而北路稍晚，在元时由中亚传入关陇。丘处机在中原一带尚未得见，是实际的。

中外游历家所记相合，足见其可信度之高；其篇幅亦长，近达万字。丘处机一路所经，十分留心蒙古、回纥地域之物产、人文、社会与中原之差异，正如其在成吉思汗行宫期间作诗纪实所云："回纥丘墟万里疆，河中大城最为强。满城铜器如金器，一市戎装似道装。剪簇黄金为货赂，裁缝白氎作衣裳。灵瓜素葚非凡物，赤县何人购得尝"。

丘处机西游东归，一路以诗纪实，以诗宣情，以诗志怀，仅李志常在《西游记》中就载录了百余首。丘氏诗作，不仅有其独特的文学意义，[①]对蒙古、回纥和中亚古民族之历史、地理、社会、物产，以及蒙元时期之中西交通状况，更具特殊价值，有待国内外学者予以更多的关注与深入研究。

附录：

《成吉思皇帝赐丘神仙手诏碣》在河南内乡县石堂山普济宫。元武宗至大二年（1309）四月，为纪念丘神仙之功德，将此手诏刻碑，以诏后人。全文共406字，行楷。碑高1.8米，宽0.63米，厚0.23米，平首。全文如后：

> 天厌中原骄华太极之性，朕居北野嗜欲莫生之情，反朴还淳，去奢从俭，每一衣一食，与牛竖马圉共弊同飨。视民如赤子，养士若弟兄，谋素和，恩素畜，练万众以身人之先，临百阵无念我之后，七载之中成大业，六合之内为一统。

> 非朕之行有德，盖金之政无恒，是以受之天佑，获承至尊。南连蛮宋，北接回纥，东夏西夷，悉称臣佐。念我单于国千载百世已来，未之有也。然而任大守重，治平犹惧有缺，且夫刳舟剡楫，将欲济江河也；聘贤选佐，将以安天下也。朕践祚以来，勤心庶政，而三九之位未见其人。

> 访闻丘师先生，体真履规，博物洽闻，探赜穷理，道充德著，怀古君子之肃风，抱真上人之雅操。久栖岩谷，藏身隐行。阐祖师之遗

[①] 近年有关丘处机诗词研究相继发表，如：郭文睿等：《丘处机诗词艺术探微》（硕士学位论文），《科技信息》2008年第34期；杨怀源：《丘处机诗词用韵研究》，《重庆三峡学院学报》，2009年，第4期；穆亚娜：《丘处机诗歌创作研究》，山西师范大学硕士学位论文，2014年等。

化，坐致有道之士，云集仙径，莫可称数。自干戈而后，伏知先生犹隐山东旧境，朕心仰怀无已。岂不闻渭水同车、茅庐三顾之事？奈何山川弦阔，有失躬迎之礼。朕但避位侧身，斋戒沐浴，选差近侍官刘仲禄，备轻骑素车，不远数千里，谨邀先生暂屈仙步，不以沙漠悠远为念。或以忧民当世之务，或以恤朕保身之术，朕亲侍仙座，钦惟先生将咳唾之余，但授一言，斯可矣。

今者，聊发朕之微意万一，明于诏章，诚望先生既着大道之端，要善无不应，亦岂违众生小愿哉！

故咨诏示，惟宜知悉。
御宝五月初一。

元代流行宫廷与民间西域饮品辑述

暨南大学中外关系研究所　马建春　马磊磊

西域地区物产丰富，传统手工艺发达，其酿造业亦有着独特的制作技术。蒙元时代，欧亚陆海交通畅达，人口流动频繁，传统的丝绸之路绿洲道、草原道及海上中西通道一度繁荣。早在蒙古国时期，蒙古高原已与西域地区建立了密切的商业联系，大量西域方物、特产成为蒙古贵族生活消费的重要物品。三次西征后，蒙古贵族不仅由西域地区输入众多物品供其享用，而且掳掠大量所需西域工匠东来中土，为其服务。元朝为此在大都、上都、杭州等地专设尚饮局、尚酝局、沙塘局等机构，掌酿造宫廷御用诸饮品，乃使一些具有悠久历史传统的西域酿制技术传入中国，并得以传播流行。

一　阿剌吉造酒术

元代西域阿剌吉造酒技术的传入，对中国酒类生产和消费产生了重大影响。阿剌吉，汉文史籍又称为哈剌吉、哈剌基、阿里乞、阿尔奇、轧赖机等，它是阿拉伯语或波斯语araq的音译，原意为"烧酒"，即由蒸馏制成酒精含量高的烈性酒，"译语谓重酿酒也"[①]。根据文献对阿剌吉性味、制作用料、方法和过程的具体记述，可以认定它是由果酒和粮食酒采用蒸馏加工方法制成。何高济先生即认为，araq出自波斯语，"一种果子酒"[②]。至明朝，国人"惟以糯米或粳米、或黍、或秫、或大麦蒸熟，和

---

① 朱德润：《存复斋文集》卷3《轧赖机酒赋》，台湾学生书局1973年版，第78页。
② 何高济译注：《沙哈鲁遣使中国记》，中华书局1981年版，第107页。

曲酿瓮中，七日以甑蒸取。其清如水，味极浓烈，盖酒露也。"①

元人朱德润作有《轧赖机酒赋》一首，内言："至正甲申冬，推官冯仕可慧以轧赖机酒，命仆赋之，盖译语谓重酿酒也。辞以未学荒芜，措辞弗精，承教再四，勉掇古人余韵而为之赋曰：……法酒人之佳制，造重酿之良方，名曰轧赖机，而色如酾；贮以扎索麻而气微香，卑洞庭之黄柑，陋列肆之瓜姜，笑灰滓之采石，薄泥封之东阳。观其酿器，扃钥之机咸，候温凉之殊甑，一器而两，圈铠外环而中洼，中实以酒，仍缄合之无余，少焉火炽既盛，鼎沸为汤，包混沌于郁蒸，鼓元气于中央，熏陶渐积，凝结为炀，瀹渤若云蒸而雨滴，霏微若雾而露瀼，中涵既竭于连溜，顶留咸濡于四旁，乃泻之以金盘，盛之以瑶樽，开醴筵而命友，醉山颓之玉人。"②

元无名氏《居家必用事类全集》亦载记了阿剌吉之造法，即"右件不拘酸甜淡薄，一切味不正之酒，装八分一甏，上斜放一空甏，二口相对，先于空甏边穴一窍。安一竹管作嘴，下再安一空甏，其口盛住上竹嘴子，向二甏口边，以白瓷楪片遮掩令密，或瓦片亦可，以纸筋捣石灰厚封四指，入新大缸内坐定，以纸灰实满，灰内埋烧热硬木炭火二三斤许于甏边。令甏内酒沸，其汗腾上空甏中，就空甏中竹管内却溜下所盛空甏内，其色甚白，与清水无异。酸者味辛，甜淡者味甘，可得三分之一好酒。此法腊煮等酒皆可烧。"③

以上文献较为清晰地勾勒出阿剌吉蒸馏制作的过程。即其蒸馏器一般由上下相接的两个容器组成，下面的容器盛酒，加热之后，蒸汽上升，在上面的容器冷却凝结，"蒸而雨滴"，加以收集，便成为阿剌吉酒。

黄时鉴先生《阿剌吉与中国烧酒的起源》一文，对其考述颇详，以为"阿剌吉是用葡萄酒、枣酒、好酒以及'一切味不正之酒'，'用器烧酒之精液取之'而成"，其"制造的器具和方法不止一种"。④ 并尝云："对有关文献的研究表明，阿剌吉及其制法元时从西域传入中国，先是用

---

① 李时珍：《本草纲目》卷25《谷四·烧酒》，上海科学技术出版社影印本1993年版。
② 朱德润：《存复斋文集》卷3《轧赖机酒赋》，台湾学生书局1973版，第79—80页。
③ 无名氏：《居家必用事类全集》（巳集），《酒麴类》，"南番烧酒法"条，中国商业出版社1987年版，第47页。
④ 黄时鉴：《阿剌吉与中国烧酒的起源》，《文史》（第三十一辑），中华书局1988年版。

于宫廷，后'由尚方达贵家'，并且流传到了民间。"① 有关元代宫廷饮用此酒的情况，从时任宫中饮膳太医忽思慧的记述中即可得到证实。其著述《饮膳正要》曰："阿剌吉酒，味甘辣，大热，有大毒，主消冷坚积，去寒气。用好酒蒸熬取露成阿剌吉"②。元人许有壬称阿剌吉亦"译曰阿尔奇"，言其"世以水火鼎炼，酒取露气，烈而清秋"。"其法出西域，由尚方达贵家，今汗漫天下矣。"但不同的是，当时宫廷御用阿剌吉多"用好酒蒸熬"；而在民间则"虽败酒亦可为"③。明人李时珍《本草纲目》也道："烧酒非古法也，自元时始创。其法：用浓酒和糟入甑，蒸令气上，用器盛取滴露，凡酸坏之酒皆可蒸烧。"④ 美国学者劳费尔因此以为，制作烧酒的蒸馏法，"为古代中国人所不知"，直到"蒙古人统治时期才使用"，"中国在元朝之前没有制过蒸馏的葡萄酒"，故其造酒法是"西方（域）人发明的"⑤。

以葡萄酒烧制的阿剌吉酒，在元代颇为人们所青睐。其中用哈剌火州（今吐鲁番）所产葡萄酒"烧作哈剌吉，尤毒人"⑥。叶子奇《草木子》云："法酒，用器烧酒之精液取之，名曰哈剌基。酒极浓烈，其清如水，盖酒露也。每岁于冀宁等路造葡萄酒，八月至太行山中，辨其真伪，真者不冰，倾之则流注，……其久藏者，中有一块，虽极寒，其余皆冰而此不冰，盖葡萄酒之液也。"他还指出："此皆元朝之法酒，古无有也。"⑦ 许有壬曾"承赠蒲萄阿尔奇，感慰不能自已"，乃作有自称"颇得意"的咏葡萄阿剌吉酒诗一首，诗曰：

  西酝葡萄贵莫名，炼蒸成露更通灵。文园渴思虽拄海，不及浮槎一卵瓶。⑧

---

① 黄时鉴：《中西关系史年表》，浙江人民出版社1994年版，第298页。
② 忽思慧：《饮膳正要》卷3《酒·阿剌吉酒》，上海古籍出版社影印本1990年版，第216页。
③ 许有壬：《至正集》卷16《咏酒露次解恕斋韵》，《文津阁四库全书·集部》，第404册，商务印书馆2005年版，第515页。
④ 李时珍：《本草纲目》卷25《谷四·烧酒》，上海科技出版影印本1993年版。
⑤ ［美］劳费尔：《中国伊朗编》，商务印书馆2001年版，第62—63页。
⑥ 熊梦祥：《析津志辑佚·物产》，北京古籍出版社1983年版，第239页。
⑦ 叶子奇：《草木子》卷3下《杂制篇》，中华书局1959年版，第56页。
⑧ 许有壬：《圭塘小稿》（别集）卷上，《文津阁四库全书·集部》，第404册，商务印书馆2005年版，第708页。

除葡萄阿剌吉酒外，元人还尝以其他果类制作阿剌吉酒。据熊梦祥《析津志辑佚》载，当时就有以枣制阿剌吉者。用枣酒"烧作哈剌吉，微烟气，甚甘，能饱人"①。此种阿剌吉盖酒精与果品之混合饮料，即出自西域传统酿法。

又据《佩文斋广群芳谱》记载，后周显德五年（958），"昆明国献蔷薇水十五瓶，云得自西域，以洒衣，衣敝而香不灭"②。林和靖乃有梅花诗云，"疏影横斜水清浅，暗香浮动月黄昏"。同书还载，"蔷薇露，出大食国、占城国、爪哇国、回回国，番名阿剌吉，洒衣经岁，其香不歇，能疗人心疾，不独调粉为妇人面饰而已"③。显然，这里番名为"阿剌吉"的蔷薇露，属阿拉伯香水类，它与作为饮品的阿剌吉酒是有区别的，不知清人为何将二者混称。

用各类果酒、粮食酒生产的西域阿剌吉，受到元代社会的普遍欢迎。元人曾赞道："阿剌吉，酒之英，清如井泉花，白于寒露浆。"④而随着阿剌吉酒被中土各民族所逐渐接受，阿剌吉这个源自阿拉伯语或波斯语的词汇也进入了蒙古语、维吾尔语、藏语和满语中，并成为这些语言中烧酒的名称⑤。《元宫词》有诗曰：

独木凉亭赐宴时，年年巡幸孟秋归。红妆小伎频催酌，醉倒胡儿阿剌吉。⑥

明人李昌祺《至正妓人行》亦有："浑脱囊盛阿剌酒，达拿珠络只孙裳"⑦的诗句。二者皆反映阿剌吉酒在元代蒙古贵族社会生活中颇为盛行。而杨维桢《春侠杂词》也云：

---

① 熊梦祥：《析津志辑佚·物产》，北京古籍出版社1983年版，第239页。
② 汪灏等辑：《佩文斋广群芳谱》卷42《花谱》，北京出版社2011年版，第659页。
③ 同上。
④ 黄玠：《弁山小隐吟录》卷2《阿剌吉》，《文津阁四库全书·集部》，第402册，商务印书馆影印本2005年版，第462页。
⑤ 黄时鉴：《中西关系史年表》，浙江人民出版社1994年版，第298页。
⑥ 傅乐淑：《元宫词百章笺注》，书目文献出版社1995年版，第79页。
⑦ 李昌祺：《剪灯馀话》卷4《至正妓人行》，上海古籍出版社1981年版。

关右新来豪侠客，姓氏不同人不识，夜半酒醒呼阿吉，碧眼胡儿吹苇笛。①

张昱《塞上谣》则道：

胡姬二人貌如花，留宿不问东西家。醉来拍手趁人舞，口中合唱阿剌剌。②

不难看出，元时阿剌吉已是蒙古人、色目人常用之酒精饮品，且畅饮后常有酣醉者。

二 葡萄酒酿制法

唐朝时中国就有西域输入或进贡的葡萄酒，但唐朝之后少有输入之记载。而葡萄酒生产，元以前国内就有。但元代由西域传入的酿制法却与中原用粮食和葡萄混酿的方法不同，元人熊梦祥云，"葡萄酒，出火州穷边极陲之地"。其酿造方法是："酝之时，取葡萄带青者。其酝也，在三、五间砖石甃砌干净地上，作甃瓶缺嵌入地中，欲其低凹以聚。其瓮可容数石者，然后取青葡萄，不以数计，堆积如山，铺开，用人以足揉践之使平，却以大木压之，覆以羊皮并毡毯之类。欲其重厚，别无曲药。压后出闭其门，十日半月后窥见原压低下，此其验也。方入室，众力下毡木，搬开而观，则酒已盈瓮矣。"③ 这一传统的西域葡萄酒制作法，应在元时方为中土所采用。《草木子》一书即云："葡萄酒、答剌吉酒自元朝始"④。元代诗人周权曾作"葡萄酒"诗一首，描述了其酿造过程，诗云：

累累千斛昼夜春，列瓮满浸秋泉红。数宵酝月清光转，浓腴芳髓蒸霞暖。酒成快泻宫壶香，春风吹冻玻璃光。甘逾瑞露浓欺乳，曲生

---

① 傅乐淑：《元宫词百章笺注》，书目文献出版社 1995 年版，第 80 页。
② 同上书，第 79 页。
③ 熊梦祥：《析津志辑佚·物产》，北京古籍出版社 1983 年版，第 239 页。
④ 叶子奇：《草木子》卷 3 下《杂制篇》，中华书局 1959 年版，第 65 页。

风味难通谱。①

西域葡萄酒酿制法的东传始于蒙古西征时。随成吉思汗西征的耶律楚材在中亚河中地区经常喝到这里出产的葡萄酒,他曾有诗云:"花开杷榄芙渠淡,酒泛葡萄琥珀浓。"② 耶律楚材在诗中还提到当时撒马尔罕葡萄酒的酿造,"寂寞河中府,连甍及万家。葡萄亲酿酒,杷榄看开花。"③ 与耶律楚材一样,蒙古贵族对西域醇口甜美的葡萄酒颇为青睐。西征之后,西域地区常以葡萄酒入贡。还在蒙古国时,南宋使臣徐霆就曾在漠北喝到西域所产的葡萄酒。"又两次金帐中送葡萄酒,盛以玻璃瓶,一瓶可得十余小盏,其色如南方柿漆,味甚甜。闻多饮亦醉,但无缘多饮耳。回回国贡来。"④ 徐霆的记载说明这时在中原尚无这种"味甚甜"的葡萄酒,即使在漠北,作为使臣的徐霆也"无缘多饮"。元朝建立,葡萄酒依然是西域地区重要的贡品。文献记载嘉兴人杨枢于大德五年(1301)"以官本船浮海至西洋",于忽鲁谟斯登岸,"用私钱市其土物白马、黑犬、琥珀、葡萄酒、蕃盐之属以进。"⑤ 由于西域各地所贡甚多,元廷乃于都中专设"葡萄酒室"⑥,以便储存。元末杨瑀《山居新语》即曰:元廷尚酝局所藏"葡萄酒,有至元、大德间所进者尚存"⑦。

葡萄酒贡自遥远的中亚河中府及波斯地区,难以满足蒙古贵族日益增长的生活需求。于是,蒙古人大量签发西域酿造匠人东来,并专门设局酿制,葡萄酒乃成为元代宫中名品饮料之一。元廷于有功者往往赏以葡萄酒,据《元史》载,当时大都、上都两地均设有尚饮局、尚酝局,掌酿造上用细酒和诸王百官酒醴(指甜酒,即葡萄酒)⑧。而据《元典章》载,大都还设有"大都酒使司",以掌管葡萄酒官卖。内府则于"宫城中

---

① 周权:《此山先生诗集》卷9《葡萄酒》,参见杨讷《元史研究资料汇编》第29册,中华书局2014年版,第256页。
② 耶律楚材:《湛然居士文集》卷5《赠蒲察元帅》,商务印书馆1937年版,第57页。
③ 耶律楚材:《湛然居士文集》卷6《西域河中十咏》,商务印书馆1937年版,第71页。
④ 彭大雅撰:《黑鞑事略》,徐霆疏证,丛书集成初编本,中华书局1985年版,第13页。
⑤ 黄溍《黄文献公集》卷8上,《松江嘉定等处海运千户杨君墓志铭》,中华书局1985年版。
⑥ 宋濂:《元史》卷16《世祖本纪》,中华书局1976年版。
⑦ 杨瑀:《山居新语》,见(清)鲍廷博编《知不足斋丛书》,上海古书流通处1921年版。
⑧ 宋濂:《元史》卷87《百官志》,中华书局1976年版,第2201页。

建葡萄酒室",并在万岁山广寒殿设一口可"贮酒三十余石"的黑玉酒缸,名为"渎山大玉海"①。元大一统后,南宋小皇帝一行至大都,忽必烈就曾于广寒殿设宴,以葡萄酒款待,时人汪元量乃有"第四排宴在广寒,葡萄酒酽色如丹。并刀细割天鸡肉,宴罢归来月满鞍"的诗句②。《元宫词》亦有"棱殿巍巍西丙中,御筵箫鼓奏薰风。诸王驸马咸称寿,满酌葡萄饮玉钟。"③而张昱《辇下曲》诗曰:

国戚来朝摠盛容,左班翘鹉右王封,功臣带砺河山誓,万岁千秋乐未终。静瓜约闹殿西东,颁宴诸王礼数隆,酋长巡觞宣上旨,尽教满酌大金钟。④

此处之"满酌大金钟"的饮品,或即是葡萄酒。
另外,萨都剌《上京即事》有诗也云:

一派箫韶起半空,水晶行殿玉屏风,诸王舞蹈千官贺,齐捧葡萄寿两宫。⑤

看来葡萄酒是元代宫廷中的珍贵饮品,主要供诸王贵戚、有功勋者赏饮。

这一时期,哈剌火州、太原、平阳等地也成为依西域酿造法生产葡萄酒的产地,并曾一度入贡内府。忽思慧在宫中接触到当时来自不同地区的葡萄酒贡品,他讲:"葡萄酒益气调中,耐气强志。酒有数等,有西番者,有哈剌火(州)者,有平阳、太原者,其味都不及哈剌火(州)者田地酒最佳。"⑥由于其他地方所造葡萄酒不及哈剌火州酿制之醇,故后来政府乃有"敕平阳路安邑县蒲萄酒自今年毋贡"⑦和"罢太原、平阳路

---

① 《中华文明史》第7卷《元代》,河北教育出版社1994年版,第579页。
② 汪元量:《增订湖山类稿·水云集》卷2《湖州歌九十八首》,中华书局1984年版,第52页。
③ 傅乐淑:《元宫词百章笺注》,书目文献出版社1995年版,第4页。
④ 张光弼:《张光弼诗集》卷3《辇下曲有序》,上海书店出版社1985年版,第451页。
⑤ 萨都剌:《雁门集》卷6《上京即事五首》,上海古籍出版社1982年版,第163页。
⑥ 忽思慧:《饮膳正要》卷3《酒·葡萄酒》,上海古籍出版社影印本1990年版,第216页。
⑦ 宋濂:《元史》卷4《世祖本纪》,中华书局1976年版,第71页。

酿进葡萄酒"① 的诏令。

掌管酿造御用和诸王百官酒醴的尚饮局、尚酝局，隶于宣徽院之下，故元朝宣徽院属吏内专设有回回掾史二人，以便于对两局西域酿酒匠人进行管理。尚饮局、尚酝局生产的葡萄酒甜美爽口，味道纯正，它除满足内府御用及蒙古贵族的需求外，还常用于奖励外藩和京外军政官员。《通制条格》曾记有出访使者和出京官员以皇帝赐酒为名骗取宣徽院葡萄酒之事，即"皇庆二年（1313）二月二十七日，中书省奏：差将各处去的使臣，并回去的使臣每，外路官人每，根底他每自己索的葡萄酒并酒将去呵，却谎说是上位赐将去的，好生的计较者"。为了杜绝类似事情发生，元廷规定，今后"若上位谁根底赐将葡萄酒并酒去呵，教宣徽院与兵部印信文书呵"②。

元时葡萄酒亦已于民间流行，杨维桢即有"新泼葡萄琥珀浓，酒逢知己量千钟"③ 的诗句；《元诗选》收柳贯诗曰：

> 石家院里葡萄酒，荆媪池边芍药厅。倦剧拥书终日坐，醉来支枕片时醒。④

显然，葡萄酒已在元代社会普遍流行，且甚得人们之喜爱，成为文人雅聚、朋友相会的重要饮品。

三　马奶酒的制作

蒙古兴起之前，漠北草原游牧族群中未见有饮用马奶酒之记载。成吉思汗西征后，大量西域突厥游牧部族被裹胁而来，马奶酒遂逐步成为蒙古高原流行的饮品。或曰马奶酒制造技术应随着钦察人的东来而传入漠北。钦察人，又名哈剌赤（哈剌，蒙古语意为黑），因其善制黑马奶酒，故

---

① 宋濂：《元史》卷19《成宗本纪》，中华书局1976年版，第402—403页。
② 《通制条格》卷27《诈称赐酒》，浙江古籍出版社1986年版，第280页。
③ 杨维桢：《东维子文集》卷29《十月六日席上与同座客陆宅之夏士文及主人吕希尚希远联句》，商务印书馆1912年版。
④ 顾嗣立：《元诗选》（初集中·丁集），柳贯《初夏忆京城邻舍》，中华书局1987年版，第1159页。

名。《元史》云钦察人班都察尝侍世祖"左右,掌尚方马畜,岁时挏马乳以进,色清而味美,号黑马乳,因目其属曰哈剌赤"。① 虞集《句容郡王世绩碑》言"其种人以强勇见信,用掌刍牧之事,奉马湩以供玉食。马湩尚黑者,国人谓黑为哈剌,故别号其人曰哈剌赤"。② 南宋使臣彭大雅、徐霆在漠北曾饮过马奶酒,并记述了其制作过程。彭大雅云:"马之初乳,日则听其驹之食,夜则聚之以洗(手念其乳曰洗),贮以革器,颇洞数宿,微酸,始可饮,谓之马奶子。"徐霆亦云:"先令驹子啜教乳,路来即赶了驹子,人即用手洗下皮桶中,却又倾入皮袋撞之,寻常人只数宿便饮。初到金帐,鞑主饮以马奶,色清而味甜,与寻常色白而浊,味酸而膻者大不同。名曰黑马奶,盖清黑。问之,则云此实撞之七八日,撞多则气清,清则不膻,只此一处得饮,他处更不曾见。"③

大约在1253—1254年间到过蒙古的传教士鲁布鲁克,也多次提到他在钦察草原拔都营帐和漠北蒙古喝过马奶酒,他还称其为"忽迷思"。鲁布鲁克详细记载了马奶酒的制作程序,"他们把要挤奶的母马的小马系上三个时辰,这时母马站在小马附近,让人平静地挤奶。如有一头不安静,即有人把小马牵到它跟前,让小马吸点奶;然后他把小马牵走,挤奶人取代它的位子。当他们取得大量的奶时,奶只要新鲜,就像牛奶那样甜,他们把奶倒进大皮囊或袋里,开始用一根特制的棍子搅拌它,棍的下端粗若人头,并且是空心的。他们用劲拍打马奶,奶开始像新酿酒那样起泡沫,并且变酸发酵,然后他们继续搅拌到他们取得奶油。这时他们品尝它,当它微带辣味时,他们便喝它,喝时它像葡萄酒一样有辣味,喝完后在舌头上有杏乳的味道,使腹内舒畅,也使人有些醉,很利尿。他们还生产哈剌忽迷思,也就是'黑色忽迷思',供大贵人使用。……他们继续搅拌奶,直到所有混浊的部分像药渣一样径直沉底,清纯部分留在面上,好像奶清或新酿的葡萄酒。渣滓很白,给奴隶吃,有利于睡眠。主子喝这种清的,它肯定极为可口,很有益于健康"④。从徐霆和鲁布鲁克的记述中可以看出,马奶酒尚清,而因其清则似黑,

---

① 宋濂:《元史》卷128《土土哈传》,中华书局1976年版,第3132页。
② 虞集:《道园学古录》卷23《句容郡王世绩碑》,《文津阁四库全书·集部》第403册,商务印书馆影印本2005年版,第385页。
③ 彭大雅撰,徐霆疏证:《黑鞑事略》,丛书集成初编本,中华书局1985年版,第13页。
④ 何高济译:《鲁布鲁克东行纪》,中华书局1985年版,第214页。

故曰黑马奶。《马可·波罗行纪》则云:"鞑靼人饮马乳,其色类白葡萄酒,而其味佳,其名曰忽迷思。"①

喜饮马奶酒是元代蒙古贵族的一大嗜好。皇室和王公贵族各自拥有专门供取乳用的马群,并有专职马奶酒制作的钦察人为其服务。马可·波罗言:"(大)汗有一大马群,马皆牝马,其色纯白,无他杂色,为数愈万。汗与其族皆饮此类牝马之乳,他人不得饮之。惟有一部落,因前此立有战功,大汗奖之,许饮此马乳,与皇族同。"②《元史》亦载,每年"车驾行幸上都,太仆卿以下皆从。先驱马出健德门外,取其肥可取马乳者以行,汰其羸瘦不堪者还于群。自天子以及诸王百官,各以脱罗毡置撒帐,为取乳室。车驾还京师,太仆卿先期征马五十酝都来京师。酝都,承乳车之名也。既至,俾哈赤、哈剌赤在朝为卿大夫者,亲秣饲之,日酿黑马乳以奉玉食,谓之细乳。……自诸王、百官而下,亦有马乳之供"③。

马奶酒为元朝宫廷珍馐,被列为元代"迤北八珍",名"麈沆""玄玉浆",属宫廷御酒。陶宗仪《辍耕录》引白珽之《续演雅十诗》曰:"八珍敌龙凤,此出龙凤外。荔枝配江蚝,徒夸有风味。"并注:"谓迤北八珍也。所谓八珍,则醍醐、麈沆、野驼蹄、鹿唇、驼乳糜、天鹅炙、紫玉浆、玄玉浆也。玄玉浆即马奶子。"④而耶律铸《双溪醉隐集·行帐八珍序》云:"麈沆,马酮也。"⑤耶律铸为耶律楚材之子,其父好饮马奶酒,诗作甚多,其言可信。故"迤北八珍"之中,马奶酒或有二,即麈沆和玄玉浆,前者为普通马湩,属饮料;后者则为精制马乳,可为酒,能醉人。《经世大典·马政》即云:"在朝置太仆寺,……供上及诸王百官挏乳,取黑马乳以奉玉食,谓之细乳,诸王百官者谓之粗乳。"⑥忽迷思实为粗乳,当即麈沆;哈喇忽迷思乃细乳,亦即玄玉浆,其色清似黑。

---

① 冯承钧译注:《马可·波罗行纪》,中华书局2004年版,第246页。
② 同上书,第278页。
③ 宋濂:《元史》卷100《兵志》,中华书局1976年版,第2554页。
④ (元)陶宗仪:《南村辍耕录》卷9,齐鲁书社2007年版,第117页。
⑤ (元)耶律铸:《双溪醉隐集》卷6《行帐八珍诗》,《文津阁四库全书·集部》第400册,商务印书馆影印本2005年版,第720页。
⑥ 《大元马政记》,见杨讷《元史研究资料汇编》第95册,中华书局2014年版,第381页。

在元朝内府宴会和质孙宴上，钦察人制作的马奶酒是必备的饮料，元人乃有"相官马湩盛浑脱（即皮囊），骑士题封抱送来。传与内厨供上用，有时直到御前开。"① 和"内宴重开马湩浇"的诗句。耶律楚材亦多有诗颂咏马奶酒，其中《寄贾抟霄乞马乳》云：

天马西来酿玉浆，革囊倾处酒微香。长沙莫吝西江水，文举休空北海觞。浅白痛思琼液冷，微甘酷爱蔗浆凉，茂陵要酒尘心渴，愿得朝朝赐我尝。②

耶律楚材另有《谢马乳复用韵二首》，其一曰：

生涯箪食与壶浆，空忆朝回衣惹香。笔去余才犹可赋，酒来多病不能觞。松窗雨细琴书润，槐馆风微枕簟凉。正与文君谋此渴，长沙美湩送予尝。

其二云：

肉食从容饮酪浆，羞酸滑腻更甘香。革囊旋造逡巡酒，桦器频倾潋滟觞。顿解老饥能饱满，偏消烦渴变清凉。长沙严令君知否，只许诗人合得尝。③

由耶律楚材的诗中可以看出，他本人及其友人均钟爱喝马奶酒。因为这一用西域传统制作方法酿成的饮品，不仅"微香""滑腻"，特别爽口，而且甘甜、"清凉"，颇能解渴，故而深得元人的青睐，并成为当时一般人可求不可得的饮品。耶律楚材遂有"只许诗人合得尝"的感叹，并希冀"愿得朝朝赐我尝"。

当然，元代喜饮马奶酒者，不只仅限于蒙古等少数族人，当时一些汉族士大夫也颇好这一佳酿。许有壬就曾在上京畅饮马奶酒，并作诗赞道：

---

① 张光弼：《张光弼诗集》卷3《辇下曲有序》，上海书店出版社1985年版，第461页。
② 耶律楚材：《湛然居士文集》卷4《寄贾抟霄乞马乳》，商务印书馆1937年版，第46页。
③ 同上书，第46—47页。

味似融甘露，香疑酿醴泉。新醅撞重白，绝品挹清玄。骥子饥无乳，将军醉卧毡。祠官闻汉史，鲸吸有今年①。

马奶酒还被用作当时蒙古贵族祭天、祭祖等重要礼仪中，成为元朝传统礼俗中不可或缺的祭品。据《元史》载，"奠马湩，以蒙古巫祝致辞。盖国俗也。"② 杨晓春《蒙元时期马奶酒考》一文，就蒙古"国俗旧礼"中用以马奶酒祭祀的场合论述较详③。在大都，"每岁，太庙四祭"，"蒙古博儿赤跪割牲，太仆卿以朱漆盂盛马乳酹奠"。至"驾幸上都，以六月二十四日祭祀，谓之洒马奶子。"④ 据《马可·波罗行纪》云：上都"每年八月二十八日，大汗离此地时，尽取此类牝马之乳，洒之地上。缘其星者及偶像教徒曾有言曰，每年八月二十八日，宜洒乳于地，俾地上空中之神灵得享，而保佑大汗及其妻女财产，以及国内臣民，与夫牲畜马匹谷麦等物。洒乳以后，大汗始行"。⑤《经世大典·马政》亦曰："在朝置太仆寺，典御马及供宗庙、影堂、山陵祭祀与玉食之挏乳。"⑥ 元政府在历朝皇陵内，"各有酝都，取马乳以供祀事，号金陵挤马。"⑦ 萨都剌因而有诗云：

祭天马酒洒平野，沙际风来草亦香。⑧

《元宫词》亦诗曰：

祈雨番僧鲊答名，降龙刺马胆巴瓶。牛酥马乳宫中赐，小阁西头

---

① 许有壬：《圭塘小稿》卷3《律诗·马酒》，《文津阁四库全书·集部》第404册，商务印书馆影印本2005年版，第677页。
② 宋濂：《元史》卷74《祭祀志》，中华书局1976年版，第1831页。
③ 杨晓春：《蒙·元时期马奶酒考》，《西北民族研究》1999年第1期。
④ 宋濂：《元史》卷77《祭祀志》，中华书局1976年版，第1923页。
⑤ 冯承钧译注：《马可·波罗行纪》，中华书局2004年版，第278页。
⑥ 《大元马政记》，杨讷：《元史研究资料汇编》第95册，中华书局2014年版，第381页。
⑦ 宋濂：《元史》卷100《兵志》，中华书局1976年版，第2554页。
⑧ 萨都剌：《雁门集》卷6《上京即事五首》，上海古籍出版社1982年版，第163页。

听嗏经。①

四　砂糖与砂糖饮品

砂糖是源于西亚的产品。早在宋代，它已是大食国贡往中国的方物之一。据《宋史·大食传》载，雍熙元年（984），大食国人"花茶来献花锦、越诺、栋香、白龙脑、白砂糖、蔷薇水、琉璃器"②。我国生产赤砂糖的技术悠久，但白砂糖生产技术则是由元代东来的西域人传授的。由西域输入的砂糖，除在各种汤煎食品中供蒙古贵族食用外，也被回回医人大量用于其医方中，这是因为用砂糖作药剂、药引是阿拉伯医方的一大特点。据《春明梦余录》载，元初重臣廉希宪尝有疾，忽必烈遣医三人诊视，经其诊断，以为须用砂糖作饮，时砂糖颇为难得，"其弟求之阿合马，得二斤，希宪屏之曰：吾义不受奸人所遗。世祖闻之，特赐三斤。"③流行于元代的《回回药方》中就多以砂糖为成分，如"长生马准"方，即用"砂糖或蜜调和，每服五钱"④；而"阿夫忒蒙"方则需"右同为细末，砂糖水调和为丸"⑤。由于回回医术的影响，以糖水入药，成为元朝医人多采用的处方。如元医人朱震亨在《格古余论》中称，他曾为自己本房叔祖开过"以茱萸、陈皮、青葱、麂首根、生姜煎浓汤，和以砂糖，饮一碗许"⑥的处方。看来，在中药内"和以砂糖水"的医治方法，已为当时许多中土医人所采用。

由于砂糖水用途广泛，仅靠由西域进口远远不能满足当时社会的需求，故至元十三年（1276），世祖乃于宣徽院之下专设砂糖局，招募擅长此项技术的西域工匠，负责"砂糖蜂蜜煎造"。宣徽院职责为"掌供玉食"⑦，其属下有"尚食、尚药、尚醖三局"，这说明元朝在设砂糖局时，

---

① 傅乐淑：《元宫词百章笺注》，书目文献出版社1995年版，第62页。
② 脱脱等撰：《宋史·列传》卷490，中华书局1977年版，第14118页。
③ 孙承泽著，王剑英点校：《春明梦余录》卷64《名迹一·万柳园》，北京古籍出版社1992年版。
④ 宋岘：《回回药方考释（下）》，中华书局2000年版，第193页。
⑤ 同上书，第202页。
⑥ 朱震亨：《格致余论》之《治病必求其本论》，江苏科技出版社1985年版，第5页。
⑦ 宋濂：《元史》卷87《百官志》，中华书局1976年版，第2200页。

已考虑到了它的药用价值。当时作为宫廷饮膳太医的忽思慧在其所著《饮膳正要》中即云："砂糖，味甘寒，无毒，主心腹热胀，止渴明目。即甘蔗汁熬成砂糖。"①

砂糖局设于何处，《元史》没有说明，而据杨瑀《山居新语》称，元朝在杭州设有砂糖局，其中任职者"皆主鹘、回回富商也"。杭州砂糖局的甘蔗原料由处州地方负责供给。由于主鹘、回回糖官在原料选择中过于苛求，以致百姓多有怨言，杨瑀为此载道："所产获蔗，每岁供给杭州砂糖局煎熬之用，糖官皆主鹘、回回富商也，需索不一，为害滋甚。"② 又据马可·波罗云，他在武干（un-guen，似今之福建龙溪，或以为福建永春）看到来自西域的巴比伦人在此教授制造砂糖的技术。"这个地方以大规模的制糖业著名，出产的糖运到汗八里，供给宫廷使用。在它纳入大汗版图之前，本地人不懂得制造高质量糖的工艺。制糖方法很粗糙，冷却后的糖，呈暗褐色的糊状。等到这个城市归入大汗的管辖时，刚好有巴比伦人，来到帝廷，他们精通糖的加工方法。因此被派到这个城市来，向当地人传授用某种木灰精制食糖的方法。"③ 杨瑀和马可·波罗的记载充分说明，元代有关白砂糖的工艺源于东来的西域匠人。而由武干所产砂糖专供宫廷使用来看，元朝可能在此也设有专管砂糖生产的机构，因为永春一带也是当时砂糖原料甘蔗的重要产地。如此看来，元代的砂糖产地不只限于杭州一处。

元代末年，阿拉伯人伊本·白图泰来华时，已经看到中国所产砂糖不仅产量大，而且工艺水平得到较大提高。他说："中国出产大量蔗糖，其质量较之埃及蔗糖，实有过之而无不及。"④ 而大量砂糖的制造，主要用于食用糖水和药用糖水的配制。元朝砂糖的主要消费者为王公贵族、百官富商，而宫廷则是当时最大的消费者，忽思慧《饮膳正要》就记述了宫内御用食谱大量以砂糖煎汤的配方。如在"诸般汤煎"中，木瓜煎，内

---

① 忽思慧：《饮膳正要》卷3《果品·沙塘》，上海古籍出版社影印本1990年版，第284页。
② 杨瑀：《山居新语》，见（清）鲍廷博编《知不足斋丛书》，上海古书流通处1921年版，第3页。
③ 陈开俊等译：《马可·波罗游记》，福建科学技术出版社1981年版，第191页。冯承钧译本（中华书局，2004年版）仅称该地"制糖甚多"，并以为武干抑或指"永安"。其注曰："菲力卜思虽谓永春有一传说，昔有西方人至此，授以制糖术，然不能因此遂谓制糖之所，仅限于一地也。"（第603页。）
④ 马金鹏译：《伊本·白图泰游记》，宁夏人民出版社1985年版，第545页。

用白砂糖十斤；香圆煎，内用白砂糖十斤；株子煎，内用白砂糖五斤；紫苏煎，内用白砂糖十斤；金桔煎，内用白砂糖三斤；樱桃煎，内用白砂糖二十五斤；石榴浆，内用白砂糖十斤；五味子舍儿别，内用白砂糖八斤①，等等。

五　舍儿别煎煮法

舍儿别，元人又称舍里别、舍利别、摄黑白、舍里八等。为阿拉伯语，或波斯语 sherbet 的音译，是元代由西域引入的一种饮品。《大德南海志》意译为渴水、解渴水。"舍里别，蒙古语曰解渴水也。凡果木之汁，皆可为之。"②蒙古人对舍儿别的了解始于成吉思汗西征中亚时，据《至顺镇江志》载，"薛迷思贤（即撒麻耳干）在中原西北十万余里，乃也里可温行教之地。……太祖皇帝初得其地，太子也可那延病，公（指马薛里吉思）外祖（撒必）舍里八马里哈昔牙徒众，祈祷治愈，充御位舍里八赤（职名，负责制作舍儿别的官员）。"③忽必烈继位后，马薛里吉思获召东来，这一饮品制作技术方正式传入中土。史载，"至元五年（1268），世祖皇召公驰驿进入舍里八，赏赉甚侈。舍里八煎诸香果，泉调密和而成。"④由于马薛里吉思"世精其法，且有验"，忽必烈乃"特降金牌以专职"，让其专职负责舍儿别的制作。元宫廷御膳中即有"五味子舍儿别"，以所谓"新北五味，去子水浸取汁"⑤，加白砂糖制成。后来，为了将这一源自西域的饮品制作技术进一步推广到全国各地，至元九年（1272），世祖乃派遣马薛里吉思与赛典赤·赡思丁一同前往云南。至元十二年（1275），他又受命到福建、江浙等处，"皆为造舍里八"⑥。也就是说，马薛里吉思所去以上地区，均是为了传授制造舍儿

---

① 忽思慧：《饮膳正要》卷2《诸般汤煎》，上海古籍出版社1990年版，第113—115页。
② 陈大震、吕桂孙撰：《元大德南海志残本》卷7，广州市地方志研究所印1986年版，第15页。
③ 俞希鲁编纂：《至顺镇江志》卷9《僧寺·镇江大兴国寺记》，江苏古籍出版社1990年版，第367页。
④ 同上。
⑤ 忽思慧：《饮膳正要》卷2《诸般汤煎》，上海古籍出版社影印本1990年版，第115页。
⑥ 俞希鲁编纂：《至顺镇江志》卷9《僧寺·镇江大兴国寺记》，江苏古籍出版社1990年版，第367页。

别的技术。

舍儿别制造方法有二：一是用"时果之液""诸香果泉"和糖、蜜等煎熬而成，它有医疗之效；一是以诸水果去皮核，捣碎去其渣，用慢火加香药、蜜、糖熬煮而成。据元人《居家必用事类全集》载，当时国内生产的舍儿别有御方渴水、林檎渴水、杨梅渴水、木瓜渴水、五味渴水、葡萄渴水和香糖渴水等七个种类①。舍儿别的主要功用是生津止渴，但据元代医人朱震亨讲，其"味虽甘美，性非中和，且如金樱煎之缩小便，杏煎、杨梅煎、蒲桃煎、樱桃煎之发胃火，积而久之，湿热之祸有不可胜言者。仅有桑椹煎无毒，可以解渴"。② 朱震亨所言是否属实，尚难验证。而事实上，元朝各地常以所制舍儿别入贡内府。至元十四年（1277），马薛里吉思被授虎符怀远大将军、镇江府路总管府副达鲁花赤，舍儿别制作技术乃传至镇江，并一度成为镇江进贡皇廷的贡品。据《至顺镇江府志》载，"舍里别四十瓶，前本路副达鲁花赤马薛里吉思备葡萄、木瓜、香橙等物煎造，官给船马入贡。"③

镇江之外，马薛里吉思曾经居留的福建泉州，以及广州等处也均有所制舍儿别入贡。"大德三年（1299），泉州路煎糖官呈：'用里木榨水，煎造舍里别'。里木即宜母子，今本路于番禺县城东厢地名莲塘，南海县地名荔枝湾，并置御果园，共二处，栽植里木树，大小共八百棵。"④ 元人吴莱则有诗咏道：

广州园官进渴水，天风夏熟宜濛子。百花酝作甘露浆，南国烹成赤龙髓。⑤

---

① 无名氏：《居家必用事类全集》（巳集），《渴水》，中国商业出版社1987年版，第19页。
② 朱震亨：《格致余论》，丛书集成初编本，商务印书馆1937年版。
③ 俞希鲁编纂：《至顺镇江志》卷6，江苏古籍出版社1990年版，第253页。
④ 陈大震、吕桂孙撰：《元大德南海志残本》卷7，广州市地方志研究所1986年版，第15页。
⑤ 吴莱：《渊颖集》卷6《岭南宜濛子解渴水歌》，《丛书集成初编》本，商务印书馆1937年版。

六 速鲁麻与爱兰

速鲁麻，又译作速儿麻，或咂鲁麻、索儿麻、唆鲁麻，乃波斯语，或突厥语 sarma 之译名。元代之前其名不见于文献，应也是元代由西域传入方法所造之酒。忽思慧《饮膳正要》云其："又名拨糟，味微甘辣。主益气止渴，多饮令人膨胀生疾。"① 速鲁麻制作方法，因文献乏载不详。明人谢肇淛《滇略》则记有其饮酒之法，即："杂荞秫曲稗于巨瓮，渍令微熟，客至则燃火于下。以小竹或藤插瓮中，主客环坐吸而饮之，曰'咂鲁麻'。"② 明洪武间士人程立本曾有诗曰：

金杯哈剌吉，银筒速鲁麻。江楼日日醉，忘却在天涯。③

此诗为其贬谪云南，行役滇西时所作，可见速鲁麻酒在明初中土内依然盛行。

永乐年间，波斯国王沙哈鲁所遣使团在入关河西后，得到明朝官员的欢迎，在为使团所设宴会上，即有速鲁麻酒。使团成员火者·盖耶速丁在其《沙哈鲁遣使中国记》中记有："餐后备有甜酒、饮料等各种酒类，大家都喝醉了。"该书译者何高济先生所据波斯语、英语对照本原注，以此处之"饮料"，实指"波斯语 sarma，突厥斯坦流行的一种酒"。④ 方龄贵先生以为："查贞节堂抄本《译语》所收委兀儿译语·饮食门：酒作'索儿麻'，音近速鲁麻；又《中国突厥语族语言词汇集》第 371 页：酒在撒拉语作 sarma，与速鲁麻音亦符。按委兀儿语、撒拉语均属突厥语族，又以所谓 sarma 为'突厥斯坦流行的一种酒'核之，则《汉语外来词词汇》第 329 页'速鲁麻'条，认为速鲁麻（唆鲁麻）源自突厥语，应该是可信的。"亦即"sarma 即是速鲁麻的对音。"⑤ 显然，sarma 一词在波斯语、

---

① 忽思慧：《饮膳正要》卷 3《酒·速儿麻酒》，上海古籍出版社影印本 1990 年版，第 216 页。
② 谢肇淛：《滇略》卷 4《俗略》，文渊阁《四库全书》，上海古籍出版社影印本 1987 年版。
③ 程立本：《巽隐集》卷 1《江头绝句》，文渊阁《四库全书》，上海古籍出版社影印本 1987 年版。
④ ［波斯］火者·盖耶速丁：《沙哈鲁遣使中国记》，中华书局 1981 年版，第 107 页。
⑤ 方龄贵：《释"哈剌吉"与"速鲁麻"》，《云南民族学院学报》1997 年第 4 期。

突厥语中其意相通,均为某种酒之称谓。由该词之源流,即可知速鲁麻酒与元代西域人密切相关。

元代速鲁麻酒与葡萄酒等同属官府专营,民间不许私自制造、买卖。《元典章》即载道:"照得至元二十五年三月,钦奉圣旨条画内一款:犯私酒曲者科徒二年,决杖七十,财产一半没官,于没官(物)内一半付告人充赏。又大德七年圣旨条画内一款:酝造私速鲁麻并葡萄酒犯人,七十七下,追中统钞一百贯,付告人充赏。"①《元史·刑法志》亦载:"诸私造唆鲁麻酒者,同'私酒法',杖七十,徒二年。财产一半没官,有首告者,于没官物内一半给赏。"② 由元朝政府以法禁止速鲁麻酒私造可知,它亦应是当时蒙古贵族喜饮之酒。

此外,传教士鲁布鲁克曾在西域蒙古人营帐中喝过一种叫爱兰的饮料,他说:"他们把炼牛油的奶给我们喝。它很酸,他们称之为爱兰。"据柔克义解释,爱兰,即 airan,是"吉尔吉斯的普通饮料,用煮沸的奶和水制成,并使之变酸"。何高济先生以为它"当即《元史·百官志》中提到的爱兰乳酪"。③ 这说明元时这一产自西域的饮料,也因蒙古人的偏爱被引入中土。

总之,元代上述西域饮品随着西域人的东来传入中国,为蒙古统治者高度重视。政府设局制作,乃丰富了元人的物质生活,亦对蒙古、汉地社会生产产生深远影响。明人方孝孺即言:"元主中国八十余年,中国之民言语、服饰、器用、礼服不化为夷者鲜矣。"④ 正是由于元大一统下不同地域、不同族群社会与文化的密切交融,促进了这一时期中华物质文明多样性特征的形成。

---

① 陈高华等点校《元典章》卷22《户部·课程·酒课·私造酒曲依匿税科断》,中华书局、天津古籍出版社,第870页。
② 宋濂:《元史》卷104《刑法志·食货》,中华书局1976年版,第2649页。
③ 何高济译:《鲁布鲁克东行纪》,中华书局1985年版,第222、331页。
④ 方孝孺:《逊志斋集》卷3《正俗》,宁波出版社2000年版。

15世纪海上丝绸之路上的货币新探

中国社会科学院历史研究所　万　明

引　言

从一个整体观的丝绸之路大视野来看，15世纪是一个海洋的世纪。这个海洋的世纪是由中国人开启的。15世纪初郑和（1405—1433）下西洋，是明朝初年的一大盛事，也是古代中国乃至世界航海史上规模最大，持续时间最长、影响最为深远的大航海活动。明朝永乐三年（1405），以强盛的综合国力为后盾，永乐皇帝决定派遣郑和下西洋，郑和统率一支规模庞大的船队，开始了伟大的远航。这支当时世界上最强大的国家海上力量七下印度洋，①"其人物之丰伟，舟楫之雄壮，才艺之巧妙，盖古所未有然也"，②持续达28年之久，"云帆高张，昼夜星驰"，海上航行经历30多个国家和地区，远达印度洋沿岸各国，当时的印度洋贸易连接了亚、非、欧，成为世界航海史上的壮举，推动古代海上丝绸之路达到了鼎盛时期。所谓丝绸之路，是对中国与西方所有来往通道的统称，成为历史文化的象征符号，凸显了古代诸文明之交流对人类的巨大贡献。

撰写本文，笔者主要出于以下两点考虑：

第一，长期以来，郑和下西洋时期的中外关系，都是分别来研究的：中国与东南亚关系，中国与南亚关系，中国与西亚关系，中国与阿拉伯关

---

① 明朝当时没有印度洋的概念，印度洋之名在现代才出现。按照马欢的表述，称为"那没黎洋"的，即今天的印度洋。详见万明《郑和七下印度洋——马欢笔下的"那没嚟洋"》，《南洋问题研究》2015年第1期。

② 朱当㴐编：《国朝典故·瀛涯胜览·马欢序》，中国国家图书馆藏明抄本。

系，中国与非洲关系，等等，这是一种分割的研究方法，迄今未有一个整体的中国与印度洋关系研究，但是翻开历史，明朝人的外交理念，初衷就是去印度洋。郑和七下印度洋，印度洋贸易圈包括了亚、非、欧，一个前近代"世界经济"雏形凸显出来。郑和在印度洋大量的贸易活动，也不仅是"宣扬国威"和"撒钱"可以说明，我们今天应该重新认识。

第二，一直以来，研究海上贸易，都是从商品经济、贸易物品入手，鲜见从贸易货币入手，更缺乏货币经济的研究。解读15世纪海上丝绸之路的大发展，印度洋贸易圈货币是研究的一个薄弱环节。[1] 从货币来看，15世纪一个"世界经济"的雏形已经开始显现，货币连接了印度洋、地中海、红海、波斯湾、阿拉伯海、孟加拉湾、南海，研究各种货币流通，便可知晓远洋贸易的影响力和辐射力，前近代的特征可尽显无疑。

货币是海上丝绸之路繁盛的见证，15世纪初的印度洋创造了"世界规模"的货币流通，为我们研究整体丝绸之路提供了新的视角。

这里需要说明的是，郑和下西洋的第一手资料，是随同郑和下西洋的人所撰三书：马欢《瀛涯胜览》、费信《星槎胜览》、巩珍《西洋番国志》。其中马欢是通事，所以所记皆其亲身经历，最为写实可靠；巩珍书资序云是根据通事所记，而其书与马欢所载国与事完全相同，仅文字经过修饰，除了书前三通皇帝敕书很有价值外，可以视为马欢书的别本。而费信书虽然记载到达非洲，但是在货币方面的记载鲜少。因此这里主要以马欢《瀛涯胜览》为基本史料，进行讨论。

一 郑和下西洋所至印度洋以及东南亚地区的人文环境

在具体分析15世纪初印度洋贸易的货币情况之前，让我们先对郑和下西洋所至地域的人文环境有所了解。马欢在《瀛涯胜览》中记述了亲身所至的20个亚洲国家的政教情况，下面列表说明，以便试析印度洋周边的人文环境。[2]

---

[1] 即使是［澳］肯尼斯·麦克弗森著，《印度洋史》（耿引曾等译，商务印书馆2015年），也没有提及第纳尔等重要货币。

[2] 马欢著：《明钞本瀛涯胜览校注》各国条，万明校注，海洋出版社2005年版。

国名	信 息
占城	国王崇信释教
爪哇	国有三等人，一等回回人，是西番各国商人流落此地；一等唐人，多有归从回教门；一等土人，崇信鬼教
旧港	人之衣饮、语言等与爪哇国同
暹罗	国王崇信释教
满剌加	国王、国人皆依回教门
哑鲁	国王、国人皆是回回人
苏门答剌	风俗、言语与满剌加同
那孤儿	言语、行用与苏门答剌同
黎代	言语、行用与苏门答剌同
南浡里	皆是回回人
锡兰	国王崇信佛教
小葛兰	国王、国人崇佛信教
柯枝	国王崇奉佛教，国人一等南毗，与王同类，二等回回人
古里	国王崇信释教，大头目掌管国事，俱是回回人，国人皆奉回回教门
溜山	国王、头目、民庶皆是回回人
祖法儿	国王、国民皆回回教门人
阿丹	皆奉回回教门
榜葛剌	举国皆是回回人
忽鲁谟斯	国王、国人皆是回回教门
天方	回回祖师始于此国阐扬教法，国人悉遵教规

跟随郑和下西洋的马欢，在《瀛涯胜览》中记述的是他亲自抵达的诸国宗教信仰情况，由于他身为通事，了解应该是比较全面的。值得注意的是，记述所访问的 20 个国家中，绝大部分属于穆斯林国家，16 个国家是由穆斯林掌控，或穆斯林占有重要的地位，如即使是国王信奉佛教的古里国，其大头目掌管国事的也"俱回回人"。只有 4 个国家占城、暹罗、锡兰、小葛兰是信奉佛教的国家，印度文明影响至深，没有回回人的记载。然而我们知道，蒲寿庚的家族正是来自占城，阿拉伯人早已有因经商而定居那里的情况；因此，当时几乎遍布西洋的"回回现象"，是一个不容忽视的重要国际社会现象。归纳起来，马欢所至 20 个国家中明显可见

三种类型：一是举国信奉一种宗教，包括国王、国人；二是国王信奉一种宗教，国人信奉另一种宗教；三是一个国家中有多种宗教并存。如同信仰一样，印度洋贸易中的货币形态也表明了这种多元和庞杂的情况。

695年，哈里发阿卜杜拉·麦立克（685—705）进行货币改革，用阿拉伯第纳尔和迪尔汗取代原来通用的拜占庭金币和波斯银币。随后，又规定阿拉伯语为帝国的正式语言，政府文件须用阿拉伯文书写，取代了原来在伊拉克、叙利亚和埃及通用的波斯文、希腊文等。但阿拉伯语最终成为伊拉克、叙利亚、埃及和北非的通用语言，过程很漫长，直到11世纪初才最后完成。马欢的书印证了15世纪初，在印度洋是使用阿拉伯语作为通行语言，进行交往活动。

以往笔者依据马欢《瀛涯胜览》的文字记载，把郑和下西洋所到之处的人文环境，主要分为两大类：一类是伊斯兰文明，另一类是印度文明。现在变换视角，下面将注意力转向货币，可以得出与此前不同的认识。

二　马欢《瀛涯胜览》中的印度洋货币流通状况

15世纪郑和七下印度洋，跟随航海的马欢，记录了当时交易圈的货币使用情况，给予我们提示：货币见证了15世纪初海上丝绸之路上一个繁盛的海上贸易网络的形成与运转，中国首次以国家航海行为，大规模积极参与了印度洋的贸易，极大地弘扬了古代海上丝绸之路，连接了陆海丝绸之路，成为印度洋贸易共同体建构的重要力量。值得特别注意的是，参加郑和远航的马欢在记述中所至之处皆冠以"国"名之，凸显了明代郑和下西洋的国家航海外交性质，但其记述中除3个小国外，记录了17国的货币流通状况，并在记述外国货币以后，往往换算为中国"官秤"重量，这样就可以使我们对货币成色一目了然。下面将马欢对海上丝绸之路沿线各国的货币记述录于下，以便分析。①

---

① 资料来源见马欢著，万明校注《明钞本〈瀛涯胜览〉校注》各国条，不另注。需要说明的是，关于郑和下西洋的三书中，巩珍《西洋番国志》为马欢书之别本，费信《星槎胜览》中凡贸易，均使用"货用"一词，没有区别货币与商品，个别提及货币时，采用元朝钞币单位，大致源自元朝汪大渊《岛夷志略》，故在此未采用二书记述。

占城国（今越南南部）

其买卖交易，使用七成淡金或银。中国青磁盘碗等品，纻丝、绫绡、烧珠等物甚爱之，则将淡金换易。

马欢的记述表明，占城国使用金、银为货币，但是没有说明是铸币，那就很可能是称量货币。成色为 7 成。

爪哇国（今印度尼西亚爪哇）

买卖交易行使中国历代铜钱。……国人最喜中国青花瓷器，并麝香、花绢、纻丝、烧珠之类，则用铜钱买易。

马欢的记述表明，爪哇国的交易货币是中国铜钱，不仅是中国货币，而且是中国历代铜钱货币。

旧港国（今印度尼西亚苏门答腊岛巨港）

市中交易，亦使中国铜钱并布帛之类。

马欢的记述表明，旧港国使用中国铜钱交易，同时也存在以货易货。

暹罗国（今泰国）

海（𧵅八）当钱使用，不拘金银铜钱俱使。

马欢的记述表明，暹罗国以海贝作为货币，是其特色，此外金、银、铜钱都有使用。

满剌加国（今马来西亚马六甲）

花锡有二处山场，王命头目主之。差人淘煎，铸成斗样以为小块输官，每块重官秤一斤八两或一斤四两，每十块用藤缚为小把，四十块为一大把，通市交易皆以此锡行使。

马欢的记述表明，满剌加国的货币是其国特产的锡斗，是称量货币。

苏门答剌国（今印度尼西亚苏门答腊岛北部）

其国使金钱、锡钱。其金钱番名底那儿，以七成淡金铸造，每个圆径五分，面底有纹，官秤三分五厘。锡钱番名加失，凡买卖则以锡钱使用。

马欢的记述表明，苏门答剌国的货币分为金钱和锡钱，金钱名"底那儿"，锡钱名"加失"。这是在他的记述中首次出现的货币专门名称。

南浡里国（今印度尼西亚苏门答腊岛西北部）

使用铜钱。

马欢的记述表明，南浡里国的货币是铜钱。

锡兰国（今斯里兰卡）

王以金钱通行使用，每钱可重官秤一分六厘。甚喜中国麝香、纻丝、色绢、青瓷盘碗、铜钱、樟脑甚喜，则将宝石、珍珠换易。

马欢的记述表明，锡兰国使用金钱，并以实物进行交易。

小葛兰国（今印度奎隆）

国人以金铸钱，每个重官秤二分，通行使用。

马欢的记述表明，小葛兰国使用金钱通行。

柯枝国（今印度柯钦）

每年椒熟，本处逢有收椒大户置仓盛贮，待各处番商来买。论播荷说价，每一播荷该番秤二百五十斤封剌。每一封剌该番秤十斤，记官秤十六斤。每一播荷该官秤四百斤，卖彼处金钱或一百个或九十个，直银五两。……且如珠每颗重三分半者，卖彼处金钱一千八百个，值银一百两。

王以九色金铸钱行使，名曰法南，重官秤一分二厘。又以银为钱，比海螺蛳靥大，每个约重官秤四厘，名曰答儿。每金钱一个倒换银钱十五个，街市行使零用。

马欢的记述表明，柯枝国以9成金铸币，名"法南"；又铸银币，名"答儿"，金币与银币的兑换比例是1∶15。值得注意的是，还记载了珍珠的金币与白银的比价：1800个等于100两。

古里国（今印度卡利卡特，又译科泽科德）

王以六成金铸钱行使，名吧南，每个官秤三分八厘，面底有纹，重官秤一分。又以银子为钱，名搭儿，每个约重二厘，零用此钱。

西洋布，本国名扯黎布，出于邻境坎巴夷等处。每匹阔四尺五寸，长二丈五尺，卖彼处金钱八个或十个。国人亦将蚕丝练染各色，织间道花手巾，阔四、五尺，长一丈二、三尺，每条卖金钱一百个。

马欢的记述表明，古里国以6成金铸币，名"吧南"，铸造银币，名"答儿"。并记录了西洋布和花巾的金币价格。

溜山国（今马尔代夫）

其龙涎香，渔者常于溜处采得。如水浸沥青之色，嗅之无香，火烧腥气，其价高贵，以银对易。海（贝八）彼人采积如山，奄烂内肉，转卖暹罗、榜葛剌国，当钱使用。

又一等织金方帕，与男子缠头，价有卖银五两之贵者。

国王以银铸钱使用。

马欢的记述表明，溜山国铸造银币作为货币，其国出产海（贝八），转卖到暹罗、榜葛剌国作为货币使用。还记录了龙涎香价格高贵，用银交易，并记录了织金方帕的称重白银价格。

祖法儿国（今阿曼佐法尔）

中国宝船到彼开读赏赐毕，王差头目遍谕国人，皆将乳香、血竭、芦荟、没药、安息香、苏合油、木鳖子之类来换易纻丝、瓷器等物。

其王以金铸钱，名倘伽。每个重官秤二分，径一寸五分。一面有文，一面人形之文。以红铜铸为小钱，径四分，零用。

马欢的记述表明，祖法儿国铸造金币行使，名"倘伽"，特点是"一面有文，一面人形之文"，显然是一种带有人物像的金币；另铸造红铜为材质的铜币，作为零用钱。

阿丹国（今也门亚丁）

王用赤金铸钱行使，名甫噜嚓，每个重官秤一钱，底面有纹。又用红铜铸钱，名曰甫噜斯，零用此钱。

马欢的记述表明，阿丹国以赤金铸造金币行使，名"甫噜嚓"，疑似意大利佛罗伦萨所铸金币"佛罗林"，另铸造红铜为材质的铜币，名"甫噜斯"，作为零用钱。

榜葛剌国（今孟加拉国）

国王以银铸钱，名曰倘伽，每个重官秤二钱，径官寸一寸二分，底面有纹，一应买卖皆以此钱论价。零用海（贝八），番名考嚓，论个数交易。

马欢的记述表明，其国铸造银币，名"倘伽"，使用此币为价值尺度论价，此外颇具特色的是零用海（贝八），名"考嚓"，论个数进行交易。

忽鲁谟斯国（今伊朗霍尔木兹）

国王以银铸钱，名曰底那儿，径官寸六分，底面有纹，重官秤四分，通行使用。

马欢的记述表明，其国铸造银币，名"底那儿"，作为通行货币。

天方国（今沙特阿拉伯麦加）

其王以金铸钱，名倘伽行使，每个径七分，重官秤一钱，比中国金有十二成色。

马欢的记述表明，其国铸造金币，名"倘伽"，相对中国的金子，是有十二分成色的赤金。

现将下西洋交易圈内各国货币主要使用情况，列表于下，凡有钱币专

有名称的特别注出：①

国别/货币	淡金或银	金币	银币	中国铜钱	锡锭、锡钱	海（贝八）	布帛
占城	√						
爪哇				√			
旧港				√			√
暹罗						√	
满剌加					√		
苏门答剌		底那儿			加失		
南浡里				√			
锡兰		√					
小葛兰		√					
柯枝		法南	答儿				
古里		吧南	答儿				
溜山			√				
祖法儿		倘伽		红铜钱			
阿丹		甫噜嚟		甫噜斯			
榜葛剌			倘伽			考嚟	
忽鲁谟斯			底那儿				
天方		倘伽					

马欢所至 20 国中，除了那孤儿、黎代、哑鲁 3 个小国以外，17 个国家有铸币或有货币的流通，因此印度洋货币交易应占有相当高的比例。整个交易圈中使用货币的国家，铸币的达 10 个之多，有 7 个没有铸币，使用别国货币流通。使用金币的最多，达 8 个国家；使用银币和铜钱的，各有 5 个国家。另有 2 国使用锡钱，2 国使用海贝八。

归纳起来，在马欢的记述中，15 世纪初流通于印度洋和东南亚地域的货币有以下种类（没有特定名称的货币除外）：

第一种金币，名称有底那儿、法南、吧南、倘伽、甫噜嚟 5 种；

第二种银币，名称有答儿、倘伽、底那儿 3 种；

第三种铜币，名称有中国铜钱和甫噜斯 2 种；

---

① 资料来源见马欢著《明钞本〈瀛涯胜览〉校注》各国条，万明校注，不另注。

第四种锡币，名称有加失1种；

第五种海（巴八），名为考嚓。

下面简略加以归纳说明：

（一）底那儿

是第纳尔（dinar）的译音。马欢在苏门答剌国首次记述了底那儿，接着在忽鲁谟斯国也记述了这种货币，却是银币。第纳尔，首先是公元前268年罗马发行的罗马第纳尔，原文是拉丁文 Denairus 第纳流斯。银质，一面是神像，一面是"X"，即罗马数码"十"，意思是一个第纳尔值十个铜币"埃赛"。最初重约4.5克。在罗马共和国最后两个世纪中，第纳流斯是罗马铸币体系中最重要的钱币。① 罗马第纳尔和拜占庭第纳尔传入阿拉伯，是一种阿拉伯金币。阿拉伯倭马亚王朝（661—750），是阿拉伯穆斯林建立的第一个阿拉伯伊斯兰王朝，定都大马士革，中国史称"白衣大食"。第五任哈里发阿卜杜拉·麦立克时期（686—705）随着大规模向外扩张，版图的扩大，商业活动的频繁，此前流通的货币及物物交换的方式，已远远跟不上阿拉伯社会发展的需要。纯粹的阿拉伯——伊斯兰货币，是阿卜杜拉·麦立克在叙利亚开始铸造的。麦立克于公元696年实行经济改革，首次统一铸币，用阿拉伯第纳尔和迪尔汗取代原来通用的拜占庭金币和波斯银币。阿卜杜拉·麦立克对货币进行了三次改革。早期发行的第纳尔是模仿东罗马帝国拜占庭皇帝赫拉克流斯的金币索里都斯，根据拜占庭货币的模式铸造金币，在金币上面去掉库法体阿拉伯字，铸上"真主独一"的字样，另一面保留拜占庭皇帝希拉克略和他的两个儿子康士坦丁、希勒格利俄的肖像。在第二阶段便在金币上最终消除了拜占庭的一切痕迹而用自己的肖像，在另外一面的周围边缘铸上"伊斯兰纪元70年铸"字样。金币上铸上阿卜杜拉·麦立克的肖像，曾引起穆斯林学者的反对，认为这是违反伊斯兰教律的。后来在大马士革铸出了第三次改革的新货币，金币的一面铸有"万物非主，安拉是惟一无偶的主"、边缘上铸有"穆罕默德是安拉派来指引正教的使者"，背面的中间铸有"安拉是独一的主，万物信赖的主，不生、也不被生"、边缘上铸有"凭安拉之

---

① ［英］Joe Cribb、Barrie Cook、Ian Carradice：《世界各国铸币史》，刘森译，中华书局2005年版，第119页。

名，此金币铸于伊斯兰纪元 77 年"（即公元 696 年），货币的伊斯兰化彻底完成。阿卜杜拉·麦立克的改革成为阿拉伯帝国货币发展史上的里程碑。① 后来第纳尔严格按照伊斯兰穆斯林教规标准，只有铭文，不允许有人像或象征性图像。第纳尔是穆斯林世界最主要的金币，被广泛模仿铸造，同时也用于银币铸造，根据马欢记载，忽鲁谟斯流通的就是银币。

（二）法南和吧南

出自印度的柯枝国和古里国，二者应是一种货币的名称。法南（Fanam）是在南印度广泛流通的一种小额金币单位，9 世纪首先发行于南印度的泰米尔邦。14 世纪开始在锡兰（今斯里兰卡）发行，有许多不同的图案。② 马欢著书的锡兰部分只提到那里行用金币，没有提及专门名称。

（三）柯枝国和古里国的银币名答儿（tar）

是印度南部小银币名。在古里（卡利卡特）存在的时间最长。

（四）倘伽

倘伽是波斯钱币名 tanga 的译音，指金银小钱币。马欢记述中的倘伽，有祖法儿、天方行用的金币，也有榜葛剌行用的银币。又译为天罡。据俄国学者研究，大约 1390 年在河中和伊朗东部，帖木儿开始铸造重约 6 克的天罡（tanga）和重约 1.5 克的 1/4 天罡，即迪儿罕。在他的儿子和继任者沙哈鲁（1405—1447）统治时期，天罡的重量降到了 4.72 克。③ Tanga，曾是印度和其他东方国家使用的钱币，以不同金属铸成，价值也不同。又作 tankah，译名坦卡，曾用于表示许多种钱币。13 世纪早期是最先用于德里苏丹的一种银币名，13 世纪晚期是德里苏丹的一种金币。图案与重量与前者相同。从 14 世纪开始，德干的铸币中出现了上述两种铸币的仿铸币，最早的坦卡正面有苏丹骑马图，后来发行的根据伊斯兰教惯例，只在钱币两面铸有铭文。④ 值得注意的是，根据马欢记载，祖法儿

---

① 纳忠：《阿拉伯通史》（上卷），商务印书馆 1997 年版，第 309—358 页。
② ［英］埃瓦里德·琼杰著：《世界货币百科全书》，刘森译，中国金融出版社，第 139 页。
③ ［俄］E. A. Davidovich 撰：《中亚的钱币和货币制度》，华涛、陆烨译，《新疆师范大学学报》2007 年第 2 期。
④ ［英］埃瓦里德·琼杰著：《世界货币百科全书》，刘森译，第 349—350 页。

其国王、国民皆是回回教门之人，使用的倘伽是"一面有文，一面人形之文"，显然是一种带有人物像的金币，这与伊斯兰钱币只有铭文，不许有人像的规定不符。那么是货币的记载可能有误，抑或马欢亲历祖法儿时确实见到这种倘伽的流通，也未可知。

根据马欢的记载，倘伽金币在阿拉伯地区祖法儿和天方流通，而在印度地区孟加拉国，流通的则是同名的银币。这说明当时阿拉伯地区和属于印度地区同时流通着重量不同、材质不一、成色也不一的倘伽。

（五）甫噜嚓

阿丹即阿拉伯半岛南端的亚丁。亚丁流通的赤金金币——甫噜嚓，即佛罗林 flolin，是一种中世纪欧洲金币。1252 年佛罗伦萨铸造了一种佛罗林金币，重 3.5 克，成色为纯金。这在当时是精确保持重量的金币，因而很快就在地中海贸易中广泛使用，在西欧、北欧广泛流通，成为中世纪时期的全欧金币，是欧洲最重要的通货之一。同时铸造的还有银币。① 后来各国的仿造都降低了纯度。进入东地中海贸易圈，流通至土耳其、埃及等穆斯林国家的同时，在阿丹也见到了这种欧洲金币，说明了佛罗林广大的流通量和影响力，印证了印度洋贸易是包括亚、非、欧的一个大商业贸易圈，印度洋不仅汇聚了伊斯兰文明和印度文明，也包含着欧洲文明。

（六）甫噜斯

阿丹国使用的这种铜币，即弗鲁斯 fulūs，是中亚广泛使用的铜币，又译为辅鲁，不被当作复数，在 15 世纪它可以指任何铜币，与币值无关。②

（七）加失

是苏门答剌的锡钱名称。同样使用锡钱作为货币的满剌加，却没有此名称，而是采用称量货币。

---

① ［英］埃瓦里德·琼杰著：《世界货币百科全书》，刘森译，第 144 页。
② ［俄］E. A. Davidovich 撰：《中亚的钱币和货币制度》，华涛、陆烨译，《新疆师范大学学报》2007 年第 2 期。

(八) 海贝

海贝，名考嘌 Cury。出产于溜山国（今马尔代夫），在本土并不作为货币使用，而是转卖到榜葛刺国和暹罗国，作为货币使用。在中国古代云南，长期使用海贝作为主币，直至明末才终止。其主要来源即溜山国。

(九) 中国铜钱

根据马欢的记述，在爪哇、旧港和南淳里，均有中国铜钱的使用。特别是爪哇，是中国历代铜钱兼用。这与此前已经开始有中国的海外社群应有很大关系。[①]

综上所述，15世纪印度洋贸易区域流通的货币，为当时繁盛的海上丝绸之路贸易提供了实证，反映了货币在海上丝绸之路国际贸易中的重要作用，有助于我们对于15世纪极大扩展的海上丝绸之路的整体理解。具体来说，可以使我们得出以下认识：

第一，15世纪初，海上丝绸之路上的金钱、银钱、铜钱、锡钱、海贝，诸多货币种类多元共存。学界一般认为，世界钱币有4大体系：以古希腊——罗马为代表的欧洲钱币体系；以印度为代表的南亚次大陆钱币体系、以阿拉伯为代表的伊斯兰钱币体系、以中国为代表的东方钱币体系。发展到15世纪，钱币4大体系汇聚在印度洋海上，是4大区域文明之间发生繁盛国际交往贸易的见证。从各国使用货币的情况来看，4大钱币体系在印度洋海上丝绸之路上均占有一席之地。以古希腊——罗马为代表的欧洲钱币体系、以印度为代表的南亚次大陆钱币体系和以阿拉伯为代表的伊斯兰钱币体系相互影响，虽然名称不一，但在样式上早已趋于统一，唯有中国铜钱仍然保持了外圆内方的独特风貌。此外，印度洋贸易还存在地方性的称量货币，如满刺加的锡块。

第二，以物易物是交换关系的初级形态，交易圈中绝大部分国家和地区货币流通的事实，说明郑和下西洋时期印度洋交易圈的市场交换关系已经发展到了相当程度。但是也应看到，交易圈内的货币不统一，币制相当复杂，即使是同名货币，重量、成色也不尽相同，并且也还存在以物易物的交易，所以我们对印度洋交易圈的市场交换关系，也不能做过高的

---

① Paul Wheatley, *The Golden Khersonese*, Kuala Lumpur, 1980, pp. 84–85.

估计。

第三，货币的考察说明，在海上丝绸之路上，通过人群密切的商业交往与迁徙移居贸易，印度洋周边诸国存在多元文明的交汇和融合现象。以往我们认为15世纪初这一时期最好的历史见证是郑和在锡兰国（今斯里兰卡）迄今传世的汉文、波斯文和泰米尔文三种文字的碑文，对来往于印度洋上的阿拉伯、波斯、印度各民族的友好之情跃然其上。锡兰国人崇信佛教，而碑文中有一种是波斯文，其内容是对阿拉伯人与伊斯兰教的圣人的赞扬。① 立碑时为永乐七年（1409），是郑和第二次下西洋期间。费信于永乐八年（1410）到锡兰山时见此碑，曾记曰："永乐七年，皇上命正使太监郑和等赍捧诏敕、金银供器、彩妆、织金宝幡布施于寺，及建石碑。"② 这一碑文是对于多元文化会通的典型事例。

但当我们将视角转换到货币时，可以更清楚地看到丝绸之路这种多元文化会通的现象。首先，陆海丝绸之路是联通的。自7世纪以来，阿拉伯人一直是海上的执牛耳者，郑和下西洋时期，伊斯兰货币体系的第纳尔正在流通，第纳尔是中亚阿拉伯铸造的货币名称，是阿拉伯文化——伊斯兰文化的代表，这种货币在海上丝绸之路沿线的流通，切实地体现了陆海丝绸之路的联通，证明了丝绸之路主要是依靠商品和货币的流通与运转来实现的。其次，以往我们忽视了下西洋与欧洲的联系，在阿拉伯地区的阿丹，流通的货币是欧洲的佛罗林，这使我们对于当时的整体海上丝绸之路有了进一步的认识，印度洋贸易是连接了亚、非、欧的国际贸易网络，展现了16世纪全球化开端之前"世界经济"的雏形。

进一步考察，货币在海上丝绸之路上呈现的多元风貌，显现出印度洋沿线一种更深层的文化交融。确实，15世纪的东方海上不是固定不变和衰落的。③ 明朝初期从外到内，又从内向外的"回回现象"，是时代的一个显见的特征。这不仅表现在明朝开国功臣中有一批回回人，如常遇春、胡大海、沐英、蓝玉等，也表现在派遣郑和下西洋，中国人以史无前例的规模走向海洋，与海外各国之间建立了友好互利的关系，"共享太平之福"，营造和谐的国际社会秩序，促使丝绸之路的极大繁盛，推动了中外

---

① ［日］寺田隆信著：《郑和——联结中国与伊斯兰世界的航海家》，庄景辉译，海洋出版社1988年版，第64—65页。

② 费信著：《星槎胜览》前集，冯承钧校注，中华书局1954年版，第29—30页。

③ Anthong Reid, *Southeast Asia in the Age of Commerce 1450 – 1680*, Yale, 1988, xv.

文化交流达到空前的盛况。① 丝绸之路造就了气势恢宏的唐王朝，陆海丝绸之路的联通，也成就了超越汉唐的明王朝海上事业，将中国推向了古代世界航海史的巅峰，连接了亚、非、欧，也推动了丝绸之路极大地发展，中外文化的交流、融合与会通。

三 16世纪初葡萄牙托梅·皮雷斯《东方志》中所记海上丝绸之路贸易与货币

葡萄牙人托梅·皮雷斯在1512年，也即葡萄牙人1511年占据满剌加一年以后，以葡萄牙商馆秘书和会计师身份到达那里，他撰写的《东方志》(*The Suma Oriental of Tome Pires*) 一书，是西方关于东方最早的，也是最重要的记述之一。

托梅·皮雷斯的《东方志》记述了16世纪初葡萄牙人来到东方时的货币使用状况，乃至整个印度洋到南海的贸易情况，可以与马欢的论述相互印证，郑和是从东向西，皮雷斯是从西向东，凸显了马六甲的地位，证明15世纪海上丝绸之路货币的流通与贸易的发展状况。下面试举几个重要节点加以说明。

关于亚丁，即马欢记述中的阿丹，皮雷斯记述道：

> 这个城镇跟开罗百姓及全印度的人进行大规模的贸易。城内有许多极富有的大商人，其他国家的很多人也住在那里。此城是商人的汇集地，它是世上四大贸易城之一。它和海峡内的吉达做生意，贩卖大量香料和药材以交换上述（商品）；它向达拉克售卖布匹并接受小珍珠做交换；它向哲拉和伯贝拉出售粗布和各种小玩意儿，交换金子、马匹、奴隶和象牙；它和索科特拉（sokotra）做交易，交换布匹、麦加的稻草、索科特拉芦荟及龙血。它和忽鲁谟斯交易，从那里携回马匹；从开罗来的货物小它买卖金子、食物、小麦，如有的话也买卖大米、香料、小珠、廉香、丝绸及别的药材；它和坎贝做贸易，将商品和鸦片运往开罗，运回大量的布队，用以在阿拉伯和诸岛做买卖，

---

① 参见万明《明代中国国家秩序的演绎》，《新疆师范大学学报》2016年第5期。

还有种子、玻璃珠、坎贝珠、许多各色玛瑙，主要的还是马六甲的香料和药材，如丁香、肉豆蔻、豆蔻香料、松香、荜澄茄、小珠及其他这类东西。①

虽然很可惜，我们从这些记述中没有找到货币的纪录，但是无疑已让我们了解到16世纪初亚丁繁盛的贸易情形，特别是提到了"它和印度的马拉巴尔（Malabar）也有贸易，其主要市场是卡利古特（calicut）"。那里就是下西洋每次必到的古里。由此可见，葡萄牙人达·伽马绕过好望角，首先抵达的卡利卡特在印度洋贸易圈中的重要地位，在下西洋近1个世纪后仍保持不变。

关于波斯湾口的古国忽鲁谟斯贸易和钱币的记述：

忽鲁谟斯跟亚丁和坎贝、德坎（Deccnn）、果阿国、纳辛加（Nars"g）国以及马拉巴尔的港口进行贸易。忽鲁谟斯商人贩卖的主要货物是阿拉伯和波斯的马匹、细珠、硝石、硫黄、丝、锌华、明矾——在我们的社会里它叫做亚历山大利纳（alexandrina）——绿矾、硫酸盐、大量的盐、白丝、许多倘加（tangas）。——它大约值65个来依的银币——及府香，有时有琥珀以及大量的干果、小麦、大麦这类食物。②

他记载忽鲁谟斯使用倘伽为货币，并记载了倘伽与欧洲货币来依 lari 的比价。③

关于爪哇的钱币：

爪哇的钱币是中国的铜钱：1000值25卡拉因，100换3个克鲁

---

① ［葡］皮列士著：《东方志：从红海到中国》，何高济译，江苏教育出版社2005年版，第12页。皮列士，本文按照通行葡文名译皮雷斯。

② 同上书，第15页。

③ 16世纪初葡萄牙人东来以后，印度洋货币呈现更为复杂的面貌。据德国廉亚明、葡萄鬼著《元明文献中的忽鲁谟斯》记载："在葡萄牙人统治时期流行下列货币：10底那儿的法尔斯（fals）铜币、拉利——坦格（Lari-Tanga）银币、萨迪（sadi）银币、价值1000底那儿的黑扎勒金币（Hazar）也叫做'半阿什拉菲'（half ashrafi）；完整的'阿什拉菲金币'在葡萄牙文中大都称之为'希拉菲姆'（xerafim）"。姚明德译，宁夏人民出版社2007年版，第74—75页。

喳杜。1000 叫做 1 个朋（puon），每 1000 他们少给你 30，这是该国的习惯。他们收这 30 作为付给当地籍主的税。所有生意都用这些[钱币]。爪哇没有余银币。他们很喜欢我们的钱，特别是葡萄牙钱，他们说制造这种钱的国家必定像爪哇一样。①

关于孟加拉，马欢记述中的榜葛剌，他记述道：

他们使用孟加拉钱币交易。在孟加拉，金子比在马六甲贵六分之一，银子则比在马六甲便宜五分之一，有时更便宜四分之一。银币叫做倘加特（tanqut），它有半两重，近六个打兰。这种银币在马六甲值 20 卡拉因（calains），在孟加拉值 7 个卡洪（cahon）。每个卡洪值 16 个朋（pon），每个朋值 80 个海贝（buzeos）；所以 1 个卡洪值 1280 海贝，而一个倘加特值 8960 海贝，海贝的兑换率是 1448 个换 1 个卡拉因，这是他们买一只好鸡的价钱，由此你能知道你可以用它们买什么东西。在孟加拉，海贝叫做考黎（cury）。

海贝在那里的价值及通货。海贝是奥里萨、全孟加拉国、阿拉坎及白古一个港口马培班（Mnrtaban）通行的钱币。孟加拉的海贝要大些，中间行一条黄纹，它们在孟加拉通用，人们把它们当做金币来购买大宗商货；在奥里萨亦如此。它们在别的地方无效却在这两处很受珍视。我们在谈白古和阿拉坎时将叙述那些地方的这些钱币。这些精选的玛海贝大量来自马尔代夫群岛。②

在这里，他再一次重申了孟加拉的货币使用情况，以及各种货币的比价。值得注意的是，在马欢记述后近 1 个世纪，孟加拉仍然保持以海贝作为货币，而海贝的大量来源仍然是在马尔代夫，即马欢所述的溜山国。

更典型的事例来自满剌加。满剌加，是明朝时对马六甲的称名。明朝洪武年间，在交往的海外"三十国中"，尚没有满剌加出现。英国东南亚史家 D. G. E. 霍尔认为，关于这个城市建立的年代，存在着很大的意见分

---

① ［葡］皮列士著：《东方志：从红海到中国》，何高济译，江苏教育出版社 2005 年版，第 135 页。

② 同上书，第 74—75 页。

歧。指出1292年马可·波罗（Marco Polo）、1323年鄂多立克（Odoric）、1345—1346年伊本·巴图塔（Ibn Battuta）以及1365年的《爪哇史颂》都没有提到这个地方，这一事实不利于满刺加于1400年前业已建立的观点，并引用卢腓尔的研究，说明这座城市是由拜里迷苏剌（Parameswara）建立的，这种观点已普遍为人们所接受①。王赓武先生指出，"在1403年10月以前，中国朝廷对马六甲是一无所知的"，他认为，"可能是来自南印度的一些穆斯林商人使明廷相信马六甲是一个很大的商业中心"②。我们注意到，明朝得到满刺加的消息是从穆斯林商人那里，这是准确无误的；但是，从中外历史记录我们了解到，在下西洋开始时，那里有"一个很大的商业中心"，尚不存在③。法国学者戈岱斯根据满刺加第一位国王拜里迷苏剌在马来群岛的活动，推测他在满刺加形成聚落出现在十五世纪头两年④。

据马欢记载，满刺加"此处旧不称国，因海有五屿之名耳，遂名曰五屿。无国王，止有头目掌管。此地属暹罗所辖，岁输金四十两，否则差人征伐"⑤。因此，拜里迷苏剌第一次来华时是作为酋长身份，而明朝随后即"封为国王，给以印绶"⑥，明朝扶持满刺加建国，其后暹罗国不敢侵扰，除了颁诏封王礼仪层面之外，派遣郑和下西洋，开通海道，使商路畅达，对满刺加兴起的意义极为重大。满刺加扼中国与西方海上航道之要冲，是中国到西洋的必经之地，郑和七下西洋，海上活动频繁持续了近30年，这30年，也正是满刺加商业贸易繁荣，迅速崛起的时间段。郑和在满刺加设置官场存放货物，最后船队汇合在满刺加，等待季风到来一起归国。在长时段的航海活动中，发展到15世纪末，位于海峡最狭窄地带的强盛的满刺加王国控制着世界贸易航路的重要组成部分，因此，满刺加也就掌管了贯穿东西方航路生命线的钥匙，从而形成一个繁盛的国际贸易

---

① ［英］D. G. E. 霍尔著：《东南亚史》（上册），中山大学东南亚历史研究所译，商务印书馆1982年版，第260—261页。
② ［澳］王赓武：《东南亚与华人———王赓武教授论文选集》，中国友谊出版公司1987年版，第85页。
③ ［英］理查德·温斯泰德著：《马来亚史》（上册），姚梓良译，商务印书馆1974年版，第79—80页。
④ G. Goedes, *Les etatshindouises d'Indochine et d'Indonesie*, Paris, 1948, p. 409.
⑤ 《明钞本瀛涯胜览校注》，第37页。
⑥ 《明太宗实录》（卷四六），永乐三年九月癸卯。

中心，上升为一个名副其实的国际贸易集散地，兴盛持续了一个世纪，直至西方葡萄牙人东来才被打断。

伴随海上丝绸之路的兴盛，满剌加迅速崛起，成为世界商人云集的城市和当时世界上各种商品的交易中心。交易由从世界各地来的海船停靠在满剌加海港一带实现，这一海上丝绸之路上的重要节点，连接了亚洲、非洲和欧洲。葡萄牙在到达印度卡利卡特以后，就沿着郑和的旧航路，1511年占据了马六甲。皮雷斯说，当时在马六甲港的街道上行走，可以听到不下84种不同的语言。他的话虽有夸大之嫌，但却也说明了马六甲作为国际大都会的繁华。①

重要的是，皮雷斯记录了马六甲的钱币使用情况，马六甲使用的钱币仍然主要是锡钱，但较以往已经发生了很大变化。

马六甲的钱币是蒂马斯的卡拉因，蒂马斯（timas）的意思是锡。小锡币作为现金（cashes）使用，100个值11个来依和4个舍提尔，按比率100锡卡拉因3个克鲁喳杜。每100个现钱是1个卡拉因，仅重33盎司。所有商品都按卡拉因售卖，他们用锡或金支付。现金的样子像舍提尔，上刻有在位国王的名字，已故国王的钱币也通用。锡币是80，100卡拉因值3个克鲁喳杜。②

上述说明，经过半个多世纪以后，为了适应繁盛的国际贸易需求，促使马六甲早已放弃了称量锡块的传统货币，改用金币和锡币，同时也出现了与西方货币的兑换率。

此外，他提及马六甲有坎贝和忽鲁谟斯的泄拉芬，又名色拉芬（Xeraphim），是葡属印度殖民地的一种银币，说"它像我们的克鲁喳杜一样通行"。克鲁喳杜即葡萄牙钱币克鲁扎多（cruzado），是一种葡萄牙金币，由阿丰索五世首先采用于1457年。其意义在于它是欧洲最早用非洲黄金铸造的金币。16世纪初葡萄牙人来到东方，1511年占据了马六甲，也给那里带来了新的货币。

关于金价：

---

① 参见万明《郑和与满剌加——一个世界文明互动中心的和平崛起》，《中国文化研究》2005年第1期。
② ［葡］皮列士著：《东方志：从红海到中国》，何高济译，第213页。

> 在输运到马六甲的金子中，质量最差的是浡泥的，它值四个半、五个、五个半或六个马特；其次是拉夫的，七个和七个半马特；爪哇的好一些，八个和八个半马特，彭亨的也是这个价或者高些，梅南卡包的是九个马特；克林的是九点三和九个半；交趾支那的相同：这是这些地区最好的金子，它是［宜于］铸克鲁喳杜的金子，九个半马特或者更多。①

他还对金子作出评价，指出马六甲的金子是作为商品而不是作为货币存在的：

> 这个地区比印度的世界更富庶，更有价值——这里最小的商品是金子，它价值最低，在马六甲他们认为它是商品。任何主宰马六甲的人就能控制威尼斯的咽喉。②

关于银价：

> 白古的银子值100卡拉因的3两，暹罗和中国的银子从前值40卡拉因的，现在值得更多些。大量银子曾运送到马六甲。③

总之，皮雷斯的东方记述，恰恰说明了葡萄牙人来到东方，加入东方原有的海上丝绸之路贸易圈，意欲打破传统，成为主宰。16世纪初欧洲人东来，货币的多样性更加突出，而马六甲的纪录说明银价在增长，白银开始显露出来。

四　结语

通过马欢和皮雷斯关于海上丝绸之路货币的记述，使我们对于15世纪郑和下西洋及其后的印度洋海上丝绸之路的繁盛发展有了进一步的整体

---

① ［葡］皮列士著：《东方志：从红海到中国》，何高济译，第213页。
② 同上书，第220页。
③ 同上书，第214页。

认识。郑和下西洋，在东西方交汇之处——印度洋的航海贸易活动，推动了海上丝绸之路的繁荣发展，多元货币汇聚在这一广袤区域，从海上连接起一个整体的丝绸之路，连接起了亚、非、欧世界，为全球化从海上开端，做出了坚实的铺垫。

最后，通过15世纪印度洋货币的梳理，以货币的新视角，拓宽海上丝绸之路研究的维度和深度，从货币流通的历史，打开洞察印度洋海上贸易的一扇门，我们可以确信，16世纪的白银时代，是以中国明朝白银货币化开端的，中国由此参与了全球化开端的历史进程，发生了与全球的互动，推动海上丝绸之路前所未有地扩展，中国商品远播全球，交换大量白银流入中国，中国为全球化做出了历史性贡献。此前印度洋"世界雏形"的海上贸易多元货币汇聚，一个白银世纪不曾存在，开创近500年之久的中国白银时代，始自明朝。这也是讨论此课题的重要意义所在。

附图：
1. 3世纪第纳流斯

弗罗林从Sroda宝藏

2. 7 世纪第纳尔

倭玛亚哈里发金色的第纳尔。

3. 13 世纪弗罗林

16—18世纪广州对外贸易与国际白银市场

中国社会科学院历史研究所　耿　昇

法国现代历史学巨擘，法国史学界年鉴派的创始人布罗代尔（Fernand Braudel，1902—1985）在其1966年出版的年鉴派奠基著作《菲利普二世时代的地中海与地中海世界》以及1967—1979年推出的《物质文明、经济与资本主义》等传世名著中，认为14—18世纪欧洲的经济、贸易、文明和人类社会的发展，完全是以地处欧亚非三个大陆的汇合处的地中海为中心而展开的，"地中海文明"又是通过环地中海国家之间以及与外部世界的经济、文化和政治交流而形成了"多元文明"，故而"欧洲文明"也可以称作"地中海文明"。法国年鉴派史学家，特别是汉学家与东南亚史学家、法兰西远东学院原院长龙巴尔（Denys Lombard，1938–1998年）在其1991年推出的3卷本年鉴派东方学代表作，也就是他于1990年向巴黎第四大学提交的国家级经济史博士论文《爪哇，十字路口》中提出，南中国海或南洋应被准确地定性为"东南亚的地中海"。爪哇在东南亚扮演了一种类似地中海在欧亚非三个大陆交界处所扮演的那种角色，中国、印度、伊斯兰教地区和欧洲列强的势力都曾汇聚并影响这一地区，从而使南中国海形成了一个文化熔炉性的经贸大都会。

但笔者认为，16—18世纪，东亚的世界贸易和其他交流，应该是围绕着广州——澳门的贸易为中心的，无论是从商品的数量上，还是从其价值上，一概都应如此。更为重要的是广州——澳门与亚洲、欧洲、美洲之间的贸易，其结算和支付手段，大都使用白银，包括银锭、银圆和白银兑票，形成了事实上的中西贸易"银本位制"的体系。中欧双方从事贸易的一大目的，就是赚取白银；白银充足之后，再用以扩大双方的贸易，欧洲对广州贸易从大逆差变成大顺差，中国白银从大入超到大出超，其关键商品就是西方列强特别是英国向中国输入的鸦片。欧洲（特别是西班牙）掠夺西属美洲的目的，也是为了利用那里丰富的白银蕴藏量。中西双方贸易的兴盛与萎缩，也都与白银库存量或白银危机有关。白银连接起了东亚（特别是中国）与欧美的远程贸易，使这三大洲的命运荣枯共享，休戚相关。

在16—18世纪的广州—澳门贸易中，白银既是一种货币单位和结算手段，本身也是一种商品，形成了在中西贸易上重要的"白银贸易"。这种现象在广州—澳门贸易中尤为明显。中西方永远的"白银危机"、白银需求的增长、各国为掌握更多白银而发生的争夺战，甚至形成了中西贸易中的一般新动力。

白银成就了中国16—18世纪全球贸易的发展，这是其正面作用。18世纪之后，由于西方大量从中国采购商品，自己既缺乏向中国出口的商品，又因白银大量流入中国而爆发了白银危机，只好向中国大量输入鸦片，又造成了中国白银的外流，使中国国势日益衰落，爆发了中国方的战争和外敌入侵，使中国逐渐落入到了殖民地和半殖民地状态。究其原因，根源也在于白银。

一　英国开拓海外市场与白银

16—18世纪时，英国为了替其产品在亚洲寻找出路，已经不再是国际贸易中的新鲜事了，其历史肯定比东印度公司的成立时间还要早得多。因为英国人从17世纪初开始，便想将其贸易从传统的东方（Levant利凡得）扩大到远东最遥远的区域。英国毛织品销售的辽阔范围以及政府配发的特许证，就必然会推动英国顺利出口销售其数量相当庞大的商品。但重商时代的传统视野与机器制造业时代的新境界之间，没有任何共同之处。由此而产生了一种服务性的转移。英国东印度公司，初期的作用也如同世界上的所有商贸公司一样，就是为国家提供财政支持，以换取特权权益。外贸公司支持一个国家最有生气的成员——企业业主。强力出口，这是公司能够生存下去的唯一合法证明。东印度公司由此而成为工业制造业一举崛起的英国，与历史悠久的农业中国之间相会的媒体或中介，就应该属于一种互惠互利的交流。中国茶叶在英国和西方的高层沙龙与劳动大众中都颇受欢迎和极度欣赏，工业革命也使英国产品在中国民众中高度受珍视。这种"交换契约"的意义不仅能够大幅度增加双方的国税收入，而且也能够拯救东印度公司的发展命运。英国远距离国际贸易政策的基础，便是确保该公司有手段控制中国的茶叶市场、丝绸市场、瓷器市场和中药市场，这就赋予了英国工业一种占领中国市场的手段。

中英之间这种互相扩大贸易的愿望，终于在 1792—1793 年间，于中英两方都特别有力地同时爆发出来了。英使马戛尔尼（George Macartney，1737 - 1806）于 1792 年 9 月从朴茨茅斯港（Ports - mouth）出发使华，丁次年 8 月间到达北京。当然，该使团主要是代表英国政府而不是代表东印度公司与中国谈判，其目的也不在于解决英国北方势力对广州某些冲突事件的操纵，而是要开辟北京—天津一线的中英贸易市场，打破由广州行商们控制的中国对外贸易的垄断局面。英国还想通过其他中国港口的开放，而在英国制造商与中国运销商之间建立直接联系，使英国人通过这些港口，首先控制中国沿海贸易，然后再逐渐向中国内地市场渗透，从而提前 40 年勾勒出了 19 世纪工业制造商帝国的基本特征。当该使团离华时，英国东印度公司正处于蓬勃发展时期，但英国却利用修改东印度公司宪章的机会，发动了一场大辩论，辩论的主要内容在于是否允许东印度公司垄断输往东方，特别是输往印度和中国的大宗出口商品。1793 年 4 月，东印度公司又获许将其在远东从事贸易的特权而延长 20 年[①]。

但国际贸易必然需要大量资金周转。尽管当时在世界范围内都发行了纸币，但在金本位或银本位的体制下，金银始终是国际最流通的硬通货。纸币的发行量与行情，大都是以金银的储备量与行市有关。18 世纪纸币的发行，并未撼动白银货币的主导地位。白银仍然是牵动国际商业市场的重要因素。英国海外市场，特别是东亚里市场的开辟，始终是以白银交易为后盾的。

---

① ［法］路易·德尔米尼：《18 世纪广州对外贸易史》，博士学位论文，巴黎第四大学，1964 年，第 1203—1204 页。

二 中国清朝的白银危机

中国清代后期的鸦片走私，也使白银流通变得严重起来了。因为国人滥用毒品将中国投入了贫困化的发展过程，成了中国另一大致贫的因素。在印度玛尔瓦（Malwa）的毒品连续降价的拖拉下，鸦片已经不再是富人的一种豪华，而开始在民间所有阶层中肆虐，而且还受到了中国本土罂粟种植业发展的鼓动，特别是在中国福建、浙江、广东和云南诸省。清朝皇帝于1830年颁布的禁烟令，在那里根本无法成功地阻止鸦片的秘密走私和进口。这实际上是清朝人力和物力向典型非经济目的一种真正转向。但我们尚不能具体评估鸦片在个人和集体收入中的比重，也完全不知道鸦片消费的地理和社会分布范畴及其零售价格。

据亚历山大·马西森（Alexandre Matheson）1847年11月的一封信件透露①，鸦片很可能是于1827年被引入云南种植的，后来又被前往交趾支那学习印度种烟技术的华人传入贵州和陕西等中国省份。中国的鸦片种植又逆势受到1840—1846年禁烟运动的刺激。这场运动本来是为了斩断中国来自印度的鸦片供货，其结果却是为当地的鸦片生产拓展出了发展空间。从基本估计情况来看，中国于1822—1827年间为进口鸦片共耗资940万银圆，于1828—1833年间共耗资1330万银圆。按照当时的市价，每3个银圆可购一担大米。这样一来，1330万银圆便折合300万—400万担大米。但940万—1330万个银圆只是中国进口毒品时的价格，由广东批发商进口。它们经过许多中间环节和反复加工精炼，其价格已经大幅度地提高了。这样算来，中国人消费的鸦片最终换算为大米高达3300万—4300万担大米，等于或高于当时国家粮仓中的全部库存粮。

中国人大量吸食和进口鸦片，必然会造成国家白银的外流，造成了清朝政府的白银危机；一方面是影响了中国的对外贸易和国计民生，另一方面又使西方利用来自中国的白银而促进了世界白银的流通与世界贸易发展。中国的白银，本来就大都来自世界贸易市场，其后又回流到了世界白银流动市场。因为早期的中国物产丰富和自给自足，况且西方也没有多少可供

---

① ［美］费正清（John King Fairbank）：《中国的沿海贸易与外交》，斯坦福大学出版社1969年版，第247页。

中国采购的商品。西方在无法支付从中国购买大量商品的银价时，才采取了向中国输入鸦片以榨取中国白银的犯罪行为。鸦片大都种植在印度及其附近地区，与西方国家本土是隔绝的，西方人也根本不允许吸食鸦片。所以，西方的鸦片仅仅是用来榨取中国白银和毒害中国人的，与其本国国民风马牛不相及。总之，西方的鸦片是造成大清国白银危机的罪魁祸首。

三 大清王朝白银的输入与输出

中国因鸦片而颠覆了其国家曾经赢利数百倍的贸易平衡。中国在传统上就是一个白银进口大国，但继 1815 年之后，却形成了一个白银外流大国。实际上，中国白银的外流，早在这一时期之前就已经形成了规模。1800 年，中国就有 50 万银圆流向了印度加尔各答。1807—1809 年，中国更是接二连三地有成批的白银外流，主要是输往孟加拉，其次是马德拉斯，分别为 3390467、1870000 和 1564518 银圆，总共在 680 万银圆。1810 和 1811 年，又分别有 1402461 和 1158680 银圆流向了伦敦。在 5 年间，中国共有 940 万银圆的白银外流①。白银进出中国的流动状态以及进口鸦片的大致状况如下：单位（银圆）②

	中国的白银总量		平均量		中国鸦片的进口量
	进口	出口总量	进口	平均量	鸦片
1817—1925	53201860	24583166	5911318	2731436	7326743
1826—1933	8568957	44077885	1071120	5509735	13134713
1834—1940	3758252	36219816	536893	5174259	
	65529069	104880867			

这样一来，中华帝国不仅出口白银，而且还使白银的外流量远远超过了其收入量。在 1817—1840 年的 24 年间，中国的外贸逆差达 39351798 枚

---

① ［美］马士：《东印度公司对华贸易编年史》（第 2 卷），第 352 页；（第 3 卷），第 56—58 页。
② 根据马士的资料所作的计算：《东印度公司对华贸易编年史》（第 3 和第 4 卷）。由德尔米尼《18 世纪广州对外贸易史》第 1341 页转引。

银圆，或者是折合28333294两白银。直到1825年，贸易的平衡才少许有利于中国，中国的收入每年在520万—660万银圆之间，甚至在1818年达到了730万枚银圆；中国白银的流出一般徘徊在1820年的140万银圆到1825年的430万银圆之间；其中最大的浮动是从1818年的600万银圆，到1822年仅有的234600银圆了。从1826年起，形势发生逆转，中国进口骤降，于1826—1833年间暴跌至近5/6，后于1834—1840年间又跌落近半。中国白银的进口每年之间的差距巨大，从1827年的最多240万银圆到1830年的255355万银圆。中国白银的外流量却相反大增，在1817—1825—1826—1883年间平均增长近一倍，保持在400万—670万银圆之间。唯有在1839—1840年间，在林则徐于广州实施新政的影响下，中国白银的外流才减少到了190万—370万银圆之间，因此，中国白银的传统流向几乎是完全逆转了。在1826—1840年间，中国白银外流达80297701银圆，而只勉强收入12327209银圆，也就是说中国在15年间共损失67970492银圆。当然，这一数字本身只能是约估。如果考虑到中国在1719—1833年间共进口银圆30633000，再加上从墨西哥—菲律宾进口的银圆，那就是5亿圆。因此，这就是一笔近6.8亿左右的银圆损失，而且它仅代表着中国进口白银的20%—22%，或者是14%。如果这样延续下去，中国在100年内将会丧失它在150年间所赚取的全部白银收入①。正是鸦片的进口，才使中国人从白银的纯输入国逆转为白银的纯流出国。鸦片在中国白银流向逆转中永远负有极大的责任。中国白银的大量外流，从270万银圆增到550万银圆；与此同时，中国鸦片的进口价值也从730万银圆增至1310万银圆，其数量也从1817—1825年的6819箱鸦片猛增到1828—1833年的16684箱。中国为了应对其进口鸦片的增加，它很早便在广州就地利用丰富的储备金来支付，那里始终有充足的白银供采购鸦片使用。

英使马戛尔尼1794年就已经非常正确地预见到中国白银即将大量外流，但他并未将鸦片输入中国作为其原因："中国人在与荷兰人、法国人、丹麦人、瑞典人、美国人进行贸易，他们至此之前一直从中获得了笔巨额的顺差，后来却跌落到零。但他们与我们（英国人）的交易却在继续发展，使人觉得一切都充满着希望和前途。这就是说，如果英国与中国之间的进出口还基本上保持平衡的话，那么中国与印度之间的贸易则偏于有利于印度

---

① ［法］路易·德尔米尼：《18世纪广州对外贸易史》，第744—746、754和1341页。

一方。中国人难道不会非常警觉地发现，如此之多的白银却根据贸易平衡条例而流出国门之外，当地方政权再无资源向欧洲证券市场投资时，它们便像过去一样依赖于来自广州的商业货舱……"① 欧洲白银现金数额的急剧增加已由下列事实所证实：东印度公司很久以来，便不再需要把棉花或鸦片的个体进口商的资金打纳入到自己的账户中，而是同意给予很高的兑率进行兑换。自18世纪60年代以来，伦敦市场上的汇票行情经常被确定在每个银圆兑换5先令，也就大大在平价兑率之上了②。到1763年和1772年，90天即付活期票据达到了每个银圆5先令6便士，利息实际上达到40%。在平常情况下，365天的即付活期票据的利益率高达5先令1便士—5先令6便士之间，也就是1.66%—10%之间。这实际上是为了将来自中国的白银收纳到国库中。在1830—1833年间，中国每年向英国输出白银15570—1910936枚银圆，也就是总额为4596682枚银圆。

对于这种现象，学界至今所作出的解释都不太令人信服，特别是我们没有掌握在中国输出白银的价值与进口商品价值的顺差之间的任何对应关系。在1817—1825年之间，中国白银进口每年平均增长到25016448—220886951银圆之间，其结存共达2927753银圆。中国白银的出口当时为2731436银圆。但到1826—1833年之间却猛增到5509735银圆。中国进口白银为26340696—23998153银圆，其中有23998153银圆返销，这样一来就留下了2342810银圆的差距③。东印度公司输往广州商品的白银价格表④

（每年的平均数，以白银两为单位）

	白银	毛织品	金属	欧洲商品总数	欧洲总数	印度商品	总数
1763—1769	993405	249321	78553	356393	1349798	187186	1536984
1770—1777	370954	315060	33947	349007	699961	204381	904342
1778—1884	17280	385318	30979	440520	457800	49672	507472
1785—1991	1383079	950493	180374	1159671	2542750	111548	2654298

---

① ［英］格朗梅比茵（Granmer-Byin）：《出使中国》，第263页。
② ［法］路易·德尔米尼：《18世纪广州对外贸易史》，第763页。
③ ［美］马士：《东印度公司对华贸易编年史》，第4卷，第222—344页。
④ 详见马士《东印度公司对华贸易编年史》，全书拾捡；普里察德（E. H. Pritchard）：《17—18世纪的中英关系史》（厄巴纳大学1929年版）中的详细统计数字。详见路易·德尔米尼：《18世纪广州对外贸易史》第1220页。

续表

	白银	毛织品	金属	欧洲商品总数	欧洲总数	印度商品	总数
1792—1998	369692	1569960	320063	1890023	2259715	76574	2315568
1799—1806	550726	2702000	268753	2974500	3525226	258468	3783694
1807—1813	19542	2880307	240615	3140458	3160000	827623	3987623
1814—1820	856961	2143555	153156	2324166	3181127	1168046	4349173
1821—1827	122852	1997740	201529	2283727	2406579	1363708	3770287
1828—1833	16080	1800383	203056	2294214	2310294	1186394	3496688

在这个阶段，英国羊毛织品于 1785—1827 年间便占据了全部输华欧洲商品的 81.9%—82.22%，最多时在 1807—1813 年间高达 91%；但白银的交易量却只占 4%—8% 或 9%，仅在 1792—1798 年间曾达到过 16%。因此，这个时期中英贸易的真正基础是羊毛织品，它成了英国进口中国茶叶的经济支柱，完全扭转了早期白银交易的趋势，但毛织品交易仍使英国人赚到了巨额中国白银，进而使他们更大数量地采购中国商品。美国人从 1817 年起也转向了输往中国的毛织品交易，而且他们在 1821—1832 年的 12 年间，总共广州出售价值 6140574 两白银的毛织品。这总体上代表着每年平均有 511714 两白银的交易，但它也只占英国广州对华出售商品中的 27%，或者是占西方对华出口总额（21878790 两白银）的 28%。

擅长于皮货生产和交易的俄罗斯人，于 1823—1837 年间便通过恰克图向中国倾销折合 21208479 卢布的白银兑换券的商品。但当时西方向中国出口贸易的基本趋势是以毛织品取代西伯利伯皮货，呢绒基本上取代了皮革制品，甚至在广州还出现了俄罗斯呢绒与英国毛织品互相竞争的局面。自 1844 年起，俄罗斯呢绒确实已经出现在广州地区（但我们不知道其首次出现的时间），而且是经过北京、苏州（呢绒产品交易的主要集散地）、南京和杭州等地输往广州的①。这样一来，17—18 世纪以广州贸易为中心的中外贸易，牵动了世界白银和其他货币的大流动——大循环。西方四处筹集白银以采购中国商品，或将西方商品销往中国以赚取白银，这反而使中国既赚取了白银的进口又复而使之外流。这是雏形国际贸易的基本特征和流向。西方为从世界各地采购和贩运销往中国的货物以及在中国

---

① ［法］隆多（N. Rondot）：《中国出口贸易的实践研究》，巴黎 1848 年版，第 160 页。

采购商品，都是通过以白银为主的货币结算的；中国除了向西方直接采购白银之外，在双向贸易中赚取的白银，又大都支付鸦片和其他西洋货而流失于国外。

以上事实便清楚地说明，无论鸦片在中国的购销量有多大，都不可能解释中国白银的输入和流出的全部。我们应该思考，鸦片并不仅仅是中国白银外流的标志或途径，而更应该是中国白银进出口数量转向的原因。鸦片是西方榨取中国白银的百年"肮脏交易"，赚取白银也是中国为支付鸦片进口费用而被迫采取的应对下策。没有鸦片，中国便没有那么大的白银流出与输出的压力。当然，中国的白银问题也可能不是主要取决于鸦片的进口，而在于世界白银市场流通行情，兴盛衰亡。

中国白银的外流开始于1817或1818年，即中国鸦片进口的A阶段与B阶段交汇点的具体时间①。这一阶段，也是两种现象之间建立真正联系的时间。当时世界白银产量处于最低潮期。白银产量在1781—1800年和1801—1810年的巅峰期，年平均产量879060公斤—894150公斤之间，于1811—1820年间下降到了540770公斤；后来到1821—1830年间，白银产量再度下降到460560公斤。这后一个数字将世界的白银产量推后80—90年，勉强高于1721—1740年间的年平产量533145公斤，也明显低于1741—1760年间的533145公斤。世界白银年平均产量于1831—1840年间又上升到596450公斤。直到1841—1850年和1851—1855年间，世界黄金年产量才勉强接近1801—1810年的水平，其相继的年平均产量为780415—886115公斤之间。白银产量于19世纪前1/3年代的萎缩已经得到了广泛证实，在墨西哥的特殊情况下，白银的年产量的下降趋势也显示加剧。墨西哥的白银开采量从1792—1798年和1799—1806年的2330万银圆（鹰洋）和2130万银圆，下降到1814—1820年的1120万银圆，1821—1827年的年平均产量又下降至870万银圆。仅到1828—1833年，银圆的年平均产量才微弱上升至1080万银圆。总而言之，全球白银产量在1801—1810年至1821—1830年间下降48%，在1799—1806年和1821—1827年间仅墨西哥的白银产量便下降59%。这就是说，白银的流入与流出，并非主要是由国家的法律决定的，而主要是由市场决定的，而市场又受战争、经济和政治时局的主宰。1763—1833年墨西哥的黄金和

---

① ［法］路易·德尔米尼：《18世纪广州对外贸易史》，第1294页。

白银年平均产量统计表如下：①

年代	黄金	白银	阿斯特丹的金银兑率	年代	汉堡市场上的金银兑率
1763—1769	34388	11311111	1：1467	1761—1770	1：1481
1770—1777	29339	15916876	1：1459	1771—1780	1：1464
1778—1784	25670	19452452	1：1461	1781—1790	1：1476
1785—1791	17729	18298464	1：1483		
1792—1798	15168	23316155	1：1528	1791—1800	1：1542
1799—1806	12291	21344204	1：1535	1801—1810	1：1561
1807—1813	12712	16379279	1：1559	—	—
1814—1820		11259724	1：1532	1811—1820	1：1551
1821—1827		8753328	1—1584	1821—1830	1：1580
1828—1833		10835115	1：1590	1831—1840	1：1567

随着白银和黄金产量的变化，欧洲和美洲的金银轧币情况也发生了巨大变化，我们仅以葡萄牙为例，列出如下表格②：

年代	金	银	全部	黄金%	白银%
1763—1769	727311314	99209838	826521152	88	12
1770—1777	544499070	22055652	566554722	9621	389
1778—1784	363428148	186205380	549633528	6613	3387
1785—1791	161959966	5223401	167183367	9688	312
1792—1798	112785817	312022836	424808653	2655	7345
1799—1806	249344670	125096915	374441585	6760	3340
1807—1813	115189988	1011091704	1126281692	1023	8977
1814—1820	7802777	1723005326	1730808103	045	9955
1821—1827	637968940	240361021	8783299961	7264	2736
1828—1833	8987500	94080698	103068188	872	9128

---

① ［法］路易·德尔米尼：《18世纪广州对外贸易史》，第1343页。
② 这是路易·德尔米尼根据科丁赫（Godinho）的统计数字而计算出来的；见《18世纪广州对外贸易史》，第1214—1217页。

拉美的白银生产与广州贸易市场

　　墨西哥白银生产的那样一种凹形趋势，必然会引起西方世界向持保留态度的一种倾斜。这种倾向特别强大，那就是白银的减产在任何地方都从来未被黄金生产的增长量所平衡。完全相反，采金业也处于颓势。当然，这与生产动向并未准切地同步，而且差距还不小。其实，拉美黄金产量自 1770 年起便开始下降，也就是在白银生产骤降的 40 年前，它从 1741—1760 年间的年平均产量 24610 公斤，减少至 1761—1780 年间的年平均产量 20705 公斤。其最低的生产水平是 1811—1820 年间的 11445 公斤，这比白银生产出现最低产量的时间还要早 10 年。相反，黄金的世界产量从 1820 年代起，便强势增长，于 1821—1830 年间平均年产量增至 14216 公斤；其年平均产量后来于 1831—1840 年间又增至 20239 公斤。在这一阶段，黄金在货币市场上共占 42% 的份额，而白银只占 29% 的份额。拉美白银年产量后来又重新从 460560 公斤增至 496450 公斤，并于 1841—1850 年增至创纪录的 54759 公斤。然而，这种差距并未能阻止金银这两种贵金属的价格在 1800—1830 年间同时疲软跌落，尽管具有不同的层次或阶段。由于这种增长具有相对的同步性，所以白银生产不可能有大幅度的跌落，不可能严重改变它长期以来与黄金比价的总趋势，至少是黄金产量在最多情况下是以绝对数字减产的。黄金在两极之间的差距达到 115%，而白银却不超过 48%。黄金的价格与白银相比仍在持续飙升，唯有其兑率在 1811—1820 年之间于汉堡短暂地从 1∶15.61 下降到 1∶15.51；或者是在 1814—1820 年间于阿姆斯特丹从 1∶15.59 下降到 1∶15.32。所以，其兑率接近于美元所含 371.25 喱纯银的 1/15。世人由此便可以确立金银兑离为 1∶15①。从理论上讲，人们可以无限次地这样作，一直到金币从流通领域中消失为止。在 1820 年之前，很可能是从 1810 年开始，这种投机操作又受到了美国恢复了自 1797 年停止使用英镑的可兑换性政策的刺激②。英国的这项政策是 1819 年采纳的，但直到 1823 年 5 月 1 日才全面实施，从而激起了大量黄金流入英国。美国的金币也快速流向大西洋以外地区。由

---

① ［美］劳格林（Laughlin）：《美国金银两本位利的历史》，纽约 1897 年版，第 21 页。
② ［法］路易·德尔米尼：《18 世纪广州对外贸易史》，第 1204 页。

于美国的形势与英国在1800—1814年间的处境之间有许多相似性。由于当时的英国黄金都会外流，其许多人都把黄金窖藏了起来，所以英国被迫中断了英镑的兑换，不得已而部分地选择了白银，尤其是选择了轧有印记的银圆。英国于1810—1811年间共从中国赚取250万枚银圆，被迫更多地以白银为信贷本位。正如波士顿马萨诸塞银行的库存现金以及英国轧制金币的发展与墨西哥白银产量的比较所表明的那样，也正如白银的进口与出口数量所证实的那样①，1［美］16。当然，这种兑率在不同的国家中总会有差异：在1821—1830年间，汉堡的金银兑率高达1［美］15.80；在1826—1833年间，阿姆斯特丹的金银兑率为1［美］15.89；美国在这些时间之前的金银兑率为1［美］16。②

金银之间这种高兑率的后果，便造就了白银拥有量的最大中心，它恰恰就是当时中国从中输入白银最多的国家——美国。美国在1796—1825年的30年间共向中国提供了近9亿银圆（实际上是8.930亿银圆）的白银；英国在当时只向中国出口121860银圆，即比美国少近5倍。实际上，到中华民国时代，金银之间的贸易汇兑平均价与货币汇兑平价之间的差距进一步扩大了。其中的货币汇兑平价自1792年以来便一成不变地为1：15，而贸易汇兑则为1：16。当时只要在用15两白银就可以购买1两黄金，然后再在市场上倒卖会获得16两白银，其中便有1两白银的赚头，收益为6.66%。然后再用另外15两白银买1两黄金，再卖出去还能再赚1两白银。

根据钱币标准的定义，1个银圆含371.25喱（grain，英美旧时重量单位，约合64.8毫克）的纯金；每个墨西哥鹰洋（10个银圆）含247.50喱的纯金；1个金美元（它实际上并不真正存在）只含24.75喱纯金③。

---

① ［美］路易·德尔米尼：《18世纪广州对外贸易史》，第1345页。
② 同上书，第1343—1344页。
③ 这是每年发行美元的平均数，对于墨西哥的产品来说 则为鹰洋（银币）。这是根据洛格林（J. L. Laughlin）的《美国金银两本位制的历史》（纽约1897年版）第249—250页（轧币的数目）而得出的结论。

年代	墨西哥产量（鹰洋）	轧币		银行现金库子	进口	出口	中国的出口
		银	金				
1799—1807	21284179	242947	313034	203067			
1808—1816	13889958	520149	255711	786015			
1817—1825	10082399	1018233	268989	205867	6272666	8694566	2334555
1826—1833	10142725	2431308	474254	56995	7329266	5053569	1045369
1834—1840	11860817	2685194	2323604	44155			
1841—1849	14440221	2278003	6362008	77875			

美元在 1826—1833 年的发行，已经达到了其初始阶段的 10 倍之多，仅在 1817—1825 年至 1826—1833 年间就增长 138%。墨西哥的白银产量仅为其初始阶段的半数。这样就打乱了墨西哥白银出口—进口之间的平衡，它于 1817—1825 年间共形成逆差的白银价格是 2121900 美元，到 1826—1833 年才转为顺差，其收入与轧制银币的数目相同——2275697 美元。但银行储备金的直线下降反映了货币市场的紧张程度。这就迫使金币的制造于 1834—1840 年间增长 400%，几乎赶上了银币的轧制量。这是由于墨西哥于 1834 年的《制币法》产生的直接后果。与本文有关的最重大事件，是在美国发生了滞留白银的事件。美国向欧洲提供的黄金比较多，而向亚洲和特别向中国提供的白银则较少。它们在美国国库中各自所占的份额，于 1817—1825 年到 1826—1833 年间，分别从 680 万美元跌落到 170 万美元和从 500 万美元跌落到 100 万美元。在这两个阶段，美元的总额是 34227746 元和 12107459 元，其中共有 6120033 美元流向中国①。

欧洲和西属美洲白银出口的危机

欧洲白银出口的危机和白银产量下降，仅仅发生在欧洲出现军事冲突和经济危机时期。在 1770—1777 年间，英国输出的白银从 1.7330 亿银圆降到 6120 万银圆；欧洲大陆国家的白银输出也减少 105200000 银圆，欧洲白银供应的困难程度，在欧洲"七年战争"期间也未加缓和。相反，

---

① ［美］洛格林：《美国的金银两本位制的历史》，纽约 1897 年版，第 62—70 页；［美］彼得肯（T. Pitkin）：《美国贸易统计展望》，纽黑文 1835 年版，第 155—156 页。

从 1763 年起，东印度公司又大举使用了印度这个中转站来输入和输出白银①。这一年，东印度公司用卢比从马德拉斯向广州输送 610177 枚银圆的白银，而从英国仅仅输送 124000 枚银圆到广州。威廉堡（Fort William）政府于 1769 年致广州东印度公司董事会的信中写道："我们要把与中国的贸易发展到最高水平，这是我们心中最重要的目标。这一切并不仅仅是由于明显可见的利益，而且我们很想在那里获得优势地位，并使欧洲的其他国家失去了染指该市场的勇气。但从国家的观点来看，丰厚的收入能预防在中国出现缺乏充足白银资本的局面，以供那些驶往那里的商船填满船舱的货舱"。但英国在这几年为广州贸易输出的白银水平很低，徘徊在 80 万—90 万枚银圆②。欧洲白银缺乏的情况，甚至在战后恢复与和平时代也会出现。这种情况在阿姆斯特丹、汉堡与德国其他地方以及伦敦都出现过。

东印度公司经历了一个非常困难的时期，最终使其白银供应瘫痪。此时恰逢欧洲大陆走私猖獗，搅乱了英国自中国进口茶叶的销售，故而也影响了其白银销售。

东印度公司的第 2 个危机时期，比前一个时期更为严重。英国在这一时期既与西班牙，又与荷兰发生了冲突。荷兰放弃了其传统的中立立场，因为荷兰曾是 18 世纪的英国贸易和财税收入的生命线之一，这相当于一场对于传统结盟对象的颠覆。英国一时再也找不到可以借贷的债主了，特别是白银货币的债主，法国和美国的放债人却乘虚而入地跻身于英国白银债务的债主之列。英国的印度殖民区也无力再向广州提供更多的白银了，甚至在 1779—1785 年之间，英属印度向广州输送的白银竟然下降为零③。这一切的危机在凡尔赛条约签订之后仍在持续。东印度公司广州董事会始终缺少银圆。在 1783 年，英国在广州的银行的白银储备金只有 8000 英镑，其中 2800 枚银圆④。

长期以来，英国银行对广州的白银供应都是直接通过墨西哥来完成，

---

① ［美］马士：《东印度公司对华贸易编年史》（第 5 卷），第 107—139 页。

② 同上书，第 145 页。

③ ［英］威尔逊（Ch·Wilson）：《18 世纪的英德贸易与财政》，牛津大学 1941 年版，第 170—182 页。

④ ［英］克拉彭（J·Clapham）：《近代英国经济史》（第 1 卷），剑桥大学 1926 年版，第 217 页。

而且在两个多世纪中都经由大帆船航路来维持的，这条航路经过中太平洋，并借助于东北信风将墨西哥的阿卡普尔科（Acapulco）与菲律宾的马尼拉联接起来了①。英国的大部分白银再从菲律宾乘西班牙帆船而被输往中国大陆的厦门；或者是乘许多往来于菲律宾群岛与中国大陆之间的中国帆船运输。这些中国帆船去时运载中国商品，形成了西班牙船返航时的装舱货物，回程是运载白银和其他西洋货。据初步统计，它们在18世纪共从欧洲运出10.7亿—21.2亿枚银圆。每年都有500万—600万银圆由墨西哥大帆船经菲律宾运往中国和东印度。我们再从中加上来自欧洲和美国运去的3.06亿—3.30亿枚银圆。这样一来，中国于18世纪就从西方世界一共输入5亿枚银圆，基本上相当于英国的登记英镑20.5亿镑，也就是墨西哥于1719—1833年之间生产的白银15.7亿鹰洋的30%②。据估计，中国每年都要从菲律宾获得1500万英镑的收入，约合280万枚银圆。荷兰每年都向菲律宾发送1艘1500吨位的三桅货船，其中装载的白银约合1800万—2000万英镑，即相当于330万—370万枚银圆。在1700—1815年的115年间，西方输往中国澳门和广州的银圆多达3.45亿枚。例如，在1699年间，共有3艘葡萄牙和西班牙商船在等待从马尼拉驶往澳门，共携带100万美元以采购中国丝绸和茶叶等实用性商品。此后，在澳门每年接受马尼拉的帆船时，每船都装载150—200箱银圆，每箱约3000枚银圆，即总共为45万—60万枚银圆之间。我们还应该再从中加入驶往广州和厦门的中国帆船运输的白银数量，这样算来，便是上述数字的两三倍了。所以，中国在这115年间进口的银圆总数多达9亿到12亿圆，或者是13.5亿圆到18亿枚银圆，这值得很大的商榷。但中国于18世纪每年平均输入银圆在150万—180万枚之间，还是可靠的。它在1700—1815年这115年内，一共进口1.7亿—2.1亿枚银圆，是符合事实的③。

西属美洲银矿生产的白银，一方面是经过大西洋和印度洋，另一方面是通过太平洋而被运往中国广州—澳门。这样一来，中国广州的对外贸易便将世界三大洋（太平洋、印度洋与大西洋）和亚欧美三大洲联系起来了。正是由于中国广州—澳门贸易中的白银供求关系，才形成了东亚的早

---

① ［法］肖努（P. Chaunu）：《马尼拉大帆船》，载《年鉴》杂志，1951年第4卷，第447—462页。
② ［法］路易·德尔米尼：《18世纪广州对外贸易史》，第754页。
③ 同上书，第753—754页。

期世界商贸市场。白银交易与世界贸易市场的主要支点是墨西哥、安的列斯群岛、印度、菲律宾、中国的澳门与广州,欧洲最多也只不过是扮演了一个白银周转中心和用白银买卖中国商品的中转站。白银不仅沟通了中欧、中国—西属美洲,以及中国与亚洲国家之间的贸易交流,进而也使欧洲贸易向菲律宾群岛扩张,使东印度公司也利用了这批白银从事广州贸易。墨西哥利用其白银鹰洋到印度和中国去寻求采购商品,欧洲却是通过其商品而获得中国白银。所以,西班牙与法国提出,任何输往印度和中国的白银,都必须首先经过欧洲。因为他们认为欧洲的贸易公司开辟了所有商品的流通渠道,从而供养世界上的绝大多数人口;墨西哥却通过向中国和印度出售白银而采购那里的丝绸与棉织品,这样做会有损于这两种产品在欧洲的生产①,而且墨西哥在东方出售白银,使美洲大陆不会获得任何利益。这种观点其实对当时世界市场的形成是有害的。西班牙后来便要求直接与菲律宾进行贸易交流,而不再满足通过大帆船而从事的与菲律宾和中国的这种所谓的"边缘贸易"了。

西班牙决定重启其与远东的直接联系,这是继菲律宾贸易公司于1733年失败的30年之后,维亚纳的佛朗切斯科·列昂德罗(Francisco Leandro de Viana)在一批经济学家鼓动下,决定扭转菲律宾那不利的贸易形势,向马尼拉派出了快速护卫舰布恩昆塞爵(Buen Consejo)号,并且在此后直至1783年,共向菲律宾的加的斯(Cadix)派出过13艘商船②。进而在菲律宾创建了一家新的外贸公司,继承了在1784年被解散的那家公司。新公司从事西班牙与马尼拉之间的贸易,这些船舶驶往马尼拉时要经过好望角、印度洋或美洲,返程时则必须经印度洋而到达加的斯。而这些船舶都负责运送银圆和轧制银圆的原料。对于银行来说,银圆是为了巩固它自己的地位,从政府处获得了进口白银和银圆的垄断权,从而确保这种垄断权的手段,便是破坏大帆船交易并使白银自阿卡普尔科大量外流。在阿卡普尔科—马尼拉航线开通的同时,新公司又与中国内地,特别是与广州—澳门和厦门建立了直接贸易交流关系,进而还向中国派遣了大批营销商③。

---

① [法]路易·德尔米尼:《18世纪广州对外贸易史》,第754—755页。
② 同上书,第193页。
③ 舒尔茨(W. L. Schurz):《菲律宾皇家公司》第3卷,1920年版,第501和506—507页。

新公司的大班们既想经营印度商品，又意图贩运中国商品。他们从科罗曼德尔、孟加拉和加尔各答等地开始经营活动，向马尼拉发送葡萄牙商务船舶①。因为当时很容易从与印度保持经常性联系的广州英国大班处获得白银及其产品。除了白银之外，西班牙人不再提供其他任何商品了。这样一来，欧洲商船从广州又得不到充分的商品供应，这些商品的一部分将用在广州用于总兑的票据支付。这样一来，他们只好到印度去，船上装满了红酒、烧酒、铁器、胭脂虫鲜红染料和轧制银圆的原料。它们每次航行都会带去价值60万银圆的商品。

美洲—欧洲—广州—澳门白银流通的三大角

美国是如何为其中国广州—澳门贸易提供资金的。他们直到当时为止，都是用白银支付货款，白银与其他货币的竞争程度大约在66.73%—75%之间。但中美贸易于数年之间明显走下坡路了。他们商船的流动量于1821—1825年间为37艘和14044吨位；到1826—1830年间，却只有9艘和17600吨位了。这就是说，在总吨位方面共下降17%。这最明显处于其低峰期的1826年（19艘船和7034吨商品）与1825年（42艘船，161150吨位）之间②。

对于英国一方，其输往广州的商品，相同的两个时间段期间，东印度公司的商船从每年24艘船增加到34艘，货物从27000吨增加到38000吨；此间"国家船舶公司"的商船为39—51艘，商品吨位为27300到36000吨。其广州贸易的船舶与商品的平均量，于1826—1833年间共达到26艘船与31170吨商品，而在1821—1825年间，东印度公司却只发出了21艘船和27287吨商品。美国国家船舶公司发往广州的船舶分别为48艘船与31500吨货物和30艘船与19913吨货物，这就是说在货物吨位上共增长14%—58%。尽管这些船舶中的货物五花八门，但白银和银圆始终占据主导地位③。

有一件事是肯定的，那就是对于西方人来说，广州贸易越来越被纳入

---

① 马士：《东印度公司对华贸易编年史》（第2卷），第122页。
② ［法］路易·德尔米尼：《18世纪广州对外贸易史》，第1346页。
③ ［美］马士：《东印度公司对贸易编年史》（第3卷），第128—129页。

到了一种转账和补偿的结算体系，而且这种体系从世界的一端扩展到了另一端。根据当时中国的贸易余额条例，白银只有在欧洲商船回运货物时才会出现。当时清朝政府深受白银外流之苦，而且又没有任何办法能阻止这种趋势。中国白银的外流，就如同鸦片输入中国一样，在清朝基本国策上是被严格禁止的，至少在开始阶段如此。中国使用的是银锭（sycee），这是未被钱币化和在理论上讲是纯净的白银，可以被用作内部交换和交纳赋税使用。清政府于1809和1814年两次禁止在对外贸易中使用银锭，1809年的诏令同样还禁止金锭出口①。但广东总督于1817年重新允许使用银锭，不过要逐箱地检查装载有近150万两白银的运往加尔各答的钱柜，以确保钱柜中只装有银圆。英国人相对更喜欢中国银锭，因为加尔各答的银币要比中国银圆多15%的纯银量，在广州很容易找到带有7%折扣（1815）的银圆。但同样在广州，商贾们很快就必须支付一种补贴费，才能获得这种银锭，甚至还经常会出现断货。1818年，中国银圆本身又面临受禁的威胁。清政府对于白银日益严重的外流感到焦虑不安，甚至连夷族人也开始骗取清政府的白银，而他们本来的角色却仅限于向清政府提供白银。清朝户部最终还是放行白银外流了，其条件是每艘船运走的白银数量不能超过其来时舱货价值的十分之三。但清政府的限制或禁止都不具有很大的实效作用。中国白银外流的走私丝毫不逊色于鸦片内流的走私，而且它们大多是在澳门或伶仃洋完成交易的。正如广州夷馆的某位大班于1812年所写到的那样："中国所有的贵金属外流，在理论上都完全受禁，银锭肯定受到了最严格的监视。但清政府的官吏们的贪婪行为始终都是痼疾，银锭和白银借助于一定数量的酬金，经由负责阻止白银出口的官吏们的活动而实施，白银的外流从未中断过。"② 其后，官吏们与行商达成了协议，为了预防任何事故，白银绝不允许运出广州城或黄埔港，而仅仅自澳门或伶仃洋出口。当时在伶仃洋，人们仅仅是通过前来向走私团伙中有固定据点的商贾寻求鸦片供货的帆船，进而转港运输。这样一来，北京当局也最终明白了（广州当局很早就明白了这一切），有两大问题是互相联系在一起的。如果说中国清朝皇帝1822年的诏令仅仅重复了禁止出口银锭之事，那也引起了对内部交易的制约，尤其是造成了对在产地采购茶叶

---

① [美] 马士：《东印度公司对贸易编年史》（第3卷），第128—129页。
② 同上书，第187页。

时的手头拮据。清政府1830年的一道诏令又明确地宣布说，走私出口白银要被判处犯双重罪，因为这同时也会引起白银的外流和鸦片的急骤进口。清朝政府立法，要求广州行商们在他们与外国人的贸易交往中，只能接受商品交换，却不允许使用白银。由于广州地区的商贾喜欢使用外国银圆或鹰洋，所以行商们便用银锭来购买外国银圆。使用外国银圆导致了福建和其他地方供采购茶叶的白银的匮缺①。但中国这种出现得很晚的觉醒，仍可以完全遏制事态的发展。在1830—1840年间，广州夷馆共从中国运出26618815枚现钞银圆和2554205个银锭。因为白银在中国的定价较低，所以黄金与白银的兑换比例在那里一直上升到1∶18，到1830—1840年间还更多；而当时在汉堡，同样的总率则为1∶15左右，在阿姆斯特丹和纽约为1∶16左右②。

与此形成鲜明对照的，则是中国对黄金的定价要比西方高得多。这是由于西方人获取的黄金在18世纪时就已经不大起作用了，他们掠夺的白银在60—70多年之后，也已经不大起作用了，中国的黄金产量大幅下降，来自其传统上的黄金供应者——交趾支那或印度尼西亚的黄金也大幅度锐减。这其中与越南阮氏王朝势力的上升与由嘉隆统一安南王朝事件关系密切。菲律宾的棉兰老出产金沙和白银，但那里在1841年也只能向中国出口折721000法郎的黄金和985000法郎的白银③。我们对于这些现象的起源几乎一无所知，但其后果却不容置疑。如果说黄金的昂贵在鸦片的推动下，已经展露出将白银从中国驱逐出去的苗头，那么白银的稀缺再加上它与铜币相比的升值，中国货币体系便由此而完全被打乱了。中华帝国在白银方面究竟匮缺到了什么程度呢？我们现在尚不完全了解西方从中国赚取的白银数量，也无法知道它们是通过陆路还是帆船贸易而赚取到的，更不知道中国的白银生产水平，甚至不知道中国通过中俄之间的恰克图（Kiakhta）贸易而获得的白银数量。中国在广东贸易中缺乏白银，在1830年前后尤为严重，这是不争的事实。英国政府就曾经抱怨："广州在本贸易季特别缺少银圆，这是中国在近几年来大量输出白银而造成的必然恶果，况且在那些年间，又缺少大量白银流入中国。中国人直到此时，都顽固地

---

① ［美］马士：《东印度公司对华贸易编年史》（第4卷），第60页。
② 杨连陞：《中国的货币与信贷》，剑桥大学（马萨诸塞州）1952年版，第48页。
③ 马拉（J·Mallat）：《菲律宾的历史、地理、风俗、农业以及与大洋中的西班牙殖民地的贸易》（第2卷），巴黎1846年版，第345页。

拒绝接受除了西班牙的旧轧银圆之外的其他银圆。自从西班牙的殖民地独立以来，其轧制的银圆也急剧地减少"。但商贾们却要在交纳 5.5% 的银锭补贴之后，才能把它们输往伦敦①。中国政府掌握的储备银数量一直在锐减，从雍正时代的 6000 万两银下跌到了 1850 年的 800 万两②。清朝政府国库到底空虚到什么程度了呢？我们应该从其后果中，而不是到国库空虚本身中去探讨原因，这些原因大都应归咎于银铜币的贬值。

清朝官方的金银兑率于 1647 年被定为每两白银兑换 1000 文的 1 吊铜钱。商业行情的涨落从未超过 20% 上下。即使自康熙于 17 世纪末复兴铜币市场以来，货币市场也始终如此。

清朝缓解白银危机的权宜之计——铸造铜币

清王朝面对中外的白银危机，曾一度采取了中国传统的币制——铸造铜币。这在中国货币史上虽为一种倒退，但它也不失一种权宜之计，为应对白银危机作出过重要贡献。不过，铜币主要是发行于国内市场，可以使中国将白银集中于国际贸易中，是银圆在国内市场的替代币。中国不仅有悠久的铜币制造史，也有蕴藏量比较丰富的铜矿，特别是在云南。中国更有娴熟的铸铜币的技术、比较先进的设备和一支专业的铸铜币专家技工，更有铜币流通的广泛市场。

云南的铜产量在 1754—1772 年间每年平均增长 10 万担，在 1773—1820 年间又年平均增长 13 万担。但在 1823—1858 年间，它又下降到年平均年产量 8 万—10 万担。中国白银库存的下降同样亦为 100%。这种铜产量的下降，恰恰发生在中国人口于 30 年间增长 21.64% 的重要时期，中国人口于 1820 年达 3.534 亿，到 1850 年又达到 4.299 亿③。中国这么多的人口，无论对于金币、银币、银锭或铜币，甚至是各种纸币和兑票的消费，其数量都会大得惊人。更糟糕的是，当时中国贵金属匮缺，再也没有外国的补偿了。

---

① ［美］马士：《东印度公司对华贸易编年史》（第 4 卷），第 259 页，英政府 1831 年的报告。

② 何炳棣：《1368—1953 年的中国人口研究》，剑桥大学（马萨诸塞州）出版社 1959 年版，第 216 页。

③ ［法］路易·德尔米尼：《18 世纪广州对外贸易史》，第 1353 页。

中国传统的铜料供应国日本在1685—1720年间所扮演的角色,到此时已经仅仅保留着一种历史的记忆了。长崎的帆船往来又进一步地加强了铜料产量的下降,使之从1799—1807年间的年平均1000担,下降到1817—1825—1833年间平均780—800担。对于西方人来说,这本来是一个接力日本铜供应者的最好时期,从而推动发展他们向中国出口铜的贸易。使他们在向中国大举出口鸦片的同时,能够进口缓解其货币危机的铜。过去,他们由于没有找到一种合适的价格,而从来未曾这样做过。美国人于广州进口的一大部分中国铜又被转口消耗于日本。美国人于1828年于其从广州进口的3237担中国铜中,向印度转口销售2000担,价值5万银圆;他们于1829年从中国进口铜的价值折合80896银圆;在1832—1833年间,他们每年约从中国进口铜10799担,价值215990银圆[①]。

但归根结底,中国铜的危机主要不在于走私出口,而在于铜产量的严重不足,而且这种现象从乾隆时代就已经初见端倪。在乾隆初年,每文铜钱的直径为1.10法寸(pouce,每法寸约合27.07毫米)。但它却慢慢地变小了,也变轻薄了。到1790年前后,铜钱的重量也减少至原来的8.5%—7.5%了。到了嘉庆初年,也就是19世纪初,大清新铜宝大部分的重量只有乾隆初年的1%—2%了,仅有30%—40%的铜钱达到1两的10%,其余大部分均不足法定重量。到道光年间的1820—1830年,假币泛滥,官制铜钱也只有1两之重的5%。自1850年的太平天国运动之后,情况更加恶化了。太平军的势力扩大到了长江流域,切断了云南铜的运输通道,从而迫使中国政府又改用铁币或纸币。

中国白银继续外流以及拉美白银的流入

总之,铜币虽为中国历史悠久的币制,但在18世纪时已经是过时之物了。虽然它可以暂时缓解清政府在对内和对外商贸中的白银危机,但由于它无法用于外贸,成了地道的"内销"货币,其价值直线贬值,对于贸易全球化和货币国际化,均无大益,故而对于缓解世界白银危机亦无帮助。这种开历史倒车的行为,也终无多大前途。

与此同时,价格不断虚高的白银,在一段时间内,铜币实际上被从流

---

① 陈茂恒:《明代倭寇考略》,《燕京学报》第6卷,北平1934年版,第579页。

通领域中排斥出去了，人们只能把它们囤积或窖藏起来或出口，以至于到1837年，中国每年理论上的外流白银高达6000万两。其中3000万两自广州港、1000万两自福建港和浙江港，2000万两自天津港外流①。

白银的虚高升值和铜币的直线贬值，明显形成了中国经济生活大崩溃的一大致因。因为白银价格的上涨，必然会导致生活费用的通货膨胀。如在河北省②：

年代	白银		差价百分比	价格	差价百分比
	市价	指数		96.3	
1799—1807	989	78	+1153	1066	+1069
1808—1816	1103	87	+1276	1014	-487
1817—1825	1246	981	+897	952	-611
1826—1833	1354	1069	+1375		
1834—1840	1540	1216	+2656		
1841—1849	1950	1539	+1153		

在1799—1807年和1826—1833年间，中国的白银产量增长36.90%，而其价格却贬值到了原点，甚至降到了1.14%以上。仅仅在1808—1816年间，才出现了白银产量增长11.52%和价值增长10.69%的繁荣期。

当时清朝在税务方面更依靠白银，税赋都是以银锭为单位而结算和支付的。事实上，并非是大英帝国独自面对这场牵动全局的白银危机，葡萄牙也正在从使用白银到发行纸币的过渡阶段。葡萄牙纸币的发行开始于1797年7月，当时恰逢该国停止使用黄金兑换白银的4个月之后。该国轧制金币数量自1770年前后便不停地在萎缩。它从1763—1769年的年平均轧制7.273亿枚辅币，降到了1778—1784年的3.634亿枚，在15年内被腰斩半数③。

为了寻求对中国白银问题的种种乱象的解释，我们还必须到美洲银矿方向去寻找原因。巴西的白银产量自1770年以来，尤其是自1785年起，

---

① ［美］马士：《中国的对外关系史》（第1卷），第202—204页。
② ［法］高狄诺（V. M. Godinho）：《葡萄牙的价格与货币》，巴黎1955年版，第209—210页。
③ ［法］路易·德尔米尼：《18世纪广州对外贸易史》，第1207页。

一直在持续萎缩,甚至下降33%。在此前的1770—1777年和1778—1784年两个阶段,巴西白银产量仅下跌14%和12%;在1799—1813年间,竟下降到了1778—1784年间的半数。墨西哥的白银产量于1799年之前都在持续稳步上升,仅在1785—1791年间才形成一个稳产期。但其产量自1800—1801年起,则一直减少至2100万圆、1790万圆和1590万圆;到1821—1827年间,其产量则低于1792—1980年间白银年产量水平的三分之一,也就是1807—1813年产量的近一半。这样就导致了金银币比值或兑率的变化,在1830—1833年间,金银的兑率甚至达到1∶16。白银就在它成为必不可缺的国际贸易货币时,随着其产量的减少,却自然而然地在市场上较为稀见了;况且美洲自己也囤积了大量白银,以备不时之需。西属美洲白银产量的锐减,既与白银矿开采的困难性有关,又与当地的战争动乱和经济危机有关。

当时在整个欧洲,特别是在英国,也爆发了白银危机。由于缺乏黄金,人们被迫转向了白银作为流通货币。英国从葡萄牙白银供货,转向了追求西班牙的白银供货商,而英国人过去就曾为此而与西班牙爆发战争。我们很难评估欧洲自西属美洲获得的白银数量,其中有许多白银都是通过安第列斯山脉地区转运的。因为在1810年左右,西班牙的美洲殖民地发生了导致世界秩序大动荡的革命。但这一切反而有利于西班牙美洲殖民地向英国人的开放。英国人于1811年进入了美洲的资源开发。英国人同样于1811年进入了美洲西属殖民地的大部分白银产地和白银转运港口,如乌拉圭的蒙特维的亚(Montevidea)、阿根廷的布宜诺斯艾利斯(Buenos-Ayres)、智利的瓦尔帕莱索(Valparaiso)、古巴和委内瑞拉的加拉加斯(Caracas)。特别是在墨西哥,因为墨西哥的银矿蕴藏量很丰富,但当时均被水淹,需要多年改建方能恢复生产①。

在这个时代,世界白银产量的下降,却又令人烦恼地遇到了英国战争军费开支的巨额增长。英国军费从1803—1806年的每年平均开销140万英镑,增加到了1807—1810年间的每年平均为670万英镑,到1811—1814年间,每年的平均开支又高达了1920万英镑,到1808—1815年间却

---

① [法]克鲁宰特(F. Clouzet):《英国经济与大陆的包围》,巴黎1958年版,2卷本,第184—185页。

达到了1.13亿英镑①。这样一来,银矿的枯竭,包括英国军费在内的各项开销的增加,必然会导致金银兑率的跌落,从而迫使英国人转向欧洲大陆去寻求白银。在数周内,由银行发行的银圆便一枚不剩了。

欧美的这种白银生产背景,直接影响了亚洲的国际贸易市场,因为亚洲在传统上更喜欢白银。东印度公司在一切可能的范畴内和竭尽一切能力地谋划赚取白银。中国当时只能获得少量白银,远不能满足于茶叶贸易发展的需要。我们对于西方向中国和印度出口金属银以及商品,与茶叶的进出口作一番比较颇能说明问题。对于中国出口茶叶的总担数,它们与马士提供的数字之间存在着差距。这里仅仅是指贸易投资的白银数目。

中国与印度收入的白银与商品对照表(单位:由白银折合成的英镑)②

年代	白银	印度商品	中国		茶叶
			白银	商品	
1778—1784	5210	357450	0	121499	56640
1785—1791	124719	368198	512491	410133	135381
1792—1798	139888	539977	164109	656527	147357
1799—1805	760263	825387	186776	1038013	203133
1806—1811	33360	994352	0	963112	206996

从广州一方来讲,在两个阶段期间,没有任何白银输入中国,其前后3年也呈现出白银流动量的疲惫;从印度一方来讲,在1806年之前,白银的流入却始终持续不断。但作为白银危机的后果,那里也出现了银价的暴跌。中国在印度半岛作出了牺牲。因为英国威灵顿(Wellesley Wellington,1769—1852年)政府于1799年命令将未来应该从英国运往广州——澳门的白银,都改道运至印度,以防止该半岛受法国波拿巴(Napoléon Bonaparte,1808—1873年,拿破仑三世)可能对印度半岛即将发动的攻击。在广东政府的抗议下,英国政府的这项决议才被撤销③。所以,中国在1785—1811年间,只获得价值6043637镑的白银,印度半岛却获取价

---

① [英]西勒贝林(A. Silberling):《1779—1850年周期内的英国物价与商业》,《学术研究》1930年第12卷,第159—268页。

② [美]马士:《东印度公司对华贸易编年史》(第2卷),第324和350—351页。

③ [法]路易·德尔米尼:《18世纪广州对外贸易史》,第1211页。

值折合73722687镑的巨额白银。在商品方面,情况却正好相反,中国在同一段时间内共从商品中获利价值20511389英镑的白银,而印度半岛却只从中获取可折合18030740英镑的白银。后来,中国白银收入的增加又迅速加快,在1778—1784—1799—1805年这个时间段中,共暴增754%;而印度却只增加1.3%。后来,中国变成了英国工业产品的最理想销售市场,其销售量要比中国茶叶的出口量多得多。英国赚取的利润折合成白银,在1785—1791年间增加237%—139%,在1792—1798年间增加60%—90%,在1799—1805年间为58%—38%①。由此可见,在18世纪末这一段时间,洋货产品在中国销售量庞大,中国商品出口反而减少。这一切也与中国的白银危机休戚相关。

这样算来,在27年间,英国输往广州的货舱中共装载了折合2050万英镑的白银的商品和价值600万多英镑的白银,这与18世纪输往中国的90%的白银和10%的商品局面完全相反,也与1760—1770年间分别占60%—70%和30%—40%的形势大相径庭。中国最大的客户们只向它提供越来越少的白银。英国人的这种行为,后来又由美国人继承,而美国人的广州贸易也越来越依靠白银。

在如此严重的东亚外贸货币的混乱中,英国在华贸易的发展速度,明显与他们跻身美洲大陆的速度相联系。西方和东南方之间有两种产品的交易规模是不对等的,西方是毛皮,南方则是白银。在这方面,有一个关键的时间——1797年。我们或者可以说是1795和1797年这两个时间,也就是在荷兰的闭关时间,或者是西属美洲的"开关"时间。但这两件事的原因却截然不同。英国驶往广州的商船于1792—1794年间,由6艘增加到7艘,最终在1801年增加至36艘,仅在1797—1801年的4年间便增加3倍。其携带的白银数量从1795—1797年的66万圆增至1802年的258.4万圆。在5年间又增加了4倍。这与英国的外贸出口数据形成了鲜明对照。因为英国外贸从1798—1799年的180万—220万银圆,下跌到1801年的113000枚银圆。美国人没有等到这后一个时间,便在智利和秘鲁海岸现身②。美国人的活动,在某种意义上,大大地促进了中国在美洲的贸易竞争,特别是白银贸易活动。

---

① [法]路易·德尔米尼:《18世纪广州对外贸易史》,第688页。
② 同上书,第1164页。

美洲与中国贸易，是从安第列斯山区地开始的，美国人也正是通过安第列斯山脉北区，而获得为他们提供购买中国商品或输往中国的商品所必需的白银。他们特别是控制了海地国的贸易，由于海地国以其毗邻圣多明各（Santo Domingo）开始，进一步便接近于古巴，所以从事海外贸易非常便利。在1821—1823年间，美国每年平均有480万枚银圆被从那里运往广州—澳门。但当时由于墨西哥白银产量正处于低潮的时候，所以这些输往中国的白银之来源应该是多种多样，这是由美洲国家从作为殖民地而向欧洲提供食物和其他生活必需品时所获得的报酬，进而又投向中国广州去做生意去了。"欧洲战争为美国打了金矿和银矿之门"①。美国人自1806年起，便自阿尔巴尼（Albany）银行采购了大批银圆输往中国广州。当时墨西哥白银产量仍处于疲软期，它从1809年的年产量2470万枚银圆降到了1812年的910万圆。美国输往广州以从事与中国贸易的白银量，也从1810年的470万圆锐减到1812年的180万圆②。

美国为从事中国贸易，从三大洲多国搜罗的金银（以白银为主，折合成美元），如下表所示③：

瑞典、丹麦、荷兰与法属安第列斯群岛	1821—1825	1826—1833
英属安第列斯群岛	2684611	4018292
海地	2963140	1964292
古巴	1019612	373995
美洲大陆的西班牙国殖民地	3672696	2464367
墨西哥	985118	1869903
西属南美洲	2951217	27858844
英国（直布罗陀）	6351243	3394199
法国与荷兰	5748608	1958422
其他地区	4987087	7402310

---

① 维德尔（M. Wirth）：《贸易危机史》，法兰克福1883年版，第387页。
② 杜威（D. R. Dewer）：《美国的财务史》，伦敦和孟买1903年版，纽约1934年版，第144—150页。
③ 舒尔茨（W. L. Schurz）：《王家菲律宾公司》，1920年版，第450—452页。

美国与中国从事贸易的波士顿或纽约大帆船是欧洲的"印度船"和阿卡普尔科帆船的继航者，经历200余年的航行，才于1815年结束。大帆船贸易使美洲白银避免了迂回性大转弯的流通，直接流向远东，特别是中国，其后又去淹没欧洲市场。当时经西方而输往中国的运载贵金属货币的大帆船，都要经由非洲的好望角（Cap）而不是智利的合恩角（Cap Horn）。输往远东的白银的数量的变化，证明了这种航向的变化。美洲人在1793—1833年前后与此前40年间，共输往广州银圆103600万枚，这个数字几乎与欧洲在1741—1791年的50年间输往广州的白银103300万枚大致相等，而且欧洲自1792年之后只向中国输送2720万枚银圆。

当时西方在中国贸易的白银交易和商品交易占中国对外贸易总额的75%。事实上，支付方式的差异，仅仅是与经济"龄期"有关。当英国的工业革命已经完成时，美国的工业"龄期"尚属于未来。它们各自向中国出口的便有"资源"（白银）与产品之别。中国当时需要进口的商品最多就是金属（白银、铅与锡和纺织品）[①]。

结束语

严格地讲，国际上的货币白银化或白银货币化是从15世纪开始的。但在此前，这一切对于当时的东方更为适应，西方本身还是更喜欢黄金，无论是罗马世界还是在俄罗斯均如此。货币白银化的进程，实际上与贸易国际化或全球化的发展相同步，它们二者是互相促进又互相牵制的。国际货币白银化最终是从东方开始起步的，东方市场促生并发展了货币的白银化或全球化，国际上的白银货币化最终是于16—18世纪在东方市场上形成的。中国广州—澳门这个东方市场的核心区，于其中起了决定性的作用，是白银货币化和贸易国际化的"孵化器"之一。马元甲、果阿和马尼拉，仅仅成了广州—澳门国际贸易的过道和中转站，广州—澳门才是中西贸易的目的地。在16—18世纪，广州—澳门是中西关系和中西贸易的前哨港。这种贸易编织了亚洲、欧洲和美洲的国际贸易网，促进了白银货币的国际化，从而进一步的促成了这一地区的社会转型与国际关系的新格局。广州—澳门在白银货币国际化和贸易全球化过程中，是桥头堡和前沿

---

① ［美］马士：《东印度公司对华贸易编年史》（第2卷），第702页。

阵地。伴随着中西贸易、白银货币化或货币白银化和中外关系的发展，不仅仅使中国的传统文化、优质产品大量外传，而且也使西方近代科学的许多产品、思想意识、社会形态传入了中国，使中国逐渐接受了西来之风，步入了近代社会的征程。

近代祁门红茶对外贸易述论

安徽师范大学　康　健

自清代以降，祁门茶叶以外销为主，在五口通商以前，祁门茶叶主要是顺阊江而下，运往广东销售；自五口通商后，祁门茶叶的运输路线和徽州茶叶的运销路线一样都发生了转移，祁门绿茶贸易主要转移到上海销售；而安茶依旧是运往广东，远销东南亚地区。祁门红茶，"在中国茶叶中间很有名，买红茶的客人以俄罗斯国的人最多。祁门红茶卖的法子，是在祁门将茶做成，再装到九江重新改做，装成箱子，再装到汉口去卖"。[①] 到1919年后，随着汉口茶叶贸易衰落，祁门红茶则是运往上海销售。清末民初，是祁门茶叶对外贸易的繁荣时期，茶叶出口的数量不断增加，贸易额日增，茶叶的销售价格也较为稳定。但进入20世纪30年代以后，随着以祁门红茶为主的贸易逐渐下降，祁门茶叶贸易也逐渐衰落下去。

一　近代祁门茶商的经营活动

茶叶作为徽商传统经营的四大行业之一，鸦片战争之后随着对外贸易的发展，徽州的茶叶贸易迎来了新的发展机遇，正所谓"茶、木两大宗，实阖属人民命脉所寄"[②]。祁门红茶成为出口茶叶的大宗，迎来发展的黄金时期。近代祁门人外出经商的风气很盛。"祁门近城一都，大半经商

---

① 《安徽地理说略》，《安徽俗话报》1904年第13期。
② 刘汝骥：《陶甓公牍》卷10《禀详·详报物产会开会文》，《官箴书集成》第10册，黄山书社1997年版，第563页。

赣、浙、沪、汉诸地"①"东乡居民,大率以经商为生产,西南北各乡居民,大率以种植为生产"②。不仅如此,而且祁门商人多从事茶叶经营,"植茶为大宗,东乡绿茶得利最厚,西乡红茶出产甚丰,皆运售浔、汉、沪港等处"③。祁门西南两乡之人的经商风气略微有差异,"西南两乡务农者,约占十分之七,士、工、商仅占十分之三,多藉茶为生活,营商远地者,除茶商而外,寥寥无几。"④ 经营茶叶成为祁门商人的主要生计来源。

  光绪初年,祁门红茶问世后,对外贸易日趋兴盛,茶商十分活跃,由此发家致富者甚多。光绪十四年(1888),经营红茶的"华商执业茶者,颇能获利"⑤。因为经营红茶有利可图,以至于光绪十五年(1889),徽州一向出产绿茶的产区也改制红茶。对此,《申报》记载,"本届祁门茶额亦增多,因婺源、屯溪向产绿茶,难于沽利,今亦改做红茶也。"⑥ 屯溪、婺源为徽州绿茶主产区,质量优异,这些地区由原来经营绿茶转为改制红茶,由此可见,经营祁门红茶获利甚丰。光绪十六年(1890),九江的红茶贸易十分繁荣,"各茶客办茶,不下数千百担,络绎于途,极为热闹。"⑦ 光绪十七年(1891),由九江转运汉口的红茶贸易亦极为繁盛,"九江连日到通山、祁门、武宁各山庄红茶甚多,茶栈中随到随拣,细装成箱,陆续运往汉口。"⑧ 光绪二十年(1894),红茶出口贸易兴盛,"业茶之华商获利者多,亏耗者少。今头茶业已告竣,最获利者,江西则宁州、祁门两处"⑨,从中得知,祁门红茶为对外贸易中获利最多者之一。因为经营祁门红茶十分有利可图,在经济利益的驱使下,以至于那些原本不是经营茶叶贸易的富户都纷纷投资红茶经营业务。"去春(光绪二十

---

  ① 刘汝骥:《陶甓公牍》卷12《法制科·祁门民情之习惯·任居之流动固定》,《官箴书集成》第10册,黄山书社1997年版,第601页。
  ② 刘汝骥:《陶甓公牍》卷12《法制科·祁门民情之习惯·生产不生产之分数》,《官箴书集成》第10册,黄山书社1997年版,第601页。
  ③ 刘汝骥:《陶甓公牍》卷12《法制科·祁门民情之习惯·职业趋重之点》,《官箴书集成》第10册,黄山书社1997年版,第601页。
  ④ 李家骐:《祁门全境乡土地理调查报告》,《安徽省立第二师范学校杂志》1914年第4期。
  ⑤ 《茶务译登》,《申报》1889年2月27日,(34)271。
  ⑥ 《茶市情形》,《申报》1890年5月28日,(36)859。
  ⑦ 《茶银银息》,《申报》1891年2月10日,(38)317。
  ⑧ 《浔阳茶市》,《申报》1891年5月13日,(38)727。
  ⑨ 《茶市生色》,《申报》1894年6月24日,(47)393。

年)茶商大获其利,皆满载而归,远近商人咸深欣羡。凡富有资本者,每欲合股贸易,以握利源。去秋已有订立合同者,今春各商尤异常踊跃。"①

因为祁门红茶品质优异,使原来一直从英国转口购买祁门红茶的俄商,也在汉口直接采办祁门红茶,这样就使祁门红茶出口量大幅增长,对外贸易更为兴盛,获利更多。对此,《申报》记载,光绪二十一年(1895),"各处山茶惟祁门、安化、桃源颇沾利益,其余各埠难有生色,甚有亏本者。……祁门茶获利之由,实因昔年俄商不办,英商办往俄地,大获其利。俄商有鉴于此,顿改前辙,采办祁门茶,价码略高于昔,此祁茶之所以获利也。"② 由此可知,俄商得知英国商人从事红茶贸易大获其利,在经济利益的驱动下,俄商也从事祁门红茶经营,以图致富。正因俄商大量采办祁门红茶,致使在其他地区红茶对外贸易亏折的情况下,祁门红茶却能"一花独放",祁门茶商由此起家者甚多。

随着对外贸易日趋兴盛,祁门红茶出现供不应求的现象。在这种情况下,原本一直作为"垃圾"处理的祁门花香③茶贸易也十分畅销,"红茶筛下炭末碎片,名曰花香,往时弃而不用。自同治、光绪以来,西商以之轧成砖块,始得畅销。"④ 此后,在汉口的红茶贸易中,祁门花香也颇为走俏,价格不断上涨,经营花香的茶行也有所增加。光绪二十一年五月初二日,《申报》记载,"西商采办花香茶末,用轧砖茶,销市颇畅。今岁汉上又添花香行一家,以故收办花香最难入手,因之价码腾贵。……祁门茶价四十余两……获利之区,惟祁门、安化、桃源,其余亏折不一。"⑤

花香销路日广,经营祁门红茶贸易利润更为高涨。光绪二十六年(1900),在九江的红茶贸易中,获利最多的为祁门红茶。⑥ 光绪二十八年(1902),汉口红茶贸易中,"头茶之得利者,以祁门为最,宁州次之,湘

---

① 《茶商踊跃》,《申报》1895 年 3 月 3 日,(49)325。
② 《汉皋茶市》,《申报》1895 年 5 月 18 日,(50)109。
③ 红茶筛下炭末碎片,名曰花香。[《申报》1895 年 5 月 18 日,(50)109] 花香者即系制好之茶叶之所剩之碎末,加以提选约成为花香。(《皖赣红茶运销委员会第一年工作报告》,《民国史料丛刊》第 554 册,大象出版社 2012 年版,第 175 页)
④ 《汉皋茶市》,《申报》1895 年 5 月 18 日,(50)109。
⑤ 《汉皋茶市续闻》,《申报》1895 年 5 月 25 日,(50)157。
⑥ 《汉皋零墨》,《申报》1900 年 6 月 3 日,(65)263。

中又次之。至亏耗者,以鄂中为多。推其原委,大抵因茶质太劣故耳。"① 由此可以看出,品质的优异,是祁门红茶获利的重要原因。光绪二十九年(1903)春,祁门头批红茶源源不断地运抵汉口。茶市开盘之时,祁门红茶每担价值,约须银60两,随后便骤涨至75两。② 宣统元年(1909),祁门红茶出口继续保持兴盛局面,运至汉口的仍有85000箱。③ 而且,在各种红茶中,祁门红茶售价最高,"祁门茶上等每担值七十两,中等五十两,下等四十两;宁州贵至四十两,贱则三十二两;湘鄂之安化茶,每担值二十二两至三十五两;羊楼峒茶二十两;桃源茶二十二两内外。"④

清末民初,祁门茶商依旧十分兴盛。谢恩隆等人对红茶产区的调查显示,"茶商经济,则以浮梁磻村之汪某,祁门闪里之陈某,历口之汪某,贵溪之胡某,建德之王某、胡某为较裕。且多自行种茶,以茶商而兼园户,烘制尤极适宜,故售价较高,而岁货赢利焉。"⑤《申报》亦载,"安徽之祁门、江西之浮梁,两县接壤,为红茶产出之区。每年春间运往汉口,售于俄人者十之七,售于美、法、德、奥等国十之三,价值总额常达二百万以上。故该处富户大贾,多茶叶起家者。"⑥ 这些都是民国初年,祁门红茶外销旺盛、祁门茶商活跃的表现。

关于晚清以降,中国茶叶出口商埠的动态变化情况。时人的调查有着明确显示,"同治初年,各国茶商争集于镇江、汉口、福州、九江。于是,湖南北之茶都萃于汉口,江西、安徽之茶都萃于九江,江浙之茶萃于上海。既而,九江之势移于汉口,宁波、福州之势移于上海。汉口为红茶之大市,上海为绿茶之大市。"⑦ 在这种社会变迁的背景下,祁门茶叶的出口商埠也随之转移。

大体上来看,祁门茶商在经营地点上的分布,主要集中在广州、九

---

① 《茶市述闻》,《申报》1902年5月27日,(71)181。
② 《茶市开盘》,《申报》1903年5月23日,(74)143。
③ 杨志洵:《中国茶况》,《商务官报》(第4册),1909年第18期,台北故宫博物院1982年版,第345页。
④ 《汉口茶况》,《商务官报》(第4册),1909年第19期,台北故宫博物院1982年版,第366页。
⑤ 谢恩隆等:《调查祁浮建红茶报告书》,《农商公报》1915年第13期。
⑥ 《祁浮茶市之状况》,《申报》1915年4月12日,(133)682。
⑦ 《中国茶业情形》,《商务官报》第1册,1906年第23期,台北故宫博物院1982年版,第456页。

江、景德镇、汉口和上海等地。红茶多集中在汉口、九江销售,绿茶多集中在广州、上海出售。1919年以后,红茶也多转到上海出口。晚清大臣盛宣怀亦云"红茶在湖北之汉口营销,绿茶在江苏之上海出售"①。

祁门茶商在经营地点上之所以呈现这样的分布,有着深刻的时代背景。鸦片战争以前,清代贸易的主要港口在广州,各路茶商都云集于此。祁门茶商顺阊江而下,进入江西,越过大庾岭入广东,通过十三行对外贸易。虽然路程遥远,但是利润很高,因此祁门茶商多往之。当时"徽商岁至粤东,以茶商致巨富者不少"。五口通商后,一段时间内"六县之民,无不家家蓄艾,户户当垆,赢者既操三倍之贾,绌者亦集众腋之裘。较之壬寅以前,何翅倍蓰耶"。②

等到上海开埠后,徽州绿茶多沿新安江运往上海销售,上海遂逐渐成为全国最大的绿茶贸易商埠。宣统初年,上海成为红茶、绿茶出口的最为重要商埠,当时"安徽之茶,类皆输出外国。每年运至上海,合红茶、绿茶约六七万担"③。

汉口地处九省通衢之地,为晚清时期全国最大的红茶贸易中心。"红茶一业,自咸同以来,茶商均沾微利,故大商小贩,莫不踊跃争先"④。这段话描述的正是汉口繁盛的红茶贸易景象。宣统元年(1909)的调查显示,当时汉口"为红茶最大之输出港,茶之输于俄与英者,大率于此"。⑤ 光绪初年,祁门红茶创立后,运往汉口销售。当时汉口茶商"向分粤、皖、湘、鄂等六帮,平常不甚联络,欲通力维以大局,颇不易行"。⑥《申报》记载,"祁门产红茶,以汉口为行销中心点,婺源、休宁、歙等处产绿茶,以上海为行销中心点。"⑦ 在汉口的茶叶贸易中,祁

---

① 《商务大臣盛等奏请减轻茶税折》,颜世清《约章成案汇览》(乙篇卷12下)《成案》,光绪上海点石斋石印本。
② 夏燮:《中西纪事》(卷23)《管蠡一得》,岳麓书社1988年版,第295页。
③ 杨荫杭:《论上海商帮贸易之大势》,《商务官报》(第1册),1906年第12期,台北故宫博物院1982年版,第222—223页。
④ 《茶业整规》,《申报》1895年闰6月28日,(50)381。
⑤ 《中国制茶业之情形》,《商务官报》(第1册),1906年第22期,台北故宫博物院1982年版,第439页。
⑥ 《汉口商业情形论略》,《商务官报》(第1册),1906年第23期,台北故宫博物院1982年版,第451—452页。
⑦ 《皖南之茶叶》,《申报》1914年6月3日,(128)530。

门茶商自然是其中重要的一支力量。

九江和景德镇也是祁门茶商活动的重要区域。"祁门茶市,洋商交易向以九江一埠为集中之区,每年约有二十万生意"①。当时九江茶庄林立,盛极一时,"历年浔江红茶开盘,俱由宁州茶居先。本届祁茶庄数多于曩昔,茶商赶紧办就,迅速运浔。故开盘独得争先,一著且箱额改大,较往年加十分之三。"②江西全省及安徽祁门、婺源、六安的茶叶都汇集九江,每年贸易总额二十五六万。③但九江之茶,非能直行输出,必经由汉口或上海④。1919年以后,随着汉口茶市的衰落,祁门红茶转移到上海出售。⑤景德镇与祁门仅一隅之隔,自然成为祁门茶叶运往九江的必经之地,因此,祁门茶商多在此开设茶叶店。⑥

二 近代祁门红茶对外贸易的盛衰

晚清至民国时期,祁门茶叶贸易的兴衰历程与华茶的贸易兴衰同步,都经历了由兴盛到衰败的过程。据统计,自晚清以来中国茶叶出口量出现了阶段性的动态变化过程。详见表1所示。

表1　　　　　　中国各种茶输出比较（单位：担）

年份	红茶	绿茶	砖茶	其他茶	合计
1879	1523419	183234	275540	5270	1987463
1880	1661325	188623	232969	14201	2097118

---

① 《皖南茶业之消长》,《安徽实业杂志》1918年续刊第23期。
② 《浔汉茶市》,《申报》1885年5月15日,(26)717。
③ 赵烈:《中国茶业问题》,《民国史料丛刊》(第553册),大象出版社2012年版,第205页。
④ 《中国茶业情形》,《商务官报》(第1册),1906年第23期,台北"故宫"博物院1982年版,第456页。
⑤ "祁门红茶,在民九年以前,大都运汉销售。迨后以汉市茶叶贸易衰落,遂转移于上海矣。"参见李焕文《安徽祁门婺源休宁歙县黟县绩溪六县茶叶调查》,《工商半月刊》1935年纪念号,第87页。
⑥ 景德镇市委员会文史资料研究委员会:《景德镇徽帮》,乐平市印刷厂1993年版,第3页。

续表

年份	红茶	绿茶	砖茶	其他茶	合计
1881	1636724	238064	247498	15186	2137472
1882	1611917	178839	219027	7368	2017151
1883	1571092	191116	218744	6126	1987078
1884	1564452	202557	244996	4212	2016217
1885	1618404	214963	280112	15505	2128984
1886	1654058	192930	361492	8720	2217200
1887	1629881	184681	331281	7127	2152970
1888	1542210	209378	412642	3233	2167463
1889	1356554	192326	310178	18273	1877331
1890	1051092	199504	297168	17632	1565396
1891	1203641	206760	328861	10772	1750034
1892	1101229	188440	323112	9990	1622771
1893	1190206	236237	382361	12027	1820831
1894	1217215	233465	395506	16126	1862312
1895	1123952	244203	481392	16134	1865681
1896	912417	216999	566899	16526	1712841
1897	764915	201168	558298	7777	1523158
1898	847133	185306	498425	7736	1538600
1899	935578	213798	474026	7393	1630795
1900	863374	200425	316923	3602	1384324
1901	665499	189430	293522	9542	1157993
1902	687288	253757	570037	8129	1519211
1903	749116	301620	618458	8336	1677530
1904	749002	241146	447695	13406	1451249

续表

年份	红茶	绿茶	砖茶	其他茶	合计
1905	597045	242128	518498	11627	1369298
1906	600907	206925	586727	9569	1404128
1907	708273	264802	604226	32824	1610125
1908	695408	284085	590815	15828	1586136
1909	619632	281679	584976	12156	1498443
1910	633525	296083	616540	14652	1560800
1911	734180	299237	416656	12730	1462803
1912	648544	310157	506461	16538	1481700
1913	547708	277343	606020	11538	1442609
1914	613295	266738	583883	31882	1495798
1915	771141	306324	641318	63570	1782353
1916	648228	298728	560183	35492	1542631
1917	472272	196093	443636	13534	1125535
1918	174962	150710	75160	3385	404217
1919	288798	249711	143394	8252	690155
1920	127832	163984	11695	2395	305906
1921	136578	267616	23546	2588	430328
1922	267039	282988	22616	3430	576073
1923	450686	284630	8613	57488	801417
1924	402776	282314	19382	61463	765935
1925	335583	324564	141917	30944	833008
1926	292527	329197	141872	75721	839317
1927	248858	333216	173148	116954	872176
1928	269615	306765	256712	92930	926022

资料来源：公度：《中国茶业之概况及改进之方法》，《安徽建设月刊》1930年第2卷第10号。

由表1可知，1881年前后几年是华茶输出的鼎盛时期，但随后渐衰，而"一战"后大衰，各种茶叶的出口数量，在这期间也经历了一个变化过程。1886年，茶叶出口数达220万担，为我国茶叶输出外洋最盛的时期。后因印度、锡兰、爪哇等地所产茶叶，畅销欧美市场，以致华茶市场额渐次低落。① 晚清时期，初推红茶居第一位。迨至1920年以后，则退居绿茶之后。1923年至1925年，虽复居首位，然有1926年以后之衰退。绿茶在1918年以后，虽进居第一位，然以前则均为第三位。② 民国时期，也有一些学者将近代中国茶叶出口兴衰分为三个阶段：全盛期（1800—1888）、转衰期（1897—1917）、锐减期（1918—1924）。③ 这与上述说法大体一致。

祁门茶叶的贸易状况和华茶的贸易有着同样的兴衰历程。光绪年间，祁红问世后，因品质优异，加上当时印度茶叶未兴，从而获得发展机遇。"红茶在湖北之汉口营销，绿茶在江苏之上海出售。从前外洋不谙种茶之法，各国非向中国购食不可。彼时茶值甚昂，不论货之高低，牵匀计算，每担可售五六十两至七八十两不等。"④ 由此可见，晚清时期是中国红茶的繁荣时期。虽然晚清时期，对祁门红茶的出口数量没有精确的记载。但是，我们从汉口、九江等茶埠的茶市贸易中，祁红的销售数量、售价和茶庄数等的波动情形，可以从一个侧面反映当时祁门红茶贸易的盛况。汉口是当时全国最大的红茶贸易港口，安徽、两湖和江西等处红茶多在此集散，汉口红茶贸易盛极一时。

祁门红茶在汉口红茶贸易中占有重要地位。下面我们依据光绪年间《申报》对汉口、九江等茶叶贸易的相关记载，来窥视当时祁门红茶的贸易状况。光绪十一年（1885），由于红茶上年出口获利，因此，当年汉口的红茶庄数也有所增加，"祁门、建德两埠，较旧加增，大都因去年稍沽薄润耳。……祁门七十九，建德六，河口十九，九江三十，共二百六十

---

① 迈进鉴：《我国茶叶之产销及其振兴策》，《汉口商业月刊》1937年第2卷第8期，第47页。
② 公度：《中国茶业之概况及改进之方法》，《安徽建设月刊》1930年第2卷第10号。
③ 财政部贸易委员会、外销物资增产推销委员会编：《茶业》，张研、孙燕京主编：《民国史料丛刊》第552册，大象出版社2012年版，第220页。
④ 颜世清：《约章成案汇览》（乙篇卷十二下）《成案》，光绪上海点石斋石印本。

七。"① 九江祁门红茶的茶样也很优美，"新到宁州、祁门各茶样，闻叶色鲜嫩，汁水较往年尤美"。② 当时"红茶采摘，岁有三次。谷雨时所采者为头茶，叶嫩味厚，得先天之正气，蓬勃而生。约至三月底四月初旬，山中茶户一律采摘尽罄，做成红茶以售，名曰头字。四月以后，萌芽依干而生，约计半月之久，仍就舒发满树，稍逊头茶之嫩。端午后采摘成条，谓之子茶。较于头茶约少一半。六月再采者，名曰禾花茶，盖以禾苗扬花时，茶叶舒发，可供采取，因以名也"③。按照规矩，祁门红茶头春未字是不运往汉口，而是运往上海销售的。但是，光绪十一年（1885），由于祁门红茶外销兴盛，而两湖红茶短缺，于是祁门头春未字则运往汉口销售。④ 这也说明了祁门红茶畅销的事实。到光绪十二年（1886），汉口的祁门、建德茶庄，增至 140 庄⑤。光绪十二年（1886），汉口的"两湖、宁祁茶庄数多于往年"⑥，茶庄数比上年又有所增加。九江的祁门茶庄，在光绪十一年（1885），为 102 庄⑦。光绪十二年（1886），宁州、武林、九江、祁门、浮梁、旌德、吉安、河口等红茶庄，合计 420 余家。⑧ 光绪二十八年（1902），汉口茶市大兴，红茶庄数不断增加，有"宁州九十庄，武宁十庄，祁门、建德一百五十庄，河口庄、九江、吉安五庄，共二百五十九庄"⑨，祁门红茶庄数亦有增加。

在汉口、九江的祁门红茶庄数量日益增多的同时，祁门红茶外销也十分兴盛。光绪十年（1884）四月十六日，汉口茶市开盘之时，以祁门红茶行情最好，宁州茶次之。⑩ 光绪十一年（1885）三月二十九日，汉口茶市中，"宁祁茶开盘，共沽出宁州茶三字，祁门茶三十二字，共计一万一千五百九十一箱。其行情比旧岁约高一二两"⑪。光绪十三年

---

① 《茶汛近闻》，《申报》1885 年 5 月 2 日，(26) 641。
② 《茶样到浔》，《申报》1885 年 5 月 3 日，(26) 675。
③ 《子茶将头》，《申报》1895 年 6 月 18 日，(50) 315。
④ "按宁祁茶历年规矩，头春未字，必由浔付申，从未有运来汉口者。今因见两湖茶短，均运至汉皋出售。"参见《申报》1885 年 6 月 22 日，(26) 945。
⑤ 《茶市述新》，《申报》1886 年 4 月 27 日，(28) 653。
⑥ 《汉江茶市》，《申报》1886 年 5 月 12 日，(28) 744。
⑦ 《九江茶市》，《申报》1886 年 5 月 9 日，(28) 725。
⑧ 《茶市纪闻》，《申报》1887 年 4 月 19 日，(30) 633。
⑨ 《茶市大兴》，《申报》1902 年 5 月 31 日，(71) 207。
⑩ 《续报茶信》，《申报》1884 年 5 月 18 日，(24) 777。
⑪ 《汉口茶市》，《申报》1885 年 5 月 16 日，(26) 723。

(1887)四月二十一日,汉口的茶市一开盘,"宁祁、羊楼峒茶上等货,已被俄商买去"①。光绪十五年(1889),九江茶市极为热闹,"毛茶到浔城厢内外,及各邻县妇女来城拣茶者,人山人海,约以万计"②。光绪十七年(1891),则更加繁盛,"九江丝茶,每年于新正灯节前后,相与将银两汇齐,分装各筐,派司事、脚夫押解,到宁州、祁门、通山等处分放,各茶客办茶,不下数千百担,络绎于途,极为热闹"③。当时九江"连日到通山、祁门、武宁各山庄红茶甚多,茶栈中随到随拣,细装成箱,陆续运往汉口"。④可见,九江的红茶贸易盛极一时。光绪二十年(1894),红茶外销兴盛,茶商大获其利,《申报》记载,"今岁业茶之华商获利者多,亏耗者少。今头茶业已告竣,最获利者,江西则宁州、祁门两处"⑤。可见,祁门茶商为获利最多茶商群体之一。光绪二十一年(1895)四月初十日起,至五月初六日止,汉口的红茶贸易,"共计售出宁祁、河口茶八百九十九字,计箱二十一万八千六百五十四件。两相比较,时日均同,较去岁多到茶一百余字,多售茶八万余箱"⑥。光绪二十六年(1900),九江红茶贸易十分走俏,获利最多的也是祁门茶商。⑦光绪二十八年(1902),在汉口红茶贸易中,"头茶之得利者,以祁门为最"⑧。

除了茶庄数在各商埠数量很多之外,在红茶贸易中,祁门红茶的每担售价也不断上涨,逐步处于最高的地位。先来看汉口茶市中的祁门红茶每担价格情况。光绪十二年(1886),每担 40—44 两⑨;光绪十四年(1888),每担 40—50 两⑩;光绪十五年(1889),每担 37—49 两。⑪ 光绪二十一年(1895),"祁门茶价,在六十两至五十余两"⑫;光绪二十九

---

① 《汉口茶汛》,《申报》1887 年 5 月 13 日,(30) 779。
② 《九江茶市》,《申报》1889 年 5 月 14 日,(34) 735。
③ 《茶银信息》,《申报》1891 年 2 月 10 日,(38) 317。
④ 《浔阳茶市》,《申报》1891 年 5 月 13 日,(38) 727。
⑤ 《茶市生色》,《申报》1894 年 6 月 24 日,(47) 393。
⑥ 《红茶比较》,《申报》1895 年 6 月 8 日,(50) 249。
⑦ 《汉皋零墨》,《申报》1900 年 6 月 3 日,(65) 263。
⑧ 《茶市述闻》,《申报》1902 年 5 月 27 日,(71) 181。
⑨ 《汉江茶市》,《申报》1886 年 5 月 12 日,(28) 744。
⑩ 《茶市电音》,《申报》1888 年 5 月 13 日,(32) 761。
⑪ 《茶市续闻》,《申报》1889 年 5 月 18 日,(34) 761。
⑫ 《汉皋茶市》,《申报》1895 年 5 月 18 日,(50) 109。

年（1903），汉口祁门红茶，"初闻开盘时，每担价值约须银六十两，不意数日来，忽骤涨至七十五两。"① 宣统元年（1909），祁门红茶中，上等每担值 70 两，中等 50 两，下等 40 两。② 再来看九江红茶贸易中，祁门红茶价格情况。光绪十年（1884），祁门红茶每担 34 两③；光绪二十二年（1896），祁门红茶每担 49 两④；光绪二十九年（1903），祁门红茶每担 53—68 两⑤；光绪三十一年（1905），祁门红茶每担 44—55 两。⑥

祁门红茶售价不断增高，对外贸易日盛，甚至造成一贯以出产绿茶闻名于世的婺源、屯溪等地，也改做祁门红茶。光绪十六年（1890），"本届祁门茶额亦增多，因婺源、屯溪向产绿茶，难于沽利，今亦改做红茶也"⑦。由此可见，祁门红茶在当时是何等畅销。祁门红茶主要销往英国和俄罗斯。在光绪二十一年（1895）以前，俄罗斯主要从英国人手中购买祁门红茶，因而比直接从中国购买祁门红茶花费要高得多。自光绪二十一年（1895）始，俄商打破英国人对祁门红茶的垄断局面，直接采购祁门红茶，俄商"采办祁门茶，价码略高于昔"，因此当年祁门红茶获利甚丰。值得注意的是，"红茶筛下炭末碎片，名曰花香，往时弃而不用"，但是，"自同治、光绪以来，西商以之轧成砖块，始得畅销。"⑧ 从此，祁门花香也很兴盛，甚至卖到每担 12 两的高价。这样不仅提高了祁门红茶的利用率，而且增加了祁门茶商的利润收入。

以上，我们主要从汉口、九江等茶埠中祁门红茶的茶庄数、售价等方面，分析了光绪年间祁门红茶对外贸易的兴盛景象。但是，这种良好的局面没有维持多长时间，很快就因受到印度、锡兰等国红茶的冲击日趋衰落下去。民国初年，汉口的祁门红茶价格便有所下降。具体情况如列表 2 所示。

---

① 《茶市开盘》，《申报》1903 年 5 月 23 日，（74）143。
② 《汉口茶况》，《商务官报》第 4 册，1909 年第 19 期，台北故宫博物院 1982 年版，第 366 页。
③ 《九江茶市头盘行情》，《申报》1884 年 5 月 11 日，（24）735。
④ 《茶市述闻》，《申报》1896 年 5 月 12 日，（53）69。
⑤ 《茶市开盘》，《申报》1903 年 5 月 25 日，（74）159。
⑥ 《九江茶市》，《申报》1905 年 5 月 27 日，（80）239；《汉皋茶市》，《申报》1895 年 5 月 18 日，（50）109。
⑦ 《茶市情形》，《申报》1890 年 5 月 28 日，（36）859。
⑧ 《汉皋茶市》，《申报》1895 年 5 月 18 日，（50）109。

表2　　　　　　民国三年至五年汉口红茶价格变动一览

（每箱50斤，每箱价值以汉口两为单位）

地名	民国三年		民国四年		民国五年	
	最高	最低	最高	最低	最高	最低
宁州	90.00	15.00	85.00	38.00	75.00	22.00
祁门	83.00	20.00	78.00	43.00	61.00	25.00
安化	44.00	9.50	56.00	35.00	45.00	20.00
聂家市	21.00	8.50	36.5	28.5	19.00	15.00
羊楼峒	27.00	10.25	39.5	29.25	31.5	16.25

表2显示，民国三年至五年这三年，在汉口红茶贸易中，每箱售价最高的不再是祁门红茶，而是宁州红茶。这与光绪年间情况相反，也从一个侧面反映出祁门红茶对外贸易有所衰落。清末芜湖海关出口的祁门红茶数量的起伏状况，也能揭示出祁门红茶衰落的迹象。具体如表3所示。

表3　　　　　　　　芜湖输出祁门红茶统计

年别	出口数（担）	总售价（海关两）
1905	107	4376
1906	83	3160
1907	187	5981
1908	165	5065
1909	——	——
1910	109	4242
1911	23	907
1912	26	1053
1913	——	——

资料来源：日本东亚同文会：《支那省别全志》第十二卷《安徽省》，第448页。

表3显示，1905—1912年，芜湖出口的祁门红茶数量不断下降，即从187担下降到23担。

面对红茶出口日益下降的局面，一些有识之士纷纷要求改良中国红茶，因此，到民国初年，在全国掀起了改良中国茶叶的浪潮。当时以中国红茶品质最为优良的祁红为试点，后逐步向各地推广。

1915年，北京农商部在祁门县平里村成立了祁门茶叶试验场，陆溁为第一任场长，负责对祁门红茶的改良，有职员及雇工人数29人，面积131亩，经费4329元。①当时平里程村碣出产的祁门红茶参加1915年巴拿马万国博览会，并获得了金质奖章，使祁门红茶获得了很高的国际声誉，因此，在随后的几年，祁门红茶出口有了很大的增加。1915年，汉口的祁门红茶供不应求，茶价不断增高，于是"祁浮茶得此佳音，乃纷纷赶制赴市"②，茶商大获其利。1916年，依据九江海关报告，祁门红茶输出114159担，汉口输出祁门红茶72320担，九江输出祁门红茶57736担。③即使在1917年，欧战尚未结束，外国茶船来华减少，造成中国茶叶出口减少的情况下，祁门红茶因其品质优异，被"欧美各国公使评饮，称为贵重难得之品"，加之"新茶复参用机器，改良揉制，色泽、香味异常优美，装潢用镜面马口铁，小箱分五磅、二磅、一磅、半磅四种"，运到汉口后，"中外官商争购，作为馈送礼品，每磅售至一元"，使在茶市疲软的情况下，"祁茶独得善举"④，外销畅旺。

"一战"之后，欧洲各国经济遭受沉重打击，对外贸易锐减，受此影响，祁门红茶的出口急剧下降。1920年，祁门红茶外销受阻，祁门茶商亏损甚巨。对此，《申报》多有记载，"中国红茶之前途，从未有如今日之恶劣者"⑤"华茶为出口之大宗，于国计民生关系极巨，茶不设法维持，势将一蹶不振"⑥。1921年1月4日，祁门茶栈曾在茶业会馆开会集议，"决定停办祁茶一年，以图疏通，所定办法，如有私自接茶（即接茶客之谓）者，罚银五千两。如私自仍做祁茶者，所有陈茶损失，应由该茶栈负完全责任云。"⑦1月9日，祁门茶业会馆正式向上海茶业会馆致函：

---

① 葛敬中：《五十年来中国农业史》，《申报最近之五十年》，第6页。
② 《今年之茶市》，《申报》1915年7月28日，(135) 460。
③ 日本东亚同文会：《支那省别全志》第十二卷《安徽省》，第489页。
④ 《汉口茶市之近况》，《申报》1917年5月30日，(146) 520。
⑤ 《西报纪华茶市况之恶劣》，《申报》1920年6月5日，(164) 640。
⑥ 《茶叶请款维持》，《申报》1920年12月28日，(167) 1002。
⑦ 《华茶之悲观》《申报》1921年1月4日，(168) 50。

"函请贵会馆念及茶叶凋敝之秋，非停办不足以挽回时机，并请邀集各茶栈切实讨论，来春一律停办接客，保全大局，是为至要。"① 由此可见，当时祁门红茶的衰败之惨状。1929 年中东路事件后，苏联与中国断交，严禁进口红茶，使红茶"售价之跌，有如江河日下"。作为外销红茶主体的祁红，损失惨重，"莫不一落千丈"②。

到了 20 世纪 30 年代，随着合作化运动的开展，祁门红茶的改良事业获得了很大的发展，采用机器制茶，出现了"洋商对祁茶需要至殷，莫不群集视线于祁南一路。除由本栈在祁设立庄号专办外，驻祁分栈营业亦扩大范围，竞争接客设栈"的盛况。③ 祁门红茶的售价也有很大提高。但在 1933 年世界性经济大危机中，西方各国损失惨重，输入红茶甚少，茶叶贸易不畅。对此，《大公报》记载，"近年受世界恐慌之影响，海外市场空呈剧变，市价倾溃，势将急转直下，恃茶为活之农村经济，殆都宣告破产。昔日之黄金时代，今已无法攀留，所谓天然特产，将成强弩之末矣。"④ 在红茶外销停滞的影响下，祁门红茶生产亦受影响，茶号倒闭不少，"存者仅十分之四"⑤。在这样的大背景下，祁门红茶价格也不断下降，1933 年比 1932 年减少 41%，比 1931 年减少 57%。⑥

1936 年，皖赣红茶运销委员会对祁红实行统制，在产、制、销各方面均进行改革。这不仅使祁门红茶产量大为增加，而且每担茶价亦不断提高，最高的每担为 275 元，为历年最高之价。⑦ 1939 年，祁门亿同昌茶号制造的祁门红茶，首盘得 285 元的高价。⑧ 太平洋战争爆发后，由于国内外社会的动荡，祁门红茶外销受阻，生产和出口都急剧下降。为了较全面地反映 20 世纪三四十年代祁门红茶生产的情形，可以参见表 4。

---

① 《红茶业议停办一年之函告》，《申报》1921 年 1 月 9 日，(168) 130。
② 《上海货价季刊》1929 年第 4 期。
③ 《祁门红茶之今昔》，《安徽建设月刊》第 3 卷第 5 号，1931 年，第 92 页。
④ 《皖省茶业本年难见转机》，《大公报》1934 年 6 月 8 日，(120) 563。
⑤ 李雪纯：《在死亡线上挣扎的中国茶叶》，《新中华杂志》1934 年第 2 卷第 16 期。
⑥ 中国经济情报社：《农业现状》，《中国经济现势讲话》，1935 年，第 98—99 页。
⑦ 《皖赣红茶运销委员会第一年工作报告》，《民国史料丛刊》第 554 册，大象出版社 2012 年版，第 92 页。
⑧ 《祁红首次开盘，最高价二百八十五元》，《茶声》1939 年第 1 期。

表4　　　　　　　民国十七—三十七年祁红精制情况　　　　（单位：担）

年份	制茶单位数		制茶箱数		
	茶号	茶叶合作社	合计	茶号	茶叶合作社
民国十七年	119	——	54321	54321	——
民国十八年	133	——	53940	53940	——
民国十九年	158	——	42142	42142	——
民国二十年	137	——	34047	34047	——
民国二十一年	194	——	39850	39850	——
民国二十二年	156	1	33209	33150	59
民国二十三年	149	4	34676	34034	642
民国二十四年	167	18	37921	35132	2789
民国二十五年	130	36	39656	32087	7569
民国二十六年	——	58	68056	58200	9856
民国二十七年	140	36	48646	39000	9646
民国二十八年	279	60	70829	59661	11168
民国二十九年	369	71	60360	47160	13200
民国三十年	68	18	38004	34004	4000
民国三十一年	——	8	3971	2971	1000
民国三十二年	——	2	8818	8633	185
民国三十三年	2	——	9400	9400	——
民国三十四年	——	1	2700	2500	200
民国三十五年	52	22	22701	20153	2548
民国三十六年	70	19	24843	22094	2749
民国三十七年	29	7	12913	11990	923

资料来源：《祁门县志》，安徽人民出版社1990年版，第186—187页。

从表4我们可以看出，1928—1941年，祁门红茶的生产量虽然有所波动，但基本上尚能维持在近4万担。自太平洋战争爆发后，祁门红茶外销路线受阻，生产锐减，到1945年外销只有2700担。抗战胜利后，虽有所恢复，但产量均在3万担以下，且波动很大。

1937年全面抗战爆发后，政府为利用物资换取外汇，为抗日战争寻求军需，设立贸易调整委员会，负责调查外销物资，协助运销。1938年6月，财政部公布"管理全国茶叶出口贸易办法大纲"，办理各省茶叶收购运销事宜。与此同时，政府提供低利贷款，提高毛茶山价。① 在这些积极措施的作用下，从而使得抗战前三年，全国茶业仍能保持繁荣景象。贸易委员会与皖赣红茶运销委员会签订祁门红茶推销合约，协助运销。当年香港出口量达118000余箱，打破历年之生产记录。不仅如此，当年祁门红茶最高价，每市担港币315元，亦为历年所未有。② 1938年、1939年、1940年三年，祁门县出产的祁门红茶产量分别为48646箱、66990箱、60049箱。③ 在中国红茶外销衰败的情况下，祁门红茶在英国茶叶市场上仍占有一席之地。1945年内战爆发后，运销道路受阻，祁门红茶生产日益衰落。据统计，1947年，"总计全县自资力能开场之茶号，不满十家，市价每斤由七千落至二千，市势极为暗淡。"④

结　语

鸦片战争以降，由于西方对华茶的需求量不断增加，使得华茶出口贸易获得黄金时期，祁门红茶作为华茶出口的大宗贸易，也获得很大发展。晚清民国时期，祁门商人普遍经营茶叶贸易，茶业经济盛况空前。祁门茶商的活动区域主要集中在广州、汉口、九江、景德镇、上海等茶埠。五口通商以后，祁门茶叶的运输路线和徽州茶叶的运销路线一样都发生了转移，从水路运输逐渐转移到陆路运输为主。茶叶运输和销售程序繁杂，茶商在茶叶运销过程中需要向茶栈和洋行支付名目繁多的费用，增加了售茶成本，茶商命运不能自主，最终在国内外社会环境的支配下，随着茶叶外销的衰落，茶商也无可奈何地走向消亡。

---

① 财政部贸易委员会、外销物资增产推销委员会编：《茶业》，张研、孙燕京主编：《民国史料丛刊》第552册，大象出版社2012年版，第314—315页。
② 同上书，第315—316页。
③ 汪启桢：《皖南外销茶叶之产运概况》，《安徽茶讯》1941年第1期。
④ 《祁门茶市暗淡》，《商业月报》1947年第23卷第6号。

论南海古代海上丝绸之路与海南渔民的航海

海南大学 阎根齐

2013年10月，习近平总书记提出了建设"21世纪海上丝绸之路"倡议。南海是古代海上丝绸之路（以下"海上丝绸之路"简称"海丝"）的重要枢纽，是沟通东西方经济文化交流的重要桥梁，闽粤港澳等一些沿海港口城市都是建设21世纪"海丝"的核心区，所见研究成果都已极其丰富。然而，沿海渔民，尤其是四面环海的海南岛渔民在开拓南海古代"海丝"过程中发挥了怎样的作用？渔民的航海及航线与"海丝"各有哪些特色？探讨这些问题，无疑对今天有重要的参考价值和借鉴意义。

一 海南渔民深受福建的航海影响

早在公元4世纪的西晋时期，中原大批汉人为避战乱而南迁，一部分人迁入泉州，居住在晋江、洛阳江两岸，促进了当地社会经济的发展。至唐初，泉州港已经成为我国四大名港之一。

唐朝末年的安史之乱，又一次形成中原人南迁的移民潮，使泉州港"逐渐成为南方重要的港口，与交州（治在今越南河内）、广州、明州（治在今浙江宁波）并称为全国四大港口"[①]。南宋时期，宋室贵族和富豪在金兵追逼下大批南迁，政治重心南移，朝廷对南海的经营更加重视，福州和泉州在海上丝绸之路的地位越来越高。淳祐（1241—1252）年间，

---

① 阎根齐：《南海古代航海史》，海洋出版社2016年版，第226页。

泉州户口增至 255758 户 1329940 人，形成历史上第一次人口高峰。

宋元时期的泉州港迅速崛起，成为世界东方的第一大名港，还连接了至广州的航线，而且使东海和南海的"海丝"连接在一起，泉州港也成为具有国际性质的始发港，如宋人王象之说："州南有海浩无穷，每岁造舟通异域。"① 南宋人吴自牧的《梦粱录》也载："若欲泛外国买卖，则是泉州便可出洋。地里过七洲洋，舟中测水，约有七十余丈……海洋近山礁。则水浅，撞礁必坏船。全凭南针，或有少差，即葬鱼腹。自古舟人云'去怕七洲，回怕昆仑'。"这段话说明当时的商船是从泉州港出发，前往广州，经今海南岛东部海域的七洲洋，通过西沙群岛，经今越南东部海域，再到东南亚国家。

福州、泉州的南海航海，把我国南海与东海连在了一起，使唐代以"广州通海夷道"为始发港，向北变成以福州、泉州为始发港的"通海夷道"，而且向北通向朝鲜和日本。泉州到台湾、澎湖群岛的航线更加频繁，台湾海峡的海陆交通地位凸显，宋朝廷加强了对台湾、澎湖群岛的管理。正如有专家指出的：宋末元初"是南海航路的重大变革时代，因为从福建经台湾到菲律宾的东洋新航路的开辟，导致中国人开始熟悉东沙群岛与台湾浅滩，称为南澳气，于是宋代指西沙群岛、中沙群岛的千里长沙扩展到了南澳气，变成了明清时代的万里长沙。此时，中国人对南海地理更加熟悉，于是宋代专指南沙群岛的万里石塘也扩展到了西沙群岛，南沙群岛开始出现地名一体化的趋势"。② 正是这种前所未有的地位，南宋建炎二年（1128 年）五月，在泉州复置福建（泉州）提举市舶司，次年十二月，南外宗正司又由镇江迁至泉州。

明代时，"中国到东西洋的地去多从福建山发，山发的港口有大担、浯屿、北太武、泉州和福州。大担、浯屿、北太武都可归入金门岛，为这时候最重要的到东西洋去的出口港。"③ 在明末清初的两种海道针经（即明末的《顺风相送》和清初的《指南正法》）记载的东西洋各国之间的山形水势和往回针路中，总共有六个地区，经过南海往回东南亚等国家和地区的占五个，另一个是日本区的针路，可见，从福建出洋的海舶主要是到

---

① 王象之：《舆地纪胜·泉州》卷 130。
② 周运中：《南澳气、万里长沙与万里石塘新考》，《海交史研究》2013 年第 1 期。
③ 向达校注：《两种海道针经序言》，中华书局 2000 年版，第 8 页。

南海诸国进行贸易。

莆田位于福州和泉州之间，南宋的政治、经济重心南移促成了福建莆田渔民的大迁徙，多数人经过广州港来到琼州海峡和海南岛东部海域捕鱼生产，并落籍海南。开始时，在海南岛东部近海捕鱼，后来不久就远航至西沙群岛海域捕鱼，很可能他们是西沙群岛最早的开发者和开拓者。据专家统计，在海南117个姓氏、268位迁琼始祖中，有65个姓氏147位迁琼祖先来自福建，占总数的55%，其中，来自福建莆田的有108位，占福建总数的73%[①]。又据笔者近一年多的海南岛沿海渔民调查，他们都几乎毫不例外地说，祖上来自福建莆田，多数渔民的族谱都详细记载着莆田县和村庄名字。个别渔民说，他们是郑和下西洋时留下来的后裔。海南话到现在都属于闽南方言也是明证。

福建莆田渔民初来海南时，居住在今南渡江两岸，久而久之，他们便因宋朝的重大历史事件"宋室南渡"命名此江为"南渡江"。宋朝时也有一批渔民顺琼州海峡西下，落籍在琼州海峡两岸，或继续西行，在海南岛西部落籍，因此，海南岛西部的临高、儋州一带也有很多宋代的莆田渔民。

福建莆田的渔民大批移民海南岛不仅带来了原住地的语言、宗教信仰、生活习惯，还带来了先进的航海、造船和航海技术。比较典型的例子便是海南妈祖文化的信仰。相传妈祖诞生于宋建隆元年（960）至雍熙四年（987），名林默，又称默娘，因默娘救世济人，泽被一方，被朝廷赐封，沿海人民便尊其为海神，立庙祭祀。南宋时期便随着莆田渔民的妈祖信仰传播至海南岛东部沿海。琼海市潭门镇福田村的圣娘庙（即妈祖庙）始建于南宋德祐二年（1276），庙门对联为"福运亨通圣恩保佑，田畴丰稔娘惠扶持"。经查他们的族谱记载，他们这一带居民祖上都是福建移民，按闽南风俗，女孩子名字加"娘"以示尊称，故称"圣娘庙"。海南岛沿海也多有这样的圣娘庙，一般面朝大海，建筑时间多在明清时期。海南岛的大多数人以来自莆田和闽南话为正宗。

海南渔民在宋元时期大概主要在海南岛近海捕捞作业，明代时已经在西沙和南群岛深海海域捕捞生产，并日益繁盛起来。

---

① 张继焦：《谁叫我们是海南人，谁叫我们热爱海南》，载王俞春著《海南移民史志》，中国文联出版社2003年版，第6页。

二 南海海上丝绸之路与渔民的航线

南海"海丝"在历史上有两条著名的航线,即秦汉时期形成的"徐闻、合浦南海道"或"徐闻、合浦、交趾、日南道"。① 这是以徐闻、合浦为始发港,沿北部湾驶往东南亚的航线;另一条是唐代形成的"广州通海夷道",这条航线"广州东南海行,二百里至屯门山(今广东深圳南头至香港)②,乃帆风西行,二日至九石山(海南岛东北海域七洲列岛)。又南二日到象石(海南岛东南之独珠山,又称独猪山)。又西南三日行,至占不劳山(今越南岘港东南占婆岛),山在环王国(林邑)东二百里海中。又南二日行至灵山(今越南归仁北燕子岬)。"由此可见,这条航线从广州港出洋,经海南岛东部洋面,到三亚南部向东南,沿越南东部海域驶往东南亚,直至非洲东岸,一直到明代郑和七次下西洋都是走的这条航线。"这一传统的航线一直延续使用到明代。略有不同的是,自中国沿海出发的海船从海南岛的东南角掠过,至越南占城再分赴它地。实际上官方利用中国南海航线的水上活动都与周边邻国政治交往密切相关,需要和安南、真腊等国往来,采取沿近海岸线行驶便于随时登陆交往;同时,官方的航船多以安全为要,愿意选择熟悉的固定航线。相反,民间的进出口贸易出于缩短航期节省时间、降低运营成本获取最大利益等迫切的需求,多采用简洁便利的跨洋航线。这些穿风越浪、梯海前行的古代先民才是真正开辟海上通道的先行者。"③

福建航海者也从泉州港搭乘商船出海,经海南岛东部海域、至占城(今越南中部),又经马六甲海峡、爪哇、苏门答腊、缅甸、印度、波斯、阿拉伯、埃及,横渡地中海后到达摩洛哥,出红海到索马里、莫桑比克,再横渡印度洋回到斯里兰卡、苏门答腊、爪哇,经澳洲到达加里曼丹、菲律宾等国家和地区,最后回到泉州,如元朝的航海家汪大渊曾两次奉命出

---

① 阎根齐:《南海古代航海史》,海洋出版社2016年版,第135页。
② 屯门军镇是中国唐朝政府于现时香港西部及深圳西部一带所设的军镇,也是屯门的名称由来。而屯门地区扼珠江口外交通要冲,外地船只先经屯门地区,然后北上广州进行贸易。船只一般会在每年5月至8月乘西南季候风抵达屯门地区,等候通知后方可进入广州;交易完成后则在屯门地区等待10月之后的东北季候风才离开。
③ 《西沙水下考古1998—1999》,科学出版社2005年版,第239页。

使西洋十多个国家和地区，元至顺元年（1330），他前后历时五年远洋航海"附舶以浮海者，数年然后归"①。元统五年（1337），他再次从泉州港出发，经过南洋群岛、阿拉伯海、波斯湾、红海和地中海，到达非洲的莫桑比克海峡及澳大利亚，至至元五年（1339）返回泉州。汪大渊的这两次远洋，足迹达东亚、南亚、西亚、印度洋和地中海、红海的120多个国家和地区，所走线路除泉州港出洋至广州港一段外，其余的都是沿着唐代的"广州通海夷道"经海南岛东部海域，再向东南，经越南东部海域，前往东南亚国家，甚至更远的地方。

该线是一条长约14000公里的线形航线，线路是供航海者航行使用的。航海者的身份非常复杂，包括商人、僧侣、使者、渔民，甚至海盗，使用的船只主要是商船、运输船、官船。航行的船只多数是中国的，也有外国的船只。航海者主要记载沿线经过的国家和地区地名、水域名的情况，航海注意事项及风土人情等，内容极其丰富，如明代人曾随郑和下西洋的巩珍，在记载"占城国"时说："占城国，即释典所谓王舍城也。在广东大海之南。自福建五虎门开船，王西南行，好风十日可至……"② 他在记载"占城国"时说："占城国，即释典所谓王舍城也。在广东大海之南。自福建五虎门开船，王西南行，好风十日可至……"③ 从这段记载中可知，泉州一带的人在前往南海航海时，船上指导航向的是罗盘，又称地罗经，或称罗经盘，简称罗经；测量水的深浅称为"打水"，单位为"托"多少丈；记载时间和距离的用"更数"；"观日月升坠，以辨东西星斗高低，度量远近"使用"牵星"技术。另外还有航海图。

成书于明朝末年的《顺风相送》④ 在"序"中已经阐明了所写的内容"昔者上古先贤通行海道，全在地岁经上二十四位，变通使用。或往或回，须记时日早晚。海岛山看风讯东西南北起风落一位平位，水流缓急顺逆如何。全用水掏探知水色深浅，山势远近……更数多寡，顺风之时，使补前数。其正路若七州洋中，上不离艮下不离坤，或遇南巫里洋及忽鲁

---

① 吴鉴：《岛夷志·序》。
② 向达校注：《西洋番国志·诸番国名·占城国》，中华书局2000年版，第1页。
③ 同上。
④ 《顺风相送》一书的形成时间，因副页上有"一六三九年所赠"的字样，至少在此之前。一六三九年为明崇祯十二年。

谋斯，牵星高低为准"。① 该书记载的始发港开始即为"福州五虎门打水一丈八尺，过浅取官塘行船，三礁外正路"②，然后向南航行经湄州山、泉州港口玳瑁门、南澳大山、惠州山门、南亭门（广东港口）。可见，该书的作者应为福建人，使用者应主要为商船或货船航海者。而海南渔民《更路簿》是渔民捕鱼的线路，供渔民使用。

目前保存时代较早的《更路簿》版本为清代中期（道光年间）的，可能最早形成于明代，与《顺风相送》等海道针经有某种渊源关系。《更路簿》记载的航线都是从海南岛的文昌市清澜港或琼海市的潭门港出发，向东南方向，大概用一昼夜的时间到达西沙群岛，有的即在此海域捕鱼作业，有的继续前往南沙群岛海域。一般是以浪花礁或永乐群岛的中建岛等为起点，继续前往南沙群岛，渔民最先到达的是南沙群岛最北端的南子岛（奈罗下峙）、北子岛（奈罗上峙），在这里稍事停留，再驶往南威岛、中业岛（铁峙）（上述这两个岛上都有可供饮用的淡水）补充淡水，到达太平岛（黄山马峙）时，便以此为中点，分多条线路捕鱼作业。其中一条称为南线航线经鸿麻岛（南密）、司令礁（目镜）、皇路礁（五百贰）、南屏礁（墨瓜线），然后继续前往新加坡的星洲。

海南渔民前往新加坡的航线有以下几个特点：

一是渔民是边航行边捕鱼的，不像商船是以运输为目的，渔民发现哪里鱼类较多，便在哪里捕鱼。特别是一些值钱的公螺，将其煮熟晒干后易于保存，在新加坡能卖上好价钱。通常渔民会"沿着南华礁、星光仔，前往南康暗沙、北康暗沙"，在此航行中船舱已基本装满货物。有的甚至在新加坡的近海海域捕鱼。

二是渔民的船只也带乘客去南洋。据琼海市潭门镇 81 岁的陈在清老船长说：新加坡是闯南洋的第一站，"这些乘客除了海南岛本地人，还有不少试图通过潭门渔船前往南洋的广东、福建人……（他）第一次跟随父亲去南沙时，船上就有好几名这样的乘客，他们花一到两块银圆作为路费，和渔民们一起吃住，但是渔民捕鱼时他们不参与，到了新加坡就下船

---

① 向达校注：《两种海道针经·顺风相送序》，中华书局 2000 年版，第 21 页。
② 向达校注：《两种海道针经·顺风相送·各处州府山形水势深浅泥沙地礁石之图》，中华书局 2000 年版，第 31 页。

留在那里。"①

三是渔民在新加坡购回的商品主要是生活用品,清末至民国时期,海南家家户户都需要的煤油,都从新加坡进口:"潭门渔民就成了以货易货的商人,当船只离开新加坡时,船上的货物由部分海产品换成了洋布、煤油等工业品,然后驶回南威岛、中建岛,接上留在那里作业的渔民,以及他们在此处捕捞并晒干的海产品。如果此时货仓还有空间,渔船还会到南沙其他岛礁继续作业,随后再返回潭门。"②

海南渔民的航线呈网状的格局,即从某一岛屿到另一岛屿,因为要在这些岛礁上居住生活、从事捕鱼作业,所以在这些航线上就形成了点、线、面结合的海上交通体系,又有集中复杂的交通枢纽和核心活动区域,与南海海上丝绸之路的直线航线有明显的不同。

海南渔民的航线与南海"海丝"也有交叉或重合之处,如永乐群岛的珊瑚岛、甘泉岛(海南渔民称圆峙)、金银岛(尾峙)等都是南海"海丝"的主航线,岛上出水有大批唐至五代的青釉四系罐③、宋代的青白釉划花大碗、"清代康熙至雍正期间江西景德镇民窑的(瓷器)产品"④。而这一带海域又是海南渔民世世代代的捕鱼生产作业区,岛礁上有各种海龟、公螺、贝壳、海参等珍贵水产。南沙群岛的太平岛也位于南海"海丝"的主航道旁,这里也是海南渔民的捕鱼作业区域,他们将珍贵的鱼类从这里南航到新加坡和印尼等国出卖,再换回生活日用品。

三 南海海上丝绸之路与海南渔民的航海技术

十二世纪刺桐(今泉州)港被称为"世界上最大的港口"⑤,福船是福建、浙江沿海一带尖底木帆船的总称,而刺桐港的远洋南海船舶是福船的代表。宋元时期,福船便成为南海航船的主角,如1974年,在泉州后渚港发现一艘南宋时期的远洋货船沉船;1987年在广东阳江市东平港以

---

① 李磊:《串起南海诸岛礁〈更路簿〉航线》,《海南日报》2016年6月20日"海南周刊"b02版。
② 同上。
③ 广东省博物馆:《西沙文物》,文物出版社1974年版,第3页。
④ 同上书,第6页。
⑤ 李约瑟:《中国科学技术史》(第四卷第三分册),科学出版社2008年版,第521页。

南约 20 海里处发现并命名的"南海 I 号"是目前发现最大的宋代商船，专家认为属于我国古代三大船型中"福船"类型，长 30.4 米，宽 9.8 米，船身（不算桅杆）高约 4 米，排水量估计可达 600 吨，载重近 800 吨①。专家从船头位置推测，当时这艘古船从中国驶出，赴东南亚或中东地区进行海外贸易；1996 年海南省琼海市潭门渔民在西沙群岛华光礁环礁内缘潜水捕鱼时发现的"华光礁 I 号"沉船，也被确认为南宋中晚期海外贸易的商船，载重量约 150 吨②，沉船中出水上万件的瓷器，"从产地上看均来自于福建闽南一带的民间窑厂，可以肯定船只是在前往东南亚的去程中沉没的。"③ 属于"福船"的民间商船类型。

为何在南海发现的沉船多属"福船"类型，而地方的沉船较少，可能有以下几个原因：一是"福船"船体较大（普遍长 20 多米，载重量在 800 吨以上），适合南海风大浪急、暗沙暗礁较多的海域航行；二是造船技术先进，有水密隔舱，有较高的抗沉性能；三是船底呈 V 字形，能够利用各种风帆，快速航行；四是船上有抛泊、驾驶、起旋、转帆、测深等部件，设备完善，保证航行安全快捷。故史书记载："海舟以福建为上，广东西船次之，温明州船又次之。"（《忠穆集·论舟楫之利》）

商船体积大，需要船员较多，各种技能的人员分工明确。在西沙和南沙群岛海域航行时，在岛礁有水源的地方补充淡水，这也是早期直至明初郑和下西洋都沿海南岛东部至越南东部近海海域航线航行的原因之一。

前往西沙和南沙群岛的渔船比商船较小，一般有船员 24—25 人，少则 22—23 人，多则 27 人。一般船长既是船的主人、掌舵者，又是《更路簿》的掌管者，拥有绝对的领导权威。船员技术工种分五类计有：1. 火表（即掌管罗盘者，称为航工、大公，负责看管罗盘，随时告诉船长应开往的方向，工资只比船长稍低）；2. 大缭（二手，管理全船渔民的劳动，如分配劳力等）；3. 阿班（管理中桅杆的船员）；4. 头碇（管理前桅杆和舢板船的船员）；5. 舢板船员（捕鱼时每只舢板船配 3 名水下捕捞船员）。

海南渔民的渔船比起商船普遍较小，从清末到民国时期的一百多年时

---

① 黄静：《扬帆珠江口》，《中国文物报》2012 年 12 月 19 日。
② 中国国家博物馆水下考古研究中心、海南省文物保护管理委员会编著：《西沙水下考古 1998—1999》，科学出版社 2006 年版，第 242 页。
③ 同上。

间内，尽管比海南岛周边近海捕鱼的船只要大许多，赴西沙、南沙群岛的船只"都是乘二桅或三桅风帆船。二桅船载重二三十吨，配舢板船四只；三桅船载重三四十吨，配舢板船五只或七只。文昌渔船船头都涂成红色，称为'红头船'，琼海渔船一般则不涂颜色"。① 如果细分，海南渔民的渔船一般在西沙群岛捕鱼作业，稍大一些的船只才在西沙群岛作短暂停留后，继续前往南沙群岛捕鱼生产，因为南沙群岛是台风形成的区域，风大浪高，风险性更大，需要更大的船只才有抵抗暴风雨的能力。

海南渔民在远航西沙和南沙时除使用《更路簿》之外，必用罗盘，而福建的要用牵星技术。海南的不再使用牵星术。最先到达西沙群岛的北礁（海南渔民称干豆，以下括号内均为海南渔民的命名），再前往永兴岛，然后再在其他附近的岛礁捕鱼作业。在西沙群岛分为两部分，一部分留下来在附近的岛礁捕鱼作业，一般是吨位在 20 吨以下的船只，另一部分是 20 吨以上的船只。

我国早期的航海天文，是利用日月星辰来辨别航海方向，《郑和下西洋》对牵星的记载，标志着我国元、明时代的航海天文已进入"'观日月升坠，以辨东西星斗高低，度量远近'的过洋牵星阶段，即进入以海上天文定位为特点的牵星术阶段"。② 可能因郑和下西洋时航海国家和地区较多，他们所在的经纬度都不一样的原因，所以，需要根据不同的星体位置来观测定位。《郑和下西洋》使用的星辰"有北辰、灯笼骨星、华盖、织女、南门双星、七星、北斗头双星、北辰星第一小星、西北布司星、西南布司星和小北斗等辰星，其中最主要的是观测北辰和灯笼骨星，在观测北辰不便时，也常用华盖星"。③。

渔民使用牵星术的方法称为"掌度"或"尺量"，如"海南岛文昌县清栏公社黄华荫用手掌量度北辰星的高度，以大致确定船舶在海上的位置。其方法是：伸直右臂，手掌横向，指向左侧，张开手指，拇指头朝下，与海面相切，尾指尖向上。若北辰星恰好在尾指尖向上，这时北辰星的高度为 1 '掌'，1 掌约相当于 20 厘米。若北辰星高 1 掌，表示船已到海南岛附近海面，若北辰星高半掌，北辰星在中指上，表示船在越南南部

---

① 广东省地名委员会编：《南海地名资料汇编》，第 62 页。
② 刘南威等：《记载郑和下西洋使用牵星术的海图》，《地理科学》2005 年第 6 期。
③ 同上。

以东海面。这个方法与古代牵星术有一定的渊源"。①

海南岛文昌县东郊公社张诗奉"四五十年前,渔船还很少用时钟计时,时常点燃香条,一更要几支香才行。渔民在黑夜行驶或进港时,用长绳曳铁铊投入水中探测深浅,叫'打水托',一托等于 1.5 米,约为一个双肩伸直之长度……而探海流的方法是将湿炉灰捏成团抛入流水,如稍有溶解即下沉谓之正常,若溶解极快或被冲走则是异常"。② 从那时前推四五十年,当在民国时期,仍在使用这一燃香技术。

渔民长期在南海上航行,会凭经验通过观察鸟的颜色和飞行方向来辨别方向,如天亮时,发现鸟往东北方向飞,若鸟的全身是白的,就知道是飞往东岛的,若腹部是黑的则不是飞往东岛的。凭着这一经验"我就叫船往西南方向开,不久就到了西沙的东岛"。③

《更路簿》早期的"更"还不含有时间概念,他们计算时间的方法是按照燃香的办法。海南渔民航海在明代时仍使用夜间观星技术,"海南岛渔民说'船往北行观北辰星,船往南走则看南挂和南门',因为对于北辰他们除知'居正北不动'外,还知北辰高度和南北距离的关系,他们说'在南洋观北辰在海面上,海南附近北辰齐树高'……所以民间航海家向北航行以北辰为准,向南航行以南挂、南门为据。"④《顺风相送·古里往阿丹》条记载"看北斗星五指,灯笼骨十指半,水六七托,沙妮地,是阿丹港矣"。海南岛民间航海家郁玉青(清)、李文广、何良义、麦帮秀、韩发之均说:"'南桂出在丙,没在丁',可见南桂与古籍记载灯笼骨星出没方位相近,表明灯笼星和南桂星都是南半天球偏南的星辰。据上述,可以推测海南岛渔民所称的'南桂'似取意于'在南方天空悬挂的灯笼',所以估计南桂星就是灯笼星。"⑤ 由于季节的变化而导致日月星辰在天体的位置不同,渔民还需要根据不同季节日月出没的方位来定航向,如专家的调查,海南岛民间航海家郁玉青(清)、李文广、何良义、麦帮秀等都能随口说出:"太阳夏天出在甲,没在辛,冬天出在乙,没在庚,春、秋

---

① 刘南威:《我国民间的航海天文》,《天津航海》1981 年第 3 期。
② 广东省地名委员会编:《南海诸岛地名资料汇编》,1987 年,第 62 页。
③ 韩振华:《海南岛渔民谈开发南沙群岛的历史资料》,韩振华主编:《我国南海诸岛史料汇编》,东方出版社 1988 年版,第 403 页。
④ 刘南威:《我国民间的航海天文》,《天津航海》1981 年第 3 期。
⑤ 同上。

出在卯，没有（在）酉。"①

总之，宋元时期，南海航线上航行的商船主要来自福建，这是与当地的先进造船和航海技术分不开的。福建渔民大批海外移民后，给海南渔民的形成产生了深远的影响，无论是福建渔民还是海南渔民都为南海"海丝"的开辟和繁荣做出了宝贵贡献。

---

① 刘南威：《我国民间的航海天文》，《天津航海》1981年第3期。

南海史的研究范围及其分期问题

海南师范大学　张一平

南海位于亚洲东南部，连接中国和东南亚地区，沟通太平洋和印度洋，交通便利，资源丰富，拥有重要的战略地位和经济价值，同时又是当今世界和区域经济最活跃的海域之一。南海海域是古代海上丝绸之路的重要航段，自古以来南海海域周边国家和地区就在相互协作、共同发展的经济和文化活动中存在着密切联系。近代以来，又共同面临着反抗殖民压迫和帝国主义侵略、争取民族独立的任务。第二次世界大战后，区域国家先后赢得了独立并携手反对霸权主义和强权政治，维护地区和世界和平，并为促进区域一体化和经济全球化发展付出了重要努力。因此，南海区域历史发展进程具有明显的统一性和整体性。随着全球化的深入发展，南海区域一体化的趋势越发明显，对南海史的研究越来越引起学术界的重视，这既是社会现实的要求，也是对历史事实的正视。

一

所谓南海史，实际上指的是"南海区域历史"。这里的南海区域是指南海海域及其周边国家和地区。与以往常用的"南洋""东南亚"等概念不同的是，南海区域包括了中国的东南沿海地区，其研究的范畴更广泛，内容更丰富，视角更新颖，这样做旨在把"南海区域"作为一个整体，既对区域内各民族、各国家进行宏观的考察，又对该区域与周边其他区域进行比较研究，使人们认识到南海区域是一个密不可分的有机整体，从而促进区域内各种关系的健康发展。

学界以往对该区域的称呼有"南海""东洋""东南洋""南洋"和

"东南亚"等,无论是哪一种称呼,虽然都体现了对区域整体性描述的视角,但是,它们都没有包括中国的历史和文化,而实际上中国在南海区域历史发展和演变的过程中发挥着不可替代的作用,以"南海区域历史"作为研究对象更有助于揭示该地区的历史全貌。

因此,南海区域主要是指以南海海域为中心,在历史和文化上具有高度相似,在地理位置上具有紧密联系的南海海域周边国家和地区,其大致范围包括中国(主要是东南沿海地区)和东南亚11个国家。南海区域幅员辽阔,人口众多,地理位置优越,交通便利,历史悠久,是东西方文化的交汇地,也是人类的起源地之一。

南海海域是连接中国和东南亚的桥梁,在地理上连接亚洲和大洋洲,沟通太平洋和印度洋,自古以来就是区域内各民族互动共生的纽带。自汉代开辟海上丝绸之路以来,南海区域各民族就开始了互动和交流的历史。我国典籍中记载了大量关于这方面的史实。《汉书·地理志》记载:"自日南障塞、徐闻、合浦,船行可五月,有都元国;又船行可四月,有邑卢没国;又船行可二十余日,有谌离国;步行可十余日,有夫甘都卢国。自夫甘都卢国船行可二月余,有黄支国,民俗略与珠崖相类,其州广大,户口多,多异物,自武帝以来皆献见。有译长,属黄门,与应募者俱入海,市明珠、璧琉璃、奇石异物,赍黄金杂缯而往。所至国皆禀食为耦,蛮夷贾船,转送致之。亦利交易,剽杀人。又苦逢风波溺死,不者数年来还。大珠至围二寸一下。平帝元始中,王莽辅政,欲耀威德,厚遗黄支王,令遣使献生犀牛。自黄支船行可八月,到皮宗;船行可二月,到日南、象林界云。黄支之南有已程不国,汉之译史自此还矣。"由此可知,至迟到汉代,我国就对南海区域有了较为全面的了解,南海区域自汉代起就具有了紧密联系性和高度统一性。

随着南海海上丝绸之路的开通,尤其是10世纪以来,南海区域的交流变得日益频繁,区域内的各民族和国家在相互影响和相互联系中共同生存和发展,南海区域各民族在地缘、血缘、经济、历史、文化等方面存在着密切的联系。从地理上来说,南海区域是一个以海洋、江河、岛屿和山脉为纽带连为一体的地理单元,区域内各民族很早就进行着交流和往来;从经济上来说,南海区域是由一些小经济圈不断发展组成一个整体经济圈,并和周边其他地区紧密联系,成为当今经济全球化的重要组成部分;从对外关系上来说,南海区域在历史上一直奉行着以"朝贡贸易"为主的交往关系；从气候类型上来说，这里属于典型的季风气候，人们的生产和生活活动受气候的影响十分明显，在与自然相处过程中，积累了丰富的经验。

正是由于南海区域拥有的这些独特的地理条件，才使其历史具备整体性的特点。南海区域人民对该区域共同的自然地理环境的适应和密切的贸易联系使该区域的共同性更加明显。有学者指出："早在人类历史的黎明时期，我国大陆与东南亚地区就存在着不容忽视的文化联系。"[①] 法国学者赛代斯对这一地区进行了整体研究后认为："在马来半岛及其延伸出去的各岛屿所构成的天然屏障的另一侧，由中国海、暹罗湾和爪哇海组成了另一个名副其实的地中海。尽管这个内海有台风和暗礁，然而有史以来，它在沿岸居民之间与其说是个障碍，毋宁说是一条纽带……由于不断地交往，在他们的文化中已经演变出了一定程度的共同性。"[②] 因此，无论是在历史、地理上，还是在文化上，这一区域都是一个相对独立的单元，其历史演变具有自身的特点。

二

任何事物在其发展过程中都会呈现一定的阶段性，没有阶段性的事物是无法认识的，这样的事物也是不存在的。历史的发展和演变过程也是具有一定的阶段性的，这在历史研究中就表现为历史分期问题。

南海史是南海海域及其周边国家和地区的历史，是从整体的视角出发来考察南海区域的历史过程，南海史的阶段性特征是我们解决南海史分期的基本依据。那么，应当如何认识南海区域历史的阶段性特征呢？或者说南海史分期的标准是什么呢？

笔者以为，作为一个有机整体，南海区域历史在其不断演变的过程中从一种稳定状态转变到另一种稳定状态，并不是由某一种因素决定的，而是由南海区域内部和外部的各种相互关系所决定的。因此，在划分南海史演变的阶段时，必须坚持从南海区域内部和外部的各种相互关系的演变出

---

① 童恩正：《中国西南地区民族研究在东南亚区域民族研究中的重要地位》，《云南社会科学》1982年第2期，第42页。

② [法] G. 赛代斯：《东南亚的印度化国家》，蔡华、杨保筠译，商务印书馆2008年版，第14页。

发,来确定南海区域历史阶段划分的标准。这个标准可以由以下几个方面组成。

第一,必须以南海区域历史整体的变化为标准,而不能以部分的变化为标准。当我们确定南海区域历史是否从一种稳定状态进入另一种稳定状态时,只能以南海区域历史整体产生的新的本质的变化为标准,而不能以南海区域内的某个国家或地区产生了新的变化为标准,因为某个国家或地区这样的个别部分的变化,还没有使南海区域历史整体进入一种新的稳定的状态,南海区域历史整体上还处于旧的稳定状态之中,这时就不能确定南海区域历史已经演变到了一个新的发展阶段。例如,公元前475年中国历史进入战国时代,各个诸侯国为了谋求霸业,纷纷广揽贤才,推行变法,实现富国强兵,社会生产力显著提高,经济繁荣,文化上出现"百家争鸣"的局面,政治、经济、文化等诸领域的新事物、新现象纷纷出现,中国社会开始由奴隶社会过渡到封建社会,但是不能说整个南海区域历史从这时起就进入了封建社会。因为在这以后将近500多年时间里,南海区域大部分地区仍处于原始状态,还没有形成国家。单是中国的历史变化,不能等同于南海区域历史整体的变化。到公元1世纪前后,该地区才出现了一系列国家,如扶南、林邑、顿逊、叶调等。

第二,必须着眼于南海区域历史整体与外部环境之间相互关系的重大变化。事物整体与外部环境的相互关系能够反映出事物整体的性质和发展水平,因此,事物整体与外部环境的相互关系的重大变化,就能证明事物整体的重大变化。同样的道理,南海区域历史整体与外部环境之间相互关系的重大变化,也能证明南海区域历史整体的重大变化。比如,人类社会从最初的采集渔猎、逐水而居到刀耕火种、定居生活,再到种植农作物、饲养禽畜,最后到农业的出现等,人类的这些生产活动的变化除了生产力水平提高这一重要因素之外,无一不是适应自然环境的变化而出现的。南海区域独特的地理位置,尤其是区域南部的热带气候地区,适宜丁香、肉豆蔻等香料的生长,成为全世界绝无仅有的香料产地。因此在15世纪前后这里就吸引了欧洲殖民者的目光,大量的香料成为欧洲人竞相追逐的财富,而香料产地也成为他们激烈争夺的宝地,随着香料贸易的盛行,"胡椒、丁香、肉豆蔻这些远程贸易的最重要商品(除金银外)直接促进了商业资本主义的形成"①。

第三，必须立足于南海区域历史整体的组成部分之间联系的变化。南海区域是一个十分广阔的区域，涉及的国家和地区众多，作为一个有机整体，它是由一个个部分组成的，这些部分之间存在着广泛而密切的联系。讨论南海区域历史的整体，就不能忽视构成南海区域历史整体的各个部分。整体是由部分组成的，离开了部分，整体就不复存在。部分的功能、状态、水平、性质及其变化会对整体产生影响；部分是整体中的部分，离开了整体，部分就不能称其为部分，整体的功能、状态、水平、性质及变化也会影响到部分。离开部分来谈整体，整体必定会成为无水之源、无本之木；离开整体来谈部分，犹如一叶障目，会把问题看得支离破碎，失去了整体视野和全局观念，最终必定会陷入狭隘和盲目。因此，为了把南海区域历史的整体看清楚，必须重视南海区域各国家和地区等诸多组成部分之间的相互关系的变化。

第四，必须重视南海区域历史在整体演变过程中的重大历史事件的影响。事物的发展过程既有渐变过程，也有突变过程，是二者的有机统一过程，但渐变过程和突变过程之间存在着巨大差异，渐变过程不易体现出事物整体演进的阶段性，而突变过程由于能引起事物整体的质变或者急剧的量变，会诱使事物整体状态发生较大的变化。并且突变过程容易使事物失去稳定性，从一种稳定状态过渡到另一种稳定状态。因此，突变能够反映出事物发展过程中的阶段性。事物的突变往往表现在它的演变过程中出现特别重大的事件。比如1511年，马六甲被葡萄牙殖民者侵占，南海区域首次出现了区域以外的殖民势力，这对整个南海区域历史的演变过程来说，就是一次突变。从此，南海区域国家和地区逐渐沦为西方列强的殖民地和半殖民地，广泛而深刻地影响了南海区域的历史进程。

三

基于以上认识，本文拟将南海史的形成、发展和演变过程划分为五个阶段：

---

① ［澳］安东尼·瑞德：《东南亚的贸易时代1450—1680》第2卷，吴小安、孙来臣等译，商务印书馆2010年版，第1页。

1. 原始阶段（人类产生至 1 世纪）

从南海区域有人类产生到公元 1 世纪，是南海区域历史的原始阶段。大量的考古资料证实，南海区域是人类起源地之一。距今约 170 万年前，在区域北部的中国云南元谋生活的一群原始人类，① 是该区域目前已知的最早的人类。大约到 50 万年前，在区域南部的群岛上生活着"爪哇人"。原始时代的南海区域古人类也先后经历了猿人、智人的发展阶段，人类学家已经在该区域发现了爪哇晚期智人的遗迹。

石器时代是人类历史的开始阶段，按照发展顺序划分，可以分为旧石器时代和新石器时代。旧石器时代的原始人类以打制石器为主要生产工具，过着采集和渔猎为主的原始生活，生产力相对落后，他们群居而生，在印度尼西亚的爪哇和中国云南元谋发现的原始人类遗迹就属于旧石器时代的遗迹。新石器时代的原始人类以磨制石器为主要生产工具，体貌特征已经和现代人十分接近了，中国的山顶洞人遗迹、越南的北山文化人类遗迹、印度尼西亚群岛的人类遗迹属于新石器时代的遗迹。

南海区域的历史发展表明，这一区域同样是人类文明的重要组成部分，自人类社会产生以来，该区域的人民就存在一定的联系。"中国南方史前文化与东南亚的文化有密切的联系，实际上属于同一文化区域。"② 南岛语族和百越部族的发展历史就能够说明这一点。

石器时代的南海区域先民过着群居的生活，全体成员共同生产，共享劳动产品，共同抵御自然风险和野兽的侵袭，成员之间平等互助。随着人口的增加，社会群体的规模逐渐扩大。原始的宗教信仰已经萌发，审美观念开始出现。到了新石器时代晚期，原始的农业已经出现，人类学会了定居、作物栽培和豢养禽畜。考古资料证明，在中国长江中下游地区、越南北部、泰国东北部已经出现原始的稻谷栽培业。

2. 早期国家阶段（1—10 世纪）

从公元 1 世纪起，在诸多因素的共同影响下，南海区域相继出现了一些早期国家形态。如 1 世纪时中国的汉帝国的统治版图已经覆盖了东南沿海地区，在今柬埔寨由高棉人建立了扶南，2 世纪时在今越南南部林邑、马来群岛上出现了叶调国，3 世纪时在今泰国出现的金邻，5 世纪时在今

---

① 考古学上称其为"元谋人"。
② 梁志明等：《东南亚古代史》，北京大学出版社 2013 年版，第 600 页。

印度尼西亚建立的达鲁玛王国、诃陵王国，6世纪时继扶南之后出现的真腊、今泰国境内的堕罗钵底、今缅甸境内的骠国，8世纪时在今苏门答腊岛兴起的室利佛逝帝国等。

需要说明的是，南海区域进入早期国家的时间并不一致，呈现出不平衡性。总体来说，区域北部的中国最早，在公元前就已进入，其次是今天中南半岛地区，在1世纪。再次是南部群岛地区，约在2世纪末。最晚进入的是菲律宾群岛地区，约在10世纪末。尽管中国进入早期国家阶段的历史最早，但从总体上来看，整个南海区域大部分地区的历史在中国进入早期国家阶段时仍处于原始社会末期。从整体史观的角度去观察，既然大部分地区的社会性质还没有发生质的改变，就不能笼统地认为整个区域的历史阶段发生了演变。因此，本文认为，南海区域历史开始进入早期国家的阶段是在1世纪。而最晚进入早期国家阶段的菲律宾群岛，因为"10世纪以前，菲律宾群岛和周围地区的交流很少，整个群岛地区处于一个相对独立发展而又漫长滞缓的阶段"①，所以直到10世纪这里才开始出现早期国家，但是，与其他地区的早期国家不同，这些古代小国并没有形成统一的政权组织形式，而是由"若干个巴朗盖组成的部落联盟"②。

在推动南海区域一些早期国家形成方面，南海海上丝绸之路同样发挥了重要的作用。据《汉书·地理志》记载，中国的丝绸在这一时期通过南海海上丝绸之路传播到今越南、马来西亚、缅甸、印度和斯里兰卡等国，当然，这也是我国的丝绸"传播到欧洲的另一条途径"③。南海区域历史上的扶南、室利佛逝等王国因占据着有利的地理位置，它们的统治者十分重视通商贸易和航海活动。通过这条丝路，来自南海区域北端的中国以及区域之外的印度封建王朝的政治制度和王权思想得到了交流，这有力地推动了区域内早期国家政治制度的确立和完善，对这些早期国家的社会经济、宗教文化以及对外关系的发展也产生了重要的影响。

3. 王权强化与整体联系阶段（10世纪至1511年）

从10世纪开始，南海区域早期国家分散而立的局面被打破，新的地区强国崛起的政治局面开始出现，组成了若干个以一个民族为主体，由多

---

① 梁志明等：《东南亚古代史》，北京大学出版社2013年版，第205页。
② 同上书，第206页。
③ 陈炎：《海上丝绸之路与中外文化交流》，北京大学出版社1996年版，第29页。

个民族组成的统一王朝。如 10 世纪的大越王朝、吴哥王朝，11 世纪后缅甸的蒲甘王朝，13 世纪泰人王国素可泰王朝、阿瑜陀耶王朝，中国的元帝国等。14 世纪，海岛地区的政治重心由苏门答腊向爪哇转移，麻惹巴歇取代室利佛逝成为海上强国，区域北部的明王朝崛起，为南海区域的历史发展增添了新的元素。这些中央集权王国通过武力征讨和合并邻近的早期国家而形成较大的版图，并从中心对被兼并的领地实施控制。无论是大陆还是海岛地区的这些帝国，都拥有较前更严密完备的统治机构和强大的常备军，辅以兵农合一或"寓兵于农"的政策。他们推行中央集权统治政策，并以一定的宗教与意识形态作为精神支柱。国王用宗教神化自己，加强自己的统治地位，一些国家的王权大于神权。在这一时期，海岛部分还存在着其他一些王国，如渤泥王国、吕宋、苏禄等，这些王国在南海区域历史的演变中发挥着重要的作用。

从 1405 年到 1433 年，郑和及其船队先后进行过 7 次大规模的航海活动，这比欧洲航海家进行的地理大发现时代早了近 100 年，郑和下西洋不仅是南海区域历史上伟大的航海壮举，也是人类航海史上的伟大壮举，它推动了南海区域的整体发展。郑和远航带来了从西太平洋横跨印度洋的中国与海外交往的海上丝绸之路的鼎盛局面，在东南亚、南亚、西亚直至东非地区，架起了一座通商与友好交往的桥梁。郑和的航行促进了南海区域内国家间经济文化的交流，产生了重大而深远的影响。郑和的名字和光辉事迹，至今仍在一些国家，特别是印度尼西亚和马来西亚广为流传。

4. 殖民地半殖民地阶段（1511—1945 年）

建于 1403 年的马六甲王国，是继室利佛逝、新柯沙里和麻惹巴歇之后在海岛地区兴起的又一强大帝国，这里曾是伊斯兰教在南海区域传播的中心，又因其显著的地理位置而蜚声海外。1511 年，马六甲王国被葡萄牙殖民者侵占。一代帝国马六甲王朝的灭亡是南海区域历史上的重大事件，它标志着南海区域历史开始进入殖民地和半殖民地的阶段。此后，主要有三股侵略势力入侵南海区域，一是欧洲殖民者，二是美国殖民者，三是日本殖民者，其中，欧洲势力最早侵入，其次是美国势力，最后是日本势力。

从 16 世纪初叶开始，外部势力开始侵入南海区域，经过 300 多年的殖民侵略和列强之间的激烈斗争，到第二次世界大战前夕，列强统治南海区域的状况是：英国占有缅甸、马来亚、文莱、沙捞越、沙巴、新加坡和中国香港；法国占有越南、老挝和柬埔寨，建立法属印度支那联邦；荷兰占有印度尼西亚群岛，建立荷属东印度；美国取代西班牙，占有菲律宾群岛；中国成为列强瓜分的对象，被共同支配，沦为半殖民地国家；只有泰国在形式上没有沦为殖民地，保持着相对的"独立"，但英、法两国通过协议，划分了两国的势力范围，换言之，暹罗虽然在政治上保持一定的独立，但是在经济上仍受到西方国家的控制。1942年前后，南海区域大多数国家又被日本侵略者占领，直到1945年。

南海区域殖民地、半殖民地化的结果，使殖民地和宗主国的矛盾上升为社会的主要矛盾。19世纪末20世纪初，南海区域国家和人民的民族意识开始觉醒，民族主义运动逐渐兴起和高涨，反抗殖民压迫的斗争力量日益壮大。区域国家和人民互相支持，相互配合，沉重打击了欧洲、美国、日本等殖民势力，谱写了反抗殖民压迫的不朽篇章，并与世界其他地区人民的英勇反抗斗争一起，为全世界人民反抗暴力、争取自由积累了巨大的精神财富。

南海区域各国人民的抗日斗争是世界反法西斯战争的一个组成部分。他们和亚洲其他国家人民的抗日武装斗争一起，担负了抗击日本法西斯的重担，牵制和消耗了日军的大量有生力量，有力地支援了盟军在欧洲，特别是太平洋上的战争，为世界人民反法西斯战争的胜利作出了杰出的贡献。通过抗日斗争的锻炼，各国人民革命力量增强，这为战后南海区域民族解放运动的发展奠定了坚实的基础。世界反法西斯战争的胜利开创了南海区域历史发展的新时期。

5. 争取独立和区域一体化阶段（1945年以来）

1945年8月，在日本法西斯投降之际，越南和印度尼西亚掀起了八月革命，宣布建立越南民主共和国和印度尼西亚共和国。菲律宾、缅甸、马来亚、中国等国人民也展开了争取独立的斗争。

从"二战"结束到60年代初期，东南亚地区的原殖民地国家通过不同的方式，先后赢得了独立，使这一地区出现了一个个新兴的独立国家。1946年7月菲律宾独立；1948年1月缅甸联邦正式成立；1954年7月举行的日内瓦会议上，法国同意撤出驻柬埔寨的军队，柬埔寨真正获得独立；同年5月越南长达8年的抗法救国战争胜利，越南民主共和国得以巩固；1956年4月印度尼西亚独立；1957年8月马来亚宣布独立；1963年9月，马来亚联合邦、沙巴、沙捞越和新加坡等组成"马来西亚联邦"；

1965 年 8 月新加坡退出马来西亚联邦，宣布独立。

赢得独立后，南海区域国家的合作和交流不断增强，区域一体化进程逐步展开。东南亚国家联盟①是东南亚地区以经济合作为基础的政治、经济、安全一体化合作组织，也是发展中国家之间开展区域合作的典范。东盟自 1967 年正式成立至今，已发展成为包括印度尼西亚、新加坡、泰国、菲律宾、马来西亚、文莱、越南、老挝、缅甸和柬埔寨 10 个成员国、总面积 449 万平方千米面积，人口 5.3 亿的区域合作组织。东盟自由贸易区建设则是 20 世纪 90 年代以来东盟一体化进程中最重要的内容，对东盟乃至亚洲、亚太地区的经济一体化进程产生了重要影响。

进入 21 世纪，在 2000 年 11 月，中国首次提出建立中国—东盟自由贸易区的构想。次年 3 月，中国—东盟经济合作专家组在中国—东盟经济贸易合作联合委员会框架下正式成立，专家组还建议中国和东盟将用 10 年时间建立自由贸易区，以加强区域经济的交流和发展。

经过南海区域各国的共同努力，2010 年 1 月 1 日，中国—东盟自由贸易区正式启用，它成为世界上仅次于欧盟和北美自由贸易区的全球第三大自由贸易区，也是发展中国家组成的最大的自由贸易区，同时还是中国对外建立的第一个自由贸易区。中国—东盟自由贸易区的成员包括中国和东盟 10 国②，涵盖 18 亿人口和 1400 万平方公里，它的成立是中国和东盟合作历程中历史性的一步，充分体现了中国和东盟之间不断加强的经济联系，是中国与东盟关系发展中新的里程碑，更密切了南海区域国家间的联系。

随着世界经济全球化和区域一体化的深入发展，尤其是在南海问题日益受到人们热切关注、中国—东盟自由贸易区的影响力日益增强的当下，南海区域必将成为世界上一个充满活力、蓬勃发展的区域，对南海史的研究，有助于深化对当前南海区域和平、发展、合作的区域一体化进程的认识，对推动当今中国与东南亚关系、南海区域的和平发展将有所裨益。

---

① 1967 年 8 月，印度尼西亚、马来西亚、泰国、新加坡和菲律宾 5 个国家相约成立了东南亚国家联盟，简称"东盟"。

② 东南亚 11 个国家中，仅东帝汶未加入该组织。

早期华南海上丝路民间贸易的重新审视

华南师范大学　周永卫

长期以来，因为材料相对缺乏，对于隋唐帝国以前，即公元 7 世纪以前华南地区海上丝路早期的民间贸易在中外文化交流史上的重要地位，没有受到学术界应有的重视。

岭南在先秦时期主要是越人的活动区域。越人"以舟为车，以楫为马，往若飘风，去则难从"[①]，以善于造舟、习于海上活动著称。公元前 204 年，秦南海尉赵佗利用中原战乱的机会，拥兵自立，建立了南越国，并定都番禺（今广州）。使得番禺成为岭南地区的政治、经济、文化商贸中心。南越国存在的 93 年时间里，番禺的港口优势得到了充分体现和发挥，对外贸易口岸的显赫地位初见端倪。考古发现证明，当时的番禺不仅已经与比邻的东南亚地区有民间贸易往来，而且与更为遥远的南亚、西亚、非洲发生了直接或间接的交往关系。20 世纪 80 年代，在广州发现的公元前 2 世纪的西汉南越王墓，曾经出土了 5 枚原支象牙。经科学鉴定，这 5 支象牙，并非岭南地区常见的亚洲象，而是原产于非洲大陆的非洲象；出土的列瓣纹银盒，与波斯文化有关，属于来自西亚的"舶来品"[②]。这是震惊世人的发现。

[①]　《越绝书·记地传》，上海古籍出版社 1985 年版，第 58 页。
[②]　广州市文物管理委员会等：《西汉南越王墓》，文物出版社 1991 年版，第 466—467 页。

一 "外接南夷，宝货所出"
——早期华南海上丝路民间贸易主要商品种类

"扬雄箴曰：'交州荒遐，水与天际。'外接南夷，宝货所出，山海珍怪，莫与为比。"①比邻南夷，地多"宝货"，是古代史家总结出的早期华南地区海外贸易的显著特点。种类繁多的"宝货"构成海上丝路贸易商品的主要内容。试举较为重要的"宝货"如下。

（一）珍珠

自古以来珍珠在中国人心目中就是财富的象征。先秦以来，岭南地区就是著名的珍珠产地。汉代的合浦郡（以今雷州半岛为中心，西起广西防城港，东到广东阳江市，包含整个海南岛）是闻名全国的珍珠生产基地，采珠业和商业贸易十分活跃。西汉合浦郡的首县，即郡治所在地徐闻县，曾经因为珍珠生产和贸易的兴旺，而富甲一方，闻名海内。《汉书·王章传》中，记载有一个王章家属经商致富的故事。西汉末年，京兆尹王章遭权臣汉成帝之舅、大司马大将军王凤诬陷而被处死，他的家属被流放至合浦郡。9年以后，王章的冤案得以平反昭雪，而他的妻子儿女因为在流放合浦期间，进行珍珠贸易，家产已经多达数百万。据唐李吉甫《元和郡县图志》记载，西汉在合浦郡徐闻县南七里的地方，设置了左右两个候官。这里的候官不是指官员，而是郡都尉属下的一级军事组织。候官的长官称为"候"，秩比六百石，相当于县令级别。在候官的治所，堆积了大量的货物和商品，从而使候官所在地成为商品交易的场所，许多人因此而获利。西汉民间流传着"欲拨贫，诣徐闻"的谚语。这句谚语分明就是两千年前古代版的"东西南北中，发财到广东"。充分显示出徐闻在汉代的繁华景象。由于采珠业利润丰厚，经常被官府垄断，导致官民之间的反复博弈。"合浦有民善游采珠。儿年十余便教入水求珠。官禁民采珠，巧盗者蹲水底剖蚌，得好珠吞之而出。"②

---

① 《南齐书》卷14《州郡志》上，中华书局1972年版，第266页。
② 《太平御览》卷803《珍宝部·珠下》引万震《南州异物志》。

（二）香料

香料在早期华南地区的民间贸易以及古代中外文化交流史上曾经扮演了十分重要的角色。由于华南地区既是中国本土香料的重要产地，又是异域进口香料的海路必经之地，使得这里的香料贸易从两汉时期开始就异常繁荣。在珠江流域的广大地区，由于气候和自然条件的原因，香料的种类繁多。先秦以来，华南地区香料的生产和使用比北方地区发达得多。今天中国饮食调料中的"五香"之一桂皮，是本土香料的典型代表，在江南和华南地区曾广泛种植，并在两千多年前的汉代就曾经沿着海上丝路出口到波斯和罗马帝国。《史记·货殖列传》曰"江南出桂"。《说文解字》云："桂，江南木，百药之长。"桂又分丹桂、牡桂和菌桂三种。西汉成书的《神农本草经》中提到的 365 种药物，牡桂和菌桂都被分别列入其中。晋朝嵇含的《南方草木状》云："桂出合浦……交趾置桂园。"秦始皇平定岭南后设立的三郡，其中一郡以"桂林郡"命名，绝非偶然，正是因为桂树是当地的重要特产，在秦帝国的社会经济中扮演着非常重要的角色。1 世纪末的西方名著《厄立特里亚海航行记》"以令人不容置疑的方式指出：'赛里斯'国（指中国）的丝绸在印度港口装船，同时装船的还有同是来自中国的皮货、胡椒、桂皮、香料、金属、染料和医药产品"①。法国学者布尔努瓦指出，桂皮原产于印度、缅甸和中国，被波斯古史学家称为"中国的树皮"，是美容品、医药品、香膏、香脂、油脂和香精中大量使用的原料，在罗马出售时价格十分昂贵。②乳香则是进口香料的典型。乳香又名薰陆，主要产于中东地区，在东南亚地区也有出产，属于树脂类香料。乳香是《魏略·西戎传》中提到的大秦国（即古罗马帝国）出产的 12 种香料之一。嵇含《南方草木状》曰："薰陆香，出大秦。"晋郭义恭《广志》曰："薰陆出交州，又大秦海边人，采与贾人易谷。若无贾人，取食之。"③在西汉南越王墓西耳室的漆盒内，就曾经发现有乳香，透露出汉代华南地区香料贸易异常活跃的重要信息。沿着海上丝路输入的香料，除了乳香，还有鸡舌香、苏合香、藿香、流黄香、青木香

---

① ［法］戈岱司编：《希腊拉丁作家远东古文献辑录》，耿昇译，中华书局 1987 年版，第 17—19 页。
② ［法］布尔努瓦：《丝绸之路》，耿昇译，新疆人民出版社 1982 年版，第 51 页。
③ 《太平御览》卷 982《香部·薰陆》引《广志》。

和栈蜜香等。东汉末年，士燮家族统治岭南。汉灵帝末年至吴黄武五年（226），士燮担任交趾太守长达四十余年之久。"（士）燮兄弟并为列郡，雄长一州，偏在万里，威尊无上。出入鸣钟磬，备具威仪，笳箫鼓吹，车骑满道，胡人夹毂焚香者常有数十。"① 这里所谓的"胡人"自然不是交趾的土著居民，而是中亚或波斯人。在当时的交趾地区，聚集了大量躲避战乱的中原人士，以及胡商和佛教徒。"佛教与外来的印度文化为中国的寺庙带来大量的新香料，而众多的有关焚香和香料的习俗也随之传入了中国，从而加强和丰富了中国古老的焚香传统。"② 总之，香料在早期华南地区的民间贸易中发挥了十分重要的作用。古代中国所使用的香料，既有沿着海上丝绸之路和陆上丝绸之路进口的香料，也有本土生产的香料。华南地区一直是中国重要的香料生产地，也是消费和使用香料最多的地方之一，当然也是民间香料贸易十分活跃的地方。华南地区生产的香料不仅输入内地和中原地区，也沿着海上丝路出口到印度、中东、非洲和欧洲地区。广州西汉南越王墓出土的乳香，只是显露出早期华南地区异常活跃的民间香料贸易的冰山一角。

（三）犀角、象牙

犀角、象牙是我国古人所喜爱的珍贵物品，常常被并称为"犀象之器"。《淮南子·人间训》甚至将秦始皇经略岭南的原因归结为"利越之犀角、象齿、翡翠、珠玑"。历史上，华南地区是盛产犀牛和大象的地区，与内地以及海外的犀象贸易十分活跃。西汉南越王墓中曾出土了5支平均长度达120厘米的象牙，经过科学鉴定，确认其属于非洲象，与亚洲象有较大区别。③这一重大考古发现证明，早在公元前2世纪，华南地区就已经与非洲大陆有了间接的文化交往和贸易往来。这些非洲象牙应当是以印度为中转站，辗转传入岭南地区的。大象在印度比中国岭南地区更为普遍。印度在汉代史家笔下被称为"乘象之国"。而象与佛教也有着极其密切的关系。陈寅恪先生早就指出，家喻户晓的"曹冲称象"的故事实

---

① 《三国志·吴志·士燮传》，中华书局1959年版，第1192页。

② ［法］爱德华·谢弗：《唐代的外来文明》，吴玉贵译，中国社会科学出版社1995年版，第343页。

③ 广州市文物管理委员会等：《西汉南越王墓》，文物出版社1991年版，第138、139、466、467页。

际上属于佛教故事，只不过"迹象隐晦，不易发觉其为外国输入者耳"①。山东滕州曾经出土有"六齿象牙"的东汉画像石。六牙白象题材作为佛教壁画或雕刻艺术在印度十分普遍。劳干先生考证这些画像石属于东汉章帝时期，是早期佛教对中国艺术产生影响的产物。②滕州南距徐州不过120千米，而徐州正是东汉章帝时期信奉佛教的楚王刘英的都城所在地。而徐州以东200千米的连云港东汉孔望山佛教摩崖石刻和大型石象圆雕，已经成为佛教在东汉流行于东海地区的历史见证。③海上丝路既是贸易之路，是宗教文化传播之路，也是和平交往之路。犀象也是早期朝贡贸易的重要内容，在中外文化交流史上发挥了重要的作用。据史书记载，从西汉末年到东汉时期，外国使团沿着海上丝路来华朝贡贸易的共有4次：分别是公元2年"黄支国献犀牛"；公元84年"日南徼外蛮夷献生犀、白雉"；公元94年"永昌徼外夷遣使译献犀牛、大象"；公元166年"大秦国王安敦遣使自日南徼外献象牙、犀角、玳瑁"。这4次贡献，不仅被史家写进正史的列传之中，也载入本纪之中，足见史官的高度重视。班固《西都赋》云："其中乃有九真之麟，大宛之马，黄支之犀，条支之鸟，逾昆仑，越巨海，殊方异类，至三万里。"④显然，在班固笔下，"大宛之马""条支之鸟"，是翻越昆仑山沿着陆上丝路来华，而"九真之麟""黄支之犀"，是跨越巨海，沿着海上丝路来华的。

（四）其他"宝货"

贝也是重要的"宝货"。《说文解字》卷六云："海介虫也……古者货贝而宝龟。"贝因为其稀有珍贵，在上古先秦时期被长期用作货币。而华南沿海是海贝的重要产地。贝有大小，颜色各异，而以大为贵、以紫色为珍。"贝凡有八，紫贝最为美者，出交州。大贝出巨延州，与行贾贸易。"⑤"乃有大贝，奇姿难俦。大贝，文贝也。交趾以南海中皆有之。素

---

① 陈寅恪：《〈三国志·曹冲华佗传〉与佛教故事》，载《寒柳堂集》，上海古籍出版社1980年版，第157页。

② Lao Kan, *Six-Tusked Elephants on a Han Bas-Relief*，《劳干学术论文集》（甲编），台湾艺文印书馆1976年版，第1391—1395页。

③ 俞伟超、信立祥：《孔望山摩崖造像的年代考察》，《文物》1981年第7期。

④ 《后汉书·班固传》，中华书局1965年版，第1338页。

⑤ 《太平御览》卷807《珍宝部六·贝》引《广州志》。

质紫饰，文若罗朱。不磨不莹，彩辉光浮。思雕莫加，欲琢靡逾。"① "交趾北南海中，有大文贝，质白而文紫色，天资自然不假，雕琢莹而光色焕烂。"②

玳瑁。"玳瑁形似龟，出南海巨延州。"③日南郡卢容县（今越南顺化）附近的南海是重要的玳瑁产地。玳瑁传说有解毒和辟邪的功能，所以深受古人喜爱。"玳瑁解毒兼云辟邪，余寄居广南，日见卢亭（海岛夷人）获活玳瑁龟一枚，以献连帅嗣薛王。王令生取背甲小者二片，带于左臂上以辟毒。"④ 公元166年大秦王安敦遣使朝贡东汉桓帝，所携带贡品除了犀角、象牙之外，就是玳瑁。

珊瑚。华南沿海是珊瑚的重要产地。"珊瑚洲，在县南五百里。昔有人于海中捕鱼得珊瑚。"⑤而大秦国也出产珊瑚。"珊瑚生大秦国，有洲在涨海中，距其国七八百里，名珊瑚树洲。底有磐石，水深二十余丈，珊瑚生于石上。初生白，软弱似菌。国人乘大船，截铁网，先没在水下，一年便生网目中，其色尚皇，枝柯交错，高三四丈，大者围尺余。三年色赤，便以铁钞发其根，击铁网于船，绞车举网还载鉴凿，恣意所作。若过时不凿，便枯索虫蛊。其大者输之王府，细者卖之。"⑥西晋贵族王恺和石崇斗富的典故我们耳熟能详。晋武帝赐给王恺高二尺许的珊瑚树，"世所罕比"。王恺以此在石崇面前炫耀，却被石崇顺手击碎，进而出示自己高三四尺的珊瑚树六七株，使王恺"悦然自失"⑦。而这些珊瑚是石崇担任荆州刺史时抢劫通过海上丝路北上的"远使商客"而来。

琉璃、玻璃、水精。琉璃又称为流离。《汉书·地理志》中记载，西汉汉武帝曾派出汉使"黄门译长"从徐闻、合浦出发，沿海上丝路出使海外，求明珠、"璧流离"和奇石异物。这里的"璧流离"当属流离的一种。"琉璃出黄支、斯调、大秦、日南诸国。"⑧ "琉璃本质是石。欲作器，

---

① 《太平御览》卷807《珍宝部六·贝》引《南州异物志》。
② 同上。
③ 《太平御览》卷807《珍宝部六·瑇瑁》引《广志》。
④ 《太平御览》卷943《鳞介部一五·玳瑁》引《本草经》。
⑤ 《太平寰宇记》卷157《岭南道·广州》。
⑥ （南朝宋）刘义庆撰，余嘉锡笺疏：《世说新语笺疏》下卷《汰侈》注引《南州异物志》，中华书局1983年版，第883页。
⑦ 房玄龄等撰：《晋书》卷33《石崇传》，中华书局1974年版，第1007页。
⑧ 《太平御览》卷807《珍宝部·琉璃》引《广志》。

以自然灰治之。自然灰状如黄灰，生南海滨。亦可浣衣，用之不须淋，但投之水中，滑如苔石。不得此灰，则不可释。"①琉璃碗在魏晋时期仍然十分珍贵，曾经被列入皇帝赏赐朝臣的物品名单之中。晋朝皇帝曾经赏赐大臣诸葛恢琉璃碗一件。曹魏鱼豢《魏略》曾经记载："天竺国人商贩至京，自云能铸石为五色琉璃。于是采砺山石，于京师铸之。既成，光泽美于西方来者。乃诏为行殿，容百余人。光色映彻，观者见之莫不惊骇，以为神明所作。自此国中琉璃遂贱，人不复珍之。"②唐传奇小说《梁四公记》亦载："扶南大舶从西天竺国来，卖颇黎镜面，广一尺五寸，重四十斤，内外皎洁，置五色物于其上，向明视之，不见其质。"③其说法当有一定依据。史书记载水精出大秦、黄支国。"大秦国，一名黎鞬，宫室皆水精，为柱，食器亦然。"④晋葛洪的《抱朴子》记载："外国作水精碗，实是合五种灰以作之。今交、广多有得其法以铸作之者。"⑤

著名考古学家张光直先生认为世界文明形成的方式主要有西方式和非西方式两种，非西方式即世界式，非西方式的贸易活动主要是宝货贸易⑥。可见，珍珠、香料、犀角、象牙等宝货贸易在当时是多么重要。

二 "州郡以半价就市，又买而即卖，其利数倍"
——早期华南海上丝路商贸的管理

对于早期海上丝路的贸易活动，历代地方政府都深度参与其中，成为最大获益者。"（南海）郡常有高凉生口及海舶每岁数至，外国贾人以通货易，旧时州郡以半价就市，又买而即卖，其利数倍，历政以为常。"⑦"半价就市"，"买而即卖"，"其利数倍"，"政以为常"，寥寥数语，准确概括出地方政府在海外贸易中的角色和地位。在这种政治生态和经济环境

---

① 《太平御览》卷807《珍宝部·琉璃》引《南州异物志》。
② 《太平御览》卷808《珍宝部·琉璃》引《魏略》。
③ 《太平御览》卷808《珍宝部（七）·颇黎》引《梁四公记》。
④ 《太平御览》卷808《珍宝部·水精》引《魏略》。
⑤ （东晋）葛洪撰，王明校释：《抱朴子·内篇》（增订本）卷2《论仙》，中华书局1985年版，第22页。
⑥ 张光直：《中国文明的形成及其在世界文明史上的地位》，《燕京学报》新六期，1999年5月。
⑦ 姚思廉撰：《梁书》卷33《王僧孺传》，中华书局1973年版，第470页。

下，担任地方最高长官的刺史或者太守，很难独善其身。"旧交阯土多珍产，明玑、翠羽、犀、象、玳瑁、异香、美木之属，莫不自出。前后刺史率多无清行，上承权贵，下积私赂，财计盈给，辄复求见迁代，故吏民怨叛。"①"广州包带山海，珍异所出，一箧之宝，可资数世，然多瘴疫，人情惮焉。唯贫窭不能自立者，求补长史，故前后刺史皆多黩货。"②这种现象早已引起史家的注意。吕思勉先生曾敏锐地指出："宦于南方者，遂多贪墨之徒。"③ 公元前54年，西汉宣帝时期"（湘成）侯益昌嗣，五凤四年，坐为九真太守盗使人出买犀、奴婢，赃百万以上，不道，诛"④。成为史书明确记载的华南地区因为贪腐被惩处的地方长官。继湘成侯益昌之后，魏晋南朝时期，华南地区不断有地方守牧身陷贪腐丑闻，轻者被贬官，重者被处死。试举数例：东晋"褚叔度（378—424）为广州刺史，在任四年，广营资货，贿财丰积，坐免官，禁锢终身"⑤。南朝宋广州刺史"韦朗，莅任虐法，暴浊是彰，于州所造镂银铪二枚，朱牙笕二十幡，朱画青绫盾三十五幡，犀皮铠六领，杂白莞席三百二十二领，银涂漆（一作"泥"）屏风二十三床，又缘沈屏风一床，铜镜台一具"⑥被罢黜。南朝宋文帝时期刘道锡为广州刺史，"坐贪纵过度，自杖"⑦。刘道锡担任广州刺史期间，为报答权臣庾仲文的提携之恩，送给庾仲文一辆白檀牵车当座驾，其装饰之奢侈豪华，甚至惊动了宋文帝⑧。南齐尚书令王晏弟弟王诩任广州刺史期间，"多纳赇货"，被"不惮权家"的御史中丞袁昂依法弹劾。⑨这些贪腐行为，不仅对华南地区的对外贸易造成了极为不利的影响，严重者甚至导致社会动乱，危及地方政权。"初，徼外诸国尝赍宝物自海路来贸货，而交州刺史、日南太守多贪利侵侮，十折二三。至（晋）刺史姜壮时，使韩戬领日南太守，戬估较太半，又伐船调枹，声云征伐，由是诸国恚愤。且林邑少田，贪日南之地，戬死绝，继以谢擢，侵

---

① 范晔：《后汉书》卷31《贾琮传》，中华书局1965年版，第1111页。
② 《晋书》卷90《吴隐之传》，中华书局1974年版，第2341页。
③ 《吕思勉读史札记》（增订本），上海古籍出版社2005年版，第580页。
④ 《汉书》卷17《景武昭宣元成功臣表》，中华书局1962年版，第656页。
⑤ 《册府元龟》卷700《牧守部·贪黩》。
⑥ 《全宋文》卷49《奏劾韦朗》，商务印书馆1999年版，第484页。
⑦ 《册府元龟》卷700《牧守部·贪黩》。
⑧ 《南史》卷35《庾仲文传》，中华书局1975年版，第913页。
⑨ 《南史》卷26《袁昂传》，中华书局1975年版，第710页。

刻如初。及览至郡，又耽荒于酒，政教愈乱，故被破灭。"①

华南地区的社会稳定，政通人和，经贸繁荣，需要有作为、有担当、清正廉洁的地方长官。而名臣孟尝、贾琮、吴隐之、王劢堪称这方面的典范。"中平元年（184），交阯屯兵反，执刺史及合浦太守，自称'柱天将军'。灵帝特敕三府精选能吏，有司举（贾）琮为交阯刺史。琮到部，讯其反状，咸言赋敛过重，百姓莫不空单，京师遥远，告冤无所，民不聊生，故聚为盗贼。琮即移书告示，各使安其资业，招抚荒散，蠲复徭役，诛斩渠帅为大害者，简选良吏试守诸县，岁间荡定，百姓以安。巷路为之歌曰：'贾父来晚，使我先反；今见清平，吏不敢饭。'在事三年，为十三州最，征拜议郎。"②吴隐之的事迹载《晋书·良吏传》："朝廷欲革岭南之弊，隆安（397—401）中，以隐之为龙骧将军、广州刺史、假节，领平越中郎将。未至州二十里，地名石门，有水曰贪泉，饮者怀无厌之欲。隐之既至，语其亲人曰：'不见可欲，使心不乱。越岭丧清，吾知之矣。'乃至泉所，酌而饮之，因赋诗曰：'古人云此水，一歃怀千金。试使夷齐饮，终当不易心。'及在州，清操逾厉，常食不过菜及干鱼而已，帷帐器服皆付外库，时人颇谓其矫，然亦终始不易。帐下人进鱼，每剔去骨存肉，隐之觉其用意，罚而黜焉。"③南朝梁武帝时期，王劢任广州刺史，"广州边海，旧饶，外国舶至，多为刺史所侵，岁不过三数，及（王）劢至，纤毫不犯，岁十余至。俚人不宾，多为海暴，劢征讨所获生口宝物，军赏之外，悉送还台。前后刺史皆营私蓄，方物之贡，少等天府。自劢在州，岁中数献，军国所须，相继不绝。（梁）武帝叹曰：'朝廷便是更有广州。'"④《陈书·王劢传》载："时河东王为广州刺史，乃以劢为冠军河东王长史、南海太守。王至岭南，多所侵掠，因惧罪称疾，委州还朝，劢行广州府事。越中饶沃，前后守宰例多贪纵，劢独以清白著闻。入为给事黄门侍郎。"⑤史书特别提到，由于广州刺史的盘剥侵吞，使得外国货船每年到广州者不超过三批次，而在"纤毫不犯""清白著闻"的王劢担任南海太守期间，外国货船每年到达广州的数量超过十余批次。

---

① 《晋书》卷97《林邑传》，中华书局1974年版，第2546页。
② 《后汉书》卷31《贾琮传》，中华书局1965年版，第1111—1112页。
③ 《晋书》卷90《吴隐之传》，中华书局1974年版，第2341—2342页。
④ 《南史》卷51《王劢传》，中华书局1975年版，第1262页。
⑤ 《陈书》卷17《王劢传》，中华书局1972年版，第238页。

朝廷也逐渐认识到，华南沿海地方长官深度参与外贸管理，会产生诸多弊端，到了唐朝终于出现了专司外贸管理的官员——市舶使。

作为珍珠的重要产地，珍珠业一直是合浦郡的支柱产业。合浦地方长官对珍珠业和珍珠贸易的管理，是合浦郡社会经济健康发展的关键所在。东汉循吏孟尝担任合浦太守，曾采取有力措施促进合浦采珠业的健康发展。"郡不产谷实，而海出珠宝，与交趾比境，常通商贩，贸籴粮食。先时宰守并多贪秽，诡人采求，不知纪极，珠遂渐徙于交趾郡界。于是行旅不至，人物无资，贫者饿死于道。尝到官，革易前敝，求民病利。曾未逾岁，去珠复还，百姓皆反其业，商货流通，称为神明。"① 西晋陶璜担任交州刺史期间，也曾经为合浦珍珠贸易的健康发展作出了重要贡献。陶璜曾上书朝廷："合浦郡土地磽确，无有田农，百姓唯以采珠为业，商贾去来，以珠贸米。而吴时珠禁甚严，虑百姓私散好珠，禁绝来去，人以饥困。又所调猥多，限每不充。今请上珠三分输二，次者输一，粗者蠲除。自十月讫二月，非采上珠之时，听商旅往来如旧。"② 珍珠的采集有许多讲究，品类繁多，良莠不齐。"凡采珠，常三月。用五牲祈祷。若祠祭有失，则风搅海水，或有大鱼在蚌左右。自蚌珠，长二寸半，在涨海中。其一寸五分，其光色，一旁小平，形似覆釜，为第一。珰珠凡三品，其一寸三分，虽有光色，形不员正，为第二。"③ 主张依据珍珠品质，分为三等，上等珍珠三分之二上交官府，次等三分之一上交官府，三等以下听任民间经营，政府免除相关税收，明确划分官府与民间经营珍珠业的范围和比例，保证民间珍珠贸易的生存空间，被晋武帝采纳。

三 "蛮州市用银"
——华南地区以金银为本位的贸易区域的形成

"海国战骑象，蛮州市用银。"唐代诗人张籍的诗句，描绘出一幅华南沿海地区所具有的独特人文风貌的历史画卷。早在西汉时期，汉使出南海就是"赍黄金杂缯而往"，这很值得注意。黄金在东西方贸易中的作用

---

① 《后汉书》卷76《循吏传》，中华书局1965年版，第2473页。
② 《晋书》卷57《陶璜传》，中华书局1974年版，第1561页。
③ 《太平御览》卷803《珍宝部·珠下》引徐衷《南方草物状》。

与丝绸一样重要。谢弗指出岭南和安南地区是唐朝重要的金银产地。"唐朝本土主要的黄金产地在四川……但是比四川更重要的黄金产地是岭南、安南的金矿。这些金矿往往分布在只有土著人居住的崎岖深险的地方。唐朝的银的生产集中在岭南和安南地区。"① 岭南地区成为重要的金银产地，应该说在汉代就已经初见端倪了。九真郡境内的居风山是著名的黄金产地。日南郡卢容县有采金浦。东汉初年征侧、征贰起义，为躲避马援汉兵追捕，曾经躲藏在交趾郡麋泠县的采金矿洞之中。南朝沈怀远的《南越志》载南海县有金山，"金沙自是而出"②。《汉书·地理志》曾将银列为粤地著名特产。

在与华南比邻的广大的东南亚地区，金银的使用更为广泛。古代东南亚地区是著名的金银产地，有崇尚和使用金银器皿的传统。2世纪末在中南半岛上出现的林邑和扶南两个国家的最高统治者都曾向中国皇帝贡献过银钵、金盘、金碗、金铤等。1942年在湄公河的支流巴萨克河与泰国湾之间的平原上发现的著名的奥开奥（Oc－eo）遗址，被认为是扶南国的海港，其中出土了许多以金制品为主的文物，如金戒指、金耳饰、罗马金币等，其中1枚罗马金币的年代是公元152年③。

1984年在广东遂溪县发现了一批南朝时期窖藏的金银器，其中包括刻有阿拉美字体的银碗、萨珊波斯的银币，无疑是华南沿海与伊朗之间海上贸易的物证，证实了外国银币在岭南地区的流通，说明南朝时期岭南地区已经成为一个以金银为本位的特殊地区④。东晋时期"广州市司用银易米"⑤。"梁初，唯京师及三吴、荆、郢、江、湘、梁、益用钱，其余州郡，则杂以谷帛。交、广之城，全以金银为货。"⑥ 岭南地区自先秦以来就是百越人的聚居之地，少数民族众多。百越人崇尚铜鼓，也崇尚金银。《隋书·地理志》载："其人性并轻悍，易兴逆节，椎结踑踞，乃其旧风。

---

① ［美］爱德华·谢弗：《唐代的外来文明》，吴玉贵译，中国社会科学出版社1995年版，第548—555页。
② 《太平寰宇记》卷157引《南越志》。
③ ［日］冈崎敬：《民族文化和东西文化的交流——石寨山遗址和奥开奥遗址》，周红译，云南省博物馆、中国古代铜鼓研究会编印1985年版。
④ 参阅姜伯勤《广州与海上丝绸之路上的伊兰人：论遂溪的考古新发现》，广东省社会科学院编《广州与海上丝绸之路》1991年版。
⑤ 《太平御览》卷812引《广州记》。
⑥ 《隋书》卷24《食货志》，中华书局1973年版，第689页。

其俚人则质直尚信，诸蛮则勇敢自立，皆重贿轻死，唯富为雄。巢居崖处，尽力农事。刻木以为符契，言誓则至死不改。父子别业，父贫，乃有质身于子。诸獠皆然。并铸铜为大鼓，初成，悬于庭中，置酒以招同类。来者有豪富子女，则以金银为大钗，执以叩鼓，竟乃留遗主人，名为铜鼓钗。"①华南地区在南朝时期成为以金银为本位的地区，是诸多因素共同作用的结果，而最重要的因素无疑是海外贸易因素。魏晋南朝时期，华南地区的海外贸易呈现出繁荣发展的态势。"至于南夷杂种，分屿建国，四方珍怪，莫此为先，藏山隐海，环宝溢目。商舶远届，委输南州，故交、广富实，牣积王府。"②"火耕水耨，弥亘原野；盗贼皆偃，工商竞臻，粥米商盐，盈衢通肆；新垣既筑，外户无局，脂脯豪家，钟鼎为乐。扬袂洒汗，振雨流风；市有千金之租，田多万箱之咏。"③

四 "世界体系"的雏形
——早期华南海上丝路民间贸易历史地位的重新审视

海上丝路和南海贸易的重要性，在两汉时期已经逐渐凸显。"到基督教纪元初期，这些贸易路线继续延长，把原先东南亚各地孤立的交易体系联结起来，纳入一个巨大的网络，这个网络从西欧通过地中海盆地、波斯湾和红海延伸到印度、东南亚和中国……这个网络被人们称为世界体系。"④ 贡德·弗兰克的这段论述，对于我们理解早期海上丝路民间贸易的重要性极具启发意义。番禺、交趾以及华南沿海地区在这个"网络"或"世界体系"中曾经扮演了举足轻重的角色。

与官方的朝贡贸易相比，海上丝路的民间贸易历史更为悠久，影响更为深远。著名历史学家吕思勉先生云："以海道论，《史记·货殖列传》谓南海为珠玑、犀、玳瑁、果、布之凑，即后世西、南洋物也，则秦汉未

---

① 《隋书》卷31《地理志》，中华书局1973年版，第888页。
② 《南齐书》卷58《东南夷》，中华书局1972年版，第1018页。
③ 《广州刺史欧阳頠德政碑》，载《广东通志·金石略》，广东人民出版社1994年版，第46页。
④ [美]贡德·弗兰克：《白银资本——重视经济全球化中的东方》，刘北成译，中央编译出版社2008年版。

并南越时，中国与西、南洋久相往来矣。是知民间之交通，必先于政府。"① 著名南洋史专家许云樵先生亦言："中国与南洋之交通也，官民异趣；官方虽出政治作用，民间则受经济支配。"② 在海上丝路沿线，如印度尼西亚、马来西亚等地，出土了大量汉代陶器和陶片，器型和纹饰图案风格与广东沿海汉墓出土的陶器完全一致。20世纪90年代，考古学家对越南中部广南省的茶丘布召遗址，进行了发掘，经碳十四测定，最早年代属于公元1世纪。距离东汉日南郡的南部边境只有数十公里的布召遗址，所出土的器物，反映出其深受中国文化的影响，同时，又有罗马文化的影子。这些无疑是早期海上丝路民间贸易的历史见证。

印度是中西方交往的桥梁，在古代中西方的交往中扮演了十分重要的角色。据《后汉书·西域传》记载，天竺国（今印度）在东汉和帝时期（89—105），曾多次派遣使者，历经千难万险，经过西域地区，沿着丝绸之路来到洛阳朝贡。后来因为西域发生动荡，东汉失去了对西域的控制权，双方的关系被迫中断。直到东汉桓帝时期（147—167），天竺使者另辟蹊径，取道南海，即由陆上丝绸之路改为海上丝绸之路，再次来华，才使得双方的交往重新得以恢复。公元159年、公元161年两次经南海，沿海上丝路来华朝贡。台湾学者邢义田先生在《汉代中国与罗马关系的再检讨》一文中，曾经敏锐地指出，由于中间势力的阻隔，罗马和印度的关系主要是经由海路，罗马钱币极少出现在印度北方与西方往来的要道上，而几乎全部出现在南方海路的贸易点上③。一语道出海上丝路的重要性。

历史上的陆上丝路和海上丝路，就像一对孪生兄弟，相伴而生，珠联璧合，相得益彰，共同构成我国对外交往的两大通道。雄才大略的汉武帝在经略西域，开辟陆上丝路的同时，也派出"汉使"，探索海上丝路。《汉书·地理志》中曾对汉武帝经略海上丝路有颇为详细的描述：属于黄门的"汉使"船队，携带丝绸和黄金，从汉朝南部海疆"日南障塞、徐闻、合浦"，即今天的北部湾和越南中部一带出发，在沿途土著人的护送下，用了一年多的时间，先后到达都元国、邑卢没国、谌离国、夫甘都卢

---

① 《吕思勉读史札记》，上海古籍出版社1982年版，第630页。
② 许云樵：《南洋史》（上卷），新加坡星洲世界书局1961年版，第13页。
③ 邢义田：《汉代中国与罗马关系的再检讨（1985—1995）》，《汉学研究》1997年第1期。

国、黄支国和已程不国，为汉朝皇室采购明珠、璧琉璃等海外奇珍异品。一般认为，这里提到的都元国、邑卢没国、谌离国，大致在今天东南亚中南半岛、马来半岛一带，夫甘都卢国在今天的缅甸境内，已程不国在今天的斯里兰卡，黄支国在今天的印度南部。印度南部的坦焦尔和迈索尔都曾出土过西汉前期的中国古钱币，成为中国与印度海上交往的历史见证。笔者曾经撰写论文指出，南印度出土的西汉前期的古钱币，应该与西汉前期在西南地区异常活跃的巴蜀商人集团有关。① 西南丝路与海上丝路是一个不可分割的有机整体。换句话说，广义的海上丝路是可以包含西南丝路的。从云南出境，经缅甸抵达孟加拉湾，或沿伊洛瓦底江、怒江（境外称萨尔温江）、澜沧江（境外称湄公河）顺流而下，抵达安达曼海、暹罗湾，再向西穿越印度洋，不正是海上丝路吗？西南地区的学者又把西南丝绸之路称为南方丝绸之路②，某种意义上，也透露出海上丝路与南方丝路关系密切的信息。谁又能否认海上丝绸之路在中国南方这个事实呢？

公元 97 年，东汉西域都护班超曾派遣副使甘英出使大秦（罗马帝国）。甘英在抵达波斯湾后，望海止步，无功而返，失去了最早的中西方直接接触的大好机会，令人痛惜。70 年之后，公元 166 年大秦王安敦遣使自日南徼外贡献，终于完成了中西方两大文明的直接对话。这是公认的有史以来中西方文明的首次直接接触。大秦使者（或假冒使者名义的罗马商人）第一次来华是沿海上丝路，而非陆上丝路，其原因令人深思，无疑与海上丝路民间贸易的繁荣不无关系。

大汉帝国的盛世雄风，曾经远播域外。西汉使者张骞的足迹已经踏足大夏，即今天阿富汗地区。东汉使者甘英更是到达今天伊朗东南部的波斯湾一带，距离罗马帝国几乎只有一步之遥了！令人吊诡的是，载入史册，并被海内外学者广泛认可的中西方的最早直接接触，却是由西方人而非中国人完成的，是经由南方的海上丝路，而非北方的陆上丝路。"大秦国……常利得中国丝，解以为胡绫，故数与安息诸国（今伊朗境内）交市于海中。"③ 罗马帝国的商业贸易异常繁荣，是名副其实的商业帝国，又是横跨欧亚非三大洲的海洋大国。与此形成鲜明对比的是，大汉帝国是

---

① 周永卫：《西汉前期的蜀商在中外文化交流史上的贡献》，《史学月刊》2004 年第 9 期。
② 段渝：《南方丝绸之路研究论集》，巴蜀书社 2008 年版，前言第 1 页。
③ 《三国志》卷 30 注引《魏略·西戎传》，中华书局 1959 年版，第 861 页。

典型的内陆国家，虽有万里海疆，却不善于经略海洋。汉使出海主要是为了"求宝"，而非寻觅商机。张骞西域之行是为了寻找对付匈奴的战略伙伴，甘英出使大秦，同样是出于政治目的，而非经济目的。

溯源海上丝路，再展盛世雄风。早期华南海上丝路民间贸易的重要地位和作用，需要重新审视，深入研究。

《更路簿》的航线探析[*]

佛山科学技术学院　夏代云

海南大学　汪　婷

海南渔民在帆船时代积累其南海航海经验而写成的《更路簿》，记载了他们在南海航海的众多航线，见证了海南渔民数百年来以民间的方式开发和经营南海岛礁的历史经历。

一　一九七三年公布的南沙群岛三条渔作航线

1973年由广东省海南行政公署水产局、国营南海水产公司和海南水产研究所等单位组成的联合调查小组，在调查潭门渔民时发现了《更路簿》，并公布了渔民探索出的三条南沙渔作航线：东头线、西头线和南头线。

由于南海海域辽阔，海况复杂，目的地遥远，海南渔民去南沙作业群岛一般由几艘渔船结队而行，他们称为"联帮"。我国的南沙群岛范围广，位于北纬3°40′至11°55′，东经109°33′至117°50′。北起雄南滩，南至曾母暗沙，东至海里马滩，西到万安滩，南北长500多海里，东西宽400多海

---

[*] 本文受国家社科重大项目"南海《更路簿》拯救性搜集与综合研究"（批准号：17ZDA189）资助。

里①。南沙群岛的范围内岛屿礁滩星罗棋布，分布着230多个岛屿、沙洲、礁和滩（据航空和卫星照片判断有310个），是南海诸岛中岛屿礁滩最多、散布范围最广的珊瑚礁群②。因此船队到达南沙后一般分散作业。有的船队取道双子礁，到达太平岛（老地名③是黄山马）后分为东、西、南三条路线分散作业，也有些到东头线生产的渔船直接取道西月岛（老地名是红草峙）或马欢岛（老地名是罗孔）。

调查组于1973年写作并内部印刷发行的《西南中沙群岛渔业生产和水产资源调查报告》④中的三条渔作路线如下：

东头线：

红草峙—马欢岛（俗称罗孔，凡以下括弧内均为海南渔民俗称）—蓬莱蕉又称百克礁（鲎藤）—仙宾暗沙（鱼鳞）—海口暗沙（脚拔）—蓬勃暗沙（东头乙辛）—捷胜礁（五风）—仁爱暗沙（断截或称断节）—信义暗沙（双担）—仙娥礁（鸟串）—美济礁（双门）—蔡伦礁（火埃）—李伯礁（三角）—半月暗沙（海公）—安达礁（银锅）—杨信沙洲（铜金）—舰长暗沙（石龙）。在东头线最东端作业的岛屿可清晰地看到菲律宾的山脉。

西头线：

大现礁（劳牛劳）—永暑礁（尚戊）—毕生礁（石盘）—华阳礁（铜铳仔）—东礁（大铜铳）—中礁（弄鼻仔）—西礁（大弄鼻）—南威岛（鸟仔峙）—日积礁（西头乙辛）。

南头线：

景宏岛（秤钩峙）[包括毕礁（秤钩线）、高邻礁、章礁（鬼喊线）、咸南礁（九章头又称牛厄）、屈原礁滩（包括女昱峙，女昱线和赤瓜线），此外还有位于这群礁滩的西北排列的有长线、南门、东门，总的说来这群岛屿、礁滩，渔民统称九章—荷落门（标准地名：南华礁）—利生礁（六门）—天兰礁（无乜线）—司令礁（眼镜铲）—榆

---

① 《南沙群岛》，360百科，http://baike.so.com/doc/1082115-1145123.html，2017年5月14日检索。
② 吴士存：《南沙争端的起源与发展》，中国经济出版社2013年版，第5—6页．
③ 当代海南渔民把古代海南渔民为南海岛屿礁滩取的名字看作老地名，区别于1983年我国公布的标准地名。
④ 这个报告是华南师范大学刘南威老师的珍藏本。感谢刘老师无私共享这份珍贵的资料。

亚暗沙（深匡）—利嘉礁（簸箕）—南海礁（铜钟）—安渡滩（光星仔）—大獭礁（大光星）—弹丸礁（石公厘）—皇路礁（五百二）—南通礁（单积）—南屏礁（墨瓜线，又称棍猪线）。

二 一九八三年公布的南沙群岛三条渔作航线

1983年陈史坚主编的《南海诸岛地名资料汇编》的第67页把这三条航线的地名改为我国1983年统一命名的标准地名，并附有老地名。东头线又细分为东支和东南支，各线又各有分叉。由于其排版方式为图形，本文把南沙群岛三条渔作航线按叙述格式重排如下：

东头线：

东支：（1）双峙群礁（双屿）—乐斯暗沙（红草线排）—西月岛（红草峙）—马欢岛（罗孔）—鲎藤礁（鲎藤）—仙宾礁（鱼鳞）—蓬勃暗沙（东头乙辛）。或者从马欢岛开往五方礁（五风）。

（2）杨信沙洲（铜金）—火艾礁—西月岛（红草峙）—马欢岛（罗孔）—鲎藤礁—仙宾礁（鱼鳞）—蓬勃暗沙（东头乙辛）。或者从马欢岛开往五方礁（五风）。

东南支：（1）西月岛（红草峙）—火艾礁—三角礁—美济礁（双门）—仁爱礁（断节）—仙宾礁（鱼鳞）—蓬勃暗沙（东头乙辛）。或者从美济礁（双门）—仙娥礁（鸟串）—信义礁（双担）—海口礁（脚拨）—舰长礁（石龙）或半月礁（海公）。

（2）太平岛（黄山马）—安达礁（银锅）—三角礁（三角）—美济礁（双门）仁爱礁（断节）—仙宾礁（鱼鳞）—蓬勃暗沙（东头乙辛）。或者从美济礁（双门）—仙娥礁（鸟串）—信义礁（双担）—海口礁（脚拨）—舰长礁（石龙）或半月礁（海公）。

西头线：

太平岛（黄山马）—大现礁（劳牛劳）—永暑礁（上戊）—毕生礁（石盘）—华阳礁（铜铳仔）—东礁（大铜铳）—中礁（弄鼻仔）—西礁（大弄鼻）—南威岛（鸟仔峙）—日积礁（西头乙辛）。

南头线：

（1）九章群礁［包括景宏岛（秤钩）、南门礁（南门）、西门礁（西门）、东门礁（东门）、安乐礁、长线礁（长线）、主权礁、牛轭礁（牛轭)、染青东礁、染青沙洲(染青峙)、龙虾礁、扁参礁、漳溪礁、屈原礁、琼礁、赤瓜礁(赤瓜线)、鬼喊礁(鬼喊线)、华礁(秤钩线),吉阳礁]—六门礁(六门)—南华礁(恶落门)—无乜礁(无乜线)—司令礁(眼镜)—榆亚暗沙(深匡)—簸箕礁(簸箕)—南海礁(铜钟)—光星仔礁(光星仔)或光星礁(大光星)—弹丸礁(石公厘)—皇路礁(五百二)—南通礁(丹积)—南屏礁(墨瓜线)。

(2)顺着从九章群礁出发的路线一直开到南海礁(铜钟),然后开去柏礁(海口线)。

1973年和1983年的航线分析,一则在于转述渔民口述的三大方向的航线,二则体现了当时地名与老地名之间的对应关系。这三条航线也基本上反映了古代海南渔民把南沙渔场大致区分为东区、南区和西区,主要是以作业时航行的方向作为划分的标准,这种标准立足于航行方便、立足于航行经验,非常直观。但是缺陷在于没有总结《更路簿》普遍存在的西沙航线、南洋航线。本文以几本《更路簿》结合对海南琼海市和文昌市的老船长进行的实地调查,分析西沙(包括中沙)航线、南洋航线。

三 西沙航线

众多《更路簿》的西沙航线十分清晰。以较为古老的《黄家礼簿》为例,从潭门港出发,向东南方向行驶,直抵七连屿,一般是驶往以最西端的西沙洲(船暗尾)和赵述岛(船暗)为望山,然后继续前行到永兴岛(猫注),稍事休息,便开始作业。或者从潭门直接开到七连屿的赵述岛(船暗)作业,再到永兴岛。永兴岛是西沙群岛中最大的岛屿,面积达1.85平方千米,平均海拔高达5米,特别是西南堤高达8.5米,可避强风,热带林木茂密,有淡水,可供渔民居住生活,海南渔民常以此为渔业中心。另外,海南岛东海岸也有些渔船经北礁直接开往永乐环礁作业。

从永兴岛出发,大致可分为3个方向的航线,第一条是向东南到达浪花礁,然后从浪花礁往西到华光礁。从永兴岛北边的红草门出发前往东岛(猫兴),经高尖石、北边廊和滨湄滩,前往浪花礁(大匡)。浪花礁是一个较大的椭圆形环礁,东西长10海里,南北宽3.6海里,平时有稀疏礁石露出水面,退潮时部分环礁出露,海南渔民多到此捕捞生产。另外也可直接从永兴岛往东南经滨湄滩直抵浪花礁。然后从浪花礁向西北前往玉琢礁（二匡），然后往西南到达华光礁（大匡），再由华光礁往南到达盘石屿（白峙仔），再往西南就到中建岛（半路）。这样就基本上走完宣德群岛，并折向永乐群岛的南边。第二条是从永兴岛出发向西南前往玉琢礁（二匡）。第三条是在七连屿作业后，往西南开到永乐环礁作业。

前往中沙捕捞生产时，多数是从永兴岛出发，往东南行驶，直奔中沙群岛，按顺序沿着一个一个礁盘作业，最后原路返回第一个礁盘，然后返回永兴岛。

从西沙群岛返回海南岛时，渔船往往经过北礁，顺带在北礁作业，然后继续往西北方向开回潭门或海南岛东海岸的其他港口。渔民称之为"回港"或"回室"，意思是回到家乡的港口，或回到家乡。

渔船开到北礁时，渔民常常兴奋地说："我们回到北礁了，已经看到家里的公鸡打鸣啦！"这种兴奋的心情间接表明渔民觉得西沙和南沙距离家乡是多么的遥远！

四　南洋航线

"更路簿"的另一个重要内容是南洋航线，有些簿对此写的少，有些簿对此写的多，这反映出"更路簿"的内容是由不同使用者和抄写者是否常去南洋而定。《苏德柳簿》和《苏承芬簿》的南洋航线非常丰富，可能与福建的《海道针经》同出一脉。鉴于《苏德柳簿》和《苏承芬簿》的原本暂时找不到，无法鉴别其书写格式和书法特点，在此不做讨论。我们就能看到原本的《吴淑茂簿》并结合笔者的实地调查，展开南洋更路的讨论，因为该簿以"更路簿"的常见格式记载了笔者迄今看到的较为丰富、相当准确的南洋更路。

吴淑茂的祖辈、父辈主要是去新加坡港出售海货，购买市场上的煤油和家乡需要的各种轻工业产品，也到越南购买大米带回海南岛。第一条航线是从南沙去新加坡，从南威岛（鸟仔峙）或日积礁（西头乙辛）往西南方向行驶，经过地盘（雕门岛）、东竹（奥尔岛）、之马牙（杰马贾岛）等地。

第二条是从西沙群岛经过越南中部海岸线往南行驶到地盘（雕门岛）、东竹（奥尔岛）等地。

第三条航线是从海南岛前往越南中部海岸线，以外罗（惹岛）为望山，再折向南行驶到地盘（雕门岛）、东竹（奥尔岛）等地。三条航线最后目的地都是新加坡港（星洲门），以新加坡海峡东口白礁上的霍斯堡灯塔（白石鹤灯）为航标，前往新加坡港。如从东竹（奥尔岛）前往霍斯堡灯塔，或者从之马牙前往霍斯堡灯塔，进入新加坡海峡，或者从地盘去长腰（新加坡海峡东口的宾坦岛），进入新加坡海峡。尽管最后的目的地（新加坡港）没有记载于簿，但根据渔民抄写更路簿的习惯，这属于能少写字就少写字的经济性思维，因为到达了霍斯堡灯塔，就可以安全地到达新加坡港。

经实地调查，这些南洋航线一则是海南渔民出售海货的海上贸易航线，同时也是海南侨民的输出路线。老渔民和老船长说，以前有些人想去南洋各国如马来西亚、新加坡等国打工谋生，往往出船资搭乘渔船前往这些地方。

总之，海南渔民的《更路簿》记载的不仅是在南海诸岛的渔作航线，也记载了他们前往南洋的贸易航线和华侨输出航线，反映了在帆船时代海南渔民的生产方式、贸易方式，也反映了海南岛的移民方式。

从"内陆人"到"沿海人"
——宋代福建和浙东沿海地区海洋性地域特征的形成

云南大学　黄纯艳

海洋性地域特征是指一个区域的经济结构、生计方式和观念习俗的生成及特点主要受海洋因素推动，综合、稳定和系统地表现出海洋发展的路径。随着人类利用自然能力的提高，海洋日益成为人类生活的重要空间，但受地理环境、制度文化等的影响，并非所有沿海地区都具有海洋性地域特征。现今的"福建人"和"温州人"被认为有着独特而鲜明的海洋性地域特征。"温州人"被认为勇于向外闯荡，敢为天下先，善于经商[①]。"福建人"擅长造船航海，勇于向外开拓，重视工商，善于海上贸易和海洋渔业[②]。但不论福建还是浙东沿海，唐宋以后的人口构成主要是内陆移民，他们从"内陆人"到"沿海人"的转变有一个历史过程。福建和浙东沿海地区地域特征的蜕变和生成经历了几个重要阶段，宋代被认为是鼎盛阶段[③]，是福建和浙东沿海地区海洋性地域特征形成的阶段。在中国古代农业社会大背景下，具有海洋性地域特征的沿海地区的历史不是陆地历史简单的延伸，而是脱逸出陆地传统的束缚，彰显其固有特

[①] 应云进：《温州人"闯天下"意识文化原由探析》《温州人创新精神探源》，分见《江西社会科学》2002年第1期、第5期；钱志熙：《古代小说中的温州人形象》，《中国典籍与文化》2011年第1期。

[②] 庄锡福、吴承业：《论闽台文化的海洋性特征》，《华侨大学学报》2002年第4期。

[③] 赵君尧：《福建古代海洋文化历史轨迹》（《集美大学学报》2009年第2期）认为福建海洋文化源于先秦、成于汉晋、兴于隋唐五代，鼎盛于宋，发展于元，盛极而衰于明清。

点的过程①，应该从海洋视角观察海洋性地域特征形成的历史②。本文力图揭示宋代福建和浙东沿海地区在地理环境、社会经济和国家制度交互中逐步形成海洋性地域特征的过程。

一 工商业为主的经济结构

宋代沿海地区的经济发展方式因地理环境不同和政治局势的影响，存在一定差异。北宋时期，京东路和河北路沿海因对辽防御，禁止商人贸易，密州一度设立市舶司，旋即废罢。虽有渔盐之利，但商业发展受到限制。南宋时期，两路陷入金朝版图。淮南路是主要产盐区，但近海多沙，航路艰险③，无良好的贸易港口，海上贸易不发达。浙西路沿海有江阴、华亭、澉浦、杭州等贸易港口，但该路经济发达，粮食富裕，与内地有良好的交通联系，难以形成依赖海洋的发展路径。社会经济发展受海洋影响最密切、最典型的是浙东和福建沿海地区。在海上贸易和渔盐经济的牵动下，浙东和福建沿海地区形成了工商业占主导地位的经济结构，催生了沿海民众向海洋谋生的生计方式，形成了以海洋生活为中心的新的观念和习俗。

宋代福建和浙东沿海地区经济结构发生了巨大变革。唐代的福建仍是人口较少的产粮区，自宋以后成为人多地少的缺粮地区④，粮食稳定地依靠其他地区输入。福建福州、泉州、兴化军、漳州沿海四州军不论丰收年份还是歉收年份，粮食都稳定地依靠广东和浙西输入："福、兴、漳、泉四郡全靠广米以给民食"，"虽无水旱，岁收仅了数月之食，专仰舟船往来浙、广，般运米斛，以补不足"。"虽上熟之年，犹仰客舟兴贩二广及

---

① 鲁西奇用"滨海地域"的概念涵括区域空间和生计方式都独具特色的近海地域，指出中古（作者指汉唐时期）"海上人群"有着入海（脱离王朝国家的控制）、浮海（居止于船上）、上岸（纳入官府版籍）三种基本的活动形态，从"海上群体"的角度分析了滨海地域群体与王朝国家和陆地传统的特殊关系。（鲁西奇：《中古时代滨海地域的"水上人群"》，《历史研究》2015年第3期）。

② 夏继果指出"新海洋史"的研究提倡研究视角由陆地本位转向以海洋为中心，把海洋当作互动区而非简单地视为交往的通道。（夏继果：《海洋史研究的全球史专向》，《全球史评论》第9辑，中国社会科学出版社2015年版）。

③ 黄纯艳：《宋代近海航路考述》，《中华文史论丛》2016年第1期。

④ 徐晓望：《论隋唐五代福建的开发及其文化特征的形成》，《东南学术》2003年第5期。

浙西米前来出粜","两路客米不至,亦是阙食"①。存在着粮食的绝对短缺。浙东沿海地区也是缺粮地区,经常依赖浙西和广东路的粮食输入。昌国县常赖浙西米输入,每年"于浙右米艘之至,顿籴以蓄其中,遇青黄不接艰食之时则平价以粜。岁以为常"②。明州"乃濒海之地,田业既少"③,农业不兴,"小民率仰米浙东、浙西……至取米于广以救荒"④。所以明州是"米船辐凑"之地,"二广之米舻舳相接于四明之境"⑤。浙东路的温、台二州也是"自来每遇不稔,全藉转海般运浙西米斛,粗能赡给"⑥。广米输入减少即可导致台州米价上涨:"当秋谷价贵,出广米船稀。"⑦ 因而宋代福建和浙东沿海地区都是粮食绝对缺乏地区,已不再是自给自足的农业社会。

宋代福建和浙东沿海地区农业退居次要地位,工商业进入蓬勃发展时期。福建沿海出现了商业化浪潮,工商业和农业商品化空前发展⑧,温州工商业为主导的经济模式也于宋代发端⑨,都出现了工商业占据主导地位的经济结构。在手工业中制瓷业最具代表性。"宋代由于适应瓷器对外输出的需要,东南沿海几省涌现了数以百计的瓷窑。"沿海的泉州、兴化军范围内发现唐五代窑址 18 处,海上贸易繁荣的宋元时期窑址急剧增长,

---

① 周必大:《文忠集》卷82《大兄奏札》,文渊阁《四库全书》,第 1147 册,第 847 页;杨士奇等:《历代名臣奏议》卷246《张守"乞放两浙米船札子"》、卷247《荒政》,上海古籍出版社 1989 年版,第 3236、3243 页;真德秀:《西山先生真文忠公文集》卷15《申尚书省乞措置收捕海盗》,《四部丛刊》初编本,第 208 册,第 8 页。
② 冯福京等:《大德昌国州图志》卷2《社仓》,《宋元方志丛刊》本,中华书局 1990 年版,第 6073 页。
③ 罗濬等撰:《宝庆四明志》卷5《商税》,《宋元方志丛刊》本,中华书局 1990 年版,第 5052 页。
④ 罗濬等撰:《宝庆四明志》卷4《叙产》,《宋元方志丛刊》本,中华书局 1990 年版,第 5040 页。
⑤ 朱熹:《晦庵先生朱文公文集》,上海古籍出版社、安徽教育出版社 2010 年点校本,第 793、1177 页。
⑥ 佚名撰:《宋史全文》卷25下,汪圣铎点校,乾道九年十月甲子,中华书局 2016 年版,第 2140 页。
⑦ 戴复古:《石屏诗集》卷3《嘉熙己亥大旱荒庚子夏麦熟》,《四部丛刊》续编本,第 66 册,第 3 页。
⑧ 傅宗文:《宋代福建沿海的商业化浪潮》,《中国社会经济史研究》1989 年第 3 期。
⑨ 应云进:《温州人"闯天下"意识文化原由探析》《温州人创新精神探源》,《江西社会科学》2002 年第 1 期、第 5 期;钱志熙:《古代小说中的温州人形象》,《中国典籍与文化》2011 年第 1 期。

达137处。分布于瓯江两岸的龙泉窑共有宋代窑址250多处,通过温州出海,远销日本、高丽、东南亚、西亚、非洲等国家和地区。宋代明州慈溪上林湖和上虞窑产品也供给外销,这些产品在马来西亚、波斯湾的施拉夫港、伊拉克的撒马腊都有发现。吴春明指出隋唐宋元时期以浙闽粤沿海地区为中心的高度发达的青瓷业具有鲜明的海洋文化特征,青白瓷系、黑釉瓷系、白瓷系等也不同程度进入了环中国海洋经贸圈,生产规模急剧扩大并向内陆腹地广泛辐射,窑址达数百甚至上千不等,产品不同程度外销,反映了以外向型瓷业为代表的海洋经济向腹地的扩张。王新天将汉晋六朝以至明清时期浙闽粤沿海以仿烧内地名瓷为主、面向海洋市场的民窑称为海洋性陶瓷业,指出其是海上贸易陶瓷的主要源头。而宋元是东南海洋性瓷业发展的鼎盛时期。①

宋代福建和浙东路矿冶业处于全国领先地位。王菱菱指出,熙宁后半期福建路铜矿课额为442851斤,铅课额为2315874斤,都仅次于广东路,居全国第二位,铁课额为69224斤,居全国第十位,在南方各路中次于江西路、湖南路和利州路。两浙路的铜课额为74541斤,居全国第四位,铅课额为135800斤,居全国第五位,锡课额也为135800斤,居全国第五位。两浙路矿冶主要集中在浙东地区。南宋时期,北方矿冶业较发达的山西、河东和京东陷入金朝版图,福建和浙东矿冶业的地位进一步提升。宋高宗时期福建路新开采银矿数为32个,占全国新开采总数90千的1/3,仅次于湖南路,浙东路居第三。新开采铜矿数福建居第一,占全国新开采总数(59)二分之一,而且福建路此时期没有停闭的银矿和铜矿。福建新开采铁矿场83个,居第二位,但福建路停闭的有33个,而居第一位的江西新开92个,停闭80个,浙东路新开铁矿场32个,居第四位,新开铅矿场27个,居全国第一,占全国总数(32)近90%,仅停闭一个,而江西路仅新开1个,停闭了24个②。这说明福建路和浙东路是全国矿冶业发展最活跃和最兴盛的地区。福建路的纺织业在唐代比较落后③,在宋

---

① 吴春明:《古代东南海洋性瓷业格局的发展与变化》,《中国社会经济史研究》2003年第3期;王新天:《中国东南古代瓷业的海洋性》,《厦门大学学报》2015年第2期。
② 王菱菱:《宋代矿冶业研究》,河北大学出版社2005年版,第22、32—33页。
③ 郑学檬主编的《福建经济发展简史》指出,唐代福建绢与丝产品均列为全国第八等,质量较差,产量亦不高(厦门大学出版社1989年版,第169页)。

代得到很大发展，泉州"绮罗不减蜀吴春"①，可与浙西和四川比肩。福建还与四川和两浙并称三大印刷中心之一，以北苑官焙为代表的福建制茶业代表了当时最高制茶水平，此不一一枚举。

宋代，国家积极鼓励沿海百姓下海经商，海上贸易空前繁荣。福建泉州和浙东明州与广州并为三大贸易港。在北宋初明州就设立了市舶司，元丰三年（1080）明确规定其为唯一可发放前往高丽和日本贸易公凭的港口。元祐二年（1087）泉州设立了市舶司，与广州的广南市舶司同为发放前往南海诸国贸易公凭的港口。宋代福建和浙东沿海泉、福、漳、温、台、明等州都是海上贸易港，反映了此时期海外贸易的空前繁荣②。宋代由于近海贸易的繁荣，形成了近海区域市场，浙西、浙东和福建沿海是近海区域市场的中心。近海区域市场与宋代形成的南海贸易体系共同为福建和浙东沿海地区商业贸易的发展提供了广阔的发展空间和动力。③

工商业的繁荣使粮食生产成为利润最低的行业，宋代福建沿海地区出现了农业商品化浪潮。种植甘蔗、荔枝等商品性农产品收益大于种稻。"糖霜户治良田，种佳蔗"，"有暴富者"④，不少人"多费良田以种瓜植蔗"⑤。福建仙游县"田耗于蔗糖，岁运入浙淮者不知其几万坛"⑥，仙游的风亭市"人家并海，土产砂糖，商舟博贩者率于是解缆焉"⑦。福建的商品性荔枝种植也很盛，荔枝"初著花时，商人计林断之，以立券，若后丰寡，商人知之"⑧。福州荔枝遍卖于杭州街市，"或海船来，或步担到，直卖到八月"⑨。成寻在明州海上遇见"福州商人来，出荔子"⑩。福建荔枝"水浮陆转"，远销北漠、西夏及海外的高丽、日本、大食等，

---

① 苏颂：《苏魏公文集》卷7《送黄从政宰晋江》，中华书局1988年版，第72页。
② 可参黄纯艳《论宋代海外贸易港的布局与管理》，《中州学刊》2000年第6期；《论宋代南海贸易体系的形成》，《国家航海》第三辑，上海古籍出版社2012年版。
③ 黄纯艳：《论宋代的近海贸易》，《中国经济史研究》2016年第2期。
④ 王灼：《糖霜谱》，黄纯艳、战秀梅点校，《宋代经济谱录》，甘肃人民出版社2008年版。
⑤ 韩元吉：《南涧甲乙稿》卷18《建宁劝农文》，文渊阁《四库全书》影印本，1990年版。
⑥ 方大琮：《铁庵集》卷21《项卿守博文》，文渊阁《四库全书》影印本，1990年。
⑦ 黄岩孙：《仙溪志》卷1《市镇》，《宋元方志丛刊》本，中华书局1990年版，第8274页。
⑧ 蔡襄：《荔枝谱》，《蔡襄集》，吴以宁点校，上海古籍出版社1996年版，第646页。
⑨ 《西湖老人繁胜录》，《四库全书》存目丛书，齐鲁书社1996年版，第652页。
⑩ ［日］成寻著：《新校参天台五台山记》卷一，王丽萍点校，上海古籍出版社2009年版，第15页。

"商人贩益广，而乡人种益多"①，广阔的市场进一步刺激了荔枝的种植。在甘蔗、荔枝等商品化农业的影响下，粮食生产更加萎缩。

二　向海谋生的生计方式

宋代有常年生活在海上的群体，广东有"濒海蜑户数万"②，福州有"以船为居，寓庐海旁"的"白水郎"③。他们的全部生计都求之于海。宋代陆居的浙东和福建沿海民众也已表现出向海谋生的显著特点。首先是获取渔盐之利。濒海地区土地咸卤，不宜农耕，而盐业资源丰富，盐业成为百姓谋生的重要途径。如福州"其地濒海，故擅渔盐之利"④。明州"濒海之地，田业既少"⑤，"民以渔盐为业"⑥，且"渔盐每夺农"⑦，侵夺了农业。南宋昌国县"少蚕织，多渔盐"⑧。元代仍是"谷粟丝枲之产虽微，渔盐舟楫之利甚博"⑨。濒海之地渔盐常常超过农业。

陈舜卿曾说"濒海之民，其生不勤，有川不潴，有田不耕"，"转入山海，持茗与盐以给衣食"⑩。他们并非不勤，而是"濒海斥卤地，百姓藉盐以自活"⑪，"海濒瘠卤，民窭寒饥，类以鬻盐为生"⑫。福建"下四

---

① 蔡襄：《荔枝谱》，《蔡襄集》，第647页。
② 朱熹：《晦庵先生朱文公文集》卷93《转运判官黄公（洎）墓碣铭》，第4281页。
③ 梁克家：《淳熙三山志》卷6《地里类六》，《宋元方志丛刊》本，中华书局1990年版，第7839页。
④ 祝穆：《方舆胜览》卷10《福建路福州》，中华书局2003年版，第208页。
⑤ 罗濬等撰：《宝庆四明志》卷5《商税》，第5052页。
⑥ 楼钥：《攻媿集》卷56《昌国县学申义堂记》，《四部丛刊》初编本。
⑦ 张津：《乾道四明图经》卷8，舒亶《和马粹老四明杂诗记里俗耳十首》之六，《宋元方志丛刊》本，中华书局1990年版，第4918页。
⑧ 《宝庆四明志》卷21《昌国县志全》，第5259页。
⑨ 冯福京等：《昌国州图志》卷1《风俗》，《宋元方志丛刊》本，中华书局1990年版，第6064页。
⑩ 陈舜俞：《都官集》卷8《海盐李宰遗爱碑记》，文渊阁《四库全书》影印本，1990年。
⑪ 真德秀：《西山先生真文忠公文集》卷44《赵邵武（侯）墓志铭》，《四部丛刊》初编本。
⑫ 邹浩：《道乡集》卷40《故朝请郎张公（次元）行状》，文渊阁《四库全书》影印本，1990年。

州濒海，已为出盐之乡"①。福州濒海的长溪县"无耕桑之饶，民鬻盐以为生"②。煮盐百姓有隶属于官府榷盐体制的亭户，是"以煎盐为生，未尝垦田"的制盐专业户③，"户有盐丁，岁课入官"④。杨炳诗称泉州"千家沽酒万家盐"⑤，是概言盐户之多。南宋嘉定时期台州临海县杜渎盐场有亭户236户，岁产盐额为25000石（合4166袋）⑥，每户纳盐约18袋。以杜渎盐每户盐额计算，南宋福建岁产盐1100万斤，约为36667袋⑦，有亭户2037户。南宋后期明州昌国、定海、象山、鄞四县产盐额共为53031袋⑧，有亭户2946户。福建和浙东沿海亭户大概有数万人。这只是概算。除了亭户，还有榷盐体制之外生产"浮盐"的"锅户"，亭户所产正盐"归之公上"，而锅户浮盐"鬻之商贩"，可自行销售，而且"正盐居其四，浮盐居其一"。南宋明州象山、定海、鄞三县有浮盐户"四百六十余家刮土淋卤煎盐"⑨，南宋端平之初置局收买浮盐时"以岁额计之，二千七百九十三万斤"⑩。可见浮盐产量和浮盐户为数不少。

沿海地区百姓生计中与盐业一样重要的是渔业。浙东沿海渔业已是百姓的重要生计。明州"濒海细民素无资产，以渔为生"，有"砂岸者，濒海细民业渔之地也。浦屿穷民无常产，操网罟资以卒岁"⑪。王安石曾说官府在鄞县"于海旁渔业之地搔动艣户"，可见艣户以渔业为生。北宋时

---

① 朱熹：《晦庵先生朱文公文集》卷96《少师观文殿大学士致仕魏国公赠太师谥正献陈公（俊卿）行状》，第4473页。
② 陈襄：《古灵集》卷20《殿中御史陈君（洙）墓志铭》，文渊阁《四库全书》影印本，1990年。
③ 《建炎以来系年要录》卷43，绍兴元年四月乙未，第931页。
④ 《续资治通鉴长编》卷97，天禧五年十二月戊子，第2261页。
⑤ 祝穆：《方舆胜览》卷12《泉州》，第214页。
⑥ 《嘉定赤城志》卷7《场务》，《宋元方志丛刊》本，中华书局1990年版，第7331页。又《宝庆四明志》卷6《郡志卷第六》载杜渎场额四千一百六十袋四石，第5067页。《建炎以来朝野杂记》甲集卷14《财赋一》载"盐六石为一袋"，中华书局2000年版，第298页；《建炎以来系年要录》卷17"建炎二年八月辛未"载"每三百斤为一袋"，第407页。
⑦ 《建炎以来朝野杂记》甲集卷14《财赋一》，第298页。
⑧ 《宝庆四明志》卷6《郡志卷第六》，第5067页。
⑨ 《建炎以来系年要录》卷60，绍兴二年十有一月乙丑，第1196页。
⑩ 《宋史》卷182《食货下四》，第4457页。
⑪ 《宝庆四明志》卷2《郡志卷第二》，第5017页；《开庆四明续志》卷8《蠲放砂岸》，《宋元方志丛刊》本，中华书局1990年版，第6008页。

象山人俞夔"昼渔而夜读,登元丰五年进士第"①,是一个专业渔户。南宋对明州渔户编定户籍,参与海防,即"渔户之濒江者有籍,渔舟之助巡者有番",定海县共登记渔户船428只②。奉化县"濒海小民业网罟舟楫之利"。台州"百姓赡渔猎"③,以渔猎自足。温州的濒海百姓"各有渔业"④。渔业成了很多濒海百姓的本业。福建"漳、泉、福、兴化四郡濒海细民以渔为业"⑤,多以捕鱼为业。兴化军"诸色濒海之家以渔为业","夏秋二时官司令纳尾税采捕钱"⑥,以渔税充二税。福建征调民船防海,为不耽误其生计,允许"当番船户只在本州界内逐便渔业"⑦。宋代沿海渔业生产程度已很高。《宝庆四明志》中"水族之品"详细记载了明州59种海产的形状、口感及功用。沿海民众已认识不同鱼类的鱼汛和捕捉时节。石首鱼"常以三月、八月出","三四月业海人每以潮汛,竞往采之,曰洋山鱼。舟人连七郡出洋取之者多至百万艘"。春鱼"似石首而小,每春三月业海人竞往取之,名曰捉春,不减洋山之盛"。鲚鱼"一名刀鱼,常以三月、八月出"。华脐鱼"冬初始出者。俗多重之,至春则味降矣"。鲳鲦"于诸鱼甘美第一,春晚最肥"。箭鱼"春晚与笋尤称"。蟢蜅"生海边泥穴中,潮退探取之。四时常有"。还人工养殖蛤,"海滨人以苗栽泥中"⑧。

如鲁西奇所指出的,"渔业经济与盐业经济都是不能自给自足的、结构性短缺的经济,必须通过贸易等手段从外部环境中获取粮食等生活生产必需品,才能补充其经济的结构性短缺"。这就决定了"滨海地域内部及其与外部环境之间的交流、贸易的必要性,乃是滨海地域经济形态的重要特征"⑨。因而渔盐经济必与贸易相伴随。如泉州沿海百姓"煮盐鬻鱼为

---

① 《宝庆四明志》卷8《郡志卷第八》,第5084页。
② 《开庆四明续志》卷5《新建诸寨》,第5982页。
③ 《嘉定赤城志》卷37《风土门》,《宋元方志丛刊》本,中华书局1990年版,第7527页。
④ 楼钥:《攻媿集》卷21《乞罢温州船场》,《四部丛刊》初编本。
⑤ 《宋会要辑稿》刑法二,第8372页。
⑥ 《宋会要辑稿》食货六三,第7603页。
⑦ 朱熹:《晦庵先生朱文公文集》卷28《与赵帅书》,第1238页。
⑧ 《宝庆四明志》卷4《郡志卷第四》,第5043页。
⑨ 鲁西奇、宋翔:《中古时代滨海地域的"鱼盐之利"与滨海人群的生计》,《上海师范大学学报》2016年第4期。

业","商贾鳞集,富商巨贾鳞集其间"①。温州乐清县"濒海细民以负贩鱼盐为生业"②,瑞安县"渔盐之薮,人相哄成市"③。浙东、福建手工业及商品化农业发展的前提是贸易繁荣为其提供的广阔市场。贸易是沿海地区百姓最重要的生计之一。

宋代商业已成为福建沿海诸多民众的本业。"福建一路,多以海商为业。"④ 南宋有官员指出,民船征调"妨废兴贩,中下之家往往失业"⑤,应保障其贸易,使船户"不失本业"⑥。福建沿海民众经营海上贸易之风最盛。"漳、泉、福、兴化滨海之民所造船乃自备财力,兴贩牟利。"⑦ 兴化一带"海近贩人多"⑧。泉州周围更是"贵贱惟滨海为岛夷之贩"⑨,"泉地濒海通商,民物繁伙,风俗错杂"⑩。泉州作为发放往南海诸国贸易公凭的市舶司港,福建商人是南海诸国贸易中最活跃的力量。南海诸国贸易中留下籍贯和姓名的中国商人屈指可数,但基本是福建商人。与交趾的贸易中有明确记载的是福建商人,"闽人附海舶往者"被"命之官,咨以决事"⑪,以至于"交趾公卿贵人多闽人"⑫。阇婆国贡使说"今主舶大商毛旭者,建溪人,数往来本国"⑬。泉州海商邵保到占城贸易,发现了被宋朝通缉的海贼鄂邻等⑭。还有福州商人林振从南番买香药归来⑮。《夷坚志》记载了泉州商人杨客"为海贾十余年,致货二万万",另有泉州海贾

---

① 《方舆胜览》卷12《泉州》,第207页。
② 朱熹:《晦庵先生朱文公文集》卷88《龙图阁直学士吴公(苪)神道碑》,第4108页。
③ 陈耆卿:《筼窗集》卷7《竹居说》,文渊阁《四库全书》影印本,1990年。
④ 苏轼撰、孔凡礼点校:《苏轼文集》卷30《论高丽进奉状》,中华书局1986年版,第847页。
⑤ 周必大:《义忠集》卷82《入兄奏札(淳熙三年)》,文渊阁《四库全书》影印本,1990年。
⑥ 《宋会要辑稿》食货五〇,第7128页。
⑦ 《宋会要辑稿》刑法二,第8365页。
⑧ 刘克庄:《后村先生大全集》卷46《送王南海二首》,《四部丛刊》初编本。
⑨ 乾隆《泉州府志》卷21《田赋》,文渊阁《四库全书》影印本,1990年。
⑩ 朱熹:《晦庵先生朱文公文集》卷89《直秘阁赠朝议大夫范公(如圭)神道碑》,第4144页。
⑪ 《文献通考》卷330《交趾》,中华书局2011年版,第9103页。
⑫ 《续资治通鉴长编》卷二七三,熙宁九年三月壬申,第6692页。
⑬ 《宋史》卷489《阇婆国传》,第14092页。
⑭ 《续资治通鉴长编》卷137,庆历二年七月己巳,第3287页。
⑮ 《宋会要辑稿》食货三八,第6842页。

往三佛齐贸易遇险至一海岛①。《夷坚志》虽是小说，但泉州海商成为其创作的主题说明泉州海商影响甚大。

元丰以后明州是发放前往高丽和日本贸易的唯一港口，两浙商人得近水楼台之利，但史籍所见往高丽和日本贸易的有籍贯和姓名的海商最多的仍是福建商人。据金渭显《〈高丽史〉中中韩关系史料汇编》统计，明确记载籍贯的赴高丽贸易的广南商人和江南商人各有两例，其他都是福建和浙东商人，以福建商人最多。福建商人有戴翼、欧阳徵、林仁福、陈文轨、虞瑄、怀贽、陈象中、陈亿、李颛、周佇、卢遵、林蔼、陈亮、林禧、王易从、黄文景、黄真、徐戬等十七人②。高丽"王城有华人数百，多闽人因贾舶至者"，其中多有被"诱以禄仕，或强留之终身"③。前往日本的福建商人也很多。咸平五年有"建州海贾周世昌遭风飘至日本"④。宋神宗朝日僧成寻赴宋搭乘福建商船，船头曾聚、吴铸、郑庆都是福建人⑤。现存唯一一份北宋贸易公凭是泉州商人李充崇宁三年（1104）往日本贸易的公凭⑥。福建商人也是近海贸易最活跃的力量。史载，"越人衣葛出自闽贾。然则日邦机杼或者久不传矣"⑦，福建商人大量输入布帛使绍兴府原本发达的织布业都停滞了。在海南岛，福建商人也十分活跃，"泉、福客人，多方规利"⑧。海南岛"惟槟榔、吉贝独盛，泉商兴贩，大率仰此"⑨。海南岛还有大量"闽商值风水荡去其货，多入黎地耕种不归"⑩。

宋代福建商人已成为最活跃和最负盛名的海上贸易力量，以至于官府

---

① 《夷坚丁志》卷6《泉州杨客》，中华书局1981年版，第588页；《夷坚甲志》卷7《岛上妇人》，第59页。
② 参见金渭显《〈高丽史〉中中韩关系史料汇编》之"高丽与宋关系"，台北食货出版社1983年版。
③ 《宋史》卷487《高丽传》，第14053页。
④ 《宋史》卷491《日本国传》，第14136页。
⑤ ［日］成寻：《新校参天台五台山记》卷1，王丽萍点校，上海古籍出版社2009年版，第1页。
⑥ ［日］黑板胜美编：《朝野群载》卷20《异国》，东京吉川弘文馆1938年版，第452页。
⑦ 施宿等：《嘉泰会稽志》卷17《布帛》，中华书局1990年版，第7048页。
⑧ 《续资治通鉴长编》卷310，元丰三年十二月庚申，第7522页。
⑨ 赵汝适撰：《诸蕃志注补》卷下，韩振华注补，香港大学亚洲研究中心2000年版，第446页。
⑩ 《建炎以来系年要录》卷187，绍兴三十年十二月戊申，第3633页。

需要商人担任对外沟通使命时首先想到福建商人。宋神宗要恢复宋丽中断四十余年的官方交往，特令曾任福建路转运使的罗拯访得"尝以商至高丽"的"泉州商人黄真"，完成了传递消息的使命①。宋神宗还"密谕泉州商人郭敌往招诱（女真）首领，令入贡及与中国贸易"②。高丽向宋借乐艺人，也请"泉州商人傅旋持高丽礼宾省帖"转达请求③。宋朝使团出使高丽也首先按"旧例"，"先期委福建、两浙监司顾募客舟（即商船）"。宋徽宗朝路允迪使团就雇用了六艘福建商船④。南宋末主持广西军政的李曾伯想从交趾了解蒙古军动向，特派人"选择三山仕于湖广者，遣之往安南觇探近事"，选中福建人廖扬孙。他通过"福建士人在彼间者"获得了准确的情报⑤。北宋时已经用"闽商"或"闽船"概指海商。有"闽商海贾，风帆浪舶，出入于江涛浩渺烟云杳霭之间"、"闽商海贾输金刀"、昌国岛"皆蕃舶闽船之所经"等说法。⑥

浙东沿海商业也很繁盛，明州官民都仰赖商业，"僻处海滨，全靠海舶住泊。有司资回税之利，居民有贸易之饶"⑦，"小人多商贩，君子资官禄"⑧，百姓多经营商业，其至百姓"籍贩籴者半之"⑨。温州号称"一片繁华海上头，从来唤作小杭州"，"其货纤靡，其人多贾"⑩。海上贸易还深入沿海镇和乡村，如明州鲒埼、袁村等"濒大海商舶往来聚而成市"，号称"小江下"⑪，"明、越濒海村落间类多山东游民，航海而来，以贩籴为事"⑫。往来高丽、日本贸易的留下姓名和籍贯的商人中浙东商人仅次于福建。据金渭显《〈高丽史〉中中韩关系史料汇编》统计，明州商人有

---

① 罗浚等：《宝庆四明志》卷6《市舶》，中华书局1990年版，第5055页。
② 《续资治通鉴长编》卷350，元丰七年十二月丁亥，第8395页。
③ 《续资治通鉴长编》卷261，熙宁八年三月丙午，第6360页。
④ 徐兢：《宣和奉使高丽图经》卷34《海道一》（《全宋笔记》第三编第八册，大象出版社2008年版），虞云国等整理，第8、129页。
⑤ 李曾伯：《可斋续稿》后卷6《回宣谕奏》，文渊阁《四库全书》影印本，1990年。
⑥ 欧阳修：《居士集》卷40《有美堂记》，李逸安点校，中华书局2001年版，第585页；《咸淳临安志》卷25《山川四》，第3603页；《宝庆四明志》卷21《昌国县志全》，第5265页。
⑦ 《宝庆四明志》卷6《郡志卷第六》，第5054页。
⑧ 《乾道四明图经》卷1《风俗》，第4877页。
⑨ 《至正四明志》卷5《土产》，《宋元方志丛刊》本，中华书局1990年版，第6502页。
⑩ 程俱：《北山集》卷22《席益差知温州》，文渊阁《四库全书》影印本，1990年。
⑪ 《宝庆四明志》卷14《奉化县志卷第一》，第5180页。
⑫ 《宋会要辑稿》兵二九，第9242页。

周仁、忘难、陈惟志、徐赟、黄仲、张诜、徐德荣等。其中徐德荣数次往高丽，《高丽史》未载其籍贯，《攻媿集》称其为"郡（指明州）人徐德荣"①。日本僧人奝然归国时搭乘了台州商人郑仁德船②。据赵莹波的研究，日本僧人多到天台山巡礼，台州商人发挥了重要作用。上举台州商人郑仁德曾多次送日僧赴宋和回国。在日四十年的台州商人周文德也为僧人传递信息③。浙东商人在近海贸易中也很活跃，每年三月定期有台州三姜船至通州④。每年还有商船"自温、台、明、越来，大艚或以十余为艗"，到广东贸易。⑤

三 海洋观念的变革与新生

宋代福建和浙东沿海地区民众生计与海洋的联系空前紧密，海洋已经成为人们现实的生活场域，人们对海洋的认识更为具体现实，首先认识到海上贸易可以把手工业和商品化农业转为比粮食生产更丰厚的收益。刘克庄说到泉州海商追逐商业利润不惜冒生命之险，"海贾归来富不赀，以身殉货绝堪悲"⑥。在商业实践中人们便会用更现实的、更功利的眼光认识海洋。我们已经能清晰地看到宋代沿海民众与官方体制两条海洋知识的生成路径。官方构建海洋知识和海洋观念的出发点是申明华夷秩序。宋代官方文献选择的海外诸国的记录首先是朝贡活动，用以彰显宋朝与海外诸国的华夷君臣秩序，其次是其邈远的地理和奇风异俗，显示无远弗届和蛮夷浅陋。不论以宋代《国史》为基本史料编修的《宋史》，还是历代《会要》等官修政书，都是如此。官方海洋知识的构建首先是对政治目的的解说。在这一功能下，宋代为读书人，特别是为应试的学子们编修的举书，宣扬的海洋知识和海洋观念并非来自当时沿海民众航海活动的知识，而仍是历朝相因的华夷话语，如潘自牧《记纂渊海》卷七《地理部》"海"条和祝穆《古今事文类聚》前集卷十五《地理部》"海"条等都是

---

① 楼钥：《攻媿集》卷86《皇伯祖太师崇宪靖王（赵伯圭）行状》，《四部丛刊》初编本。
② 《宋史》卷491《日本国传》，第14135页。
③ 赵莹波：《唐宋元东亚关系研究》，上海社会科学院出版社2016年版，第68—69页。
④ 文天祥：《文山先生全集》卷13《海船》，《四部丛刊》初编本，第218册，第52页。
⑤ 方大琮：《铁庵集》卷18《郑金部逢辰书》，文渊阁《四库全书》影印本，1990年。
⑥ 刘克庄：《后村先生大全集》卷12《泉州南郭二首》，《四部丛刊》初编本。

如此。而宋代所绘《古今华夷区域总要图》等囊括九州和海外的地理图更直观地解说着华夷秩序，关注的不是海上知识的客观正确性。

而宋代生成于民间航海者的海洋知识和观念日益清晰地表现出与官方不同的知识体系和观念系统。南宋赵汝适在泉州以海商提供的信息为主写成的《诸蕃志》，信息来自于海商的航海实践，典型地代表了民间航海者的海洋观念。《诸蕃志》记载的信息，除了赵汝适作为市舶司官员加入的少量历代朝贡等政治信息外，就是一部海外贸易的商业指导书。在该书纷繁的信息中我们可以清晰地看到记录的思路和主线，即航路、物产、市场、风土、货物等与商业贸易直接相关的五个方面的信息。其对物产的记录有专列的该国所能供给的商品，用"土产""土出""土地所产""土地所出"或"出"表述，与记载部分国家的非商品性物产有明确区分。货物则是专指中国商人前往销售的商品，以"番商兴贩用"表述。航路信息主要记录中国往该国的航线、风讯等，市场信息主要记录该国贸易政策和商品交换状况，风土主要记录该国政治、军事和法制信息，这些都是商人进入其国贸易所必需的信息。如"三佛齐国"条即记载了：航路，"在泉之正南。冬月顺风，月余方至"；物产，"土地所产，玳瑁、脑子、沉速暂香、粗熟香、降真香、丁香、檀香……"；市场，"其国在海中，扼诸番舟车往来之咽喉。古用索为限以备他盗，操纵有机；若商舶至，则纵之……若商舶过不入，即出船合战，期以必死"；风土，记录了国王仪仗，王位继承制度，都城布局，赋税制度，军事制度，法律制度，畜牧酿酒，宗教信仰；货物，"番商兴贩用金银、瓷器、锦绫、缬绢、糖、铁、酒、米、干良姜、大黄、樟脑等物博易"①。其他国家有的五方面信息齐备，如占城、阇婆、大食等，有的记录部分信息，而大部分国家都有记录的是商人们最关心的物产信息。宋代《宣和奉使高丽图经》《参天台五台山记》等也记录了使节和僧人航海实践中得到的海洋知识，部分也来源于同船的水手和商人，但记录者视角不同，都不能如《诸蕃志》这样全面地反映民间海商现实、具体而功利的海洋观念。

古代中国相信万物有神，人们总是把自己的生存空间构建成一个完备的人神共居的世界，甚至人神共居的世界构建越完备，显示这个世界

---

① 《诸蕃志注补》卷上《三佛齐国》，第46—47页。

与人们的生存越密切。中国古代对海洋的认识从邈远疏离到现实具体就是海洋与人们生存日益密切的发展过程。宋代海洋已经成为浙东和福建沿海民众的重要生存空间，海洋神灵不再虚无缥缈，人们将海洋世界构建成了一个与海洋生计密切相关的、严密和完善的人神共生的世界。拙文《宋代水上信仰的神灵体系及其新变》阐述了宋代包括海上神灵信仰在内的水上神灵信仰体系构成，以及在宋代出现的新变化①。本文就福建路和两浙路海上神灵信仰的特点作一补充论述。宋代福建和浙东沿海地区已成为海上神灵信仰最兴盛的地区，其特点一是东海神信仰中心从山东向浙东转移；二是福建妈祖信仰向北传播及其兴盛；三是海上神灵的新增。东海神灵南下浙东、福建与福建地方神妈祖的北上，以及沿海地区海上神灵信仰不断新生三种趋势共同构成宋代浙东和福建海上神灵信仰的图景。

东海神是四海神信仰之一，北宋时其本庙设于莱州，"在莱州府东门外十五里，下瞰海咫尺"②，祭祀由莱州地方负责。北宋前期官方的东海神祭祀主要还是在天下神灵体系中的政治象征意义，未见与海上航行直接关联。北宋几次从明州出发出使高丽航海推动了东海神信仰中心向浙东的转移。元丰元年安焘奉使高丽回国后建议于明州建东海神行祠，"往来商旅听助营葺"，推动了官民航海活动与东海神信仰的联系。大观四年及宣和五年出使高丽使团回国也奏请加封东海神，进一步巩固了东海神在浙东的影响。宋高宗从海道成功脱险，下旨将东海神封爵加"佑圣"二字③，言其有护驾之功。绍兴十三年对东海神尚实行望祭，乾道五年正式在明州设东海神本庙祭祀，东海神信仰中心完全转移到明州，而且强调不仅莱州一带是东海封域，"通、泰、明、越、温、台、泉、福皆东海分界也"，"东海之祠，本朝累加崇奉，皆在明州，不必泥于莱州矣"④。南宋时东海神地位也大为提高。北宋沿袭唐代，将岳镇海渎置于中祀，宋理宗朝正式升"海神为大祀"⑤，成为与天地宗庙

---

① 载《史学集刊》2016 年第 6 期。
② 朱彧著：《萍洲可谈》卷二，李国强点校，《全宋笔记》第二编第六册，大象出版社 2013 年版，第 159 页。
③ 《宝庆四明志》卷 19《定海县志第二》，第 5239 页。
④ 《文献通考》卷 83《郊社考十六》，第 2560—2561 页。
⑤ 《咸淳临安志》卷 3《海神坛》，第 3379 页；《宋史》卷 43《理宗三》，第 847 页。

神灵同列的最高层次神灵。

妈祖信仰产生于宋代海上贸易最繁荣的福建。妈祖由一个乡土之神、公务之神，转向为一个海商之神①，随着福建海商的足迹而传播。妈祖信仰会被福建商人带到他们活跃的广南沿海乃至东南亚地区，但妈祖信仰作为地方淫祀向获得国家赐额加封的正祀的身份转变是因为向北的传播。妈祖信仰的重要转折是宣和五年路允迪使团出使高丽回国的奏请。路允迪使团雇用了六艘福建商船，梢工水手都是福建人。船队海上遇险，福建船员祈求妈祖，"神降于樯，获安济"。路允迪等奏于朝，获赐庙额曰"顺济"。南宋时期，由于国家的推动，妈祖信仰迅速升温。绍兴二十六年以郊典，封灵惠夫人。此后，妈祖的灵迹不断上奏于朝廷。绍兴二十八年帮助平定海盗，加封"昭应"。后因为福州百姓指点甘泉，加封"崇福"。十九年后又因帮助平寇，加封"善利"。淳熙年间因在福建屡次救旱，"易爵以妃，号惠灵"，获得了宋代女性神灵的最高爵。此后因开禧北伐时护佑宋军、帮助平定海寇等功绩多次获封。天妃已经变成无所不能之神，广泛传播于闽、广、江、浙、淮甸②，而其主要职能则是"多于海洋之中佑护船舶"③，"凡航海之人仰恃以为司命"④，"贾客入海，必致祷祠下"⑤。其转变的关键点是在向北传播中进入正祀体系。

宋代海上神灵信仰原有神灵新增护航职能和新创护航神灵在浙东和福建沿海数量最多，表现最为突出。拙文《宋代水上信仰的神灵体系及其新变》论及宋代温州人将唐代宰相李德裕首次作为海神信仰。此处对浙东和福建沿海海上神灵信仰略作补充。明州作为三大贸易港和贸易枢纽，海上神灵信仰十分兴盛。奉化县显佑庙祭祀唐代一仇姓神灵，南宋以前未见与护佑航行有关，"嘉定初民虑艰食，神招商人米舟踵至"，始见其海上的灵迹⑥。昌国县洋山庙神宋朝始见"并海之民赖之，故久而不废"的记载。主山昭应庙神在宋代见当地饥荒，"濒海窘籴，忽有乘大舟抵岸者"，

---

① 李伯重：《"乡土之神"、"公务之神"与"海商之神"——简论妈祖形象的演变》，《中国社会经济史研究》1997年第2期。
② 《咸淳临安志》卷73《祠祀三》，第4014页。
③ 吴自牧：《梦粱录》卷14《外郡行祠》，浙江人民出版社1980年版，第130页。
④ 真德秀：《西山先生真文忠公文集》卷54《圣妃宫祝文》，《四部丛刊》初编本。
⑤ 《夷坚支景》卷9《林夫人庙》，第950—951页。
⑥ 《宝庆四明志》卷15《奉化县志卷第二》，第5192页。

乃昭应庙神所至。该神在建炎四年宋高宗南逃脱险后赐昭应庙额，并封侯，"舟舶往来必致祷焉"①。台州临海县灵康庙祭祀东汉赵炳，入宋朝后"叠显灵异"，"诱闽广之米商，扬神兵以殄寇，澄海波以济龙舟"，与航海密切相关。台州黄岩县张太尉庙由宋朝海商由山东传播到此。天台县黄山庙所祀护国感应显庆王是宋朝新创神灵，相传为"海船系缆处"而建庙祭祀②。武烈英护镇闽王庙所祀神灵汉已封王，南宋胶西海役"舟师祷战获捷，王加封英护"，成为与海上活动有关的神灵③。有些神灵在宋代以前已有护佑航行的职能，宋代得到进一步发展。明州助海显灵侯庙祭祀象山县孔姓人，五代时就有护佑航海的灵迹，宋高宗海路脱险后赐号显灵。宋高宗脱险后加封的还有洋山庙神、觉海威显侯庙神、陈山忠应侯庙神，说明这些神灵都与航海有关。宣和五年路允迪等使高丽获昭利庙神护佑而奏请建庙④。昌国县冲应真人祠祀陶宏景，梁朝时就有护佑航海的灵迹，宋真宗朝开封建昭应宫，自温州海运巨木，获陶真人护佑⑤。台州黄岩县穿石庙祭祀隋朝航海遇难的商人，宋朝新修其庙。⑥

同时需指出，宋代福建和浙东沿海地区绝非单一的工商业经济或海洋性经济。尽管如上所述，福建和浙东沿海工商业盛于农业，但在农耕社会文化和制度环境下，即使是濒海地区，官员们也以劝农为首务，陈造《定海劝农文》写道"国家务农重谷，凡张官苴政无非劝课之意"⑦。温州"以海濒逐末者众，首劝民务本业"⑧，官员仍重视劝农，而且劝农有成效，"东瓯之俗，率趋渔盐，少事农作。今则海滨广斥，其耕泽泽，无不耕之田矣"⑨。因而沿海地区是多种经济形态和生计方式并存。如定海县既是"蛮舶之贾于明，明舟之贩于他郡率由此出入"，也"鱼盐富衍，

---

① 《宝庆四明志》卷21《昌国县志全》，第5272、5273页。
② 《嘉定赤城志》卷31《祠庙门》，第7519、7532页。
③ 《淳熙三山志》卷8《祠庙》，第7859页。
④ 《宝庆四明志》卷11《郡志卷第十一》、卷18《定海县志卷第一》，第5134、5231页。
⑤ 《宝庆四明志》卷21《昌国县志全》，第5272页。
⑥ 《嘉定赤城志》卷31《祠庙门》，第7523页。
⑦ 陈造：《江湖长翁集》卷30《定海劝农文》，文渊阁《四库全书》影印本，1990年。
⑧ 洪咨夔：《平斋集》卷31《吏部巩公（嵘）墓志铭》，文渊阁《四库全书》影印本，1990年。
⑨ 吴泳：《鹤林集》卷39《温州劝农文》，文渊阁《四库全书》影印本，1990年。

士习相承，皆诗书礼义之训，而山谷之民耕桑乐业"①，贸易、渔盐和耕读并存。昌国县"鱼盐虽富而亦轻财，岩谷之民有老死不识城郭者"②。楼钥谈到温州"永嘉县有田产船户"③，船户海上谋生与农田兼营。刘克庄曾说"闽人务本亦知书，若不耕樵必业儒。唯有刺桐南廓外，朝为原宪暮陶朱"④，既有耕读也有商贸。甚至商业繁盛的浙东和福建沿海文化也领先于全国。有人说"邹鲁多儒，古所同也。至于宋朝则移在闽浙之间"⑤，甚至温州"文风为两浙最"⑥。因耕作半径所限⑦，离海岸稍远的居民并不能以渔盐为生，必有从事传统农业者。但也并非仅沿海地区与海上贸易相关，繁荣的海上贸易将远离海岸地区乃至内陆都吸纳到海上贸易网络之中。如福建内陆所产铁"商贾通贩于浙间"，不产铁的两浙路依赖"漳、泉、福等州转海兴贩"⑧。福建的瓷器、茶叶等产品都通过海路贸易远销各地。浙东路北部的"良材兴贩自处过温以入于海者众"⑨，龙泉瓷也是如此。因而福建和浙东沿海的海洋性地域特征并非单一的经济结构，而是指其表现出来的经济结构、生计方式、观念习俗等相互衍生而形成的有别于其他地区的、具有整体性的地域特征。

四 海洋性地域特征形成的原因

宋代福建和浙东沿海地区生成与其他地区不同的海洋性地域特征是其特殊的地理环境和宋代历史因素共同作用的结果。福建和浙东基本地形都是背山面海，可通航的河流都发源于山区，流入大海，除了明州余姚江可转驳连通运河外，没有一条可航行河流通向内地。黄英湖指出，福建"三面背山，一面向海"，闽江、九龙江、汀江和晋江等主要河流都从北

---

① 《宝庆四明志》卷18《定海县志卷第一》，第5226页。
② 《宝庆四明志》卷20《昌国县志全》，第5244页。
③ 楼钥：《攻媿集》卷31《乞罢温州船场》，《四部丛刊》初编本。
④ 刘克庄：《后村先生大全集》卷12《泉州南郭二首》，《四部丛刊》初编本。
⑤ 章如愚编：《群书考索》续集卷51《舆地门》，文渊阁《四库全书》影印本，1990年。
⑥ 《（弘治）温州府志》卷1《风俗》，天一阁藏明代方志选刊本。
⑦ "耕作半径"，见李埏《"耕作半径"浅说》，《云南日报》1986年8月15日第3版。
⑧ 《淳熙三山志》卷41《土俗类》，第8252页。
⑨ 楼钥：《攻媿集》卷21《乞罢温州船场》，《四部丛刊》初编本。

部山区流向大海,"迫使福建人只能东向大海,向海洋发展"①。宋代从福建北上有越仙霞岭,或过喻杉关而入信州的陆路,并设有递铺,而实际上山路艰险,"福建纲运多由海道",陆路铺兵"仅成虚设"②。闽北所产瓷器都顺晋江到泉州,或通过闽江运至福州外销③,闽北诸州的其他物资也通过这些河流运到福州和泉州。

宋人称"温、台、处、徽不通水路,其二税物帛,许依折法以银折输"④,所指是温、台、处没有可连通内地的漕运河流。应云进指出,温州地势自西向东呈梯状倾斜,有雁荡等三大山脉,瓯江、飞云江、鳌江三大水系由西向东流入东海,对内交通闭塞,与外界最好的通道就是海洋⑤。台州也如此。临海县灵江、仙居、永安三江,黄岩有永宁江,仙居县永安溪、曹溪,宁海县淮河,皆源出北部山区,而南流入海⑥。明州除鄞县、定海可通过运河连接内地外,奉化、象山等也需从海路对外联通。

另一方面,宋代是浙东和福建移民高峰,人地关系从地多人少向人稠地狭状况转变。汉武帝将温州一带"土著粤人徙于江淮间,其地遂虚。后虽置县,尚荒寂也"⑦。晋代以后有移民逐步迁入而人口尚未充实,五代到宋才真正人口繁盛。唐朝前期,温州山区人烟稀少,土地开发缓慢。南宋时,移民涌入,人口骤增,出现人多地少的矛盾⑧。刘红玉指出,宋代温州移民一股来自中原,一股来自以垦荒为主的福建移民⑨。隋唐五代以前福建也是人口稀少,文化落后,五代以后因北方移民的迁入,经济繁荣、文化发达,"闽文化的基本特点是移民文化","宋代闽人的主体已经

---

① 黄英湖:《福建人的海洋性特征及其原因探讨》,《福建省首届海洋文化学术研讨会论文集》,2007年。
② 《宋会要辑稿》方域一〇,第9488页。
③ 林忠干等:《闽北宋元瓷器的生产与外销》,《海交史研究》1987年第2期。
④ 《宋史》卷174《食货上二》,第4217页。
⑤ 应云进:《论自然环境与温州人的生存出路》,《中共宁波市委党校学报》2001年第4期。
⑥ 《嘉定赤城志》卷23《山水门五》、卷24《山水门六》、卷25《山水门七》,第7451、7460、7466页。
⑦ 《(嘉靖)温州府志》卷1《风俗》,天一阁藏明代方志选刊本。
⑧ 应云进:《论自然环境与温州人的生存出路》,《中共宁波市委党校学报》2001年第4期。
⑨ 刘红玉:《论宋代温州移民与杨府爷信仰的关系》,《学理论》2012年第21期。

是汉人"①。唐天宝元年福建地区的著籍户口仅90686户，人口密度每平方公里只有0.8户，北宋初的太平兴国年间福建路著籍户数达468万户，较唐天宝元年增加了416%，人口密度达每平方公里41户，靖康之乱以后，北方民众更是大量迁入，使得福建在宋代成为人稠地狭最严重的地区。

宋代福建和浙东出现了严重的人稠地狭。"泉州人稠山谷瘠，虽欲就耕无地力"，"土地迫狭，生籍繁夥，虽硗确之地，耕耨殆尽"②。福建都如此，"七闽地狭人稠，为生艰难，非他处比"③。福建沿海地区没有"江、浙家以万计、以千计者皆米也"的粮食大户，有粮之家也不过"有二三百石甚可数，且半是糠秕"④。泉州一州"苗额不及江浙一大县"⑤，而兴化军"赋入不敌江浙一大户"⑥。宋代二税按亩征收，福建沿海一州赋入不及江浙一县，甚至不如一大户，说明其耕地十分匮乏。明州"所谓大户者其田多不过百亩，少者至不满百亩"，折为浅则不过一二百贯⑦，土地也十分短缺。而且沿海地多咸卤，不适合农耕，"负山滨海，沃土少而瘠地多。民生其间，转侧以谋衣食"⑧。郑学檬等将历史上福建沿海田地分为五类：平暖沃衍的洋田，依山疮薄的山田，积沙填河的洲田，筑堤引灌的棣田和滨海咸卤的海田，其中洋田最少，大量土地是瘠薄的山田、洲田和海田，要经过反复耕作治理才能成为熟田⑨。宋人反复说到福建土地贫瘠，"可耕之地皆崎岖崖谷间，岁有所收，不偿所费"⑩，特别是滨海地区："嗟哉濒海邦，半是硗确地。三时劳耕耘，收获尚无几。"⑪

---

① 徐晓望：《论隋唐五代福建的开发及其文化特征的形成》，《东南学术》2003年第5期。吴松弟：《宋代福建人口研究》，《中国史研究》1995年第2期。
② 祝穆：《方舆胜览》卷12《泉州》，第214页。
③ 廖刚：《高峰文集》卷1《投省论和买银札子》，文渊阁《四库全书》影印本，1990年。
④ 方大琮：《铁庵集》卷21《与项卿守博文书》，文渊阁《四库全书》影印本，1990年。
⑤ 真德秀：《西山先生真文忠公文集》卷15《申尚书省乞拨降度牒添助宗子请给》。
⑥ 郝玉麟等：《福建通志》卷30《名宦二·张友》，文渊阁《四库全书》影印本，1990年。
⑦ 王安石：《临川集》卷76《上运使孙司谏书》，文渊阁《四库全书》影印本，1990年。
⑧ 《嘉定赤城志》卷13《版籍门一》，第7389页。
⑨ 洪沼、郑学檬：《宋代福建沿海地区农业经济的发展》，《中国社会经济史研究》1985年第4期。
⑩ 韩元吉：《南涧甲乙稿》卷18《建宁劝农文》，文渊阁《四库全书》影印本，1990年。
⑪ 真德秀：《西山先生真文忠公文集》卷40《泉州劝农文》。

福建和浙东沿海地区都是渔盐资源丰富，海上交通便利。方勺说"水性以润下为咸，其势不曲折则终不可成盐"，"唯隈奥多处则盐多"，而浙东沿海"海水隈奥曲折，故可成盐"，故"二浙产盐尤盛他路。自温州界东南止闽、广，盐升五钱，比淮浙贱数倍，盖以东南最逼海"。浙东沿海盐业生产条件较浙西沿海优越。浙西"水势稍淡"，产盐能力弱，而浙东沿海"自（明州）岱山及（温州）二天富，皆取海水炼盐"，产盐能力强①。福建盐产更不少于浙东。舍农耕而事渔盐工商是福建和浙东沿海百姓因地制宜的结果，也是人趋利本性使然。宋人说"浙东诸郡，濒海则有贩鬻私盐之利，居山则有趁逐坑场之利。利之所在，民争趋之"②。明州定海县管下四乡"系是濒海鱼盐之地"，"泥土极咸，不系耕种"，"逐处人户不务农作，久来在上占据煎盐私自卖与客人"③，以至于"海旁之盐虽曰杀人而禁之，势不止也"④。福建海濒居民也是"子孙生长其间，未免以渔采为业"⑤。福州"南望交广，北睨淮浙，渺若一尘，乘风转舵顾不过三数日"⑥。泉州更是号称"闽粤领袖"⑦。温州"通海道，商舶往来其间"⑧。出海贸易有着更为广阔的空间。

福建和浙东沿海特殊的地理环境在宋代人口压力下产生了向海洋发展的巨大推力，而另一个使福建和浙东沿海民众能够相对自由地向海上发展的重要因素，是宋朝实行积极开放的贸易政策和空前繁荣的海上贸易。宋代前所未有地实行了鼓励本国民众出海贸易的开放政策⑨。宋代沿海民众得以史无前例地自由从事海洋活动，特别是远洋贸易。福建和浙东是宋代海上贸易条件最好的地区。明州是最早设置市舶司的港口之一，而且在元丰以后规定为唯一可发放前往高丽和日本贸易公凭的港口。明州作

---

① 方勺撰：《泊宅编》卷2，许沛藻等点校，中华书局1983年版，第14页。
② 《宋会要辑稿》兵三，第8674页。
③ 《宋会要辑稿》食货二六，第6560页。
④ 《临川集》卷76《上运使孙司谏书》，文渊阁《四库全书》影印本，1990年。
⑤ 真德秀：《西山先生真文忠公文集》卷8《申枢密院措置沿海事宜状》。
⑥ 《淳熙三山志》卷6《江潮》，第7835页。
⑦ 《方舆胜览》卷12《泉州》，第208页。
⑧ 吴泳：《鹤林集》卷23《与马光祖互奏状》，文渊阁《四库全书》影印本，1990年。
⑨ 宋代积极鼓励本国民众从事海上贸易，通过发放公凭和抽解、博买等制度实行管理，该方面已有丰富的研究，如藤田丰八《宋代之市舶司与市舶条例》（商务印书馆1936年版）、陈高华、吴泰《宋元时期的海外贸易》（天津人民出版社1981年版）、黄纯艳《宋代海外贸易》（社会科学文献出版社2003年版）等作了系统的论述。

为经济最发达的两浙地区联系海洋的孔道，是海上进口品最重要的集散地①。泉州北宋前期就有发达的海上贸易，元祐二年设市舶司，可发放南海诸国贸易公凭。泉州处于北通内陆、高丽、日本，南联南海诸国的有利位置，可兼营南北贸易且是广州商品转销内地的必经之地。南宋时泉州已超过广州成为全国乃至世界最大贸易港。在宋代近海贸易和远洋贸易空前发展的大背景下，浙东和福建沿海较其他地区显示了更为优越的贸易条件。

使宋代福建和浙东成为海上贸易中心地带的另一重要因素是其海船制造的最重要中心地位。浙东和福建海岸曲折，港澳丰富，北部山区有丰富的木材资源，这是淮南、京东和河北不具备的造船条件。明州和温州是海船制造基地。宋神宗和宋徽宗朝曾两次令明州建造出使高丽的座船"神舟"，是宋代史籍所见最大的海船。神宗朝所造"神舟"一曰凌虚致远安济神舟，二曰灵飞顺济神舟②。徽宗朝所造"神舟"，一曰鼎新利涉怀远康济神舟，二曰循流安逸通济神舟③。南宋因海防需要，明州和温州成为战船重要制造地。宋高宗曾令"温、福诸郡造海舟"，"用平阳莆门寨所造巡船为式，每舟阔二丈有八尺"④。宋孝宗也令"明、温州各造平底海船十艘"、令"温州打造海船一百只"⑤。宋理宗也令给温州"降下船样二本"，"各做海船二十五只"⑥。南宋时浙东的海船数量巨大。淳熙年间，范成大在明州"将海船五千八百八十七只结甲"⑦。南宋对民间海船数量最多的浙东和福建两路实行分番征调（这也可见其他路海船数量不及此两路），用于海防，其中福建征调梁宽一丈二尺以上，浙东征调梁宽一丈以上。按此规定，这只是明州民间梁宽一丈以上可用于海防的海船。南宋嘉熙年间浙东明、温、台三州民间海船共有19287只，其中一丈以上的有3833只，一丈以下的有15454只⑧。福建在海船制造上地位更重于浙东，

---

① 黄纯艳：《论宋代进口品的营销》，《云南教育学院学报》1999年第3期。
② 《续资治通鉴长编》卷187，元丰元年闰正月甲午，第7023页。
③ 徐兢：《宣和奉使高丽图经》卷34《海道一》，《全宋笔记》第三编第八册，大象出版社2008年版，第129页。
④ 《建炎以来系年要录》卷191，绍兴三十一年七月癸酉，第3703页。
⑤ 《宋会要辑稿》职官七二，第4982页。
⑥ 《宋会要辑稿》食货五〇，第7139页。
⑦ 黄震：《黄氏日抄》卷67《范石湖文》，文渊阁《四库全书》影印本，1990年。
⑧ 黄纯艳：《宋代船舶的数量与价格》，《云南社会科学》2017年第1期。

当时人称"海舟以福建船为上，广东西船次之，温、明州船又次之"①。福建近海航道较明州一带深阔，"明州上下浅海去处，风涛低小"，而"福建、广南海道深阔，非明海洋之比"，福建左翼水军配置的尖底海船"面阔三丈、底阔三尺，约载二千料"，比明州水军配置的舠鱼船大一倍②。福建海船总数无明确记载，但综合相关资料可知，福建海船数量应不少于浙东沿海三州，民间海船数量不少于20000只。南宋时浙东和福建两路民间大小海船合计当超过40000只③。这反映了两浙和福建海上贸易的兴盛状况，而海上贸易是牵动浙东、福建沿海地区海洋性地域特征形成的最重要因素或钢绳。

五　结论

宋代福建和浙东沿海地区社会经济发生了显著变革，经济结构由农业为主转向以工商业为主，社会经济的发展路径由陆地为重心转为以海洋为重心。福建和浙东沿海地区特殊的地理环境有着向海洋发展的内在基础和需求，而宋代移民大量涌入浙东和福建沿海，造成人稠地狭的内在压力，政府积极鼓励民众从事海上贸易，造船航海和海上贸易空前发展，推动了外向型工商业和农业商品化的发展，粮食生产严重萎缩和短缺，形成了工商业为主的经济结构。催生了沿海百姓向海谋生的生计方式，与海洋有关的渔盐和贸易成为沿海百姓的主要生计，远离海洋的地区甚至内陆也被带入海洋贸易网络之中。海洋成为沿海民众现实的生存空间，人们的海洋观念变得更为具体、现实和功利。福建和浙东沿海地区表现了综合和整体的海洋性地域特征。作为福建和浙东沿海主要人口的内陆移民既是海洋性地域特征的推动者，也在海洋性地域特征的生成过程中实现了由"内陆人"向"沿海人"的转变。

---

① 吕颐浩：《忠穆集》卷2《论舟楫之利》，文渊阁《四库全书》影印本，第1131册，第273页。
② 《宋会要辑稿》食货五〇，上海古籍出版社2014年版，第7130页。
③ 参黄纯艳《宋代船舶的数量与价格》，《云南社会科学》2017年第1期。

大航海时代葡萄牙人在漳州的活动

厦门大学　廖大珂

大航海时代,又称地理大发现,指在15—17世纪世界各地,尤其是欧洲发起的广泛跨洋活动与地理学上的重大突破,它结束了各大陆之间的彼此隔绝状态,把世界联成一个整体。作为大航海的先驱,葡萄牙人早在16世纪初就来到闽浙沿海,把漳州建成他们的贸易据点。本文试就葡萄牙人在漳州的贸易地点、航线及漳州在葡萄牙人海上贸易体系中的地位作一粗浅的探讨,以就教于专家学者。

一　葡萄牙人初至漳州

1517年,受葡萄牙国王唐·曼努埃尔一世(D. Manuel I)的派遣,安特拉德(Fernao Pares de Andrade)和皮里士率葡萄牙使团抵达广东的屯门岛。翌年,在广州当局的许可下,安特拉德派遣船长若尔热·马斯卡伦阿斯(Jore Mascarenhas)经由泉州(Chincheo)前往琉球访问。当他驶抵泉州,为时已太晚,无法在信风季节前往该群岛。因此,他暂时逗留在泉州,与当地的中国商人进行贸易,他发现"在泉州可以赚到与广州同样多的利润"[①]。

不久,葡萄牙人来到漳州。《明实录》载:该年"佛郎机火者亚三等既伏诛,广州有司乃并绝安南、满剌加,诸番舶皆泊漳州,私与为市。至是,(嘉靖八年,1529年)提督两广侍郎林富疏陈其事,下兵部议。言:

[①]　张天泽:《中葡早期通商史》,中华书局香港分局1988年版,第47页。

安南、满剌加自昔内属，例得通市，载在《祖训》《会典》。佛郎机正德中始入，而亚三等以不法诛，故驱绝之，岂得以此尽绝番舶？且广东设市舶司，而漳州无之，是广东不当阻而阻，漳州当禁而反不禁也。请令广东番舶例许通市者毋得禁绝，漳州则驱之，毋得停舶。从之"①。从上述记载来看，葡萄牙人来到漳州是在嘉靖八年林富上疏前不久，即 16 世纪 20 年代中后期，原因是由于皮里士等人使华失败，中葡关系恶化，葡萄牙人在广东遭到驱赶，遂"皆往漳州府海面地方，私自驻扎，于是利归于闽，而广之市井萧然矣"②。根据明兵部尚书张时彻的说法："商舶乃西洋原贡诸夷载货，舶广东之私澳，官税而贸易之，既而欲避抽税，省陆运，福人导之改泊海沧、月港，浙人又导之改泊双屿。"③ 葡萄牙人是由福建私商导引而来厦门湾，贸易的地点包括月港。朱纨和王忬亦称，葡萄牙人是由于内地漳泉私商纠引、诱博而至闽浙的。④

二　葡萄牙人在漳州的贸易地点

葡萄牙人来到漳州之后，Chincheo 这个国际贸易港口之名闻名遐迩，频频出现在欧洲人的记载中。然而，欧洲人记载中没有与月港相对应的专有名称，而 Chincheo 港究竟指何处，中外学者言者纷歧，莫衷一是。其实，Chincheo 往往是泛指整个厦门湾地区，具体所指在不同时期又有不同。⑤

1624—1625 年，荷兰人 Moses Claesz（克莱茨）绘制了一幅《漳州与澎湖列岛图》（Afteyckeninghe van Chincheo, de Piscadores）⑥，就把整个厦门湾标为 Chincheo。

1632 年，荷兰人 Isaac Commelin（柯默林）根据荷兰东印度公司（VOC）的船长和船员所提供的草图，绘制了一幅《中国漳州河河口地

---

① 《明世宗实录》卷106，嘉靖八年十月己巳。
② 黄佐：《黄泰泉先生全集》卷20《代巡抚通市舶疏》。
③ 胡宗宪：《筹海图编》卷12《经略二·开互市》。
④ 朱纨：《甓余杂集》卷3《海洋贼船出没事》，《四库全书存目丛书》集部，第78册，齐鲁书社1997年版。王忬：《条处海防事宜祈速赐施行疏》，载《明经世文编》卷283。
⑤ 参见拙文《16—18世纪初欧洲地图中的 Chincheo 港》，《中国史研究》2013年第1期。
⑥ https://commons.wikimedia.org/wiki/File：AMH-6612-NA_Map_of_Chincheo_and_the_Pescadores.jpg。

图》（Mont van der Rivier Chincheo in China）①。之后，Olfer Dapper（达帕尔）受荷兰东印度公司之托，以《中国漳州河河口地图》为蓝本，绘制了《金厦海图》②。两图均记录厦门湾及周边区域，而清晰地绘出包括金门（Quemoey）、厦门（Aimoey）、烈屿（Lishou）、大担（Toatta）、浯屿（Gousou）等九龙江口、厦门湾航路上的岛屿，包括海沧（Colongseu）、同安、大小嶝、石井、晋江围头等沿海地方，《金厦海图》还以本地闽南语音的译名记述地名。早期荷兰人有关远东的航海资料主要来源于葡萄牙人的记载，这两幅地图实际上反映了16世纪葡萄牙人在漳州的贸易情况。尤其《中国漳州河河口地图》绘出了大小金门岛、厦门岛和九龙江口的地理形势，并用船图标示出葡萄牙人在厦门湾主要的贸易地点：围头澳（安海）、曾家澳、九龙江口的月港、浯屿。

根据中国史籍记载，葡萄牙人来到福建之后，依靠当地走私商人的导引接济，贸易遍及沿海各地。当时"奸商酿乱，勾引外夷，自潮州之南澳及走马溪、旧浯屿、南日、三沙一带，皆为番舶所据。番舶北向，以南日为寄泊之地。番舶南来，以浯屿为巢穴……浸淫至于嘉靖二十七年（1548年）以后，祸乃大发"③。葡人"在闽常于走马溪、旧浯屿住船，月港出货，若安海、崇武等处则皆其游庄也"④，其中最重要的贸易活动地点乃是漳州之月港、厦门之浯屿、东山之走马溪三处。

月港，在漳州东南50里，"外通海潮，内接山涧，其形如月，故名"⑤，自明中叶后迅速兴起，是当时主要的走私贸易港口。大概自1523年葡人被逐出广东后，广州对外贸易一时中断，漳州月港取而代之成为新的外贸中心，同时也成为葡萄牙人船辐辏之贸易场所。福建按察司巡视海道副使柯乔报告："议得漳州府龙溪县月港地方，距府城四十里，负山枕海，民居数万家，方物之珍，家贮户峙，而东连日本，西接暹球，南通佛郎、彭亨诸国，其民无不曳绣蹑珠者，盖闽南一大都会也。其俗强狠而野，故居则尚斗，出则喜劫，如佛郎机、日本诸夷。""福建监察御史金城，复议得福建漳州府龙溪县月港地方，僻在海隅，遥通岛夷，生聚蕃

---

① http://www.antiqueprints.com/proddetail.php?prod=h7721.
② 香港科技大学图书馆藏古图编号b538787，http://lbezone.ust.hk/rse/maps-of-china。
③ 胡宗宪：《筹海图编》卷4《福建事宜》。
④ 胡宗宪：《筹海图编》卷12《经略二·勤会哨》，引闽县知县仇俊卿云。
⑤ 陈瑛：《海澄县志》卷1《舆地·港》。

盛，万有余家，以下海为生涯，以通番为常事。"① 据说，嘉靖二十年（1541年）时留居于此的葡萄牙商人达500多人②。

平托谈到漳州，"那里有来自巽他（Sunda）、马六甲（Malaca）、帝汶（Timor）和北大年（Patana）等地的葡萄牙人"，他们在"漳州港遇到5艘葡萄牙船，他们大约是一个月前来的，来自上述的这些地方"③。1548年，法里亚、平托等人率5艘帆船，从巽他第二次到达漳州，在这里居住了3个半月，进行旅行，"那时它是葡萄牙人的贸易场所"，"在漳州可以打听到有关从巽他、满剌加、帝汶及北大年过来的葡萄牙人的消息，知道一些与其有关的情况"④。所以平托认为："漳州是中国最负盛名，最富庶的港口之一。"⑤ 当法里亚、平托等人从双屿前往漳州，"河的入口处有一小村，名叫厦门。皆是些渔民和穷户。往前三里格有一城市。那里的丝绸、麝香、瓷器及其他多种货物充盈余裕。不管拿到什么地方都可以大赚一笔"⑥。这个"可以大赚一笔"的城市即指月港。1596年，荷兰人Jan Huygan van Linschoten 出版的《东印度旅程导览》还提到两种樟脑，一种出产于婆罗洲，是最好的，另一种是出产于中国的漳州（Chincheu），不那么好。婆罗洲的出产的樟脑数量少，而来自漳州的中国樟脑产量巨大，制成樟脑块运销各地，而且价格便宜，因为一磅的婆罗洲樟脑价值抵得上100磅漳州樟脑。⑦ 朱纨亦描绘月港中外私市贸易之盛："访得漳州等府龙溪等县沿海月港等地方，无处不造船，无船不登岸行劫，外通番夷，内藉巨室，勾引接济，积习成风，官兵受其钓饵，远近受其荼毒……访得沿海地方多有奸人假托乡宦名色，擅造二桅以上违式大船，或称装载木石，或称籴买米谷……其实通番贩货导贼行劫。"⑧ 可窥见葡萄牙人在月港贸易

---

① 朱纨：《甓余杂集》卷2《议处夷贼以明典刑以消祸患事》，第45页。
② ［日］小叶田淳：《中世南岛交通贸易史的研究》，东京刀江书院1968年版，第90页。
③ Henry Cogan (tr.), *The Voyages and Adventures of Ferdinand Mendez Pinto*, London, 1890, p. 122.
④ ［葡］费尔南·门德斯·平托：《远游记》上册，金国平译，（澳门）葡萄牙大发现纪念澳门地区委员会等，1999年，第166页。
⑤ Henry Cogan (tr.), *The Voyages and Adventures of Ferdinand Mendez Pinto*, London, 1890, pp. 393. 461.
⑥ ［葡］费尔南·门德斯·平托：《远游记》上册，金国平译，第160页。
⑦ Jan Huygen van Linschoten, Jan Huygen van Linschoten, *His discours of voyages into ye Easte and West Indies: deuided into foure books*, London: John Wolfe, 1598, p. 126.
⑧ 朱纨：《甓余杂集》卷8《公移二·福建浙江提督军务行》。

活动之活跃。

实际上，葡萄牙人在月港的贸易地点是海门屿。海门屿，离月港仅一水之程，扼月港入海之水道。据朱纨的报告，"又八月内，佛狼机夷连艘深入，发货将尽，就将船二只起水于断屿洲，公然修理，此贼此夷，目中岂复知有官府耶？"① 胡宗宪亦指出："浯屿水寨：原设于旧浯屿，有以控大小担屿之险，内可绝海门、月港之奸，诚要区也。"② 葡萄牙人在九龙江口的贸易形式，据"大约1550年到1588年的葡萄牙《旅行指南》，表明葡萄牙人常在浯屿过冬，在Leh－su（烈屿，即小金门）装运商货，在Hai－men Island（海门岛）修整船只，补充供给，在Lialoo、lailo（料罗）驻泊避风"③。对照中葡两方面的记载，这个断屿洲应该就是海门屿。嘉靖二十七年（1548）七月，"又有佛狼机夷船三只由广东径入海门屿中港湾泊，翁璨等擒获接济贼犯林尧洞等八名，指挥顾乔岳、典史蔡洲等擒获徐国昭、吴友德等五名④"。可见，海门屿是当时葡萄牙人在月港泊船和进行走私贸易的主要场所。葡萄牙人在海门屿的状况，最翔实的记载当属林希元有关当时中葡交涉的叙述："既而海道（即柯乔）见金巡按（即福建巡按御史金城）急欲驱夷，始移文永春，取郑岳乘传至海门谕夷，如告予之言。郑生过予问计，元曰：前柯双华（即海道副使柯乔）曾以此告，今熟思之，官府方欲攻夷未能，如何又与追债？不惟法上难行，夷人亦不信。若令夷人将在船货物，报官抽分，然后以逋负告官，则法上可行，夷人亦信。又令至夷船察探其虚实以报。郑生至海门，谕夷人如予策，夷人果悦，置酒延款。夷舟有九，至者六舟，尚三舟不至，约待会议定，然后报。厚遣郑生，令还报海道。"⑤ 据平托所记，当时他来到这里，"抵达漳州港后，我们遇到五艘葡萄牙大船"，"我们受到了他们的热情、隆重的款待"⑥。他的记载与林希元所述完全吻合，此处"漳州港"指海

---

① 朱纨：《甓余杂集》卷2《阅视海防事》，第25页。
② 胡宗宪：《筹海图编》卷4《福建事宜》。
③ [英] C. R. 博克舍编：《十六世纪中国南部行记》，何高济译，中华书局1990年版，第230页。
④ 朱纨：《甓余杂集》卷5《六报闽海捷音事》，第136页。
⑤ 林希元：《林次崖先生文集》卷5《与翁见愚别驾书》，《四库全书存目丛书》集部，第75册，齐鲁书社1996年版，第539—540页。
⑥ [葡] 费尔南·门德斯·平托：《远游记》上册，金国平译，（澳门）葡萄牙大发现纪念澳门地区委员会等，1999年，第166页。

门屿。

浯屿，有新旧之别。新浯屿在厦门岛，旧浯屿，又称外浯屿，则在厦门岛南大海中，水道四通八达，为月港、同安之出海门户，形势最为要害。明初江夏侯周德兴在此置水寨戍兵防倭。大约在成化年间（1465—1487），浯屿水寨"迁入厦门地方，旧浯屿弃而不守，遂使番舶南来据为巢穴"①。福建地方官员对葡萄牙人的通商活动实际上采取了默许纵容的态度，而防海官兵对于走私活动不仅不加以防堵缉拿，反而与之沆瀣一气，收取"报水费"和"买港费"，坐地分利。朱纨曾说："巡海文武各官开纳贿之门，擅通番之利，上下和同，玩寇自资，其弊不在下，而在上也。"② 其中最典型的就是浯屿水寨把总指挥佥事丁桐和海道副使姚翔凤。"丁桐受伊买港沙金一千两……丁桐纵容土俗哪哒通番，屡受报水分银，不啻几百，交通佛郎夷贼入境，听贿买路砂金遂已及千，海寇乘此纵横"；而"姚翔凤贪残无厌，法纪尽隳，得受把总王畿等并卖放番徒田瑞银等金银"③。克路士亦有记载：明朝"舰队军官知道这事（指葡人的贸易），晚上极秘密地给他们捎去消息说，如果他们想得到货物，那他们得送点礼给军官。葡人因这个信息十分高兴，备好一份隆重厚礼，按约晚上送去。从此便有大量货物卖给他们，老爷们置若罔闻，假装没看见商人，当年的贸易就这样进行"④。他所说受贿军官指的无疑是姚翔凤和丁桐。说："当地的商人因为可以得到许多好处，他们用重金贿赂买通了当地官员，让他们对此采取默许的态度。"⑤ 在丁桐被究治后，"诸寨水军当鞠问，无不扼腕流涕，愿为桐死"⑥，从此亦反映了当时福建沿海民心之向背。

在如此以通番为利的氛围中，每年二四月东南风汛时，葡萄牙商船自海外趋闽，抛泊于旧浯屿，然后前往月港发货，或"佛郎机夷船载货泊浯屿地方货卖，月港贾人辄往贸易"⑦。又据万历《漳州府志》记载：

---

① 郑若曾：《郑开阳杂著》卷1《福建兵防论》。
② 朱纨：《甓余杂集》卷9《公移三》，第228页。
③ 朱纨：《甓余杂集》卷6《都察院一本为夷船出境事》，第154页。
④ ［美］C. R. 博克舍：《十六世纪中国南部行纪》，第134页。
⑤ ［葡］费尔南·门德斯·平托：《远游记》，金国平译，第700页。
⑥ 何乔远：《闽书》卷70《武军志》，福建人民出版社1994年版，第2057页。
⑦ 崇祯《海澄县志》卷14《寇乱》。又见张燮《东西洋考》卷7《饷税考》。

"有佛郎机夷船载货在于浯屿地方货卖,漳泉贾人辄往贸易,巡海道柯乔、漳州知府卢璧、龙溪知县林松发兵攻夷船不得,通贩愈甚。""番以货泊浯屿,月港贾辄往贸易,禁之不可。""有佛郎机船载货泊于浯屿,月港恶少群往接济。"1548 年,据朱纨的报告,"及照旧浯屿,见今夷船九只盘踞海面"①。可见浯屿是葡萄牙人与漳州月港交接贸易的基地。博克舍也指出:"大约 1550—1588 年的《旅行指南》……提到迪额郭·伯来拉(Diego Pereira)曾和他的船在一个岛外过冬,这岛明显是浯屿;尽管没有注明年代,仍可断定是在 1548 年,我们根据其他文献得知他那时是在那儿。"②双屿之战以后,浙江葡人大批转移到浯屿建立居留地,并建有港口和防御设施。"夷岛背倚东北,面向西南,北口用大木栅港,巨缆牵绊,南口乱礁戢列,止通西面一港。"③所以胡宗宪说:"外浯屿乃五澳地方,番人之巢窟。"④因浯屿被葡萄牙人据为巢穴,故又称为"夷屿"⑤。

关于浯屿葡萄牙人居留地之始末,平托有颇为戏剧性的描述:"葡萄牙人欲在一个名叫漳州的港口建立一村落,做买卖。那个地方亦在中国,位于双屿下方一百里格处。当地的商人因为可以得到许多好处,他们用重金贿赂买通了当地官员,让他们对此采取默许的态度。在大约两年半的时间内,我们在此和当地人平安无事地做着买卖。后来在满剌加城防司令西蒙·德·梅洛的命令下,来了一个名叫阿伊雷斯·博特略·德·索扎的人。此人同兰萨罗特·佩雷拉为一丘之貉。他受城防司令西蒙·德·梅洛之命来漳州任该港的舰队司令及死者财务总管。据说,此人来时发财心切。人们说他不择手段地染指一切。当时有一个亚美尼亚人来到了漳州港。众人一致认为他是个虔诚的基督教徒。此人有十或十二万克鲁扎多。因为同我们一样是外国人及基督徒,他离开了来时乘坐的那艘异教徒的船,改乘一名叫鲁伊斯·德·蒙塔罗耀葡萄牙人的大船。他在此地平安无事居住了六七个月。正如我们所说,他是个好人、虔诚的基督徒,所以一直得到众人的宠信和欢迎。后来他发起了高烧,不幸病终。在其遗嘱中留

---

① 朱纨:《甓余杂集》卷 6《谢恩事》。
② [英] C. R. 博克舍:《十六世纪中国南部行纪》,第 230 页。
③ 朱纨:《甓余杂集》卷 5《六报闽海捷音事》,第 138 页。
④ 胡宗宪:《筹海图编》卷 4《福建事宜》。
⑤ 朱纨:《甓余杂集》卷 5《六报闽海捷音事》。

言说,他的妻室、儿子在亚美尼亚一个名叫博冷的地方。他的一万两千克鲁扎多财产,其中两千赠给满剌加仁慈堂,供为他做弥撒使用,其余的钱,他要求仁慈堂的值理及兄弟们替他保存一下,然后交给他的子女们。如果其子女都不在人世了的话,由仁慈堂作为其这笔财产的全权继承人。这位基督徒刚一下葬,作为死者财务总管的阿伊雷斯·博特略·德·索扎马上封存了他的财产,根本未做清点和其他类似的工作,说什么必须叫他那些远在两千里路以外的亚美尼亚的子女来认领这笔财产。首先他们要经过他的问话,看看他们是否有什么不可以得到这笔遗产的事情。这时又来了两个华商,他们带来了许多价值三千克鲁扎多的丝绸、锦缎、瓷器和麝香。他们欠那亚美尼亚人的钱。死者财务总管封存这些人的东西并扬言那两位华人的其他财产也属于那亚美尼亚人。据说,这样又侵吞了他们八千克鲁扎多的财产,还说他们可以到印度死者财务总管那里去上诉,但他不可以不这样做,这是他的职责。我不可多讲他这样做的理由。两个华商两手空空地回到了他们的故乡。他们立即带了妻儿老小去见巡按御史。通过一份状子,向他详述了事情的经过。他们告诉都御史说我们是无法无天的人。巡按御史想为这两个以及以前已向他告过状的华人做主,立即下令从今以后任何人不许与我们交往,否则格杀勿论。用这种办法把我们困死,一时给养奇缺。以前一文丁(vintem,一种葡萄牙硬币)就可以买下的东西现在要一个克鲁扎多。因此我们被迫去附近一些村子找食物,所以才出现了一些糟糕的事情。那个地方骚乱起来,人人对我们怒气冲冲,恨之入骨。十六天后,来了一支庞大的舰队,共是一百二十艘大帆船。我们那十三艘泊在港内的大船竟被他们烧得一艘不剩,五百葡萄牙人只有三十人只身逃命。"①

走马溪,位于今东山岛②,地理形势优越。它地处闽粤两省交界,扼海上南北交通之冲要,又僻处一隅,使统治者所鞭长莫及。其港"两山如门,四时风不为患,去县及各水寨颇远,接济者夕旦往来无所忌避,诚

---

① [葡]费尔南·门德斯·平托:《远游记》下册,金国平译,东方葡萄牙学会1999年版,第700—701页。
② 关于"走马溪"之今地,学者多谓位于诏安县,误。明时东山属诏安县,为五都地。胡宗宪:《筹海图编》卷1《福建界》把走马溪标在东山岛。《筹海图编》具有军事地图的性质,较为可靠,可见走马溪位于东山县。

天与猾贼一逋薮也"①。"内有东澳为海口藏风之处，凡寇舡往来俱泊于此"②，可"泊南北风船五十余，商人往来及贼舟之自东番、澎湖来者，必于此收泊"③，所以为海外商船自粤趋闽的始发之处，走私商人的交接之所。"诸番自彭亨而上者可数十日程，水米俱竭，必泊此储备而后敢去日本，自宁波而下者亦可数十日程，其须泊而取备亦如之，故此澳乃海寇必经之处。"加之其对岸的诏安梅岭有居民1000余家，"通番接济为盗行劫"之风很盛，④ 便于得到他们的接应，所以早在双屿之战以前，走马溪就已经成为葡萄牙人在福建一个重要的泊船贸易据点。关于走马溪与梅岭之通番关系，朱纨有精辟的论述："夫诏安八闽之穷，而梅岭又诏安之穷。其地滨海，切邻走马溪、下湾二澳。由走马溪而南，则潮州之南澳山矣，盖闽广噤喉之冲，贼夷出没之所……贼船集泊每于走马溪、下湾者，则以此地两山壁立，风涛不惊，若天成一贼薮，又有梅岭群恶以济之耳。如田、如林、如何、如傅、如苏等姓，延袤数里许，人户不下千余，凶顽积习，险狠成风，或出本贩番，或造船下海，或勾引贼党，或接济夷船。"⑤ 葡萄牙船只进入福建海域后往往久泊于走马溪，日久不去，依靠梅岭人的接应，与沿海居民交通贸易⑥。据平托的游记："在中国沿海的肖阿巴克（Choaboquee）河中曾有一条葡萄牙人的船停靠在那里。那船长名叫鲁伊·洛博（Rui Lobo）。是他的好友，受满剌加要塞司令埃斯特万·达·加马之命来此做生意。买卖成交后，他发了大财。"⑦ Choaboquee，即走马溪之译音。嘉靖二十六年（1547），分巡漳南道俞大猷"前去预备诏安县走马溪海贼，适遇贼船八十余只于北江虎头山外洋行使前来，本官调度防御，密将古雷等澳出海杂船一切禁闭，以致奸细无路，消息不通，贼船所至败散，连月再聚复退"⑧。于此可见葡萄牙人在此地通商活动颇具规模。

另外，金门料罗湾也是葡萄牙人重要的贸易地点。早在1519年，葡

---

① 俞大猷：《正气堂集》卷2《条议汀漳山海事宜》。
② 顾炎武：《天下郡国利病书》卷94《福建四》。
③ 杜臻：《粤闽巡视纪略》。
④ 俞大猷：《正气堂集》卷2《呈福建军门朱公揭》。
⑤ 朱纨：《甓余杂集》卷5《一设专职以控要害事》，第127—128页。
⑥ 俞大猷：《正气堂集》卷5《议王直不可招》。
⑦ ［葡］费尔南·门德斯·平托：《远游记》上册，金国平译，第149页。
⑧ 朱纨：《甓余杂集》卷2《荐举将材乞假事权以济地方艰危事》。

萄牙制图家 Jorge Reinel（1502—1572）的航海图，在厦门湾附近海上（或岛上）标有 Lailo 或 Lalei，① 即料罗。1546 年（实际上是 1554 年），葡萄牙人罗浦·侯门（Lopo Homen）所绘制的古航海图②，显示过去数年，葡萄牙人在中国沿海的贸易据点，图中标示着"料罗，交易在此进行"③。据朱纨报告：嘉靖二十八年（1549）"八月初九日，有双桅贼船（指葡萄牙等国船）二十余只入同安料罗澳"；"又有异色乌尾双桅大船二只从北洋于二十五日驾至同安县料罗澳湾泊"④。嘉靖年间同安人洪受曾说："盖料罗、浯屿，均为贼之巢穴。"⑤ 嘉靖年间曾任浙江巡按御史、福建总督的胡宗宪亦记曰："三四月东南风汛，番船多自粤趋闽而入……势必抛于外浯屿。外浯屿乃五澳地方，番人之窠窟也。附海有浯屿、安边等哨守之兵。若先会兵守此，仍拨小哨守把紧要港门，则必不敢以泊此矣。其势必趋于料罗乌沙，料罗乌沙乃番船等候接济之所也。附近有官澳、金门等哨守之兵。若先会兵守此，则又不敢以泊此矣。其势必趋于围头崚上，围头崚上乃番船停留避风之门户也。"⑥ 万历《泉州府志》载："料罗在同安极东，突出海外，上控围头，下瞰镇海，内捍金门，可通同安、高浦、漳州、广、潮等处。其澳宽大，可容千艘。凡接济萑苻之徒，皆识其地以为标准。"⑦ 葡萄牙人的《旅行指南》记载葡萄牙人在厦门湾的贸易，介绍说料罗是在恶劣气候中良好驻泊地。⑧ 平托也详细谈到 1548 年他在料罗的贸易，"我们就抵达了料罗港。与安东尼奥·德·法里亚同行

---

① 张增信：《明季东南中国的海上活动》（上编），中国学术著作资助委员会1988年版，第240页。

② 以地图见 File：1554_lopohomenmapa_mundi_03.jpg，http://commons.wikimedia.org/wiki/File:1554_lopo_homen_mapa_mundi_03.jpg。

③ 张增信：《明季东南中国的海上活动》（上编），中国学术著作奖助委员会1988年版，第294页。

④ 朱纨：《甓余杂集》卷5《六报闽海捷音事》，第136—137页。

⑤ 洪受：《浯屿水寨移设料罗议》，引自林焜熿纂辑、子豪续修：《金门志》卷5《兵防志·沿海略·附录》，《台湾文献丛刊》第80种，台湾银行经济研究室编印1960年版，第99页。

⑥ 胡宗宪：《筹海图编》卷四《福建事宜》，文渊阁《四库全书》本1986年版，第584册，第107页。

⑦ 万历《泉州府志》卷11《武卫志上》，泉州志编纂委员会办公室重印明万历四十年刻本1985年版，第11b页。

⑧ ［英］C.R. 博克舍：《十六世纪中国南部行记》，何高济译，中华书局1990年版，第230页。

的甲·潘让,如前所述,乃华人。他在那里有许多亲朋好友,其大名在那里无人不晓,为众人所尊敬。他请求当地官员,只要我们出钱,满足我们的一切需要。官员同意了,一是害怕如不同意会受到伤害,二是因为安东尼奥·德·法里亚给了他一千克鲁扎多的买路钱。得到好处后,那位官员心花怒放。几个我们的人登了岸,很快就买齐了我们所需要的一切东西,如(供制造火药用的)硝石、硫黄、铅弹、弹丸、给养、缆绳、油、沥青、填絮、木材、板材、武器、投枪、尖棍、藤条、盾牌、帆桁、卵石、索具、升降索和锚。还补充了淡水,招募了水手。尽管这个村落不过三四百人的规模,但它同其周围的村庄一样,物产丰饶,实难以用语言形容。还有许多我们开高价后中国人为我们设计的火器"①。

三 葡萄牙人在漳州月港的贸易航线

当时葡萄牙人主要是从事日本、中国和东南亚之间的三角贸易,漳州不仅是其航海的基地,而且也是其以东南亚产品换取中国商品的主要来源地,支撑着三角贸易。葡萄牙人的三角贸易之梗概从在双屿之战中被俘的3名葡萄牙船员的供词可见一斑:"据上虞县知县陈大宾申钞,黑鬼番三名口词内开,一名沙里马喇,三十五岁,地名满咖喇(应为满剌加)人,善能使船观星象,被佛郎机番每年将银八两雇用驾船;一名法哩须,年二十六岁,地名哈眉须(霍尔木兹)人,十岁时被佛郎机番买来,在海上长大;一名嘛哩丁牛,年三十岁,咖哄哩人(东非黑人),被佛郎机番自幼买来。同口称佛郎机十人与伊一十三人,共漳州、宁波大小七十余人,驾船在海,将胡椒、银子换米布、绸段,买卖往来日本、漳州、宁波之间,乘机在海打劫,今失记的日在双屿被不知名客人撑小南船载麦一石,送入番船,说有绵布、绵绸、湖丝,骗去银三百两,坐等不来。又宁波客人林老魁,先与番人将银二百两买段子、绵布、绵绸,后将伊男留在番船,骗去银一十八两,又有不知名宁波客人供称,有湖丝十担,欲卖与番人,骗去银七百两,六担欲卖与日本人,骗去银三百两。今在双屿被获六七十人,内有漳州一人、南京一人、宁波三人及漳州一人斩首,一人溺水

---

① [葡]费尔南·门德斯·平托:《远游记》上册,金国平译,第170—171页。

身死，其余遁散等语。"① 法里亚、平托的船也曾"载着生丝，怀着发财的欲望"②，往来于满剌加、漳州、日本之间。由此可知，葡萄牙人的贸易形式是，与漳州私商合伙，从满剌加等地贩来胡椒、香料等东南亚商品，在漳州和双屿与当地商人交换丝绸、棉布，然后运往日本出售，换回白银，再用以购买下一趟航行的船货。

关于葡萄牙人在漳州的贸易航线，荷兰人 Jan Huygan van Linschoten 有较详细的记载。Linschoten 于 1583 年来到东方，曾为葡萄牙人服务，到过果阿。16 世纪 90 年代，他从印度返回荷兰之后，将他在果阿收集到的葡萄牙与西班牙船员之秘密航海资料，包括 16 世纪中叶以后葡萄牙人和西班牙人的航海日志，翻译为荷兰文而编辑成一巨册《东印度旅程导览》③ 于 1596 年出版，对后来荷兰东印度公司（VOC）在亚洲的扩张，提供了不可或缺的情报。《东印度旅程导览》问世后很快被翻译成多国文字，在欧洲广为流传。同年，Linschoten 又制作了《中国领土及海岸线确图》（Exacta et Accurata Delineatis cum Orarum Maritimarum tum etjam Locarum Terrestrium qvae in Regionibus China）。④《东印度旅程导览》收有不少有关葡萄牙人在中国沿海航海路线的详细记载。

1. 以漳州为中心的中国沿海航线

该书第 3 卷第 30 章，是葡萄牙人从满剌加北上，由广东岛（Island of Canton，指上川岛）出发，到宁波（Liampo）、南京（Nanquin）之航路，是传统中国沿岸的水路。提到从马六甲航行到中国的第一个岛是称为广东（Canton）的诸岛，广东诸岛的航道入口是上川岛（Ilha de Sanchoan），其他的岛则更靠近陆地，也就是瓦尔科·德·法里亚岛（Ilad of Valco de Faria）。从上川岛到南澳岛（Island Lamau）是 12（葡）浬。上川岛距离浪白滘（Lampacon）11 浬，距离澳门港是 18 浬，从澳门到这个岛的末端是 21 浬。从上川岛可以到达 Comaye 港。Comaye 港有很多中国平底船（Lanteas）和驳船（Bancoin）航行，它们满载商品和货物，驶向大帆船（Iuncos），这些大帆船来自暹罗（Siam），装运中国商品。这里有一个叫

---

① 朱纨：《甓余杂集》卷二《议处夷贼以明典刑以消祸患事》，第 43—44 页。
② [葡] 费尔南·门德斯·平托：《远游记》上册，金国平译，第 409 页。
③ Jan Huygen van Linschoten, *Itinerario: Voyage ofte Schipvaert van Jan Huygen van Linschoten naer Dost ofte portugaels Indien, 1579 - 1592*, Cornelis Claesz, 1596.
④ http://www.raremaps.com/gallery/detail/22183? view = print.

做 Taaquinton 的岛。离上述小湾 3 浬之外，是广东河的一个河口或入口，称为 Camon。这是一个非常好的入口，巨大的中国驳船通过入口抵达广东城。Camon 河口之外是平海（Pinhal）港，通往海洋。靠近河口之处有一片沙滩，必须避开。可以搭乘小的平底船和驳船从广东河的另一个入口进入广东城（指广州），葡萄牙人称这里为兔子的耳朵（Orelhas de Lebre），因为陆地内侧有两块高而陡峭的陆地，像兔子耳朵。在澳门东北数英里有一个大而高的岛，非常高而且陡峭，位于广东河口最宽处，有装载商品的西班牙大帆船（Iunco）驶过，"我们的船（指葡萄牙船）也同样可以通过。从广东到澳门附近的岛，海水形成了一个港湾。"当你从日本来，要经过这里。附近有许多通道可供中国季风季节时住泊，水深 7、8 呎（fadome），泥底。"我从日本来时，曾到这里，并通过了上述的小航道。"这里所有的岛都被称为广东岛（Ilha de Canton），"在那里你可以得到食物和其他必需品"。

从广东岛的最边缘到南澳岛，海路是 18 浬，那里有一些浅滩和暗红色暗礁，在低潮时露出水面。这个国家各地渔民都涌到那里，上述的浅滩和暗礁密布，没有航道，从上述的陆地之角，南澳岛到拉蒙林湾（Enseada dos Camoriins，意为迷人的小海湾）是 15 浬，中国人称为 Caito，位于北纬 25.5°。距上述的地点 10 浬有一条称为盐河（Rio de Sal）的河，即盐的河。前行 4 浬有另一条河在一个岬角旁，中国人称为潮州（Chaochen）河，葡萄牙人称为 Poro de Pecas，那里是住泊的地方，因为出产很好的中国丝绸和其他值钱的商品。这条河非常大，陆上有很多地方和村庄，人们沿着河边居住，在西南方是南澳岛。有一些礁石挨着它，在低潮时可以看见，高潮时海水冲击着它。但这岛与陆地之间的其余航道水流平稳，水也深。"但你也许不能通过，因为到处是灌木丛和其他杂物，尽管我硬是通过了这航道。由于存在很大的困难，我建议不要走这航道，除非同一艘中国小海船（Soma，指漳州船）一起航行，它们沿海岸航行，从事贩运。在上述岛的西南端的海里，有一些平坦的小岛和其他的暗礁，在小岛与南澳岛之间不能通行。在陆地的东北端，有一个很大的河口，在各个季风季节都是很好的港湾，道路平坦。如果需要的话，我们的船可以进入那里，那里水深 3.5 呎，泥底。进入后港湾后，要驶到西南角附近，因为我曾在里面。从上述的岛西南角，行驶 1.5 浬进入大海。有一块石崖，由一些黑的石头组成，流出淡水，这些礁石往东的方向形成一排，内侧 3

个扁长的石崖也排成一排，外面的一个是最大的，但你决不能从这里通过，也不能从礁石和石崖之间通过，而应该从礁石和南澳岛之间通过，因为这是一条优良的航道，因为我曾经航行过，它的水深达 20 㖊，底部是细小发亮的沙构成的沙地，你没有什么可担心的。然后要保持沿岛和上述的礁石航行，它有利于来自日本的船通过。如果你在岛外面的大海前往礁石，往往会遇上强劲的大风，难以到达海岸。因此（如果有机会），你必须忍受巨大的艰难，然后才能到达那里。"

《东印度旅程导览》对漳州港的介绍尤为详细：从南澳岛向东北东航行 6 或 7 浬，是走马溪（Chabaquon），那里的海湾像一只手臂，位于东北部，水深可以供船停泊；在海湾的入口，东南部是一片广阔的陆地，那里地势很高，而在西北面则是低平的沙滩。从上述的陆地走同一航线，大约一个大射程的距离（the length of the shot of a great peece），有一个沙的浅滩，海水碰上它而分开。如果你希望进入这个港口，必须在东南岸停靠，沿着入口处行船，水深 2.5 㖊，航程半浬。在这片陆地的东南部，有一个泥底的小海湾，在四季都是优良的港口，也更加安全。可以行驶到如此接近陆地，以至于驶进泥地，然后人跃上岸。在西北侧，有一个岛，上有一个城或村庄，你可以找到大量的食物供应和其他物品。这段航程是同中国大海船和小海船（Iuncos & Somas）一起走的，港口位于北纬 23.5°。在这个海湾大海那一侧，有另一个海湾，从那里向前行驶大约一个大射程的距离，有四五个小岛，可以在它们之间通过。这岛的海湾是乘马六甲季风（即从马六甲航行到中国所乘的风）来的船的港口。这个海湾非常优良，海底平缓。这片陆地位于上述两个河口之间，地势较高，一片绿色而没有灌木和树木，前面提到的岛屿圆形地势高，形成一连串。从走马溪港到漳州（Chinchon）海岸是东北走向，再东北转东，距离 22 浬，海岸全是高地，陆地接连，海岸水深 16 㖊。航行多有困难，有大的溪流。从走马溪前行 6 或 7 浬，是 Pretta 湾，即 Blacki 河口，当地人称为 Lauho，周边是高地，长着非常黑闪亮的灌木。在河口有两个岛，河口优良，底部平坦，内部是一个港口可以抵御风。在 Lauho 河中，有葡萄牙船和另一艘中国帆船过冬。从这里向海洋航行 2 浬有两个白色石头的岛紧挨着。在这两个岛与陆地之间的海底平缓优良。从 Pretta 湾向前航行 7 浬，有两个地势高的小岛（稍椭圆），既没有灌木也没有树木，两岛紧邻，分别西北和东南走向。在两岛之间有三四块礁石。这些岛和礁石离陆地约 1 浬，正对面是一个小湾。从陆地的一个低平的岬角沿着海岸，一个最靠近陆地的岛的西南面有一个沙湾，是一个很好的锚地，水深 7、8 哶，可以在靠近沙湾陆地之处停泊（礁石位于出海之处，可以抵御风浪），"因为我到过那里，由于我从日本回来时遇上风暴，就进入那里。日本人也多次乘他们的船在这里越冬。沙湾的入口在东北侧，紧挨着岛对着陆地的那端。当你进入沙湾，你的船要正对着岛，不要错过住碇之地。你要都在东北部和西南部进出，在这个岛上你可以获得淡水"。这些岛被称为诏安（Chiocon），都坐落在很好的石基上。那里只有一块石崖，你可以看到海水冲击的浪花，向西方向排成行，有一个射程的长度。从这些诏安的岛屿往前航行 3 浬，是漳州港（Hauen of Chinchon）。距离陆地 2 浬有两个白色石崖的岛，在两岛与陆地之间，也就是向大海方向的外面，地形平坦。在离这些岛 2 浬前方，离陆地半浬，有一个很高的圆形岛，从那岛航行半浬，可以看到浪花，你必须避开。在陆地与这岛之间，水都是很浅的。在该岛与漳州河口的岬角之间有一个小湾，船舶可以在那里下锚（在中国季风季节）。从走马溪到漳州之间的海岸都是高地，高地上有一岩石，像一根石柱，[如同占婆海岸的华里拉（Varella）角一样]。这高地或山的高度向陆地的岬角降低，从海到东北侧有很大的开口，有一些岛在开口，从上述的岬角向北延伸一浬半，再向西北，像一只大海的手臂，向内是很宽的航道可以到达陆地，陆地走同样的路线（从海的一端，陆地向西北西延伸），那里有一个长形地势高的岛（浯屿），没有灌木和树木，像陆地一样延伸，从陆地到这岛的距离少于半浬，在陆地一侧有一个很好的沙质海湾，从这个岛向西方向有一个射程的半途中有一块隐在水下 18 幅（Spanne，手拃长）的礁石。行驶 段路程后，其余的航道都是平缓的，底部良好，可以下锚。这岛有很好的淡水，迪额郭·伯来拉（Diego Pereira）曾在这里越冬。不能行驶到这岛的南面，只能沿东岸航行，从北面进入港口。距这岛 $\frac{1}{4}$ 浬远，有 3 个岛从东向西，一个接着一个。从那里到这岛的西部，有一个大约半浬宽的航道，开阔且水深。"如果你愿意同样可以容易地通过第一个岛和其他两岛之间的通道。"这岛是往东的走向在这 3 个岛中是最长最大的岛。这 3 个岛远离北面陆地，大约有 1 浬多。背面的陆地地势高。从这岛的东部往西方向一个射程的距离，有一个大的高的岛，北南走向，在它的西部有一个沙滩，靠近沙滩是陆地，那里有一很好的航道，底部地质非常好，可以下锚，诸如此类。离这海湾西南方一个射程距离，离上述的岛也约一个射程，有一片水深 12 幅平坦的沙滩，是水流平缓底基很好的航道。沿着这些岛附近航行，有一条大的溪流，是下锚最好之处，也是最安全的。就是这航道南端，溪流出海之处，你不可沿着海滨之角（沿着海湾西向）通过，因为那里水浅。来自宁波和日本的船通过航道进入这里，航道在这岛与其他 3 个岛之间，航道开阔，水深 5、6 㖊，沿着岛航行，在陆地那侧和海那侧都可以找到航道，航道在上述的沙滩。这岛中国人称为 Tantaa。从 Tantaa 岛向海航行 2 浬，有一个叫作 Tantheaa 的小岛，从 Tantaa 岛到北边的陆地大约是 1 浬，水很浅，所以很难通过，从这里也没有大的航道通向海。从 Tantaa 岛向西航行 1 浬，是像手臂的大海的入口，约有半浬宽，在这块陆地中点的南部。正对着另一边陆地的北方，是一个海湾有一个大的港口，是中国国王的船停泊之处。

离上述的陆地一端 1 浬远，河流的内侧有一个微红色的岛（在南边），在这片土地南侧的这个岛的中点，和此处稍向西方向，是同一个岛的一个海湾，那里可以泊船。你可以停泊在所有的溪流之外，上述陆地的那地方可以抵御风暴。经常发生的情况是，由于疏忽船搁浅了，因为行驶太靠近陆地，但并不会损害船舶，因为那里是松软的泥地。从这里到岛的东端，有一个很好的地方，可以把船停在陆地上，固定在一起，葡萄牙人经常在那里修整船舶。"同样你也可以在那里得到大量的食物和必需品。"把船停在 Tantaa 岛旁，但如果遇到恶劣天气就不要停在那里。一旦感到恶劣天气即将来临，就要赶快收锚，驶到上述小海湾口接近陆地南面的那个岛旁下锚，这条通道是安全的。漳州港位于北纬 $24\frac{1}{4}°$。从 tantaa 岛和漳州港的岛东北东航行 5 浬，陆地的一个地方是很好的海湾（可以抵御恶劣天气和中国季风），称为料罗（Lialoo）。通往这海湾的航路要靠近上述陆地航行，因为从料罗到 Tantaa 岛的所有陆地（沿岸）都是一片沙滩和浅水区，所以继续向那岛航行。因为，正如前已提及的在所提到的这个岛与陆地之间，都是干涸和浅水之地。从料罗湾向前航行，陆地地势开始降低，没有任何高山（如前述的陆地），只有少量的灌木，许多地方根本没有。沿海非常安全，不用担心，但必须注意观察。从漳州港到福建（Foquyen，指福州）港是 40 浬，向东北航行。从料罗前行 2 浬转向东，是一个平坦的岛，离陆地 1 浬。往前航行半浬，有两个挨在一起的岛屿，更接近陆地，在两岛近处有一河流，河口有沙质的浅滩，地势很低。河里有中国帆船（Soma）在航行。通过河流可以到达（Enon）（安海镇？），前方 7、8 浬海岸有丰富的中国商品。那里是泉州角（Point of Chencheu），是高而空旷的陆地，带白色和微红色，离海有一些距离。在东北边有一个小海湾，周围是陡峭的陆地，在海湾有一个大的岛，在岛与陆地之间船舶可以停泊。这岛的西北方向一个火绳枪的射程，有一块岩石地，在水下半埋。在这个岩石地西北方向，即在它与陆地之间有另一礁石，在这岛附近、陆地一侧有一个很好的海湾可以住泊，"我曾与两艘中国大帆船（luncos）在这港口更接近岛的地方停留，然后前往陆地停泊。两艘中国船都有 500 或 600 Bhares，Bhare 是印度重量单位（每 Bhare 合 3.5 葡萄牙担），大约是 180 吨，在这里沿岸航行"。这块土地之外，在其上部有一个大城（great town）。在这个岛的北东方向有两个紧邻的长形岛，是红色的，但地形不好，没有港口。在进入泉州角之前 2 浬，泉州方向的陆地内有一座像福尔摩沙山（Monte Fermoso）的山，即美丽山。这山距离泉州 13 浬。

从泉州角往前航行，经过大州（Tachoo）、Puysu、平海（Pinhai），从平海沿海岸航行 5 浬就到了福建港。福建港有一条很大的航道，土地上灌木众生，向内航行到西南部，有巨大的圆形岛，生长着黑色闪亮的灌木。该岛往内是河口，河流上是非常巨大的城，环绕着宏伟的城墙和塔，有一座桥连接两岸，船舶停泊那里通常是用绳缚住。

从福建港向北航行，然后是经过温州（Sumbor，即松门港）、宁波、双屿港（Synogicam）等地，抵达南京（Nanquyn）的航线。①

从这条航线来看，当时葡萄牙人深入月港，进行买卖后再北上，月港在航线中处于中心的地位。

2. 漳州前往日本的航线

第 31 章是叙述一位葡萄牙领航员乘坐一艘漳州船（Chinchea Soma），从宁波前往日本的航海经过。当时葡人初至东亚，对东亚海域地理形势尚未熟悉，往往搭租漳州帆船前往日本，其所走的航线大体为当时漳泉海商的传统东洋水路。这位葡萄牙领航员在东南风季节，从双屿港（Siongicam）起航。由于是春季，晚上整夜电闪雷鸣，用指南针导航，一帆风

---

① Jan Huygen van Linschoten, *His discours of voyages into ye Easte and West Indies: deuided into foure books*, London: John Wolfe, 1598, pp. 361 – 373.

顺。船上的船员是中国人，当他们觉察到风暴即将来临时，都陷入极大的恐惧。风暴停止后，他们漂到琉球（Lequeo），经过很多岛，然后抵达九州岛的东海岸的日向（Fiunga）藩，并访问了丰后（Bugo）、都（Miaco）、Cacay（？）、土佐（Toco）等地。①

第32章，为一位（葡萄牙）领航员（piloot）所述，从澳门浪白滘（Lampacon）开船沿中国海岸到日本平户（Firando）的航路。此行一开始沿着海岸航行在广东河口附近叫作Tonquion岛的港口装载中国货物，经南澳的隆澳（Tonquiou），向东北东航行就可以看到走马溪与漳州之间的乡村，这是一片美丽而清新的土地。从这里航行2浬避开一块礁石，这礁石靠近漳州，那里有一个椭圆形而高的岛屿接近陆地，附近有一条航道：沿着海岸从走马溪向东北，转向西南航行，再东北偏东而西南就到了漳州，再航行约2浬进入大海，那里有一个很高的圆形岛，岛上有一座很高的山，顶部是一块岩石，像占婆海岸的华里拉角。漳州港入口散布着一些岛屿，前面的圆形岛中国人称为Toanthea。当抵达漳州时，往东北东行驶8—10浬直至看不到所有的岛屿，然后转向东北，在这条航线上，会看到位于25°、山非常高、呈椭圆形的小琉球（Lequeo pequeno）岛，离中国海岸有18浬。经过小琉球，然后再北东往日本，到了丰后（Bungo），再前往平户。②

然而，自1549年的浯屿、走马溪之战后，葡萄牙人被逐出闽浙沿海，重新退回广东沿海，结束了在福建的贸易活动。不过，漳州并未退出葡萄牙人的东亚贸易体系。不久，葡萄牙人占据了澳门，以澳门为中心，早期的东亚海上贸易体系逐渐形成，其中葡萄牙人经营的澳门—日本贸易"是印度所有各地一切航行当中最好、最有利可图的航行"③，因此成为早期澳门繁荣的经济基础，也是葡萄牙人东亚贸易的核心航线。虽然葡萄牙人不再进入月港贸易，但漳州周边海域扼澳门—日本航线之咽喉，成为葡萄牙人的必经之地，漳州海商仍然是葡萄牙人重要的商业伙伴，葡萄牙人仍经常搭乘漳州船往来贸易。

第33章，即为葡萄牙领航员搭乘中国小海船（soma，指漳州船）从

---

① Jan Huygen van Linschoten, *His discours of voyages into ye Easte and West Indies*: *deuided into fourebookes*, pp. 373—380.

② Ibid., pp. 380 - 385.

③ 佚名:《市堡书（手稿）》,《文化杂志》1997年第31期，第96页。

澳门港道西侧出航,沿老万山、南澳、走马溪经小琉球往日本丰后的航海志。① 从他的航海志来看,葡萄牙人在澳门立足之后,已经不再进入漳州月港贸易了,但走马溪仍是其与日本贸易的必经之地。

第34章,依然是澳门到日本平户的水路志。志中说:经南澳(Lamou)顺风相送,翌日船员便可从船右舷看到小琉球岛(东北)尽端与岬角,以及福尔摩沙岛(Ilha Fermosa)境域的开端;云从 Branco(白礁)岛到南澳,有一些小岛,位于南澳沿海,经过南澳就到了漳州。从南澳岛到澳门的航道水深25—28㖊。②

1570年,皈依天主教的日本肥前大名大村纯忠把领内的长崎作为葡萄牙人的贸易港开放,并允许耶稣会建立教堂,进行传教。1580年6月,大村纯忠又将整个长崎及附近的茂木立契转让给耶稣会,于是整个长崎城市成为耶稣会的领地。③ 从此,长崎取代平户成为葡萄牙人在日本贸易的主要港口。

第35章,是葡萄牙人记述从澳门到日本长崎(Langasaque or Nangasache)航路中应注意的安全事宜,这是 Linschoten 第一次提到葡萄牙人的长崎贸易。其中提到经南澳后的安全水路,是漳州与澎湖(A Ilha dos Pescadores)之间的台湾海峡;特别提到经过南澳附近时,要探测航道的最浅水深,因此加速航程;当经过南澳时,要用铅砣测深,因为岛上有渔民,并提到台风。一旦过了南澳,就可以看到漳州的陆地,都沿着漳州海岸航行。又云再经福尔摩沙岛后,可由北东直航到有马海峡(Straight of Arima)。④

第36章,是葡萄牙船长 Francisco Pais 于1585年率 S. Crus 号从澳门途经漳州前往日本长崎的航海志。S. Crus 号经过南澳就进入漳州海域,描写了漳州的地形和航道,然后驶往小琉球毗邻的福尔摩沙岛,距福尔摩沙岛7.028浬是 Dos Reijs Magos 岛,由3个岛组成(从航程、经纬度和所描写的地形来看,可能是钓鱼岛),又称"三王岛",再向日本航行。航

---

① Jan Huygen van Linschoten, *His discours of voyages into ye Easte and West Indies: deuided into fourebookes*, pp. 385 – 386.

② Ibid., pp. 388 – 390.

③ J. S. A. "Elisonas, Nagasaki: the Early Years of an Early ModernJapanese City", L. M. Brockey, ed., *Portuguese Colonial Cities in the Early Modern World*, Princeton University Press, 2008, pp. 63 – 70.

④ Jan Huygen van Linschoten, *His discours of voyages into ye Easte and West Indies: deuided into fourebookes*, pp. 390 – 392.

海志为船上一名水手所记。①

第 39 章，也是描写从日本长崎到中国沿海葡萄牙人的居住地松门岬（Cape de Sumbor）的航路，提到沿松门海岸航行三四浬，取西南方向就可以到达漳州岛（可能是东山），那里地上全是沙子。从漳州岛西南行航抵南澳再经白礁岛（Branco）而至澳门。②

第 41 章，是一篇 1586 年从日本长崎到澳门的航海记，其中也记述了从漳州岛经过南澳而到澳门的航行经过。③

第 42 章，是一个葡萄牙水手所记从日本平户到澳门的航海日志，他从平户起航，经过五岛列岛（Guoto）、小琉球（台湾）航行到漳州，再经过南澳而到澳门，对这条航线经过的岛屿、航道水深都有详细记载。④

Linschoten 的记载证实，漳州是葡萄牙人日本贸易航线上的咽喉之地和对日贸易的重要港口。直至 1639 年日本幕府颁布第五次"锁国令"，"自后严禁南蛮船渡来"⑤，葡萄牙船和西班牙船前来日本，即毁其舟，其人处死。⑥ 从此，澳门—日本贸易也就此画上了句号，葡萄牙人才停止了在漳州海域的活动。

结　语

在早期西方文献中，漳州（Chincheo）往往是泛指整个厦门湾地区，在葡萄牙人的东亚贸易网络中处于中心的地位。其中浯屿是葡萄牙人住泊居留的据点，月港的海门屿则是他们进行走私贸易的主要场所。葡萄牙人在漳州的贸易也促进了月港的繁荣，使之成为真正意义上的国际化贸易港。尽管 1549 年浯屿、走马溪之战后，葡萄牙人被逐出闽浙沿海，不再来到漳州贸易，但漳州及附近的海域仍是葡萄牙人的澳门—长崎贸易航线的必经之地。漳州在大航海时代的东亚贸易体系中占有重要地位。

---

① Jan Huygen van Linschoten, *His discours of voyages into ye Easte and West Indies*: *deuided into fourebookes*, p. 392.
② Ibid., p. 399.
③ Ibid., pp. 400 - 402.
④ Ibid., pp. 402 - 404.
⑤ ［日］早川纯三郎编辑：《通航一览》（第五），卷一八三，国书刊行会 1912 年版，第 25 页。
⑥ 《通航一览》（第五）卷一八三，第 30 页。

海参之链
——"海上丝绸之路"上的中澳早期交通*

中国海洋大学　朱建君

"海上丝绸之路"是一个在人类文明史上曾长期存在、具有变动性的海上经济与文化交流网络。它初成于秦汉时期，经历了隋唐的繁荣、宋元的大发展、明初郑和下西洋的高峰之后，因明清政府时断时续实行海禁政策而受挫，但海禁开放期中国人在西太平洋海域的贸易活动仍旧十分活跃。"海上丝绸之路"见证中外经济文化多种交流，也曾被学者们称为陶瓷之路、香料之路、茶叶之路、医药之路等。明清时期，中国与澳大利亚之间便存在着尚未引起我国学者重视的、以海参贸易为纽带的早期交通。

尽管韩振华、廖大珂、赵志华、李万权等先生曾经探讨过宋元时期和郑和下西洋时期中国人是否到达过澳大利亚的问题，①迄今澳大利亚仍通常被视作在"海上丝绸之路"的通达范围之外。黄启臣先生在研究广州与海上丝绸之路的时候提供了一个重要的时间点，即1819年英国商人开

---

* 本文诞生于2014年冬进行"海上丝绸之路澳大利亚交通研究"项目论证申请国家社科基金的基础上，澳大利亚格林菲斯大学瑞吉娜·甘特（Regina Ganter）教授对本文形成有帮助，特此致谢。感谢在中外关系史学会第九届会员代表大会暨"海陆丝绸之路的历史变迁与当代启示"学术研讨会（2017年5月25—29日）上报告时与会专家的点评与鼓励。

① 韩振华：《元朝关于澳洲的几个地名名称及其风土人情的记述》，《中国与东南亚关系史研究》，广西人民出版社1992年版；赵志华：《郑和船队可能到过澳洲海岸》，《郑和研究论文集》，大连海运学院出版社1993年版；李万权、赵志华：《郑和远航澳洲初探》，郑和下西洋590周年国际学术研讨会论文，1995年；廖大珂：《从〈郑和航海图〉看早期中国人对澳洲的认识》，《郑和与海洋》，中国农业出版社1999年版。

辟了从广州到澳大利亚的航线,①在此时间点之前，中澳之间是否不存在海路交通呢？韩振华先生和廖大珂先生的文章提到澳大利亚北海岸被马来人称作海参之地，19世纪中期到达新几内亚南面阿卢群岛的英国人得知中国人在当地采买海参，戴一峰、冯立军老师在关于中国与东南亚贸易关系的研究中也提到望加锡与中国有海参贸易，有时马来人、武吉斯人会到澳大利亚北部海岸寻找海参,②那么中澳之间是否存在过围绕着海参而形成的历史性交通联系？在澳大利亚，学者关于外来"茫咖撒人"海参贸易的研究已经揭开了大致图景的一角。

本文在"海上丝绸之路"研究视野下，综述分析澳大利亚学者对"茫咖撒人"海参贸易的研究及其历史遗产社会解读，在此基础上将澳大利亚学者所关注的"茫咖撒海参之路"纳入"海上丝绸之路"网络中加以分析，提出明清时期"海上丝绸之路"网络中存在着一条从中国到澳大利亚北海岸的海参之链的看法。中澳海参之链不仅具有历史研究价值，对于今天在"21世纪海上丝绸之路"建设背景下的中澳关系发展，也具有特别的历史遗产价值。

澳大利亚学者对"茫咖撒人"海参贸易的研究

在澳大利亚学术界，Macassan 或 Macassans 是专有名词，指在欧洲殖民者到达澳洲之前直到20世纪初，每年从苏拉维西岛南部贸易城市望加锡（Makassar）航海来到澳洲北海岸，特别是阿纳姆地（ArnhemLand，被称为 Marege'）和金伯利（Kimberley，被称为 Kayu Jawa）海岸捕捞、加工海参等海产品的人们。他们从望加锡城市驾船而来，并不一定就是望加锡人，而是包括了望加锡人（Makassarese）、布吉斯人（Bugis）和巴瑶人（Bajau），也包括来自马来半岛和印度尼西亚群岛各个种族群体的船

---

① 黄启臣:《广州与海上丝绸之路的兴起与发展》，载《黄启臣文集》，香港天马图书有限公司2002年版，第649页。
② 戴一峰:《饮食文化与海外市场：清代中国与南洋的海参贸易》,《中国经济史研究》2003年第1期；冯立军:《略论17—19世纪望加锡在马来群岛的贸易角色》,《东南亚研究》2010年第2期。

员。①汉语中并没有关于 Macassan 的固定用法，在澳洲北部生活过多年的画家周小平曾把它译作"马克撒人"②。鉴于 18 世纪谢清高环球航行后口述而成的《海录》一书把望加锡叫作"芒咖萨"，③本文为了强调 Macassan 的时代性及其与望加锡、望加锡人之间的异同性，将其翻译成接近同时代发音的"芒咖撒人"。阿纳姆地的雍古人把 Macassans 叫做 Mangathara，④从发音上与"芒咖撒人"也更接近。

英国殖民者登陆杰克逊湾、开辟新南威尔士殖民地后不久，1803 年，弗林德斯（Matthew Flinders）进行环澳洲探索，他的记录里有一段关于在考察澳大利亚北海岸时遇到海参捕捞船的经过。当时他碰到了"马来人"的 6 艘捕捞海参船，登船交流，得知这些木船来自望加锡，其领头人叫 Pobassoo，从 20 多年前就开始从望加锡航行到澳洲北海岸进行海参捕捞，已经有六七次，并得知海岸边还分布着类似的 60 艘小船。⑤这个记载后来成为了"芒咖撒人"海参贸易研究所倚重的重要文献资料之一。20 世纪上半叶，人类学家和考古学家首先在研究层面触及"芒咖撒人"问题。廷德尔（Norman Tindale）等人注意到北海岸土著人有与外来的"芒咖撒"海参捕捞者接触的经历，发现了一些具有考古价值的海参加工点遗址和遗存，包括华南陶器碎片和小型米饭碗等。⑥ 1954 年出版的《阿纳姆地：历史与人民》一书还对海参捕捞者情况进行了介绍。⑦澳大利亚史学家约翰·马瓦尼（John Mulvaney）在其 1961 年关于澳大利亚早期历史的

---

① Macknight, *The Voyage to Marege: Macassan Trepangers in Northern Australia*, Carlton, Vic.: Melbourne University Press, 1976, p. 18.

② ［澳］周小平：《寻梦澳洲土著》，重庆出版社 2006 年版，第 209 页。

③ 谢清高口述、杨炳南笔录、安京校释：《海录校释》，商务印书馆 2002 年版，第 181 页。

④ Regina Ganter, "Histories with traction: Macassan contact in the framework of Muslim Australian history", in Marshall Clark, Sally K. May (eds.), *Macassan History and Heritage: Journeys, Encounters and Influences*, Canberra: ANU Press, 2013, p. 62.

⑤ Matthew Flinders, *A Voyage to Terra Australis undertaken for the Purpose of Completing Discovery of that Vast Country, and Prosecuted in the Years 1801, 1802, and 1803*, London: G. &W. Nicol, 1814, pp. 229–232.

⑥ F. D. McCarthy and F. M. Setzler, "The Archaeology of Arnhem Land", in C. P. Mountford (ed.), *Records of the American-Australian Scientific Expedition to Arnhem Land*, Vol. 2: Anthropology and nutrition, Parkville, Vic.: Melbourne University Press, 1960, pp. 215–295.

⑦ R. M. & Catherine Berndt, *Arnhem Land: Its history and its people*, Melbourne: Cheshire, 1954.

拓荒之作中提到了海参捕捞者，1966年他还做了考评。①史学家克拉克（Manning Clark）则把相关研究进展写进了专著《澳大利亚史》中，作为欧洲殖民者初来时澳洲历史地理的一部分内容。②这大大突破了此前澳大利亚史书写中"白澳"史观下主流的盎格鲁中心主义习惯，即澳大利亚历史大都是从1788年新南威尔士殖民地建立开始书写，把之前的澳洲大陆视作无历史的"无主地"。

20世纪60—70年代，麦克奈特（Campbell Macknight）开始把芒咖撒人与澳洲北海岸海参业作为一个专门问题进行研究，做出了开创性贡献。③1976年他出版专著《到迷迭之的航行：澳大利亚北方的"芒咖撒"海参捕捞者》，被认为是一部讲述"澳大利亚在库克船长到来之前与外界的接触"的大作。④同期，克劳福德（Ian Crawford）对金伯利地区的调查研究则揭示出那里有关捕捞海参的"芒咖撒人"的信息。⑤1970年代以来，随着澳大利亚废除"白澳政策"，澳大利亚白人与土著人之间逐渐走向种族和解，多元文化主义政策得到实施，澳大利亚的亚洲观念转变，⑥关于"芒咖撒人"海参贸易的研究兴趣大为增加，研究角度与方法也更加多样，以下方面已得到较多探讨：

第一，芒咖撒人到澳洲北海岸进行海参捕捞的原因、时间和地点。麦克奈特主要依据文献资料认为，"芒咖撒人"来到北海岸捕捞、加工海参的目的是为了运往中国贸易，"芒咖撒"船队1750年代开始航行到金伯

---

① D. J. Mulvaney, "The Stone Age of Australia", in *Proceedings of the Prehistoric Society*, 27, 1961, p. 99. ; D. J. Mulvaney, "Beche – de – mer, Aborigines and Australian History", in *Proceedings of the Royal Society of Victoria*, 79（2），1966, pp. 449 – 457.

② Manning Clark, *A History of Australia*, Vol. I: From the earliest times to the age of Macquarie, Parkville, Vic. : Melbourne University Press, 1962, pp. 37 – 38.

③ Campbell Macknight, *The Macassans: A study of the early trepang industry along the Northern Territory coast*, PhD thesis, Canberra: The Australian National University, 1969; *Aboriginal Stone Pictures in Eastern Arnhem Land*（co – authored with W. J. Gray）, Canberra: Australian Institute of Aboriginal Studies, 1970; "Macassans and Aborigies", Oceania, 42, 1972, pp. 283 – 321; *The Voyage to Marege: Macassan trepangers in northern Australia*, Carlton, Vic. : Melbourne University Press, 1976.

④ Maurice Dunlevy: "New Masterpieces Were Published during 1976", in *Canberra Times*, 24 Dec. 1976, p. 8.

⑤ I. Crawford, *Late Prehistoric Changes in Aboriginal Cultures in Kimberley, Western Australia*, PhD thesis, University of London, London, 1969.

⑥ 王宇博、汪诗明、朱建君：《世界现代化进程·大洋洲卷》，江苏人民出版社2012年版，第503—513、525—545页。

利，1780年代开始航行到阿纳姆地。每年12月份或1月初，船只乘着开始的西北季风离开望加锡来到澳洲北海岸，航行大约二周，跨越航程大约1600公里，先到达今达尔文市北面的梅尔维尔岛到科堡半岛一带，然后逐渐向东部移动，到4月时船队分布在阿纳姆地东部、格鲁特岛和卡奔塔利亚湾内部，进行海参捕捞和加工制作，其活动中心在阿纳姆地海岸毗邻地区，其后等东南季风起时再启程返回望加锡，这种情况持续到1901年成立的澳大利亚联邦禁止望加锡商船进入，1907年最后一艘"茫咖撒人"船也停止了航行，不过直到20世纪仍旧有船零星到访。① 最近麦克奈特则进一步比对文献记载，提出澳大利亚丰富的海参资源是从1780年开始得到开发的。② 但《阿纳姆地：历史与人民》等根据考古学测定和其它证据的研究成果则认为，"茫咖撒人"船队航行到澳大利亚北海岸事实上开始得很早；克拉克（Marshall Clark）与梅（Sally K. May）也认为，至少可以追溯到1700年；③ 在澳大利亚北部土著人中生活过很长时间的周小平认为，从大约1650年开始；④ 最近根据澳大利亚北海岸土著人岩画上印尼木船早期图像的考古研究，这一历史可能至少有四百年了。⑤

第二，茫咖撒人海参捕捞、海参贸易规模及航线。卢查普克认为，大型的经常性船队成员有大约2000人，每年12月乘着西北季风航行而来，接下来的4个月里捕捞海参、加工海参，每年三月或四月则随着东南贸易风返回，他们一般五六艘船为一组在海岸工作，每艘船上有20至25名船员。⑥ 麦克奈特估计，"茫咖撒"船队规模19世纪上半叶大概每年有30—60艘，人数有1000人或更多，19世纪早期澳大利亚北海岸海参的年产量

---

① Campbell Macknight, *The Voyage to Marege: Macassan trepangers in northern Australia*, Carlton, Vic.: Melbourne University Press, 1976, pp. 33–37, 133–136.
② Campbell Macknight, "Studying Trepangers" in Marshall Clark & Sally K. May (eds.), *Macassan History and Heritage: Journeys, Encounters and Influences*, Canberra: ANU Press, 2013, pp. 21–22.
③ Marshall Clark & Sally K. May (eds.), *Macassan History and Heritage: Journeys, Encounters and Influences*, Canberra: ANU Press, 2013, p. 1.
④ ［澳］周小平：《寻梦澳洲土著》，重庆出版社2006年版，第209页。
⑤ Tacon et al., "A minimum age for early depictions of Southeast Asian praus", in *Australian Archaeology*, 71, Dec. 2010, p. 8.
⑥ Chaloupka, "Praus in Marege: Makassan subjects in Aboriginal rock art of Arnhem Land, Northern territory, Australia", in *Anthropology*, 1996, 34 (1–2), pp. 132–133.

超过 5000 担,经望加锡转运后供应了中国市场大约四分之一的需求。① 联系到有学者认为望加锡海参贸易在 18 世纪非常繁荣,海参是输往中国的主要出口产品,20 世纪 80 年代达到了 6000—7000 担,并且每年都有中国帆船直接从厦门航行到望加锡捕捞海参,② 可见澳大利亚海参在从望加锡运到中国的海参数量中所占的比重着实非常高,构成了其绝大部分。关于海参贸易线路,澳大利亚学者普遍认为,从澳大利亚北海岸的阿纳姆地和金伯利海岸开始,澳大利亚海参分别经由两条航线汇聚到望加锡,然后从望加锡穿越望加锡海峡北上,经马尼拉到达中国厦门。③

第三,芒咖撒人与澳洲北海岸土著人之间的接触与影响。有些北海岸土著人特别是雍古人参与到了海参捕捞和加工中来,换取"芒咖撒人"的衣物、大米、斧子、刀具、烟叶、酒等,结果不吃海参的澳洲北海岸土著人慢慢学会了开发这种海产品销售,到了 1870 年代出现了他们自己的海参产业。④ 在接触中,土著人的生活习惯、思想观念、语言、音乐、绘画、宗教仪式都受到了影响。⑤ 阿纳姆地的雍古人从芒咖撒人那里借用了一些语言词汇,⑥ 学会了挖凿独木舟,⑦ 还学会了使用铁器,并用来与内地

---

① Macknight, *The Voyage to Marege: Macassan Trepangers in Northern Australia*, Carlton, Vic.: Melbourne University Press, 1976, p. 38.

② Gerrit Knaap & Heather Sutherland, *Monsoon Traders: ships, skippers and commodities in eighteenth-century Makassar*, Lei-den: KITLV Press, 2004, pp. 99, 148–149.

③ Sandy Blair & Nicholas Hall, "Travelling the 'MalayRoad': Recognising the heritage significance of the Macassan maritime trade route", in Marshall Clark & Sally K. May (eds.), *Macassan History and Heritage: Journeys, Encounters and Influences*, Canberra: ANU Press, 2013, pp. 212.

④ Macknight, *The Voyage to Marege: Macassan Trepangers in Northern Australia*, Carlton, Vic.: Melbourne University Press, 1976, p. 101–103.

⑤ P. Toner, "Ideology, influence and innovation: the impact of Macassan contact on Yolngu music", in *Perfect Beat: The Pacific Journal of Research into Contemporary Music and Popular Culture*, 2000, 5 (1), pp. 22–41; Palmer, L. "Negotiating the ritual and social order through spectacle: the (re) production of Macassan/Yolŋu histories", in *Anthropological Forum: A journal of social anthropology and comparative sociology*, 2007, 17 (1), pp. 1–20.

⑥ N. Evans, "Macassan Loans and Linguistic Stratification in Western Arnhem Land", in P. McConvell & N. Evans (eds.), *Archaeology and Linguistics: Aboriginal Australia in global perspective*, Melbourne: Oxford University Press, 1997, pp. 237–260.

⑦ S. Mitchell, "Dugongs and Dugouts, Sharptacks and Shellbacks: Macassan contact and Aboriginal marine hunting on the Cobourg Peninsula, north western Arnhem Land", in *Indo-Pacific Prehistory Association Bulletin* 15, Chiang Mai Papers, vol. 2, 1996, p. 184.

交换。①穆斯林"茫咖撒人"的语言和生活习惯也在雍古人的舞蹈仪式、艺术形象、词汇和名字中留下了印记。②而且整体看来,"茫咖撒人"与澳洲北海岸土著人特别是其部落首领建立了友好的关系,有些土著人还跟随"茫咖撒"船到了苏拉威西工作、生活。

澳大利亚对于"茫咖撒人"海参贸易历史遗产的解读

茫咖撒人、海参、中国,这三个关键词题串联起来,对于重新认识澳大利亚及其与西太平洋区域的历史关联意义非凡,逐渐被视作一项重要的历史遗产。近年来澳大利亚社会对其诠释框架主要有三个:一是强调土著人在澳洲大陆上的土地、海域使用、外部接触历史及其权利;二是思考多元文化族群关系如何建立,认为茫咖撒人与澳洲北海岸土著人的和谐相处构成一种参照;三是强调澳大利亚历史上与亚洲有密切联系。在每一个框架内,茫咖撒人在澳洲北海岸捕捞海参然后出售到中国的故事都提供了积极的内容和支撑,普遍得到了正面的解读。

今天在澳大利亚北海岸雍古人中仍流传着关于茫咖撒人的故事,土著人大量聚居的澳大利亚北领地尤其重视茫咖撒人海参贸易的历史遗产。澳大利亚北领地博物馆与美术馆收藏有麦克奈特收集到的一些相关文物,并开设有相关展览。1988年在纪念英国人登陆澳大利亚200周年之际,澳大利亚北领地博物馆与美术馆和印度尼西亚哈山努丁大学还联合发起了重走茫咖撒航线活动,并得到澳大利亚和印度尼西亚外交部门的支持。此举人人增进了望加锡与阿纳姆地之间的当代联系,而为此次活动复制出来的木船北澳之心号(Hati Marege)则收藏在了北领地博物馆与美术馆,成为承载茫咖撒人海参贸易历史遗产记忆的当代载体。

这一历史遗产也进入文化艺术领域,以此为主题或元素的舞蹈、歌曲、绘画、雕塑等文化艺术形式相继出现,许多得到了政府和社会的积极

---

① H. Allen, Thompson's Spears: innovation and change in east Arnhem Land projectile technology", in Y. Musharbach & M. Barber (eds.), *Ethnography and the Production of Anthropological Knowledge: Essays in honour of Nicolas Peterson*, Canberra: ANU E Press, 2011.

② I. McIntosh, "Islam and Australia's Aborigines? a perspective from north – east Arnhem Land", in *Journal of Religious History*, 1996, 20 (1) (June), pp. 53 – 77.

支持。甘特（Regina Ganter）在研究中特别注意到歌剧"海参"的制作与传播过程，它诞生于20世纪90年代后期，逐渐在印度尼西亚和澳大利亚得到了欢迎，1997年望加锡举行建城纪念时邀请其演出，1999年则在达尔文城市节日上演出，2000年由澳大利亚广播公司制作成录像带发行，2001年澳大利亚联邦成立100周年纪念时又在墨尔本联邦广场上演出，甘特由此感觉到，该歌剧所反映的这段历史正"从历史的边缘走向民族庆典的中心。"①而在该歌剧制作之初，它首先是在印度尼西亚得到热烈欢迎，南苏拉威西省省长认为制作该歌剧"有助于建立对话和互动，不仅将加强未来望加锡与雍古人之间的友谊，也将有助于在更大层面上加强澳大利亚与印度尼西亚之间的友谊"，②其后短短几年内它在澳大利亚也从边缘舞台走向了中心舞台，说明了澳大利亚社会对于这段历史及其遗产的接受程度有了飙升。2008年，澳大利亚国家博物馆更将茫咖撒人到澳大利亚北海岸捕捞海参进行贸易的这段历史及其遗产纳入到永久性的"澳大利亚航程"展中，③显示出在国家层面拥抱这一遗产、整合历史理解的努力。此后墨尔本博物馆于2010年举办了"海参：中国与茫咖撒－原住民贸易的故事"展览。

近年来随着澳大利亚与印度尼西亚、与中国关系的密切，这段历史的遗产价值在澳大利亚越来越得到重视。2013年，《茫咖撒人历史与遗产：航程、相遇与影响》一书诞生，主编克拉克（Marshall Clark）与梅（Sally K. May）提倡从澳大利亚所在的亚太区域角度理解茫咖撒海参贸易历史，把其遗产看成区域遗产，并建议申请进入联合国教科文组织世界文化遗产名录。④目前澳大利亚与印度尼西亚的官方和媒体都已经介入了这一

---

① Regina Ganter, "Histories with traction: Macassan contact in the framework of Muslim Australian history", in Marshall Clark & Sally K. May (eds), *Macassan History and Heritage: Journeys, Encounters and Influences*, Canberra: ANU Press, 2013, p. 63.

② "Trepang: Indigenous Australians and Indonesians Celebrate a Shared Story across the Arafura Sea, Alan Whykes interviews Andrish Saint‐Clare", in *Inside Indonesia: Bulletin of the Indonesian Resources and Information Programme*, No. 59 (July–Sept, 1999), p. 28.

③ P. Veth, P. Suttonand & M. Neale (eds.), *Strangers on the Shore: Early coastal contacts in Australia*, Canberra: National Museum of Australia, 2008.

④ Marshall Clark, "Tangible heritage of the Macassan‐Aboriginal encounter in contemporary South Sulawesi", in Marshall Clark & Sally K. May (eds.), *Macassan History and Heritage: Journeys, Encounters and Influences*, Canberra: ANU Press, 2013, pp. 21–22.

话题，这一段历史的遗产价值已经得到澳大利亚和印度尼西亚各方的挖掘，以促进相互之间的交往与两国关系发展。相比于澳大利亚和印度尼西亚对于这段历史的认知和传播，我国各界则对此还缺乏应有的了解。

"海上丝绸之路"网络中的中澳海参之链

中国是茫咖撒海参贸易中一个离不开的重要因素，克拉克和梅也强调，"中国在茫咖撒人历史与遗产中的作用不应被低估，正是中国18世纪的繁荣才吸纳了来自东南亚的产品，包括来自澳洲北部的海参。"[1]布莱尔（Sandy Blair）和豪（Nicholas Hall）提出了"茫咖撒海参之路"的线路遗产概念，认为应该与印度尼西亚、中国一起合作申请世界文化遗产，并把这一线路描述为"联结印度尼西亚、中国与土著人时期澳大利亚的跨文化海洋贸易线路"，"基于海洋产品，特别是望加锡来的船队沿澳大利亚北海岸捕捞海参、然后与中国贸易，而形成的18世纪贸易线路"，"包含重要的文化交流"，"线路长1600公里，从印度尼西亚中部的望加锡跨海到澳洲北部（或许到中国）"。[2]该描述凸显了对中国因素的重视，但又存在着模糊与矛盾之处：一方面认为"茫咖撒"海参贸易联结到中国，另一方面在梳理线路遗产要素时又把"茫咖撒海参之路"界定为从望加锡到澳大利亚北海岸之间1600公里的航程。

实际上，澳大利亚学者所谈论的"茫咖撒海参之路"并非自发产生、独立存在的，而是因中国与以望加锡为中心的中国—东南亚海上交通线路的存在和明代以来中国对可食用海参的需求日益增加而生发出来的线路。而且，澳大利亚海参从阿纳姆地或金伯利运到望加锡，由在望加锡的华人收购，再用中国帆船运回中国厦门等地。这两段航线因海参贸易而在望加锡联结起来，事实上构成了"海上丝绸之路"网络中一条完整的"海参之链"。作为东南亚重要贸易中心的望加锡在17世纪中后期被荷兰东印度公司控制后，望加锡人、布吉斯人等本地商人对外贸易受到限制，而在

---

[1] Marshall Clark & Sally K. May (eds.), *Macassan History and Heritage: Journeys, Encounters and Influences*, Canberra: ANU Press, 2013, p. 6.

[2] Sandy Blair & Nicholas Hall, "Travelling the 'MalayRoad': Recognising the heritage significance of the Macassan maritime trade route", in Marshall Clark & Sally K. May (eds.), *Macassan History and Heritage: Journeys, Encounters and Influences*, Canberra: ANU Press, 2013, pp. 220–222.

此地人数众多且有重要影响的华人仍旧能够从事对华贸易,①在这种情况下,这条海参之链的形成与维持都更加离不开华商航海与贸易。因此,中国和中国人在这条海参之链中所起的作用,远远不止于提供了强大的经济背景及旺盛的市场需求。另外,在澳洲北海岸水域从事海参捕捞、并登上北海岸陆地从事海参加工的"茫咖撒人"中到底有没有中国人呢?当地考古发现的中国陶器碎片和小型米饭碗,《海录》中有茫咖萨用中国钱的描述,而 2014 年 8 月,澳大利亚北部岛屿发现了一枚乾隆通宝,这些难免引人发出追问。

中澳海参之链的存在,不仅说明中澳之间早在明清时期已经有了规律性和实质性的早期交通,并且显示出中澳早期交通是一条海参产业的合作之链,也是多族群在海参产业上的跨海、跨国合作之链,体现着不同族群之间的分工协作,承载着几个世纪中中国人、茫咖撒人和澳洲北海岸土著人进行海参采买、捕捞、加工、运输、贸易、消费的历史过往,并承载着随之而发生的文化交流等历史信息,产生了长远的影响。在印度尼西亚,入海捕捞海参今天早已经是苏拉威西岛等海岛居民的一项传统技艺;在澳大利亚,海参贸易给北海岸土著人打开了一条连通外部的通道,海参产业也逐渐在澳大利亚土著人中培育起来。笔者翻检 19 世纪早期的澳大利亚文献发现,在弗林德斯报告遇到茫咖撒海参捕捞船后,后继而来的英国探险者和殖民开拓者曾经非常关注新发现地点是否有适合中国市场的海参资源,希望通过介入和吸引海参贸易来实现开发。

关于澳大利亚海参进入中国后所产生的影响,虽然文献记载稀缺但通过爬梳和辨析相关史料,仍旧可以约略感知一二。中国人认识和食用海参的历史最早在三国时期吴国沈莹的《临海异物志》中就可见到,当时海参被称为土肉,炙食,还只是一种地方性可食用海物。到了明代,海参的药补价值则得到认知,1602 年成书的《五杂俎》谈到了海参的温补功能,认为可匹敌人参,明末姚可成编著的《食物本草》认为海参为肴品中之最珍贵者。海参需求随之增加,澳大利亚海参就是在这种背景下开始进入厦门的,填补了市场需求缺口。这时期有两部文献可以对照着分析:《闽中海错疏》与《闽小纪》。《闽中海错疏》成书于 1596 年,正值万历年间海禁开放时期,为福建盐运司同知屠本畯所著,记述了他所熟悉的福建当

---

① 赵璐:《16—17 世纪望加锡的发展与华人活动》,《东南亚纵横》2016 年第 1 期。

地的海产品，但其中并不包括海参，只在附录介绍外地产的海粉时提到了海参，这说明当时福建本地并不出生海参，福建人对海参也不太了解。而半个世纪后成书的《闽小纪》中则有言曰："闽中海参色独白，类撑以竹签，大如掌，与胶州、辽海所出异，味亦淡劣，海上人复有以牛革伪为之以愚人者，不足尚也。"①

"闽中海参"出现应该是本地海域捕捞发展的结果。"海上人复有以牛革伪为之以愚人者"之语，说明海参市价非常高，以致有人造假，可若再仔细推敲，海上人用牛皮伪造海参的做法很难令现代人信服，因为首先对于"海上人"来说，牛皮是不容易得到的，其次用牛皮仿造海参的技术难度很大，在那个时代恐怕难以做到，远比从南洋贩运来其地盛产的海参②要来得更困难，而《闽小纪》成书的时候，福建海外贸易相对正常化存在着，其后顺治十二年（1655）清朝才实行海禁。由此看来，所谓海上人用牛皮造假海参的说法，倒有可能是当地人面对海商贩卖外洋海参入闽后的观感和反应。今天从生物学的角度看，澳大利亚北海岸海域的海参个大厚实、柔韧光滑，颜色偏浅，无刺状突起，不同于郝懿行《记海错》中所记载的登莱海域出产的长有肉刺的黑韧海参，有可能让人与平滑韧性的牛皮联想到一起；另外澳大利亚北海岸海域海参的海参皂甙、酸性粘多糖、软骨素等营养素的含量实际上比胶参、辽参高，保健效果好，但蛋白质含量相对稍低，口感上没有后者好，也有可能使人言其"不足尚"。明末清初澳大利亚海参等外洋海参进入中国市场，当是刺激了中国海参市场的竞争、分级，胶参、辽参逐渐被高端化。

澳大利亚海参沿着中澳海参之链大量输入中国，提供了价格低于胶参、辽参的海参品种，可以大方用来入馔，有利于海参饮食的普及化。到了乾隆年间，海参已经成为中国海鲜食单中的必备上品，袁枚的《随园食单》中描述了海参的三种做法。乾隆时期成书的《本草丛新》则在说明海参具有补益作用的同时，强调了刺参和光参的概念，谓"有刺者名刺参，无刺者名光参"。③在明清时期海参走上中国南北餐桌、入菜食补文化形成背后，当也有着澳大利亚光参进入中国后所产生的助推作用。

---

① 周亮工：《闽小纪》，福建人民出版社1985年版，第36页。
② 陈伦炯《海国闻见录》、王大海《海岛逸志》、谢清高《海录》中都有大量关于菲律宾和印度尼西亚一带海域各岛土产海参的记载。
③ 李艳丽、徐长卿点校：《本草丛新》，河南科学技术出版社2017年版，第197页。

结　语

澳大利亚学者所关注的从望加锡到澳大利亚北海岸的"茫咖撒海参之路"并非孤立的存在，它与从中国到望加锡的传统航线相连接，通过海参贸易这一纽带而在中澳之间结成了一条海参之链，其实是明清时期"海上丝绸之路"网络结构中的内在组成部分。中澳海参之链的存在，说明了中国与澳大利亚这块大陆之间远在英国殖民澳大利亚之前就已经通过"海上丝绸之路"有了规律性的实质性的早期交通，而且这种早期交通以多族群、跨海、跨国远距离产业合作、协作的方式在西太平洋和平存续了几个世纪，给参与族群留下了今日仍能识辨的重要遗产。中澳海参之链的存在，也说明了"海上丝绸之路"的南方边界并非印度尼西亚群岛南缘，这有助于更好地认识"海上丝绸之路"的网络延展性。全球史的奠基人麦克尼尔以网络理解人类社会的历史进程，认为在1750年左右，中国在世界贸易体系中是世界贸易的中心、西太平洋经济的中心，[①]中澳海参之链的存在也有助于补充说明当时西太平洋经济网络的情况。

明清时期中澳海参之链不仅具有重要的历史研究价值，对于今天"21世纪海上丝绸之路"建设背景下的中澳关系发展也具有特别的历史遗产价值，是中澳关系与西太平洋国际区域合作可资挖掘的历史资源。今天，大洋洲被界定为"21世纪海上丝绸之路"建设的南向延伸地区，而历史上的明清时期，澳大利亚就曾是古代"海上丝绸之路"的南向延伸地区。

---

① 约翰·R. 麦克尼尔、威廉·H. 麦克尼尔，《人类之网：鸟瞰世界历史》，王晋新、宋保军等译，北京大学出版社2011年版，第193页。

18至19世纪南沙群岛英文地名的形成与演变*

浙江师范大学 王 涛

一 引言

南沙群岛位于北纬3°40′至11°55′，东经109°33′至117°50′，主要由约230个岛屿、礁石、暗沙和浅滩组成。长期以来，中国海南渔民在南沙群岛从事生产活动，他们给予这里的岛屿、礁石、暗沙和浅滩以具体的命名。据统计，西沙、南沙群岛包括141处渔民习用地名，其中渔民的航海指南《更路簿》记载的数量最多，达到121处，而且绝大多数是南沙群岛地名，共计83处。① 尽管海南渔民很早就有一套约定俗成的地名系统，但这些地名无缘编进官方图籍，反而是西文外来地名对1935年、1947年和1983年我国三次公布南海诸岛地名产生了广泛影响。② 所谓西文外来地名，是历史上西人凭借坚船利炮侵入南海，并对岛屿、礁石、暗沙和浅滩进行命名的产物。时至今日，它们仍为西方国家所采用，也是南海主权争端中富有争议的"历史证据"。因此，探究外来地名的源流，有助于了解

---

* 国家社科基金项目"清中叶英国在南海的地图测绘及其影响研究（1780—1820）"（项目号：15CZS015）。

① 刘南威、张争胜：《西沙群岛和南沙群岛土地名源流及其历史文化价值》，《热带地理》2015年第2期。

② 鞠继武：《南海诸岛地名的初步研究——南海诸岛自古以来是我国领土的古地名证据》，《南京师院学报》（自然科学版）1981年第2期；韩振华：《有关我国南海诸岛地名问题》，《中国边疆史地研究》1995年第1期；孙冬虎：《南海诸岛外来地名的命名背景及其历史影响》，《地理研究》2000年第2期。

南海诸岛的历史,也有助于申明领土主权。

以往研究表明,历史上南海诸岛西文外来地名并非一成不变。直到19世纪初,西人通过地图测绘,才将西沙群岛、黄岩岛命名为Paracel、Scarborough。① 其实,地图测绘也是南沙群岛西文外来地名形成与演变的原因。对于这一问题,韩振华引用西文史料,制成"外国侵犯我国南海诸岛(或部分岛屿)主权纪要",列举了欧美以及越南、菲律宾、日本等对南海诸岛的调查测绘。② 此后,"外国侵犯我国南海诸岛(或部分岛屿)主权纪要"成为研究南海诸岛地名演变的核心材料。据此发现,19世纪初西人开始在南海测绘地图,其中又以英文地图最早、最详,德、法等国地图多译自英文版地图,所以西文外来地名就是以英文为基础的汉译名称,而且多以船舰名、船长名、人名、地名等作为命名依据。③

然而"外国侵犯我国南海诸岛(或部分岛屿)主权纪要"存在许多错讹和疏漏之处,此外,国内航海史、地图测绘史等领域,对于西人的南海测绘往往语焉不详。④ 近年来,英国学者汉考克斯(David Hancox)和普莱斯考特(Victor Prescott)研究西人对南沙群岛的地图测绘,取得了引人瞩目的成果。不过,他们主要探讨第二次世界大战前后的测绘及成果,对于地名演变也没有涉及。⑤ 因此,我们仍不清楚19世纪西人在南沙群岛地图测绘的具体过程,也不了解地图测绘如何导致南沙群岛英文地名的形成与演变。

---

① 王涛:《从"牛角Paracel"转为"西沙群岛Paracel"——18世纪末至19世纪初西人的南海测绘》,《南京大学学报》(哲学·人文科学·社会科学) 2014年第5期;李孝聪:《从古地图看黄岩岛的归属——对菲律宾2014年地图展的反驳》,《南京大学学报》(哲学·人文科学·社会科学版) 2015年第4期。

② 韩振华:《我国南海诸岛史料汇编》,东方出版社1988年版,第671—694页。

③ 广东省地名委员会:《南海诸岛地名资料汇编》,广东省地图出版社1987年版,第311—355页;孙冬虎:《南海诸岛外来地名的命名背景及其历史影响》,《地理研究》2000年第2期;王静:《英国对南沙群岛的勘测及其历史影响》,《文化月刊》2008年第6期。

④ 房建昌:《近代南海诸岛海图史略——以英国海军海图官局及日本、美国、法国和德国近代测绘南沙群岛为中心(1685—1949年)》,《海南大学学报》(人文社会科学版) 2013年第4期。

⑤ David John Hancox, John Robert Victor Prescott, *A Geographical Description of the Spratly Islands and an Account of Hydrographic Surveys amongst those Islands*, International Boundaries Research Unit Department of Geography University of Durham, 1995; David John Hancox, John Robert Victor Prescott, *Secret Hydrographic Survey in the Spratly Islands*, Asean Academic, 1999.

历史上，南沙群岛地图测绘的资料主要记录在航海指南和航海地图中。以往只发掘利用了《中国海指南》（*The China Sea Directory*）等少数几部这类文献，其他英文版航海指南和航海地图并没有引起重视。有鉴于此，本文综合利用18—19世纪的西文资料，探讨英国在南海的地图测绘，考察南沙群岛英文地名的形成过程。

二 18世纪西人对南沙群岛的地图测绘

（一）达普莱与南沙群岛的地图测绘

在很长一段时间里，南沙群岛在西文地图和航海指南中以"危险区域"（Dangerous Ground）著称，这使西方船只对其避之唯恐不及。西人由此经过已经十分罕见，更遑论进行观测了，直到18世纪西人对南沙群岛仍知之甚少。1745年，法国人达普莱·德·曼纳维耶特（Jean Baptiste D'Après de Mannevillette）刊行了名为《东方海洋》（*Neptune Orientale*）的地图集，包括从波斯湾至中国台湾的25幅地图，其中第23幅《占婆海岸、交趾支那、东京湾、部分中国海岸和菲律宾群岛地图》，反映了南海及周边地区的岛礁、海岸以及自然地理状况。值得注意的是，在南沙群岛对应的区域没有标出任何一个岛屿，详见无图。

达普莱为解释《东方海洋》，同时编写了《东印度和中国航海指南》（*Routier des côtes des Indes orientales et de la Chine*），论述了中国南部沿海的航线，也介绍了南北方向纵贯南海的主要航线，一条是"内沟航线"，这条航线起自马来半岛，横穿暹罗湾后，到达昆仑岛（Pulo Condor），冉沿柬埔寨和交趾支那海岸以及海南岛，到达中国沿海。[①] 另一条是"外沟航线"，这条航线也起自马来半岛，但到达昆仑岛后，转向东北方向的草鞋石岛（Pulo Sapata），由此经过中沙群岛直达中国沿海。[②] 可见，内、外沟航线沟通了中国与东南亚地区，它们也是中国船只往返东南亚的主要航线，见于明清时期的航海著作《郑和航海图》《顺风相送》和《指南正

---

① Jean Baptiste D'Après de Mannevillette, *Routie des côtes des Indes orientales et de la Chine*, A Paris, 1745, pp. 169 – 185.

② Ibid., pp. 230 – 234.

法》等。时至今日，这两条航线仍在使用，但它们都不经过南沙群岛。

在内、外沟航线之外，达普莱提到了一条东西方向横穿南海的航线。因为帆船时代中国与东南亚的海上交通很大程度上受季风控制，每年6月至9月西南季风将船带到中国，10月至次年5月，东北季风又将船从中国带走。然而，在西南季风期末，风向多变而且风力较弱，内、外沟航线都不适合航行。在这种情况下，西人采用迂回路线，先从草鞋石往东北航行，到达北纬13°，然后转向东横穿南海，前往菲律宾吕宋岛西海岸，再由此前往中国沿海。① 这条航线也是由昆仑岛、草鞋石转向外海，被视为外沟航线的一部分。从航线走向来看，内、外沟航线避开了南沙群岛，所以《东印度和中国航海指南》对南沙群岛只字未提。

达普莱地图一经出版，就成为欧洲地图学家们绘制中国和东南亚海域的新蓝图。1758年在英国东印度公司资助下，英人威廉·赫伯特（William Herbert）将《东方海洋》和《东印度和中国航海指南》译成英文，取名为《新东印度航海指南》（*A New Directory for the East Indies*）。赫伯特忠实地完成了英文翻译，原封不动地转译了达普莱对内、外沟航线的叙述。该书于1759年、1767年和1776年三次再版，对航线的叙述几乎没有变化。

1780年，塞缪尔·邓恩（Samuel Dunn）结合新的测绘成果，编写了《新东印度航海指南》第五版，邓恩在前四版的基础上加以改进和扩充，继承了前四版对内、外沟航线的描述，增加了"通过中国海前往马尼拉的指南"和"东北季风时从马尼拉前往新加坡海峡和马六甲的航海指南"。邓恩的这条航线，与达普莱所述东西方向横穿南海的航线十分相近，但它由北纬12°横穿南海，接近南沙群岛北端。

在这条航线上，主要危险区是北纬11°28′，草鞋石以东5°12′的岛屿，地名为 Sabut Jung，而且在同一纬度上，另有许多无名的沙滩（Sandy bank）和暗沙（shoal）。② 由于18世纪英人哈里森（John Harrison）发明航海计时器（chronometer）以前，只能相对准确地测量纬度，而无法准确测量经度。当时，常用的方法是以两地之间的角度代替经度，按照草鞋石

---

① Jean Baptiste D'Après de Mannevillette, *Routie des côtes des Indes orientales et de la Chine*, A Paris, 1745, pp. 234 – 236.

② Samuel Dunn, *A New Directory for the East Indies*, London: Printed for Henry Gregory, 1780, p. 499.

的地理位置为北纬9°58′，东经109°5′计算，Sabut Jung应处于北纬11°28′，东经114°17′。考虑到测量经纬度的误差，这个小岛可能是双子群礁中的北子岛，而马尼拉与草鞋石之间的危险区域就是双子群礁的北部，属于南沙群岛较早被观测到的地区。

（二）达尔林普尔与南沙群岛地图测绘

18世纪末，欧洲各国开始利用新航线，以便东北季风期也能到达中国，这些新航线如东路航线（Eastern Passage）、马尼拉—澳门航线（Manila-Macao Leg）、太平洋航线（Pacific Route）等。① 这期间，先后爆发了第四次英荷战争和拿破仑战争，英国与其他欧洲国家将战场延伸到中国和东南亚海域。受到战争影响，英国东印度公司往返中国的船只时常遭到攻击，新开辟的航线为英国船只提供了更多选择，有利于躲避敌军劫掠。1782年，在东印度公司机密委员会（Secret Committee）授权下，公司首位水文专家（Hydrographer）亚历山大·达尔林普尔（Alexander Dalrymple）编写了《关于往返中国的航线纪要》（*Memoir concerning Passages to and from China*）。最初，这本小册子仅印了几本，分发给前往中国的船长们，介绍马六甲、巽他海峡与中国之间的五条新航线。② 其中提到南沙群岛：

> 现在，我们对草鞋石与巴拉望之间的区域一无所知，所以绝不能从这里通过。我无法相信，在地球表面同样面积的区域内还会有数量相当的危险浅滩存在。这一区域的中心位置介于北纬8°与12°之间，名为Karang Bandei。最适合测量这片区域的是小型中国船或划船，而且最佳时间在四、五月间，从巴拉邦岸岛或巴拉望岛出发，然后通过帕拉塞尔（Paracels）返回中国。这是一个值得重视的计划。③

---

① ［法］范岱克：《18世纪广州的新航线与中国政府海上贸易的失控》，《全球史评论》第3辑，中国社会科学出版社2010年版，第302—303页。

② Howard T. Fry, *Alexander Dalrymple (1737–1808) and the Expansion of British Trade*, London: Published by Routledge, 2006, pp. 231–232.

③ Alexander Dalrymple, *Memoir concerning the passage at a ate season and from China*, London: Printed by George Bigg, 1787, pp. 8–9.

在印尼语中，Karang Bander 是"珊瑚礁群"的意思，这里指南沙群岛。由于新开辟的航线从它周边经过，所以南沙群岛引起了达尔林普尔的重视。1788 年《关于季末从印度前往中国的航线纪要》（*Memoir concerning the passages at a late season from India to China*）中，达尔林普尔指出，连接草鞋石与吕宋岛的航线位于北纬 12°，并且穿过 Karang Bander 北部。这是南海传统航线之一，但每年适合采用这条航线的时间十分短暂，仅西南季风期末为数不多的几天而已。十月中旬以后，南海出现东北风，这时由东南亚前往中国，就要绕到婆罗洲（Borneo）南北两侧的低纬度海域，再从菲律宾群岛东西海岸前往中国，这是 18 世纪末西人新开辟的航线。① 其中婆罗洲以北的航线处于婆罗洲、菲律宾的巴拉望岛与南沙群岛之间狭长的水道里。这条航线上的危险区域并没有得到测量，据达尔林普尔所说：

  船只通过阿南巴斯群岛（Anambas）和纳土纳群岛（Natunas）驶向巴兰邦岸岛（Balambangan），需要避开这条航线北部的许多岛屿。那些被皇家夏洛特号（*Royal Charlotte*）和路易莎号（*Lousia*）所观测到的岛屿，是唯一被发现的危险区。这条航线南北两侧还有很多浅滩，它们之中许多是已知的，很可能还有更多尚未被发现，这就需要时时留心观察船只的前方，以避开那些危险区。②

这条航线以北属于南沙群岛，其中被"皇家夏洛特号"和"路易莎号"观测到的危险区为皇路礁和南通礁，此外，南沙群岛其他地区没有被准确测量。这引起了达尔林普尔的关注，为此他广泛搜集相关的航海资料，用于绘制新的南沙群岛地图。

1794 年，东印度公司发行的航海指南《东方航海者》（*The Oriental Navigator*），公布了达尔林普尔制作的"中国海滩礁列举"（*Enumeration of the Shoals &, in the China Sea*）。这份列表整理了 1685 年至 1784 年西人对南海的观测结果，包括东沙群岛、神狐暗沙、西沙群岛和黄岩岛，更重

---

① Alexander Dalrymple, *Memoir concerning the passage at a ate season and from China*, London: Printed by George Bigg, 1787, p. 2.
② Ibid., p. 3.

要的是，包括 63 条南沙群岛的观测记录。① 其中都护暗沙、保卫暗沙、李准滩、海马滩、琼台礁、玉诺礁的经纬度值和对自然地理的说明，都是首次出现在西文文献中。② 按照滩礁的经纬度值和相应的描述，本文将所有滩礁分为滩（Bank）、破浪礁（Breaker）、岛（Island）、礁（Reef）、岩礁（Rock）、沙洲（Sand）和暗沙（Shoal），共计七类分别标在地图上，详见无图。

由于达尔林普尔全面收集了前人的观测记录，"中国海滩礁列举"在很大程度上反映了 18 世纪末以前西人测量南沙群岛的总体进展。这一时期西人开始测量南沙群岛边缘地区，使部分滩礁呈现在航海资料之中，这些较早被发现的滩礁分布在南海主要航线上，也就是通过双子群礁北部的航线，以及通过南通礁、皇路礁的航线。然而，1784 年以前无法准确测量经纬度，而且大部分观测由并不专业的航海人员完成，因此，滩礁的经纬度值很不准确，甚至有些滩礁其实并不存在。此外，达尔林普尔列举的滩礁也没有标出地名。可见，直到 18 世纪末西人对南沙群岛的测绘处于起步阶段，其英文地名尚未正式形成。

三 霍斯伯格航海指南中的南沙群岛英文地名

（一）霍斯伯格对南沙群岛的命名

19 世纪上半叶，欧美来华船只的数量与日俱增，从 18 世纪末每年约 50 艘，增至 20 世纪 40 年代约 300 艘。这种情况下，西人更加频繁地接触南海诸岛，并积累了大量观测记录。为此，英人詹姆斯·霍斯伯格（James Horsburgh）利用东印度公司的测绘资料编制地图和航海指南，反映了主要航线的地理状况，增进了西人对南海诸岛的认识，使西沙群岛、黄岩岛等英文地名基本形成。值得注意的是，霍斯伯格编制地图和航海指南时，开始为南沙群岛确立英文地名，这些新的地名直到今天仍被西人采用。

1805 年，霍斯伯格将有关南海的四部航海指南编为一册，取名《纪

---

① Alexander Dalrymple, Enumeration of the Shoals, &c, in the China Sea, *The Oriental Navigator*, London: Robert Laurie and James Whittle, 1794, pp. 507–510.
② 房建昌：《近代南海诸岛海图史略——以英国海军海图官局及日本、美国、法国和德国近代测绘南沙群岛为中心（1685—1949 年）》，《海南大学学报》（人文社会科学版）2013 年第 4 期。

要》(Memoirs),该书将南沙和西沙群岛定义为位置不确定又经常发生航海事故的危险区。① 霍斯伯格所用的资料主要来自"中国海滩礁列举",并结合1784年以后西人对南沙群岛的测绘成果,考察婆罗洲、巴拉望岛与南沙群岛之间的危险区。其中,记录了经纬度较为准确的Royal Charlotte's Shoal 和 Louisa Shoal,即皇路礁和南通礁。② 另外,记录了经纬度未知,但位于航线附近的 Half Moon shoal 和 Royal Captain's shoal。③ 霍斯伯格所取的这些英文地名,成为他命名南沙群岛的滥觞。

1810年,霍斯伯格接替达尔林普尔担任东印度公司水文专家,同时,他于1809年和1811年出版了两卷本的《往返东印度、中国、新荷兰、好望角和途中各港口航海指南》。由于19世纪上半叶海洋测绘成果大量涌现,到1817年该书更名为《印度航海指南》(The India Directory),并于1826—1827年、1836年、1843年、1852年多次再版,使内容及时更新。由此,这部著作成为东方航海的标准参考,在长达半个世纪的时间里,为东西海上交通指明了方向。尽管《印度航海指南》一版再版,但都将南沙群岛列为航线上的危险区,并专门以"中国海东南部的浅滩"介绍南沙群岛,包括大量岛屿、礁滩、沙洲的英文地名、地理位置、观测时间、地理状况,集中了19世纪上半叶西人对南沙群岛的主要测绘成果,反映了南沙群岛英文地名的演变,详见表1。

表1　　　　　《印度航海指南》中的南沙群岛地名

标准地名	英文地名	观测时间	标准地名	英文地名	观测时间
盟谊暗沙	Friendship Shoal	1804、1814	永暑礁	Crawford Shoal	未知
南通礁	Louisa Shoal	未知	安波沙洲	Amboina Sand	1817
皇路礁	Royal Charlotte Shoal	1804	半月礁	Half Moon Shoal	1817
弹丸礁	Swallow Rocks	1801、1813、1817	海马礁	Sea Horse Bank	1817
西礁	West London Reef	1786	逍遥暗沙	Dhaulle Shoal	1826

---

① James Horsburgh, Memoir of a Chart explanatory of the Navigation of the China Sea, *Memoirs*, London: Printed for the Author, 1805, p. 1.

② James Horsburgh, Memoir of the Navigation to and from China by Straits and Channels to the Eastward, *Memoirs*, London: Printed for the Author, 1805, pp. 70 – 74.

③ James Horsburgh, Memoir of a Chart explanatory of the Navigation of the China Sea, *Memoirs*, London: Printed for the Author, 1805, p. 27.

续表

标准地名	英文地名	观测时间	标准地名	英文地名	观测时间
东礁	East London Reef	1786	金吾暗沙	Buckinghamshire Shoal	1833
隐遁暗沙	Stags Shoal	1802	奥援暗沙	Owen Shoal	1835
榆亚暗沙	Investigator Shoal	1813	人骏滩	Alexander Shoal	未知
广雅滩	Prince of Wales Bank	1810、1811	奥南暗沙	Orleana Reef	未知
都护暗沙	Viper Shoal	1810、1817	红石暗沙	Carnatic Shoal	未知
舰长礁	Royal Captain Shoal	1810、1811	常骏暗沙	Johnson Reef	1844
蓬勃暗沙	Bombay Shoal	1810	李准滩	Grainger Bank	未知

资料来源：James Horsburgh, *The India Directory*, Vol. 2, London, 1852, pp. 497 – 507.

（二）巴拉望航线与南沙群岛英文地名

按表1，1820年以前西人对南沙群岛的观测，集中在婆罗洲、巴拉望岛相望的暗沙、礁石和浅滩。18世纪末，西人对这些地方仍知之甚少，所以10月、11月南海盛行东北风时，他们从东南亚前往中国，较少采用婆罗洲、巴拉望岛与南沙群岛之间的航线，更常用的是从婆罗洲以南通过望加锡海峡，经过巴拉望岛以东前往中国，这就避开了南沙群岛的危险区。1788年，达尔林普尔提出：

> 许多船只曾在10月，成功地通过了巴拉望岛西海岸的航线，我也在12月由此经过，并能更容易地向北航行。但是在海岸之外有许多危险区，这给那些从此经过的人以极大的恐慌，他们将这条航线与通过婆罗洲和西伯里斯岛之间的望加锡海峡进行对比，发现后者更可取。毫无疑问，来自欧洲的船只更喜欢通过望加锡海峡，而不是巴拉望海岸。①

在婆罗洲、巴拉望岛西海岸的航线上，主要危险在于南沙群岛的皇路

---

① Alexander Dalrymple, *Memoir concerning the passages at a late season from India to China*, London: Printed by George Bigg, 1788, pp. 3 – 4.

礁、南通礁、半月礁、舰长礁等，由于它们没有被探查清楚，一直是阻碍航线利用的主要因素，所以18世纪末至19世纪初，更安全的望加锡海峡是连通中国与东南亚的枢纽。① 新开辟的航线为西人来华提供了更多条海上通道，而且这些航线适用于东北季风期。据此，外国商船在一年之中任何时间都能到达中国，这在很大程度上减轻了外国商人的竞争压力，也奠定了英人在印度、印度尼西亚群岛和广州之间的"三角贸易"的基本格局。②

1811年，霍斯伯格将婆罗洲、巴拉望岛与南沙群岛之间的航线命名为"巴拉望航线"（Palawan Passage）。他指出："年底，船只为了避开草鞋石和中国海中部向南的海流以及微风天气，巴拉望航线比其他航线更可取。"③ 这一时期，巴拉望航线已经比通过望加锡海峡的"东路航线"更有优势了。据《往返东印度、中国、新荷兰、好望角和途中各港口航海指南》："尽管在恶劣天气下这条航线变得错综复杂，但10月、11月它比东路航线更可取。"④ 1815年，霍斯伯格绘制《中国海》（*China Sea Sheet 2nd*）地图时，也将巴拉望航线标为"下半年尤其是十月以后前往中国的最佳路径"。1817年《印度航海指南》仍提到："在整个东北季风期，巴拉望航线看上去是船只从马六甲前往中国的最佳路径。"⑤ 可见，至迟20世纪10年代巴拉望航线已得到广泛应用。

相比东路航线，巴拉望航线缩短了往返中国的航程，因此，它被东印度公司指定为南海三条主要航线之一，与内沟航线、外沟航线共同构成了连接中国与东南亚的通道，这条航线上的危险区也成为东印度公司的水文专家测绘调查的目标。巧合的是，18世纪末欧洲地图测绘技术取得了突

---

① Joseph Huddart, *The Oriental Navigator*, London: Robert Laurie and James Whittle, 1794, p. 523; Joseph Huddart, *The Oriental Navigator*, London: Robert Laurie and James Whittle, 1801, pp. 503 – 504; Gabriel Wright, *A New Nautical Directory for the East India and China Navigation*, London: Printed By S. Couchman, Throgmorton – Street, 1804, p. 591.

② ［法］范岱克：《18世纪广州的新航线与中国政府海上贸易的失控》，《全球史评论》第3辑，中国社会科学出版社2010年版，第316—320页。

③ James Horsburgh, *Directions for Sailing to and from the East Indies, China, New Holland, Cape of Good Hope, and the interjacent Ports*, Vol. 2., Cambridge University Press, 2015, p. 198.

④ James Horsburgh, *Directions for Sailing to and from the East Indies, China, New Holland, Cape of Good Hope, and the interjacent Ports*, Vol. 2., Cambridge University Press, 2015, p. 295.

⑤ James Horsburgh, *India Directory*, Vol. 2., London: Printed for the Author, 1817, p. 322.

破性进展,航海计时器(chronometer)和《天文年历》(*Nautical Almanac and Astronomical Ephemeris*)得到推广应用,使经纬度能够大致准确地测量出来。在这种情况下,1806—1820 年,东印度公司命令孟买海军(Bombay Marine)对南海进行大规模测绘,其中巴拉望航线是他们测绘的重点。① 许多孟买海军军官,如丹尼尔·罗斯(Daniel Ross)、菲利普·穆罕(Philip Maughan)、克劳福德(Crawford)等沿巴拉望航线,测量了榆亚暗沙、皇路礁、弹丸礁、半月礁、都护暗沙、舰长礁、海马礁。其他外国人通过这条航线时,也观测了部分滩礁,如盟谊暗沙、南通礁、蓬勃暗沙。上述资料被霍斯伯格收入《印度航海指南》,并以此为依据,确立了礁石、暗沙、浅滩的英文地名。

(三)外沟航线与南沙群岛英文地名

据表 1,西人也集中测绘了南沙群岛西部。长期以来,这里偏离南海主要航线,并非由中国往返的必经之地。当时,印度洋通往中国的传统航线主要穿过马六甲海峡或巽他海峡,沿马来半岛东海岸前往昆仑岛和草鞋石,再通过内、外沟航线来到中国沿海。② 这些传统航线和前已述及的新航线,与南沙群岛西部仍有一定距离。所以 1820 年以前西人只是观测到此处的西礁、东礁、广雅滩、永暑礁。

18 世纪末,美国商船由中国返航时,开始使用经过中沙群岛、直接到达巽他海峡的航线,而不再绕到马来半岛。据《纪要》:"不确定的是,这条航线是否到达邦加或加斯帕海峡(Strait of Banca or Gasper),也可能通过婆罗洲西部,或民都洛岛和卡拉棉群岛之间。"③ 邦加与加斯帕海峡是巽他海峡通往南海的主要通道,这就意味着,美国人利用直线穿越南海的航线,缩短了航行距离,而英人仍旧曲折地沿着海岸航行。如1811 年和 1817 年《印度航海指南》都提到:"三、四月,采用外沟航

---

① Charles Rathbone Low, *History of the Indian Navy*, Vol. 1., London: Richard Bentley and Son, 1877, pp. 389–409.

② [法]范岱克:《18 世纪广州的新航线与中国政府海上贸易的失控》,《全球史评论》第 3 辑,中国社会科学出版社 2010 年版,第 302—303 页。

③ James Horsburgh, *Memoir of a Chart explanatory of the Navigation of the China Sea*, *Memoirs*, London: Printed for the Author, 1805, p. 31.

线经过中沙群岛，前往新加坡或邦加海峡，是这些月份里面最快捷的通道。"① 1815 年《中国海》（*China Sea Sheet 1st*）地图里，这一通道指通过中沙群岛、草鞋石，到马来半岛南端的新加坡，再转向巽他海峡的传统航线。

直到 19 世纪 20 年代，英人才开始将中沙直达巽他海峡的航线视作外沟航线的一部分，正式启用。1827 年《印度航海指南》修改了关于外沟航线的记录：

> 三、四月，采用外沟航线经过中沙群岛，前往加斯帕、邦加海峡或新加坡，是这些月份里面最快捷的通道。离开中国后一直向东，再从草鞋石转向浅滩地区（shoals）。在这些月份里面，该航线上的风，比它西部的那些地区，更适合航行。②

这条航线连接中沙与巽他海峡，并从草鞋石与南沙群岛之间穿过。1842 年《中国海》（*China Sea Sheet 2nd*）地图将该航线标为："三、四月，从中国通过加斯帕海峡前往欧洲的最佳路径。"有趣的是，那条转向马来半岛的航线，被改为"年初或东北季风强劲时，从中国返航的最佳路径"。③ 由于中沙直达巽他海峡的航线位于昆仑岛、草鞋石以东的外海，也被认为是外沟航线的一部分。采用这条航线的船只，很容易接触与之相邻的南沙群岛西部边缘地区，所以 1820 年以后，西人陆续观测了这里的逍遥暗沙、奥援暗沙、人骏滩、奥南暗沙、常骏暗沙、李准滩等。

19 世纪上半叶，南海的航线增辟直接影响到南沙群岛的测绘与命名，尤其是巴拉望航线、外沟航线，成为连接中国与东南亚的主要通道，它们都以南沙群岛作为共同的危险区，为此，与航线相邻的南沙群岛边缘成为测绘集中的地区，这里的暗沙、浅滩与礁石被霍斯伯格记入地图和航海指南中，并且给予相应的英文地名。

---

① James Horsburgh, *India Directory*, Vol. 2., London: Printed for the Author, 1817, p. 209.
② Ibid., 1827, p. 242.
③ James Horsburgh, *China Sea Sheet 1*, London, 1842.

四 《中国海指南》中的南沙群岛英文地名

(一)《中国海指南》对南沙群岛的命名

19世纪上半叶，在东印度公司组织下，英人对南沙群岛进行测绘，并根据测绘成果制作了大量地图和航海指南。中英鸦片战争期间，英国海军也加入测绘的行列，以窥探中国沿海的地理形势。鸦片战争结束后，他们更是对舟山群岛至香港的沿海地区进行了大规模测绘。[①] 1858年东印度公司正式撤销，英国海军水文部（Admiralty Hydrographic Office）将其测绘职能接管过来。[②]

鸦片战争以后，英国海军对南沙群岛的测绘也明显增加。据韩振华"英国侵犯我国南海诸岛主权纪要"统计，1844年至1889年之间多达十次，包括海军军官"贝修恩（C. D. Bethune）、贝尔彻（E. Belcher）、巴特（W. T. Bate）、沃德（J. Ward）、理查德（C. J. Richard）、里德（J. W. Reed）、堤闸（T. H. Tizard）等擅自调查包括我国南沙群岛在内的南海诸岛"[③]。实际上，他们的测绘持续时间更长，范围也更广。

韩振华所依据的材料，主要来自英国海军水文部的《中国海指南》（*The China Sea Directory*）。1868年该书第一版正式发行，此后1879年、1889年、1899年、1906年多次再版，反映了英国在南海测绘的新进展，记录了南海诸岛大量岛屿、礁石、暗沙和浅滩，成为这一时期记述南海最翔实的一部著作。1868年《中国海指南》由金·约翰（J. W. King）按照里德的测绘资料编写而成，此外，引用了英国海军的其他测绘资料、《印度航海指南》以及《航海杂志》（*The Nautical Magazine*）等。因此，该书对南沙群岛的描述比同一时期其他著作更为丰富。

1868年《中国海指南》记录了属于南沙群岛的85个英文地名，其中的

---

① L. S. Dawson, *Memoirs of Hydrography*, Vol. 2, Eastbourne: Henry W. Keay, the "Imperial Library", 1885, p. 31.

② Andrew S. Cook, Establishing the Sea Routes to India and China: Stages in the Development of Hydrographical Knowledge, *The Worlds of the East India Company*, woodbridge The Boydell Press, 2003, p. 136.

③ 韩振华：《我国南海诸岛史料汇编》，东方出版社1988年版，第693页。

76个标注了经纬度,将这些地名按照它们的经纬度位置,标注在地图上。

1868年,《中国海指南》将里德测绘南沙群岛的结果分为两部分,分别置于"邻近巴拉望航线及两侧的危险区"和"主航线以东的浅滩",将其他观测结果置于"正确航线以外的浅滩"。换言之,该书对南沙群岛的记录和命名,主要按照航线进行分类。《中国海指南》描述了邻近外沟航线和巴拉望航线的南沙群岛部分地区,它们自19世纪以来,就是英人对南沙群岛测绘的重点。鸦片战争前后,随着中西关系的变化,这些航线不断拓展。

(二)南海航线的拓展与南沙群岛英文地名

19世纪,中国对外贸易的格局发生变化,突出表现在鸦片走私急剧增加以及鸦片成为英、美等国输入中国的主要商品,尤其是19世纪30年代,英、美利用飞剪船(Opium Clippers)走私鸦片,这种船构造独特,具有迎风前进的能力。为此,以贩卖鸦片出名的怡和洋行(Jardine, Matheson and Co.),开辟出一条专供飞剪船航行的快速航线,使印度鸦片运往中国的时间缩短到17天半,一年之中可以来回六趟。① 东北季风期,飞剪船采用这条航线前往中国,一般沿南沙群岛西部边缘,利用海流,推动船只向北前进。② 而且西南季风期由中国返航时,也是先到这一侧的西礁(West London Reef),再南下前往婆罗洲。③ 相比巴拉望航线,这条航线更短,从而大幅缩减了往返时间。对此,飞剪船长怀特(T. B. White)认为:"可以肯定的是,由南沙群岛西侧的航线,速度更快,比起耗费大量时间前往巴拉望岛,这条航线更省时。"④

19世纪50年代,西人使用轮船将印度的鸦片转运到中国。轮船速度更快,从印度到中国只用十五天,此后飞剪船从这条航线上退出,专门经营中国沿海的鸦片贸易。⑤ 当时,轮船主要在香港与英国南安普顿、印度

---

① 汪敬虞:《十九世纪西方资本主义对中国的经济侵略》,人民出版社1983年版,第58页。

② *The China Sea Directory*, Vol. 2., London: Printed for the Hydrographic Office, Admiralty, 1868, p. 10.

③ Ibid., p. 17.

④ Ibid., p. 11.

⑤ Hunt Janin, *The India – China Opium Trade in the Nineteenth Century*, North Carolina: McFarland & Company, Inc., Publishers, 1999, p. 173.

加尔各答等地的定期航线上，以及香港与广州、汕头、厦门、福州、上海的沿海航线。19世纪60年代，轮船航线继续扩展到长江流域和北方沿海。① 由于早期的轮船以蒸汽为动力，依靠螺旋桨推进，克服了对风和海流的依赖，所以轮船与帆船航线，存在一定差异。1879年《中国海指南》开始把轮船与帆船航线分开，据此可知，东北季风期从新加坡开往香港的轮船，由广雅滩（Prince of Wales Bank）以西经过，再沿南沙群岛西侧向西北方向航行，直到北纬14°30′，东经115°30′，才能继续向北转到中沙群岛到达香港。②

由于飞剪船和轮船操纵灵活，而且吃水浅，它们在布满礁石、暗沙和浅滩的南沙群岛海域也能来去自如，但普通帆船无法安全地使用这些航线。怀特船长就认为，每年10月至次年2月，体型庞大的帆船更适合采用巴拉望航线，而不是外沟航线。③ 1879年《中国海指南》也明确表示："在西南季风期末以及整个东北季风期，从新加坡开往香港的帆船，最合适的航线是由巴拉望岛和吕宋岛沿海地区前往中国。"④

外沟航线和巴拉望航线进一步扩展，使西方船只往返中国时，更接近南沙群岛。有鉴于此，1862年至1869年里德对这一地区进行了大规模测绘，1878年的《印度群岛、中国和日本的航海指南》说明了这次测绘的前因后果：

> 近年来，中国贸易的重要性日益增长，以及轮船的改进使之应用于对华贸易，这导致比往年更经常地接触中国海。所以自1862年，里德带领"来福门号"沿两条主干线，测量了"危险浅滩地区"（dangerous shoals）边缘，这里散布着各种危险的珊瑚礁和浅滩，这次测绘认清了由此向西北的主航线以及向东南的巴拉望航线，使不同季风期内船只由任何一条航线往返于中国海，都完全没有危险。⑤

---

① 樊百川：《中国轮船航运业的兴起》，四川人民出版社1985年版，第117—136页。
② *The China Sea Directory*, Vol. 2., London: Printed for the Hydrographic Office, Admiralty, 1879, p. 9.
③ Ibid., 1868, p. 11.
④ Ibid., 1879, pp. 9 – 10.
⑤ Alexander George Findlay, *A Directory for the navigation of the Indian Archipelago, China and Japan*, London: Published by Richard Holmes Laurie, 1878, p. 6.

1868年《中国海指南》，根据里德及其他测绘资料，将邻近这些航线的岛屿、礁石、暗沙和浅滩记录下来，并给予相应的英文地名。尽管如此，该书作者金·约翰仍指出："巴拉望航线西部边界与主航线东部令人恐惧的浅滩之间，分布着为数众多的危险区，我们对此知之甚少，所以船只进入这一范围会有很大风险。"① 此后，《中国海指南》多次再版，不断将各个时期最新测绘成果补充进去，使南沙群岛的记录渐趋完备。

1868年《中国海指南》记录了85个南沙群岛英文地名，包括东端的海马滩（Seahorse or Routh shoal）和西端的万安滩（Vanguard bank）。1879年和1889年的《中国海指南》又增加了10个地名，而且1889年《中国海指南》叙述："巴拉望航线西部边界与主航线东部令人恐惧的浅滩之间，分布着为数众多的危险区，它们尚未全部被测量，所以船员们被告知不要尝试从这一区域穿过。"② 受地图测绘的影响，西人对南沙群岛由"知之甚少"转为"尚未全部被测量"，地理认知发生了显著变化。1899年《中国海指南》记录的英文地名达到99个，较1868年版本增加了14个，其中确定了北端的Marie Louise shoal，即雄南礁，它于1884年被德国的"玛丽·路易斯号"（Marie Louise）船长记录下来。此外，确定了南端的曾母暗沙，英文地名为James shoal。可见，直到19世纪末西人才认识到南沙群岛的四至范围及主要组成。

此后，《中国海指南》成为欧美航海指南和地图的新蓝本，提高了人们对南沙群岛的地理认知。1869年和1878年亚历山大·芬德利（Alexander George Findlay）《印度群岛、中国和日本的航海指南》（*A Directory for the navigation of the India Archipelago, China and Japan*）、1915年美国水道测量局（United States. Hydrographic Office）《亚洲航海》（*Asiatic Pilot*）等颇具影响力的航海指南，都采用《中国海指南》对南沙群岛的记述。甚至，清末中国学者陈寿彭也将该书第四版第一卷译为中文，取名《新译中国江海险要图志》。另外，1888年英国海军水文部出版了第一部专门描述南沙群岛的地图集，名为《中国海岛礁》（*Reefs in the China Sea*），它包括道明群礁、双子群礁、中业群礁、郑和群礁的地图，这部地图集一直

---

① *The China Sea Directory*, Vol. 2., London: Printed for the Hydrographic Office, Admiralty, 1868, p. 4.

② Ibid., 1889, p. 3.

到20世纪90年代仍在使用。① 值得注意的是,《中国海指南》也是地图《中国海岛礁》的主要资料来源。由于该书的内容被不断转引,它所确立的南沙群岛英文地名也得到了广泛传播。

结　论

　　18世纪末至19世纪,是中西海上交通发生急剧变革的时代,尤其是东北季风期前往中国的航线被开辟出来,在一定程度上克服了季风对海上交通的限制,使西方船只在全年任何季节都能往返中国,另外,缩短了海上航行所用的时间,增加了一年之中的往返次数。其中,南海的航线变化主要体现在巴拉望航线被开辟,以及外沟航线进一步拓展,它们邻近的南沙群岛边缘,是西人测绘集中的地方。根据新的测绘资料,霍斯伯格编制了《印度航海指南》,而且以船舰名、船长名、人名地名为依据,命名了这些被观测到的礁石、暗沙、浅滩。鸦片战争后,英国海军加入测绘南沙群岛的行列,他们沿着南海海上航线,由南沙群岛边缘深入内部,进行了更大规模的测绘。据此,海军水文部编制了《中国海指南》,收录了西人对南沙群岛大部分地区的观测记录,并采用与霍斯伯格相同的原则,为更多的岛屿、礁石、暗沙、浅滩命名,而且这些新地名也被其他航海指南继承下来,极大地推动了南沙群岛英文地名的形成。

　　以往研究表明,《中国海指南》引用大量海南渔民的土地名,为南沙群岛确立英文地名,也记录下他们在南沙群岛生产和生活的历史场景。② 实际上,据现存的《更路簿》,18世纪以前海南渔民已经沿着西头线、南头线、东头线,深入南沙群岛之中各个地区进行渔业生产。③ 相比之下,西人将南沙群岛边缘视为巴拉望航线、外沟航线上的危险区,对其避之唯恐不及,而海南渔民不仅将群岛边缘,还将其内部的大量岛屿、礁石、暗

---

① David John Hancox, John Robert Victor Prescott, *A Geographical Description of the Spratly Islands and an Account of Hydrographic Surveys amongst those Islands*, International Boundaries Research Unit Department of Geography University of Durham, 1995, p. 35.

② 林荣贵、李国强:《南沙群岛史地问题的综合研究》,《中国边疆史地研究》1991年第1期;刘南威:《西沙群岛和南沙群岛领土主权属于中国的土地名依据》,《华南师范大学学报》(自然科学版) 2011年第4期。

③ 曾昭璇、曾宪珊:《清〈顺风得利〉(王国昌抄本) 更路簿研究》,《中国边疆史地研究》1996年第1期。

沙、浅滩作为生产生活的场所，对此更加熟悉。如 1817 年孟买海军的丹尼尔·罗斯勘探海南岛时，就指出："他们（海南渔民）每年花两个月时间，航行七八百英里，前往中国海东南的岛礁浅滩，采集海参、海龟和鱼翅，航程自每年三月开始，当他们抵达群岛北部时，往往留下一两个人和几罐淡水，船只继续向婆罗洲方向的岛礁驶去，六月初渔船返航，将渔民和渔获物接上船。"[①] 从航线的角度看，毫无疑问，海南渔民比西人更早也更全面地认识了南沙群岛。

---

① James Horsburgh, *India Directory, or Directions for Sailing to and from the East Indies, China, New Holland, Cape of Good Hope, Brazil and the interjacent ports*, Vol. 2., London: Printed for the Author, 1827, p. 291.

关于中琉关系历史与琉球群岛定位的几个问题*

中国海洋大学　曲金良

琉球群岛问题，既是中国史、日本史、东亚史及其相互关系史研究的重要学术问题，也是因其历史与现状的复杂性，尤其关涉中日东海划界和相关岛屿、海域的主权，需要从根本上加以厘清和解决的政治问题。在对此进行的史学研究和现实政治关注上，中外学界做出了不懈努力，成果多有可嘉[①]，然则因其中一些基本概念、理念等基本问题尚未厘清，滞碍了对其中一些基本的也是根本性、关键性问题的认识和解决。这些问题主要有：一，琉球历史上是不是"独立王国"？二，琉球被日本侵吞之前是不是中、日的"两属"之国？三，明清王朝对琉球是不是仅仅"名义上的管辖"？四，日本无条件投降后为何无条件将琉球交出？五，今日琉球问题的基本性质是什么、其解决方案应该如何？本文就此试述几点基本认识，以便于进一步引起对这些问题的重视，有利于其得到妥善解决。

一　明清时期的琉球：是"独立王国"，还是中国的属国？

琉球在被日本明治政府侵占之前，一直是中国明朝和清朝的属国，琉

---

* 本文为国家社科基金项目《琉球群岛地位问题综合研究》（项目号：12BGJ025）阶段性成果。

① 近年来学界多有研讨，不断见诸报刊。比较集中的一次，是2014年北京大学举办的"琉球前沿问题高端对话"国际研讨会，相关成果由《战略管理》2014年第3期专题刊发（内部印行），其中包括笔者的主要观点。本文即以此为基础写成。

球群岛是明清中国的属国地区；对此历史事实，中国学界的认识并无二致；日本学界则多认为"两属"，即既属于中国，也属于日本。关于其是否"两属"，本文后面再谈；而关于什么是"属国"，明清时代的琉球这个属国是不是明清王朝的一部分，学界的看法则不尽相同。其中一种看法是，琉球这个明清中国的属国之"属"是"名义上"的，不是明清中国的一部分，而是一个"独立王国"①。事实是不是这样的呢？需要搞清楚。

对琉球群岛历史上作为东海海域中的一个地区及其政权的性质和地位问题怎么看，如何定义、定性、定位？这关乎对琉球历史和现状的整体认知判断和对其现状的定位，从而指向对"琉球问题"作为历史遗留问题应该怎么看、怎么办，即怎么处置，因而是关乎琉球群岛今后的历史走向的根本性问题。对琉球群岛历史事实及其性质、地位的考察考证的目的何在，里面既有历史学、政治学的学术理论与学术方法问题，甚至更有学者国籍、学术立场和正义抑或非正义的世界观、价值观问题。这些基本理论问题不揭示出来，不说清楚，许多问题的研究认知和解决，就很可能似是而非，或对历史不负责任，或与正义南辕北辙。

什么是"独立王国"？今日学界为什么说琉球是"独立王国"？其基本立场、用意是什么？谁在说？为什么说？其可能的效果即导致的结果会如何？这是我们认识和定义琉球群岛及其历史上作为一个地区及其政权的性质首先要搞清楚的基本问题。

"独立王国"是个现代概念和词汇，历史上没有。中外历史文献关于琉球，不存在任何"独立王国"之谓。今人所谓"独立王国"，就是指其作为一个"国家"的政权是独立的，不隶属于任何别的国家，其国王的王位、其政权在政治上、国家权力上不受任何别的国家政权的任何支配和管理管制，与别的国家政权"平起平坐"（即使事实上不是如此，起码名义上、制度上是"独立"的，不受制于任何人的）。而"琉球"这个"国"却不是这样。说其为"独立"的国家，这不符合琉球群岛政权自明代就归附中国王朝、一直是明清藩属封王地区的历史事实。

"琉球王国"这一概念、这一名称，历史上是否存在过呢？也没有。即使在整个明清时代的明王朝、清王朝都封琉球群岛为琉球国、封其主为"中山王"，直至被日本吞并而置"冲绳县"之前的整整 500 年期间，也

---

① 这一看法较为普遍，不一一俱引。

不存在"琉球王国"这一概念。这一概念是"现代人"在现代语境下对历史的"创造",而这一"创造"的动机若何,有无受某种思潮、理论、话语权影响,有无微妙难言之隐,其立场角度、用意导向和结果预期如何,是需要揭示、分析和评判的。

历史就是历史。且不说"琉球王国"这个现代汉语的组合词在历史上不曾存在,即使说琉球是一个"国",也是自明朝洪武帝开始才有的"封国",此前没有"琉球国";即使说琉球有"王",也是自明朝洪武帝时期开始才有的"封王",此前没有"琉球王"。在明朝洪武帝封国封王于琉球群岛之前,琉球群岛是由"中山""南山""北山"三个不同的、互不隶属的政权"分岛而治"的,有"中山""南山""北山"三个不同的"酋长"。明洪武五年(1372),琉球群岛上的"三山"政权分别相继归附中国,最先归附的是"中山",未几"南山""北山"相继归附,先后被明朝皇帝分别册封为"中山王""南山王""北山王"。"三王"都是"王爵","三山"并不是"三国";不存在什么"琉球王国"。其后很快"中山"统一了"南山""北山",明政府仍然封"中山王",自此加了国号,为"琉球国",此后明王朝、清王朝册封历任琉球国之"王"的诏书,册封的都是"琉球国中山王"或"琉球中山王"。王之封号,是"中山王";王之爵等,为"国王",王之封国,名"琉球国"。中国历代王朝所封王爵,有亲王、郡王等别,中山王是郡王,其封国是郡国。整个明代、整个清代所封"琉球国"之王的王号,都不是"琉球王"而是"中山王",因而琉球也称"中山"。中国自古皇帝的封王都是自领辖地,王爵世袭,中央政府不派流官,实行"地方自治"。琉球这个封国,自然就是明清王朝辖属的自治地区。国王、王府(不可称"朝廷",否则即为僭越)遵中央朝廷的管理制度规定,按制朝贡、朝贺、请封、上表、奏报请命,接受中央朝廷的诏命、封赐、敕谕、朱批谕旨管理。

在中国帝制时代结束——清朝政府被推翻、中华民国政府成立——之前,不仅作为中国的属国地区的琉球与中央政府的关系如此,中国所有的属国地区与中央政府的关系都如此。中央政府对不同属国规定不同的朝贡、朝贺等入朝的频率,不同的贡品种类、数量,不同的属国职责、义务和礼仪制度,对其也采取不同的册封、宣谕方式(例如有的是遣使前往,举行册封大典,有的只是令其来朝的陪臣带回册封诏书、官印),其根据在于其距离中国本土的远近、与中央政府关系的疏密、其地位和重要程度的不同。但无论如何，其"国"是中国中央王朝（历史上自称、他称均为"天朝"）的属国，其"王"是中央王朝"国家元首"皇帝的臣下，其因受中央王朝册封而获得权位，中央王朝因对其册封而拥有之，这种中央—地方的隶属关系是确定的。琉球不仅并不例外，不仅不是"独立王国"，而且是与朝鲜、越南（安南）同样，对中央王朝最为殷勤、朝贡最多、关系最为密切、对中国本土而言最为重要的三个属国——三个隶属于中国中央政府的封王自治地区之一。

二 明清王朝对琉球封王封国：是"名义上的管辖"，还是实际管辖？

今日中国学界，有很多人对历史上的"中国"的疆域，只承认历代王朝直辖地区即"郡县"地区，不承认历代王朝册封的属国属地，一概将历史上中国历代王朝管辖的属国属地从中国历史地图上抹去，不承认其属于中国。在他们看来，历史上中国的那些属国藩王对中央朝廷的朝贡只不过是形式上、礼节上的"交往""联系"，历代中央政府对属国属地的领有、权属都是"名义上的"，"一般不干涉其内部事务"；而且那是历代中央朝廷"以天朝自居"，是本不应该的"不平等"。这些稀奇古怪的"现代"观念，与上述"独立王国"说"相互印证"，却完全无视历史事实，因而同样是错误的。

所谓"名义上的"，意即不实际管辖，其理由就是"一般不干涉其内部事务"。这是个似是而非的说辞。一般而言，历代中央政府对一些地区实行封王封地，与郡县直辖地区在国家管理上的最大不同，就是大多情况下不再另派流官管理（有些时期、对有些属国地区也派流官），而令其依俗自治；不令其纳税，但令其纳贡；不设流官，因而其王爵世袭。现代"民主"国家，多实行"地方自治"，除了国家大法，地方主官由地方自任或自选，地方大事由地方做主；至如美国，本为"合州"之国（至今一直译其为"合众国"），国家之最高政府是"联邦"，各州都"自治"，各"州"都有自己的法律，可以不执行联邦政府的法律，州官之自选自任更不受联邦政府干涉，是实实在在的"联邦政府一般不干涉各州的内部事务"。但是，美国自己也好，世界上大多国家也好，都不会认为美国的各州都是"独立国家"，其联邦政府对各州的管理都是"名义上的"。

世界上不少国家过去、现在都实行着这样的"地方自治"体制，而这些国家的中央政府对各地方，同样"一般不干涉其内部事务"，却都不是"名义上的"统辖和领有。中华人民共和国自成立伊始，就在国家政区体制上，在边疆、内地设置了多个少数民族自治区、自治州、自治县或盟、旗等"自治"地方，同样都不是"名义上的"、而是实际上的统辖和领有。主权管辖有象征，有制度，有仪式，有责任有义务，绝不可以因"一般不干涉其内部事务"，就断定其"只是名义上的"。其主权、所有权的标志，就是国家制度上的权属和拥有，而不是或不仅仅是依靠强权对互不隶属的其他国家、并不隶属自己的其他政权的侵略、奴役和干涉。中国明清王朝拥有对琉球的主权的标志，就是从明清王朝的制度上确定了琉球是自己的封国、琉球之王"中山王"是自己的封王；而"中山王"作为琉球之王，是他自己主动遣使入朝、上表请封的，而并不是明清王朝"强人所难"逼其"就范"的——历史上的属国之"权理国事"入朝请封或遣使入朝请封，很多情况下即使一再请封，中央政府也不肯应允，一再拒绝，是因为中央政府认为此人并不是合法、合适的人选，此政权并不是合法、合适的政权，不可接纳，故而不予批准，不予诏封授命。自1997年、1999年中国中央政府分别收回对香港、澳门地区的主权，设置"特别行政区"，实行"一国两制"，其特首自选，唯须得到中央政府批准，中央政府对其内部事务更是"不干涉"，不但不收取其任何贡赋、赋税，反而对其加大财力物力支持。即使其对中央政府一点贡献也没有，其也不只是"名义上的隶属"中央、中央政府对其也不只是"名义上的管辖"。这没有任何含糊。

中国历史上中央政府对属国政权，实行的是"土官自治"，中央政府只封其王，的确"一般不干涉其内部事务"，但通过中央政府的制度规定，实施着中央政府对属国政权的实际统辖管理，属国"号称藩国，实与将帅无殊"[①]。属国政权的性质既然是中原王朝即中央政府所封所建，对于中央政府的制度规定自然不得僭越。比如：规定属国政权必须向中央政府遣使朝贡乃至亲自入京朝觐述职；规定属国即藩国，其王为中央王朝所封异姓藩王，根据其地位及亲疏程度和重要程度分国王、郡王、侯王等别，有些则同时兼领"都督""节度""大将军"等朝廷命官权职；规定

---

① 陈谵然：《寱言》卷二《迁都建藩议》。

其向皇帝、朝廷呈文均为"表"为"奏",须自称"臣某""下臣某""小臣某""属臣某",自称其国为"臣国""臣邦",自称其臣下为"陪臣",其入朝贡臣也须自称"陪臣";规定其必须纳贡,对其贡期、人数、贡物都有严格规定;规定其王不得称"帝",王妻称"王妃"而不得称"王后",王母为"太妃"而不得为"太后",王子储君为"世子"而不得为"太子",先王逝去必须向中央政府报告,在册封新王之前,"世子"不得擅自继位,必须经中央政府批准暨经礼部考察并报皇帝诏封,必须经中央政府遣官代表皇帝(因而称为"天使")举行册封大典,世子受封之前只为"权理国事"而不得称王;规定属国政权必须建立和实行中央王朝的政治制度、礼制规范,包括奉正朔、书同文、尊儒学、建学校、举科考、传教化等等;规定其与中央王朝的一级地方政权(如省、道)之间、与中央王朝的其他属国政权之间为"同级"关系,相互来往必须"同级行文"为"咨";规定其未经允许不得与中央王朝所属之外的任何"国家政权"有"外交"行为(所谓"属国无外交");规定其必须尽属国属邦对中央政府的义务与责任,按时按量输贡纳献、屏藩守土、保境安民,乃至纳质入朝、奉诏出兵等等,不一而足。至于一些属国政权私自僭越(历史上只有越南在某些时期),则或是阳奉阴违,或是内生变故,欲脱离中央,中央政府则采取或诏谕说服、或惩罚处置、或任其来去、或干脆"改土归流"即直辖为郡县等不同对策,自有其审时度势、权衡利弊的不同考量,保持制度弹性,并不等齐划一。

明清两代,琉球群岛被称为"国"、其国主之"中山王",都是由明、清朝廷册封的,册封制度包括册封诏书、颁给王印、举行册封大典、赏赐王及王妃和陪臣官服等物。琉球中山王、世子几乎每年都向明清朝廷派遣使臣朝贡或是请封。尽管明清朝廷鉴于其海路遥远,航海不易,规定其二年一贡,后也曾改定为五年一贡、十年一贡[①],但琉球每连年入贡,甚至"一岁常再贡三贡"即一年多贡[②]。明清两代共派册封使册封琉球 24 王,

---

① 《清史稿·琉球传》:"天启三年,尚宁已卒,其世子尚丰遣使请贡请封。礼官言:'旧制,琉球二年一贡,后为倭寇所破,改期十年。今其国休养未久,暂拟五年一贡,俟新王册封更议。'从之。(天启)五年遣使入贡请封。六年再贡。"

② 龙文彬:《明会要》卷七七,中华书局 1956 年版。

即24次；琉球王府朝贡明朝廷179次、朝贡清朝廷347次。①

图1 明神宗皇帝御书匾额"守礼之邦"，
至今高悬于琉球那霸守礼城王宫正殿大门。

图2 清康熙皇帝御书匾额"中山世土"、雍正皇帝御书匾额"辑瑞球阳"、
乾隆皇帝御书匾额"永祚瀛壖"，至今展示于琉球那霸守礼城王宫正殿大堂。

---

① 参见范江涛《〈明史〉中琉球朝贡问题述论》，广东虎门鸦片战争博物馆编：《明清海防研究论丛》第4辑，广东人民出版社2010年版。

三 日本萨摩藩侵扰之后的琉球：
是"中日两属"，还是仍属中国？

琉球在日本吞并之前是中国的属国属地、属土属民①；但日本为了给出其吞并琉球的"合法"的"理由"，便给历史上的琉球"定性"为"两属"，即不但是中国的属国，也是日本的属国，并为此找出了其似是而非的"证据"。现代中国的学者也多受其影响，对这些"证据"不加分析，对这些"证据"的性质不加判别，不与琉球属于中国的历史事实加以区别，也默认甚至坚持琉球"两属"说。② 这是需要厘清的。

"隶属"是个政权层级关系的政治制度概念。事实上，琉球在被日本侵占之前，从来没有隶属过日本，"两属"说无中生有，只是日本的偷换概念，本不成立。明朝万历三十七年（1609）日本的萨摩藩侵琉，对琉球实施野蛮的武力控制与胁迫，只是萨摩藩这个日本的藩属地区政权出于其利用琉球隶属明朝、能够通过琉球对大明王朝的朝贡和贸易往来从经济上"搭便车"获利的考量，与"属"或"不属"的国家政治关系风马牛不相及。且不说萨摩当时是背着日本幕府干的勾当，即使后来得到日本幕府纵容支持并被日本幕府利用，日本幕府且也不断胁迫、利诱琉球，也从来没有正式建立过日本与琉球之间的宗藩封贡隶属关系，亦即事实上明朝万历三十七年之后一直到晚清时代，琉球群岛从未改变其明、清属国属地的性质，其王从来都是明清政府册封授命的属臣。直到日本"明治维新"走上军国主义道路，明治政府以武力相逼，于1872年强行宣布册封中国的琉球中山王为日本的"琉球藩王"，然后又于1879年强行吞并琉球，

---

① 据近人王芸生的《六十年来中国与日本》记载，当日本人提出琉球人遭到台湾"生番"杀害一事时，清朝总理衙门大臣毛昶熙、董恂道："'番'民之杀琉民，既闻其事，害贵国人则未之闻。夫二岛（台湾、琉球）俱我属土，属土之人相杀，裁决固在于我。我恤琉人，自有措置，何预贵国事，而烦为过问？"清总理衙门的回答，给出了琉球与台湾地位相同，都是中国属土属民的答案。见王芸生《六十年来中国与日本》第1卷，大公报社1932年版，第59页。另据《日本外交文书》记载，总理衙门大臣毛昶熙、董恂等还阐明："本大臣只闻悉生番曾掠害琉球国民，并不知此事与贵国人有何相干。按琉球本系我朝之藩属，当时琉球人有自生番处逃出者，我朝命官曾予救恤，后转往福州，经我总督仁爱倍加，俱已送还其本国。"理正辞严。引见王开玺《晚清南国》，东方出版社2015年版，第13—38页。

② 参见周永生《通向中日和解与共同繁荣之路》，日本侨报出版社2005年版。

设为"冲绳县"。尽管琉球中山王、琉球官民奋起抗争,其王、陪臣一面被日本俘执押解,一面相机遣官渡海西来,入朝上诉,泣血求救,但晚清政府并未能够出兵,导致有琉球入朝官员最终以自杀殉国明志。晚清政府虽未出兵,但一直抗议日本,百般斡旋,中日两国就此进行过多次谈判:中方提出日本须归还琉球,延续其社稷,日本不允;日本提出的"分岛"方案是"两分",即把琉球群岛南部的宫古、八重山群岛划归中国,琉球本岛、群岛北部诸岛划归日本;继而中方提出"三分琉球",即琉球群岛三分,南归中国,北归日本,中间那霸主岛归琉球复国,日本仍不允,坚持琉球"两分"。中国先是不允,然而无奈,中日谈判双方最终达成了"两分琉球"条约;但李鸿章又奏称"日人多所要求,允之则大受其损,拒之则多树一敌,唯有以延宕一法,最为相宜"。清政府最终采纳了李鸿章的建议,对"分岛"案不予批准,1882—1883年间,中日就此问题的谈判仍在进行。直到1887年,总理衙门大臣还向日本驻华公使指出:琉球问题尚未了结。但日本已经占据琉球,对清政府的要求不予理会,而晚清政府又无力收复,琉球问题遂而成为历史遗留悬案。① 只有从这个时期算起,才是琉球群岛的"两属"时期——法理上仍属中国,而事实上被日本侵占。但必须指出的是,这个由于日本强行侵略占领而造成的琉球"两属",是日本明治政府罪恶的产物。无论是当时的中国晚清时期,还是后来的中华民国政府、中华人民共和国政府,都从来没有承认过。

1932年9月13日,即"九一八"事变一周年之际,蒋介石曾预期用十年时间打败日本,"预期中华民国三十一年中秋节恢复东三省,解放朝鲜,收回台湾、琉球"②。但因其后来又坚持"攘外必先安内"的内战方针,专事欲消灭中国共产党和中国工农红军,遂导致日本对华侵占地盘进一步扩大。1937年4月5日,面对日本对中国进一步侵略和中华民族全民抗战的国家使命,时任中华苏维埃政府主席毛泽东、人民抗日红军总司令朱德祭黄帝陵,控诉了日本侵略暴行下中国"琉台不守,三韩为墟;辽海燕冀,汉奸何多;此地事敌,敌欲岂足;人执答绳,我为奴辱"的国家残破局面,誓言"东等不才,剑屦俱奋,万里崎岖,为国效命",号召"各党各界,团结坚固","四方万众,坚决抵抗","亿兆一心,战则

---

① 张海鹏、李国强:《论〈马关条约〉与钓鱼岛问题》,《人民日报》2013年5月8日。
② 1932年9月13日《蒋介石日记》,美国斯坦福大学胡佛研究院档案馆藏。

必胜；还我河山，卫我国权"，取得战胜日本，收复失地的最后胜利。①1937年"七七事变"，日本发动全面侵华战争，蒋介石在"西安事变"后被迫实施国共联合抗日，再次提出打败日本，收回台湾和琉球的目标。1938年4月，蒋介石在国民党临时全国代表大会上发表讲话指出："日本自明治以来，早就有一贯的大陆侵略计划。过去甲午之战，他侵占我们的台湾和琉球，日俄战后吞并了朝鲜，侵夺我们旅顺和大连，就已完成了他大陆政策的初步；他就以台湾为南进的根据地，想从此侵略我们华南和华东；而以朝鲜和旅大为他北进的根据地，由此进攻我们的满蒙和华北。"为此中国必须抗战，粉碎日本的侵略。1940年9月29日，蒋"偶观二十一年九月十三与十八日日记，预定民国卅一年中秋节以前恢复东三省，解放朝鲜，收回台湾、琉球"，基于国际局势朝有利于中国抗战的方向发展，遂深信收回琉球"自有可能"。② 1942年11月3日宋子文发表谈话，提出"中国应收回东北四省、台湾及琉球，朝鲜必须独立"③。宋子文谈话6天后，蒋介石再次明志："东三省与旅大完全归还中国"，"台湾、琉球交还中国"。④ 1943年3月宋美龄访美，蒋介石特意嘱其向罗斯福表明中国政府对琉球问题的态度。据蒋氏日记记载，其"交妻与罗谈话要点"之第一点"甲"，即"东三省、旅顺、大连与台湾、琉球须归还中国，唯此等地方海空军根据地准许美国共同使用"⑤。同月，蒋氏出版《中国之命运》，强调了琉球对中国国防的特殊地位："琉球、台湾、澎湖、东北、内外蒙古、新疆、西藏无一处不是保卫民族生存之要塞，这些地方之割裂，即为中国国防之撤除。"⑥ 稍后，宋美龄也从美国传回消息，称罗斯福在战后领土归属问题上认同"琉球群岛、满洲及台湾将来应归还中国"。⑦

---

① 毛泽东：《祭黄帝陵》，原有小序："中华民国二十六年四月五日，苏维埃政府主席毛泽东、人民抗日红军总司令朱德，敬遣代表林祖涵，以鲜花时果之仪致祭于中华民族始祖轩辕黄帝之陵。"原刊《新中华报》1937年4月6日；再刊《诗刊》1992年第7期。
② 1939年9月30日《蒋介石日记》，美国斯坦福大学胡佛研究院档案馆藏。
③ 《宋外长谈话》，《大公报》1942年11月4日第2版。
④ 1942年11月9日《蒋介石日记》，美国斯坦福大学胡佛研究院档案馆藏。
⑤ 《蒋介石日记》，1943年10月24日补记。
⑥ 蒋介石：《中国之命运》，正中书局1943年版，第6—7页。
⑦ 秦孝仪总编纂：《"总统"蒋公大事长编初稿》卷5（上），中正文教基金会1978年版，第287页。

日本投降之后，将其侵占的琉球群岛交出，并不是因其"痛改前非"，出于其自动自愿，而是其被迫向全世界无条件投降而不得不承认、遵守中美英俄四国《开罗宣言》《波茨坦公告》的必然结果。这说明什么？无疑说明，国际社会是公认琉球群岛原本不属于日本，只是其四处侵略"得来"的；日本投降后即乖乖交出了琉球群岛，说明日本也不否认琉球群岛是其侵略侵占"非法所得"的"不义之财"，毫无疑义必须交出。当初的《开罗宣言》《波茨坦公告》意在国际反法西斯同盟向全世界宣言、公告，誓言要迫令日本投降，要达到使日本全部吐出其本岛和"吾人所决定其他小岛"之外的全部"领土"的目的。日本投降后日本被盟军占领管制，以美国麦克阿瑟将军为盟军最高司令，发布命令决定日本之"其他小岛"只限于北纬30度（后调整为北纬29度）以北，其原来侵吞侵占的中国大陆东北地区和沿海地区、朝鲜半岛地区和北纬30度（后调整为北纬29度）以南的所有原中国所属岛屿地区，包括台湾岛与澎湖列岛、琉球群岛与钓鱼岛诸岛等等，都必须无条件从日本管制下剥离出来，并使日本永远不再有发动侵略战争的任何军事能力。

1943年12月1日公布的《开罗宣言》，明确宣示"我三大盟国（中、美、英，后苏联要求加入获认同）此次进行战争之目的，在制止及惩罚日本之侵略，……在剥夺日本自一九一四年第一次世界大战开始后，在太平洋上所夺得或占领之一切岛屿，及使日本在中国所窃取之领土，如东北四省、台湾、澎湖群岛等归还中华民国，日本以武力或贪欲所攫取其它之土地，亦务将日本驱逐出境"；对此，《波茨坦公告》第八条又作出了进一步强调和明确规定："开罗宣言之条件必将实施，而日本之主权必将限于本州、北海道、九州、四国及吾人所决定其他小岛之内。"

必须指出，《开罗宣言》《波茨坦公告》对于日本必须无条件"交出"所有侵吞侵占地区，只作了"举例"并宣言、公告了对其处置的原则，当初并非进行实际的接收和处置操作，因而并未一一列出。

开罗会议期间，中美英三国首脑曾就日本所占琉球问题进行过反复磋商，罗斯福再三探寻中国是否准备恢复行使对琉球群岛的主权，对此，蒋介石则主张琉球群岛由美国和中国进行军事占领，将来置于国际组织的托管之下，由中美两国共同管理。罗斯福完全赞同，即战后"琉球由国际托管，由中美共同管理"①。在另外场合的会议上，罗斯福也与斯大林进行过会谈，斯大林认为琉球本来属于中国，对将来归还给中国的想法表示全面赞成。② 中美英苏首脑的这些切磋和共识，历史文献凿凿在案，不容无视和歪曲。③

应该指出，蒋介石作为当时的中国政府领袖，在中国抗日战争后期，尤其是在世界反法西斯战线结为同盟，有望取得全面胜利之际，也曾经抱有收复中国大部分近代失地的意愿。1942 年 2 月 7 日，蒋氏曾在日记中如此写道："初次经缅抵印，所经之地，皆为我旧日之国土，披阅缅、暹、越南史地，不禁憎我失土之耻，又念唐明建国之大东亚民族之盛，不得不自负此重任，以报我列代祖先，恢复我民族光荣史也。"④ 在蒋氏看

---

① 美国外交文件所记载的开罗会议之"蒋罗会谈"，关于琉球问题的讨论内容大略如下：罗斯福总统提及琉球群岛问题时，再三询问中国是否要该群岛，蒋介石答称愿意同美国共同占领琉球，并根据托管制度与美国共同管理该地。相关原文是：The president then referred to the question of the Ryukyu Islands and enquired more than once whether China would want the Ryukyus. The Generalissimo replied that China would be agreeable to joint occupation of the Ryukyus by China and the United States and, eventually, joint administration by the two countries under the trusteeship of an international organization. 请见 "Roosevelt – Chiang Dinner Meeting"（1943/11/23），Foreign Relations of the United States, 1943, the Conferences at Cairo and Tehran, 1961, p. 324. 转见侯中军氏文注。

② 参见 [日] 渡边昭夫《战后的政治与外交》，东京福村出版会社 1970 年版，第 5 页；[日] 外携省特别资料部编《日本占领及管理重要文书集》第 2 卷《政治、军事、文化编》，1949 年 3 月。

③ 参见侯中军《困中求变：1940 年代国民政府围绕琉球问题的论争与实践》，《近代史研究》2010 年第 6 期。该文参酌学界关于战后琉球问题的主要研究，包括石源华《论战后琉球独立运动及琉球归属问题》（"第五次中华民国史"国际学术讨论会参会论文，浙江溪口，2006 年 7 月）；许育铭《战后处理与地缘政治下的国民政府对琉政策，以 40、50 年代为中心》（『中国』のインパクトと东アジア国际秩序学术研讨会论文，大阪大学千里生命科学中心，2006 年 11 月 11 日）；王海滨《中国国民政府与琉球问题》（《中国边疆史地研究》，2007 年第 3 期）；王建朗《大国意识与大国作为：抗战后期的中国国际角色定位与外交努力》（《历史研究》2008 年第 6 期）；任天豪《中华民国外交部对琉球归属问题的态度及其意义（1948—1952）》（近代史学会第八届第一次年会，台北政治大学 2008 年 12 月）；汪晖《琉球：战争记忆、社会运动与历史解释》（《开放时代》2009 年第 3 期）；汪晖《冷战的预兆：蒋介石与开罗会议中的琉球问题——〈琉球：战争记忆、社会运动与历史解释〉补正》（《开放时代》2009 年第 5 期）等（见侯文注），利用新近开放的外交部档案、《蒋介石日记》等资料，考察了开罗会议前后民国政府对琉球问题所持的态度，探讨了其开罗会议前后和日本投降以后关于琉球处置问题——是收回琉球，还是交由联合国托管，抑或由中美共同托管的外交主张、真实本意和应对措施，考论全面，史料宏富，值得重视。本文许多资料和观点引见该文。

④ 1942 年 2 月 7 日《蒋介石日记》，美国斯坦福大学胡佛研究院档案馆藏。

来，缅甸、暹罗、越南等"我旧日之国土"，抗日战争暨世界反法西斯战争胜利后，都是有望收复的。但蒋氏又一方面将中国的抗战胜利和世界反法西斯战争的胜利、将其独裁政权的维持和存续依赖于英美支援，不愿也不敢违背英美尤其是美国的意愿和利益，一方面为维护和持续其独裁统治而拒绝与共产党及其抗日军队、人民政权合作成立民主联合政府，顽固坚持其择机内战、彻底"剿共"的方针，导致国家内耗不断，而且形势的发展越来越走向了蒋氏意愿的反面，蒋氏及其政权自身难保，因而不但无力收复缅、暹、越等"我旧日之国土"，而且连他一再声称的对琉球的收复，也很快陷入受制于英美特别是美国、不敢开罪英美特别是美国的困局之中，因而既未能在《开罗宣言》和《波斯坦公告》中得到明确宣示，更未能在日本投降、抗战胜利暨二战胜利后的对日受降、占领和处置中一并收复琉球。

四 日本投降后无条件交出的琉球：
联合国托管制度下以美国为托管当局的托管地

琉球群岛本不是日本固有领土，乃依武力及贪欲攫取之土地；根据《开罗宣言》规定，"其他日本以武力或贪欲攫取之土地，亦务将日本驱逐出境"，琉球群岛自然包括其中。1945年日本战败投降，无条件接受《开罗宣言》和《波斯坦公告》，无条件承认日本不拥有琉球群岛，因此无条件交出了琉球群岛。

1946年1月29日，驻日盟军最高司令部（GHQ）发布677号训令，向日本政府下达《关于把若干外围地区在领辖上和行政上从日本分离出去的备忘录（SCAPIN—677）》，正式宣布确定日本政府的领辖和行政区域限于本州、北海道、九州、四国岛及北纬30度以北的1000个小岛，将北纬30度以南的奄美、那霸（日本称之为冲绳）、宫古、八重山等四群岛从日本分离出去，并停止日本政府在上述地区行使的领辖和施政权。由于北纬30度线在管理上存在诸多不便之处，于是同年3月22日盟军最高司令部又下达《关于把若干外围地区在领辖上和行政上从日本分离出去的备忘录（SCAPIN—841）》，把"北纬30度以南"变更为"北纬29度以南"。日本无条件接受。①

早在1945年的雅尔塔会议上，美英就达成协议，将被纳入托管统治的领土的范围做出了界定：a. 现在仍处于前国联委任统治下的地区。b. 由于本次战争将会从敌国剥离的领土。c. 其他自愿被纳入到托管机制下的领土。② 其后，苏联也接受了这一提案，这便成为雅尔塔会议对托管领土范围的界定而被写入克里米亚会议议定书。③ 并最终写入《联合国宪章》，成为"联合国大法"规定的制度。④ 1946年11月6日，美国总统杜鲁门宣布，美国政府将向联合国提案，要求将前国联委任日本统治下的太平洋岛屿地区、"因二战结果而使美国承担责任的"任何日本岛屿包括日本投降后从日本剥离出来的琉球群岛与小笠原群岛等地区一起置于联合国托管制度之下，作为战略防区，以美国为管理国即托管当局。⑤ 次年即1947年2月26日，美国正式将这一提案交联合国安理会审议。⑥ 安理会上，鉴于美国要求单独托管原国联委任日本统治岛屿地区，事关重大，涉及多国直接利益和间接利益，英、苏、澳等相关大国多提出了不同乃至反对意见，争论激烈，但又面对美国的强势，面对美国对这些地区的早有布局、实际占领，最终多只好予以同意，只对美国提出的决议草案文本做了个别修订⑦。4月2日，联合国安理会基于美国提案，表决通过了《战略防区之托管决定》，并专门形成了［S/318］号决议案（一般多称为"关于前日本委任统治岛屿的协定"），"指定美利坚合众国为托管领土之管理

---

① (500) AG 091 General Head–quarter's Supreme Commander for the Allied Powers, Memorandum for: Imperial Japanese Government; Subject: Governmental and Administrative Separation of Certain Outlying Areas from Japan (Scapin–667), 29 Jap, 1946, p. 1. ［日］外携省特别资料部编：《日本占领及管理重要文书集》第2卷《政治、军事、文化编》1949年3月，第24—25页。

② United States Delegation Memorandum, February 9, 1945, part 3. p. 858.

③ 沈志华主编：《苏联历史档案选编》，第18卷，社会科学文献出版社2002年版，第626—627页。

④ 《联合国宪章》第十二章"国际托管制度"之第七十七条规定，联合国托管理事会托管制度适用于：（一）前国联委任统治下之领土；（二）因第二次世界大战结果自敌国割离之领土；（三）负管理责任之国家自愿置于该制度下之领土。

⑤ ［日］河野康子：《冲绳返还与政治和外交——日米关系史的文胍》，东京大学出版会1994年版，第11、13、59页。

⑥ United Nations, *Security Council Official Records*, Second Year, No. 20, 113th meeting, 26 February 1947, pp. 407–415.

⑦ United Nations, Security Council Official Records, Second Year, No. 23, 116th meeting, 7 March 1947, pp. 464. 269. 270–271. 272–273. 264–265.

当局"。① 协定文本几乎完全满足了美国的愿望，未做任何重大调整。② 而对美国提案中原本提出的对从日本剥离出来的琉球群岛与小笠原群岛等地区一并实施托管的问题，这次安理会则没有进行专门讨论以形成专门决议。究其原因，安理会档案资料、文件未见记载，但美国档案、文件则可解密：琉球群岛与小笠原群岛等地区已经事实上在美国以同盟国名义的占领与管制之下，美国向联合国提交对此的提案只不过是向联合国的宣示而已，而这种宣示已经达到了美国的目的：不必讨论、不必决议，不反对不否定就是默认，事实上占领、统治，而又不受托管制度条文规定的约束，独占、独管也是独霸这一地区，是美国最理想的结局。③

而在此稍前，1947年2月，当时的中华民国外交部提出的关于处理琉球问题的意见，秉承了蒋介石在开罗会议上的表态和达成的盟国共识，"反对除由中美两国联合托管以外之任何其他办法"，而中美托管"应有一确定而短速之时限，如以五年或十年为期，以完成其关于自治及独立之各项准备，并防止其他势力侵入琉球"④。但此时的美国已经可以完全不顾中国的意见，一反开罗会议上的中美英以及其后与苏的共识，仍然按照美国总统杜鲁门的既有宣布，向联合国安理会提交了将前日本统治下的太平洋屿地区、"因二战结果而使美国承担责任的"任何日本岛屿地区包括日本投降后从日本剥离出来的琉球群岛与小笠原群岛等地区一起置于联合国托管制度之下，且以美国为托管当局的提案，并得到了联合国安理会的"默许授权"。如此，美国得以联合国唯一托管当局的名义，拥有了对

---

① United Nations, Security Council Official Records, Second Year, No. 20, 113th meeting, 26February 1947, p 415

② 以上参见张愿《美国对日太平洋诸岛的处置与联合国托管制度的演变（1945—1947）》，《历史教学问题》2014年第5期。

③ 美国对于如何将琉球群岛等地区置为联合国托管地、以联合国托管当局并且是唯一托管当局的名义对其实行独占独管，既不允许任何国家参与托管，又不受联合国等的任何监督和约束，又要维护自己不贪婪扩大任何领土地盘、只是履行国际和平职责的"美国形象"，其国务院、军方和相关各方讨论并形成的文件很多，参见陈印昌《联合国托管制度研究：以1940年代为中心》。上海师范大学硕士学位论文，2008年；安成日、李金波《试论二战后美国托管冲绳政策的形成（下）》，《北华大学学报》（社会科学版）2012年第1期；孔晨旭《战后美国长期单独战略控制琉球群岛政策的形成》，《河北师范大学学报》（哲学社会科学版）2013年第4期；等。

④ 《拟就琉球政策两点敬祈核示》，1947年4月22日，台北"中研院"近史所藏：《外交部档》，419/0005，第40—41页。

整个"太平洋战略防区"不仅包括太平洋岛屿地区，而且也包括琉球群岛等北纬 29 度以南之群岛地区的唯一托管权，亦即占领、管辖、施政、拥有和利用权。当时的蒋介石政府面对美国在联合国中的强势，面对事实上琉球已经在美军为首的盟军占领之下的现实，又因决意不与共产党人成立联合政府而不惜发动内战，更为依赖美国，唯恐得罪美国，遂不再坚持对琉球群岛的"中美两国联合托管"，只好听由美国一国为托管当局，实施托管琉球。而对此，战败投降的日本政府也"自然是"无条件"认同"并承诺"信守"。

1949 年 5 月，美国国家安全委员会文件 NSC13/3 由杜鲁门总统批准正式成为对日政策文件，形成了美国以"联合国托管"名义对琉球进行"战略性统治"的国家决策；而后又通过寻求国际社会与日媾和的形式，在 1951 年 9 月 8 日美国等 53 国与日本签署的《旧金山对日和平条约》中，将此确认。①

但是，已经脱离了日本侵占、统治的琉球人，是如何面对和看待自己的家园又被美国托管亦即占领、统治的？基于琉球历史上一直是中国的属国的政治、社会和文化传统和中国内地人与琉球人的相互认同，自日本投降之后琉球人民就组织成立了政党"琉球青年同志会"，后改名为"琉球

---

① 《旧金山对日和平条约》第三条：日本认同将琉球群岛和小笠原群岛等置于联合国托管之下而以美国为托管当局。英文版原文："Article 3. Japan will concur in any proposal of the United States to the United Nations to place under its trusteeship system, with the United States as the sole administering authority, Nansei Shoto south of 29deg. north latitude (including the Ryukyu Islands and the Daito Islands), Nanpo Shoto south of Sofu Gan (including the Bonin Islands, Rosario Island and the Volcano Islands) and Parece Vela and Marcus Island. Pending the making of such a proposal and affirmative action thereon, the United States will have the right to exercise all and any powers of administration, legislation and jurisdiction over the territory and inhabitants of these islands, including their territorial waters."按：该条约规定以英文、法文、西班牙文以及日文版本具有同等效力，无中文版本，通行的中文译文多半文半白，多有不确，易生歧义，准确的中文译本应该是："第 3 条：日本认同美国对北纬 29 度以南之西南群岛（含琉球群岛与大东群岛）、孀妇岩以南之南方各岛（含小笠原群岛、西之与火山群岛），和冲之鸟岛以及南鸟岛等地置于联合国托管统治制度之下，而以美国为唯一管理当局的任何提案。在此等提案及至获得实施期间，美国拥有对上述地区、所属居民及所属海域实施行政、立法、司法的一切权利。"参见《国际条约集（1950—1952）》，世界知识出版社 1959 年版，第 335—336 页。

革命同志会"①,坚持寻求琉球回归中国;而当时的蒋介石政府,对琉球也一直未肯放弃。1946 年,琉球革命同志会上书蒋介石,要求归附,外交部档案所记该次上书的时间是 1946 年 10 月 28 日。② 1948 年 3、4 月间,琉球革命同志会将相关信息再次转呈蒋介石。③ 1948 年 6 月 15 日,蒋介石密电国民党中央党部,要求其考虑如何运用琉球革命同志会达成收复琉球的目的。蒋介石的意见如下:"琉球原属我国领土,现虽有美军管治,人民均甚内向,拟请秘密运用琉球革命同志会人员秘密组织掌握政权,冀于将来和会时琉民能以投票方式归我统治,或由琉球地方政府自动内向,以保持我在太平洋之锁链。"④ 8 月,琉球革命同志会理事长喜有名嗣正,汉名蔡璋,"由台湾省党部干事李德松同志,偕同来京"⑤。在国民党中央党部的安排下,蔡璋访问中国,并相继会晤各政府部门官员,呼吁中国政府收回琉球。⑥ 此与蒋介石本人在琉球问题上的真正态度一脉相承。自是之后,国民政府在琉球问题上出现了明暗两条路线:明线是外交路线,依据开罗会议上蒋介石的表态,寻求最佳的托管琉球途径;另外一条是暗线,寄希望于琉球革命同志会,达到收复琉球的目的。这就是说,国民政府在直接收回琉球无望的情形下,曾做出过具体的应对措施;外宣

---

① 参见侯中军《困求求变:1940 年代国民政府围绕琉球问题的论争与实践》,《近代史研究》2010 年第 6 期。侯文原注:琉球革命同志会成立于 1941 年 5 月,原名琉球青年同志会,主要活动于台湾和琉球。1947 年 1 月改为现名,并致电蒋介石宣誓效忠中国。琉球革命同志会基本上是以在台琉人为主,主其事者为喜友名嗣正,其中国名为蔡璋,后来台湾方面多以中国名称之。关于该会的详细情形,请参考许育铭论文《战后处理与地缘政治下的国民政府对琉政策——以 40、50 年代为中心》。

② 《琉球青年同志会上书蒋中正主席》(1946 年 10 月 28 日),外交部档,419/0008。

③ 参见许育铭《战后处理与地缘政治下的国民政府对琉政策——以 40、50 年代为中心》,『中国』のインパクトと东アジア国际秩序研究会发表论文,大阪大学千里生命科学中心,2006 年 11 月 11 日。

④ 《运用琉球革命同志会人员冀收回琉球事经集议决定办法五点函达查照由》(1948 年 8 月 10 日),外交部档,419/0005,第 53 页。

⑤ 国史馆藏国民政府档案,档号 0100.20。转引自许育铭《战后处理与地缘政治下的国民政府对琉政策——以 40、50 年代为中心》。

⑥ 参见《琉球革命同志会会长喜有名嗣正谒王部长谈话记录》(1948 年 8 月 3 日),民国政府外交部档:《琉球问题》,419/0005,第 11—17 页;《运用琉球革命同志会人员冀收回琉球事经集议决定办法五点函达查照由》(1948 年 8 月 10 日),外交部:台北:"中研究"近代史研究所档案宝藏,档案号:419/0005,第 52、54 页。

托管，内实收复，是蒋介石在琉球问题上曾经采取的策略。①

美国在作为托管当局实施对琉球群岛的"托管"后，一方面将琉球群岛辟为军事基地，实行军事占领，一方面成立"琉球民政府"，对琉球民"施政"。根据联合国托管制度对托管地之托管目标的规定，托管当局对托管地实施托管的目标，是使其最终"独立"或"自治"，而其获准"独立"或"自治"完成托管目标的决定权，是联合国安理会，或联合国托管理事会。联合国安理会决定托管地属于联合国辟为战略防区者，联合国托管理事会决定托管地非属战略防区者。②而日本政府却自 20 世纪 60 年代起基于美日自 50 年代就达成的"同盟"关系，寻找种种理由、不惜以种种交换条件向美国索要对琉球群岛（日本称之为冲绳）的"施政权"，最终与美国达成"协议"，于 1972 年将美国政府对琉球群岛的"施政权""转交"到了日本手中，而明言"无关琉球群岛的主权"。须知，无论如何，这是美国政府与日本政府对琉球群岛这一本已定性为联合国"置于托管制度下"的托管地的私相授受。据《联合国宪章》第 79、83、85 条规定，"置于托管制度下之每一领土之托管条款，及其更改或修正，应由安理会或联合国大会批准"。因此美日两国达成的将琉球这一联合国托管地"移交"给日本实施行政管理的协议，及其 1972 年的"移交"，违反《联合国宪章》，无国际法效力。从战后国际秩序和《联合国宪章》及其托管制度之法理上，琉球（日本称之为"冲绳"）作为联合国托管地的性质与定位，至今仍然没有改变。

一方面，美国接收琉球群岛实施托管的前提，是基于中美英俄四国《开罗宣言》和《波茨坦公告》对日本必须无条件交出本土及"吾人规定之小岛"之外一切侵吞侵占得来领土的原则，基于日本向全世界投降而

---

① 参见侯中军《困中求变：1940 年代国民政府围绕琉球问题的论争与实践》，《近代史研究》2010 年第 6 期。

② 1965 年之后，联合国托管理事会由联合国安全理事会的五个常任理事国组成——即中国、法国、俄罗斯、英国和美国。实际上即联合国安理会同时行使着联合国托管理事会的职责。（见联合国网站"托管理事会"页：http://www.un.org/zh/mainbodies/trusteeship/。访问日期：2017/5/1。）1989 年 5 月，中国常驻联合国大使俞孟嘉出席联合国托管理事会会议，这是中国决定参加托管理事会工作，自 1971 年恢复在联合国席位以来第一次参加该理事会。俞孟嘉在会议上发言指出，按照联合国宪章规定，国际托管制度的主要任务是促进国际和平与安全，推动托管领土居民在政治、经济、社会和教育等领域的进步，并逐步向自治和独立发展。（参见龚育之《中国二十世纪通鉴（1981—2000 年）》，线装书局 2002 年版，第 604 页。）

作出的无条件承诺；一方面，美国接收琉球群岛实施托管的"法理"，是基于联合国的托管制度，和其后国际社会对日"和约"的"授权"，亦即美国托管琉球，是作为联合国托管地托管当局受托管理（管治）的行为，美国自己没有权力对琉球群岛自行处置，更不用说将其"转交"给原来的非法侵略侵占者。联合国托管制度是《联合国宪章》规定的，美日未经联合国授权而私相授受联合国的托管地，违反《联合国宪章》，不仅其行为无效，而且联合国应予以纠察，责其改正。否则，国际社会继续听任对二战后国际秩序肆意破坏、对《联合国宪章》肆意践踏，那么国际秩序、《联合国宪章》的相关规定，将会变成一张废纸。

置于联合国托管制度的地区，即二战结束时尚未独立的前国际联盟委任统治下的地区和大战后剥离自敌国的地区，分别是由英、美、法、比、澳、意、新西兰等国为托管当局管理的。一般认为，"到1980年11月为止，这些托管地区都已先后获得了独立，最后只剩下美国作为托管当局管理下的太平洋岛屿托管地，主要包括密克罗尼西亚和马绍尔群岛；1986年11月，美国宣布密克罗尼西亚和马绍尔为美国的自由联系国，结束托管"①；"随着联合国剩下的最后一个托管领土帕劳于1994年10月1日取得独立，托管理事会于1994年11月1日停止运作"②。而需要明确指出和强调的，是以下两点：

其一，托管地结束被托管地位的前提，是其独立或自治，并须经联合国安理会会议决议正式获准。如1990年12月，联合国安理会会议通过了终止托管密克罗尼西亚的决议，正式结束了密克罗尼西亚联邦的托管地位，并于1991年9月接纳密克罗尼西亚联邦为联合国正式会员国；1986年5月，联合国托管理事会同意中止对马绍尔群岛的托管，马绍尔群岛共和国独立，1990年12月，联合国安理会会议通过了终止部分太平洋托管领土托管协定的决议，正式结束马绍尔群岛共和国的托管地位，并于1991年9月接纳马绍尔群岛共和国为联合国正式会员国；帕劳，1994年10月从美国的托管统治下独立，成立帕劳共和国，宣布独立，同年11月，联合国安理会通过956号决议，宣布结束托管地帕劳的托管地位，12

---

① 见《人民日报》"历史上的今天"：《1945年6月26日 联合国托管理事会成立》，http：//www.people.com.cn/GB/historic/0626/6629.html。访问时间：2017/5/1。

② 参见联合国网站"托管理事会"页：http：//www.un.org/zh/mainbodies/trusteeship/。访问日期：2017/5/1。

月,接纳帕劳共和国成为联合国第 185 个成员国。由此可见,无论是从条文上看还是从实例上看,未经联合国安理会决议获准,托管当局无权自行决定其托管地的变更及其托管地地位。

其二,1994 年 10 月获得独立的帕劳,并不是"联合国剩下的最后一个托管领土",美国作为联合国托管当局托管的琉球群岛,虽然中经 1972 年美国将"施政权移交给日本"的"施政权变更",但这种变更未经联合国,更没有通过安理会决议获准,琉球群岛作为联合国托管制度下以美国为托管当局的托管地性质和地位,并没有改变。"联合国剩下的最后一个托管领土"是琉球群岛。因此,认为"1994 年,随着最后一个托管地——美国管理下的密克罗尼西亚群岛中的部分岛屿独立,(联合国)托管理事会的使命宣告终结"①,与事实不符,幸好"由于撤销这一机构意味着修改《联合国宪章》,托管理事会不得不被保留下来"。联合国安理会也好,托管理事会也好,仍然担负着其管理联合国托管事务尚未完成的最后的使命——"联合国剩下的最后一个托管领土"琉球群岛尚未解决最终独立或自治问题,因而联合国托管制度及其对托管地实施托管,直至最终实现其独立或自治的目标尚未全部实现,美国作为联合国托管当局对琉球群岛实施托管直至最终实现其独立或自治的使命尚未合格完成,因此联合国托管制度及其目标、托管理事会抑或安理会的职责、美国作为托管当局及其使命都不应终结,都应该不负使命,继续行使,而且在当代条件下完全可以行使得更好一些,使目标的全部实现、使命的合格完成来得更快一些,亦即更早一些。

---

① 新华网联合国电:《联合国报告呼吁撤销托管理事会》,新华网,www.XINHUANET.com,2004 年 12 月 1 日。

琉球地位的变迁及其复杂性

中国海洋大学 修 斌

一 前言

学界对琉球问题的研究，主要集中于中国大陆、台湾地区、日本和琉球等地，也有一部分香港地区和海外华人学者以及欧美学者。多年来，中国大陆学者在中琉朝贡关系、文化影响、清末中日交涉等领域有较多研究；台湾地区的学者在使琉球录的整理、民国档案公开、琉台关系、飘风难民问题等方面有出色研究。日本学者特别是冲绳地区的学者在琉球历史、中琉关系、日琉关系、现代冲绳社会民俗等领域有大量研究。冲绳地方史料机构对现存琉球王国资料倾力整理；中国第一历史档案馆、国家图书馆等整理出版了大部分"琉案"档案和中琉历史典籍文献资料；"中琉历史关系国际学术会议"则被认为是中琉关系史研究的风向标。近年来学术界对琉球问题也形成若干代表性观点。如，常胜君较早提出"琉球地位并未确定",[①] 徐勇指出琉球政治地位之形成是近代日本军国主义侵略造成的，战后美国从日本手中接收琉球群岛缺乏国际法根据,[②] 史楠认为琉球主权问题依旧是一个悬而未决的国际性问题。[③] 李薇指出，冲绳问题的本质是日本近代争霸亚洲遗留的伤痕以及战后立足日美军事同盟的国家定位问题，其复杂性还在于被吞并和被牺牲的历史记忆的顽强存在，在

---

① 常胜君：《钓鱼台主权与礁层公约》，中国国民党中委：《钓鱼台列屿问题资料汇编》，1971年，第56页。
② 徐勇：《琉球秘案》，《世界知识》2005年第15期。
③ 史楠：《1879：琉球的血色黄昏》，《世界知识》2005年第15期。

于近代冲绳的历史与近代东亚国际关系演变的互动。① 汪晖认为，琉球问题呈现出的历史关系的转化，是普遍的近代民族主义的框架给定的法则，应把琉球问题放到一个更为广阔的全球现代性悖论的历史语境中加以有机地把握。② 孙歌探讨了现代冲绳人的文化认同和国家认同，努力去理解其现实的矛盾处境和未来的理想和诉求。③ 主张"台独"的陈荔彤主张，国际法上日本借由"征服"手段取得琉球主权合法，"中华民国"不应在琉球群岛主权争议上做无谓的争执。④ 琉球学者新崎盛晖指出，冲绳人顽强执着的特性来源于琉球在国际政治格局中所处的特殊位置。⑤ 松岛泰腾和友知政树则鲜明地主张琉球复国，推动独立自治运动。⑥ 越来越多的学者认为，应该深入探讨在新的国际环境下琉球和冲绳问题产生的根源、现实困境及其现代意义。但是，关于琉球问题的探讨还需要更加深入和拓展，需要更加全面、客观、理性地看待和研究琉球问题，包括研究琉球地位问题的演变过程及其特征。

二 琉球历史及中琉关系的演变

琉球群岛在中国台湾岛与日本九州岛之间，与中国福建省隔海相望，自西南向东北呈向外突出的弧状布列，南北长亘千余里，从南到北由先岛群岛、冲绳群岛、奄美群岛、土蛤喇群岛、大隅群岛等几组群岛共计数百座大小岛屿构成。琉球西邻东海、中国台湾岛和亚洲大陆，北连日本列岛和朝鲜半岛，南接巴士海峡通向东南亚，东临浩瀚的太平洋。19世纪中叶美国佩里舰队敲开日本锁国大门之前，曾于1853年先行到达琉球那霸

---

① 李薇：《冲绳问题的复杂因素及其本质》，《日本学刊》2010年第5期。
② 汪晖：《琉球：战争记忆、社会运动与历史解释》，《开放时代》2009年第3期。
③ 孙歌：《内在于冲绳的东亚战后史》，《读书》2010年第2期。
④ 陈荔彤：《台湾国际法之回顾与前瞻》，法学丛刊杂志社主编：《跨世纪法学新思维：法学丛刊创刊五十周年》，台湾元照出版有限公司2006年版，第80页。
⑤ ［日］新崎盛晖著：《冲绳现代史》，胡冬竹译，生活·读书·新知三联书店2010年版，第5页。
⑥ 参见［日］松岛泰胜《琉球の自治》，东京藤原书店2006年版。

港，并先后5次到达琉球。①佩里在当时给美国总统的建议书中曾把那霸作为其远东最适宜的据点之一。第二次世界大战后至今美军占据琉球并将其作为重要的军事基地。由此也可以看出琉球群岛在战略上、军事上的重要地位。

古代中国、琉球、日本的史料舆图中有"琉球三十六岛"之记载，这是指较为有名的主要岛屿，或泛指岛屿之多。但所有历史时期的琉球疆域都不包括钓鱼岛及其附属岛屿。琉球群岛的自然环境，具有亚热带性、海洋性、岛屿性等特征。琉球群岛在距今3万—2万年前还与大陆相连，直到冰河时代结束时也就是距今1万年前成为目前这样被海水分隔的形态。

在琉球群岛上的人类活动至少可以上溯到数万年前。在冲绳本岛南部曾发现了碳-14测定为1.8万年前完整的人骨化石，称作"港川人"。②遍布琉球群岛的珊瑚礁，也孕育了古代琉球群岛上的"贝文化"。关于琉球民族的起源众说纷纭，目前学术界并无定论。各种观点虽有差别，但是远古琉球群岛频频接受周边地域文化的影响则是基本事实。

12世纪琉球开始出现了部落国家形态，到15世纪被统一为琉球国，史称琉球王国，直到19世纪70年代被强行并入日本。琉球国自古以来与中国、日本、朝鲜及东南亚国家保持紧密的海外贸易和文化交流。琉球历史上的所谓"天孙氏"舜天王朝多为传说，不足为信。琉球的信史一般认为始于英祖上察度王朝（三山时代）（1350—1405年即永乐三年）、第一尚氏王朝（1406—1469年）、第二尚氏王朝（1470—1879年），王统延续近七百年。到1879年被日本吞并，改称"冲绳县"。

14世纪，琉球本岛上三国并立，又称作为"三山时代"。这三个政权，分别割据现冲绳岛的南部（山南）、中部（中山）和北部（山北），相互争战了近一个世纪。三山时代琉球的中山国王察度（1321—1395

---

① 时间分别为1853年5月26日、1853年6月23日、1853年7月25日、1854年1月21日、1854年7月1日。参见修斌、刘啸虎《〈日本远征记〉所见琉球国的国际地位——兼论琉球与日本、中国之关系》，修斌主编：《海大日本研究》第四辑，中国海洋大学出版社2014年版，第62页。

② 港川人，冲绳县出土的被认为是史前人类遗骨，在1967年冲绳县岛尻郡具志头村港川海岸附近的割石场发现，推定年代约17000—8000年。它们也是东亚地区发现的最古老的现代智人的完整骨骸。

年),原为浦添按司,后受推崇自立为中山君主,成为三山中最强大的一个国家。在察度王朝时期,明太祖于 1372 年(洪武五年)派行人杨载出使琉球中山国,赐明朝大统历,并招其入贡。琉球历史出现了重大转折,明朝与琉球建立了常态化封贡关系,琉球被纳入以明朝为中心的东亚封贡体制当中。在中国历史上,正式而明确记载琉球群岛上的琉球国事项,亦从此开始。根据琉球与明王朝的藩属关系,琉球每一代国王都需要接受来自明王朝的册封。

关于"琉球"一名,最早见于《隋书》中所作"流求"。但是,《隋书》以及宋元史料中所记载的"流求"究竟是指琉球群岛还是台湾岛,在学术界看法不一,争论已久。中国与琉球的封贡关系正式确立于明朝。明代及其以后的史书中所记载的"琉球"已确指琉球群岛而非台湾岛。

杨载携带诏书出使琉球是明代第一次遣琉使节,也从此拉开了历时明清两代、长达 500 余年的中琉友好交往的历史。中山王察度率先领"受其诏",立即派遣王弟泰期等随杨载入朝,前来向中国"奉表称臣",并向明廷贡方物。在中山王察度的刺激下,琉球的山南王、山北王也相继赴明进贡,以此来赢得明朝的认可和支持。琉球列岛上的三个部落国家都成为了明王朝的藩属。中山国特别是统一后的琉球国与明朝的往来日渐密切,朝贡次数冠各国之首。早在 1392 年(洪武二十五年),明太祖有见于琉球来华使节海上航行困难,特赐闽人善于造船航海者三十六姓人家移居琉球。闽人三十六姓不仅是善操舟楫者,而且担任通译和其他与朝贡有关的事务。他们在琉球定居以后,便成为代表明王朝长期协助琉球,增进中原王朝和琉球关系的人才,并世代子孙繁衍,为琉球发展做出莫大贡献。从 1404 年(永乐二年)明朝派出正式册封使开始至明朝灭亡,计为 15 次。若连同清朝派出的册封使 8 次,共计 23 次。

除明朝对琉球的册封以外,还有琉球历代国王对明朝的进贡。琉球与明朝建立朝贡关系,虽然包含有"欲借天威以壮其国"[①] 之目的,但更是为了经济上的利益。这些册封与朝贡活动,具有政治和经济的双重意义。它们加强了明朝与琉球的宗藩关系,只是到了丰臣秀吉时期这一宗藩关系才受到来自日本的威胁,但是从总体上看,册封与朝贡的互动不仅推动了明朝与琉球国上层统治阶层之间的联系,而且也促进了双方的交流与经济

---

① 《明宪宗实录》卷 202,成化十六年四月辛酉条。

的发展。明琉间的文化交流方式多种多样，但其影响较大的交流方式有三种，分别是册封与朝贡活动的交流、琉球官学生的留学交流、闽人三十六姓的琉球活动。进入15世纪，随着东亚与东南亚各国经济的发展、东亚与东南亚海上贸易网络的形成，琉球地理位置的优势更是得到发挥，成为中、日、朝三国及南洋各国之间贸易的重要枢纽。在封贡体制内的琉球，作为明朝恭顺的属国和"守礼之邦"日渐发展，地位明确而平稳。

明政权的灭亡、明琉封贡关系的终结让琉球一度陷入无所适从的慌乱境地，同时也为琉球对外关系的处理提供了多重选择的可能，但最终琉球还是与清朝建立了宗藩封贡关系，成了以清朝为核心的东亚封贡体制中的一员。清琉封贡关系的确立过程伴随着明清交替之际，各方势力集团的相互斗争和博弈。在这一过程中，琉球选择了最具实力的能够提供琉球国家安全保障和经济利益的清王朝，在清王朝主导的封贡体制的框架中维系国体的存续和经济社会的发展。这一选择的内在动因主要基于实力主义的考虑，同时包括数百年来中琉封贡关系的历史积淀及其所赋予的价值认同，包括主导琉球经贸活动的海商集团的现实利益诉求，也与琉球的国家性格有关。清琉封贡关系的确立让琉球在明清交替、东亚海洋力量格局复杂多变的历史关头回归既往，找准了位置，获取了稳定的政治经济环境，进而维持其海外贸易的发展，确保其继续"自为一国"直到230年后的亡国时刻。①

清朝也极为重视与琉球的关系。有清一代，清王朝先后向琉球派出过8次册封使，计16人。清朝继续接纳琉球学生来华入国子监读书。明清两代琉球国派遣来华就学的官生共计26批88人。随着一批批的册封使团到琉球，他们在琉球各地留下了许多带有中国文化印记的诗文佳作。册封使和从客中的各种专业人才也极大地促进了中国文化的传播，增强了中国文化在琉球的影响力。正是在这样持续不断的文化传播过程中，琉球文明化的进程不断加快，逐渐演进成为衣冠礼仪之乡。②

---

① 修斌、付伟：《清琉封贡关系的确立及其影响因素探析》，《中国海洋大学学报》（社会科学版），2013年第4期。

② 修斌等：《琉球史略》，修斌主编：《海大日本研究》第三辑，中国海洋大学出版社2013年版，第143—144页。

三 琉球地位及其复杂性

探讨琉球地位问题，需要伸展追溯，对琉球在历史时期几个重要阶段的性质和地位进行深入研究。需要廓清历史上作为中华藩属国的琉球王国与明、清两朝以及与日本的关系，正确描述琉球历史演变及其在东亚的地位，总结围绕"琉球事件"清朝与日本交涉以及"二战"结束前的"琉球处置"的经验教训。要通过横向的国际法检证和国际关系分析，对琉球群岛被日本、美国所统治的合法性进行审视，以法理和国际公理证明日本近代以来"废琉置县"和日美占据琉球的非法和无效，对中国在琉球问题处理上的失当进行反思。鉴于琉球历史发展的重要节点主要有：1609年"萨摩入侵"，19世纪70年代的"琉球处分"，20世纪40年代的"琉球处置"，20世纪70年代的"冲绳返还"。因此，有必要抓住这些重要时期和时间节点进行剖析，总结历史经验，揭露日本对琉球的侵吞、殖民化政策以及日美的基地政策给琉球社会带来的伤痛，在此基础上，才能更科学地预测琉球未来地位的走势及其对中国海洋发展的影响。

明初中琉建立封贡关系后，琉球作为以明朝为中心的封贡体制中的典型成员存续200余年，琉球的地位就是明朝的一个外藩和属国。1609年日本萨摩藩侵略琉球以后，琉球依然极力保持其在东亚封贡体制中的外藩属国的身份，以接受册封和朝贡贸易的方式继续与中国保持密切联系，并以对中华文化的接受和传承，来保持身份和价值的认同。另一方面，琉球被迫忍受日本萨摩藩的严酷压榨和控制，还要努力维持其对外仍是"自成一国"①的表象。从这时开始，如果借用近现代的"主权""治权"概念，可以说琉球的"主权"在中国，"治权"在日本——但是中国的这种"主权"，是封贡体制内所特有的、宗主国对藩属国的权利，这一权利虽然象征意味浓厚，但又带有根本性；而日本的"治权"，则是通过非法手段掠获，并通过萨摩藩在琉球的"领事""驻军"等直接控制来强力实现的，进而又强行将琉球纳入幕藩体制；琉球的自我定位是：琉球是中国的"外藩"，日本是琉球的"近邻"。但是，前者更多的是一种文化和价值的

---

① 冯承钧撰：《冯承钧学术著作集》中册，邬国义编校，上海古籍出版社2015年版，第572页。

自觉认同以及国家体制机制的坚守；后者则是对外所表现出来的无奈的、虚假的"认知"。琉球与中国、日本这种尴尬的被日本学者称之为"两属"的关系，虽然一定程度上是当时琉球地位的真实状态，但是所谓"两属"的性质截然不同。包括佩里舰队在内的西方人士对琉球地位所表现出来的疑惑不解，不仅源自日本萨摩藩所采取的隐蔽控制政策，更源自西方人对东亚世界特有的封贡体制缺乏认知。①

明朝以前日本与琉球因地缘关系时有往来。到琉球国建立，两国之间的交往关系主要反映在琉球与九州岛的萨摩藩之间，并逐步密切，此时日本（萨摩）和琉球之间只是邻国（近邻）关系，通贡往来时有断续。1609 年日本萨摩藩武力入侵琉球，从此以后琉球开始被萨摩藩非法控制，在相当程度上成为其经济和政治附庸。此后，萨摩藩和德川幕府采取隐蔽政策，不断借助琉球与中国的封贡贸易获利。明治维新后的日本，步西方列强后尘推行侵略扩张政策。清朝极力维系传统的东亚封贡体系，但是在西方列强和日本的双面夹击下日渐招架无力。在台湾发生的"牡丹社事件"成为日本吞并琉球的借口和契机。清朝与日本签署的《北京条约专条》，也为琉球国的灭亡埋下了隐患。19 世纪 70 年代，日本加快了侵略控制琉球的步伐，先后强行"废琉置藩""废琉置县"，将琉球国变为日本的"琉球藩"和"冲绳县"，最终于 1879 年通过武力完成其所谓"琉球处分"，吞并琉球。虽然琉球上下不甘心就此亡国，但囿于国力弱小，最终无力抵抗日军。

此时，在清国的琉球使节向德宏向李鸿章呈上了一封求助信，表示日本要"灭数百年藩臣之祀"，琉球上下正是"主忧臣辱"，"生不愿为日国属人，死不愿为日国厉鬼"，恳请清政府"威惠于天下"，希望能"速赐拯援之策，立兴师问罪之师"，救琉球国于水火。② 但东南海疆的琉球危机又正好与西北边疆的危机碰到了一起，清廷无法倾注全力拯救琉球。面对向德宏的泣血哭诉，清政府在犹豫不决之中让日本占夺优势。此后，日本在琉球实施殖民同化政策，教育方针是皇民化教育，其目标是彻底的"日本人化"。

---

① 修斌、刘啸虎：《〈日本远征记〉所见琉球国的国际地位——兼论琉球与日本、中国之关系》，修斌主编：《海大日本研究》第四辑，中国海洋大学出版社 2014 年版，第 61 页。

② 《附：琉球国紫巾官向德宏初次禀稿》，光绪五年五月十四日，顾廷龙、戴逸：《李鸿章全集》第 32 册信函四，安徽教育出版社 2008 年版，第 445 页。

"二战"结束前夕,美军攻占琉球,被日本列强侵占60多年的琉球摆脱了日本的殖民统治。美国根据盟国对日本战后处理的精神"托管"了琉球,并计划将琉球群岛从日本分离并使其独立。得益于美国治理下宽松的政治环境,琉球人的民族意识高涨,掀起了公开的争取民族独立和解放的运动。这期间,琉球涌现出一大批主张"独立"或要求"自治"的组织。如琉球人柴田米三等领导的"琉球民主党"、牧志崇得等组织的"共和会"、大城赡养等组织的"成人会"等,其宗旨均在启蒙琉球人的民主自立精神。1947年前后成立的三个政党也不约而同地持有明显的独立倾向。率先成立的"冲绳民主同盟"明确提出要"建立独立共和国"。随后成立的"冲绳人民党""社会党",其独立倾向也非常明显。在主张脱离日本的党派中,最为活跃的是"琉球青年同志会",其宗旨是"鼓吹革命,解放琉球,归属中国,并启发琉球之民族思想,击破日本之侵略政策"。该会战前被日本武力解散,战后迅速恢复活动,1947年初更名为"琉球革命同志会",成员发展至6800余人,在琉球和台湾两地积极开展琉球独立运动,吁请中国国民政府在讨论对日和约时将琉球问题列入议题,并表示琉球同胞一致要求归属中国,要求迅速将此强烈愿望转报中央政府。[1]

1972年5月,美国按照与日本签署的协议,正式将琉球的施政权交给日本。虽然台湾当局对美国不顾其主张而私下将琉球"归还"日本表示"至为不满",但是台湾当局在既成事实面前也无可奈何。

"冲绳返还"之后的20世纪80年代,在琉球的工会和知识界中间出现了"自立论"的讨论,提出了冲绳"自治县"或"自治州"等构想,还制定了各种版本的"宪法"。到了90年代,琉球再首度出现了官、民共同推动的"自立"运动。自此以后,要求尊重琉球独特的历史和文化,尊重琉球人民自主自立的诉求,撤走英军基地,建设和平安全的冲绳成为冲绳社会的主流民意。积极主张的团体主要包括来自文化思想界的"二十一世纪同人会",学术界的"冲绳自治研究会",以及明确把实现"琉球独立"为唯一目标的"琉球独立党"。琉球独立党成立于1970年,2008年3月3日正式更党名为"嘉利吉俱乐部"。据2005年的调查,18

---

[1] 修斌、常飞:《琉球复国运动的历史回顾》,《中国海洋大学学报》(社会科学版)2010年第4期。

岁以上的琉球人中，40.6%的人认为自己是琉球种族，而不是日本种族。而且，24.9%的琉球人表示支持琉球独立运动。进入 20 世纪 80 年代，"自立"取代"独立"成为冲绳知识界的一个潮流。① 2013 年 5 月 15 日，由日本当地知识分子、政治家、社会活动家和市民团体成员组成的向联合国"脱离殖民化特别委员会"陈述冲绳独立的意愿。此间，中国《人民日报》载文主张琉球归属问题"可以再议"引发议论。② 在此背景下成立的"琉球民族独立综合研究学会"就更引人关注。

四 结语

近代以前东亚传统的国际秩序框架是封贡体制，它是以宗主国的册封和藩属国的朝贡为基本前提构成的国际秩序。明清时期封贡体制走到了鼎盛，也开始走向衰亡。封贡体制功能的丧失是一个渐进的过程。琉球王国是这一时期封贡体制内的重要成员，随着日本的对外扩张和东亚地区形势变化，琉球逐渐走向灭亡。琉球的亡国对传统东亚封贡体制产生了重要影响。从封贡体制的内部和外部两个方面可以看出琉球亡国的原因和它走向衰亡的必然。日本挑战封贡体制，以强盗逻辑废琉置县，理当揭露批判，但揭露和批判并不代表怀恋赞美远去的封贡体制。

萨摩藩的入侵给琉球带来了巨大的灾难，成为琉球历史上重要的转折点，琉球由此陷于中日所谓"两属"同时又是"两难"的境地。一方面琉球仍然延续着对宗主国的封贡关系，是中国中原王朝的藩属国；另一方面琉球在政治、经济、社会等方面逐渐被日本萨摩藩实际控制，成为萨摩藩的附庸国。但是藩属国和附庸国有着截然不同的性质。对琉球和日本学者的"两属"话语若不加辨析地使用容易误判该时期的琉球地位。

明治政府在琉球王国走向灭亡的过程中起了关键作用，它推动了东亚封贡体制的解体，并在中琉关系史上扮演了不光彩的角色。吞并琉球、侵略台湾是近代日本对外扩张的开始，是日本建立以自己为中心的东亚秩序的重要一步。以往对明治维新的正面评价占压倒性地位，从中国的立场看

---

① 林泉忠：《沖縄住民のアイデンティティ調査（2005 年—2007 年）》，琉球大学法文学部《政策科学・国際関係論集》第 11 号，2009 年 3 月。

② 张海鹏、李国强：《论〈马关条约〉与钓鱼岛问题》，《人民日报》2013 年 5 月 8 日。

需深入反思。明治维新后到日本"二战"战败，日本的对外政策是以扩张和侵略为主基调的。明治初期，琉球是最大的受害者。作为历史运动的"琉球独立"已成为属于学术研究的范畴，作为现实社会运动的"琉球独立"是极少部分"琉独"人士的目标和一部分琉球民众抗争美日基地政策的手段。

总之，琉球群岛纵贯千里，是中国走向太平洋必经的一道障坎，它在历史上曾"自成一国"，是中国最重要的藩属之一和东亚海上贸易的主要枢纽之一，它的血液中曾深深浸透着中华文化基因。从现实意义上说，琉球群岛问题是中日关系中潜在而敏感的神经，是中美关系在东亚的大暗礁，是两岸关系发展复杂而颇具前景的交集，是中国拓展海洋战略空间的重要"门闩"。琉球群岛地位及其今后走向，对中国未来发展的重要性将越来越凸显。客观认识琉球的现状和社会生态，审慎确立对琉球问题的基本态度和政策主张，对于妥善处理中日关系，推动形成公正合理的国际秩序、实现中华民族伟大复兴具有重要意义。琉球这串海上明珠历经风雨至今依然闪烁在浩瀚的大洋之中。当今的琉球在寻求自主自立的过程中步覆艰难，同时经济对外依赖性强，文化认同也模糊游移，良好的自然环境生态和畸形的人文社会生态都吸引着世界的目光。琉球似乎在三种力量之中寻求着张力的平衡，即日益同化于日本、融入全球化特别是区域一体化、寻求全方位的自立自强和特色发展。① 历史和现实诸多问题的复杂交织，还将一直影响着琉球和冲绳的历史，影响着琉球人和冲绳人的意识和行为，作为一个问题区域，琉球未来的走向具有不确定性，也正因为它的复杂性、不确定性以及中琉关系的重要性，研究琉球地位问题才格外重要。学界有必要超越以往对琉球问题局限于琉球自身或中琉关系、日琉关系、琉萨关系等单边和双边的视角，将琉球放在东亚区域乃至西力东渐带来东西接触的全球背景下考察。

---

① 修斌、姜秉国：《琉球亡国与东亚封贡体制功能的丧失》，《日本学刊》2007年第6期。

函馆中华会馆与近代中日交流

中国海洋大学　赵成国　陈　娜

清末时期，随着日本各地华侨人数的增加、华侨社会的发展，在日华侨形成了以乡情为纽带，会党为组织的，具有经济生产聚落特征的社区形式，中华会馆是其中主要形式之一。中华会馆主管"侨务、医务、商务、教务、慈务、外务以及代收土地租金"[①]，是一个具有自治性质的组织，反映了日本华侨社会结构的日臻完善。其中最具代表性的三座会馆分别是横滨中华会馆、神户大阪联合组成的神阪中华会馆以及函馆中华会馆。前两座会馆都在"二战"期间毁于战火，现在所看到的是战后重建的。只有函馆中华会馆一直完好地保存至今。

一　函馆中华会馆的建立

日本北海道的函馆，又名箱馆（1869年改名函馆），是日本北海道西南部重要港口城市，位于北海道南岸，南临太平洋，隔着津轻海峡与本州岛的青森相望。根据安政元年（1854）日本与美国订立的《神奈川条约》，函馆于1859年开港，成为美国的补给港，是日本向外正式开放的商埠之一。当时曾作为美国来日"叩关"的翻译——广东人罗森在其所著的《日本日记》一书中写道："惟此处僻土偏壤，地多沙漠，生物不毛；故民之食货，恒取给于别埠。北港为船只运货往来之区，因号其名曰箱

---

① 王良：《横滨华侨志》，财团法人中华会馆印行1995年版，第172页。

馆。"① 尽管那时箱馆仍是"不毛之地",但是已有华侨在那里居住。据载,当时有一个张姓广东人在安政元年已来到箱馆。所以《函馆中华会馆记》开头便写道:"闻诸父老言,华侨之初到函馆者为张姓广东人。"② 1859 年箱馆正式开港后,又有一个叫陈玉松的广东人,乘英国商船带着昆布(即海带)样本,首次在当地收购了 3000 银两的昆布和黄豆。1866 年以来为了掌控华侨动态,日本当局在华侨聚居地实行户籍登记制,规定华侨必须在规定期限内到有关当局填报,申领籍牌才能合法留住。各地户籍登录内容包括,华侨的姓名、家庭成员、奴婢、住所、年龄、出生地、职业、来日时间、登录时日、号码等细目,并对被登记者按上、中、下三等收取不同的籍牌费。③ 1871 年,清政府与日本签订《中日修好条约》,条约规定所有沿海各口岸准许商民来往贸易。此后中国移民开始逐步从长崎分散居住于横滨、大阪、函馆等各主要通商口岸,来函馆的华侨日增,函馆华侨团体也有了新的发展。到了 1874 年,函馆有华侨 40 人(见表1),商号也日渐增多。

表1　　　　　　　　1874 年函馆港居留清人登记名录

张炳照	刁瑞轩	袁楸利	邵顺宝	徐美栋	童亚承	李源生	马汝舟
黄惠生	马来邦	潘二泉	袁锦涛	张茂嘉	赵午桥	毕鑑堂	张文祥
黄槐三	关月洲	关泮香	关云葵	阮大德	陈邦权	裴帝顺	林五才
谭恕堂	黄鑑祥	谭倍溪	魏玥兰	陈大候	张尚德	张燮山	赵子康
江玉田	张芝山	林颖齐	郑树兰	阮慎之	郑岐川		

资料来源:[日]斯波义信:《函馆华侨关系资料集》,大阪大学文学部 1982 年版,第 276—277 页。

1873 年,北海道开拓使为了工作的需要,雇请广东香山县人黄宗祐为翻译并兼管华侨事务,这个职务相当于华侨代表。1876 年,为安葬同

---

① 罗森:《日本日记·至箱馆》,钟叔河:《走向世界丛书》,岳麓书社 1985 年版,第 43 页。
② [日]斯波义信:《函馆华侨关系资料集》,大阪大学文学部 1982 年版,第 35 页。
③ 许金顶:《东京外交史料馆馆藏近代前期日本管理在日华侨规则资料七则》,《华侨大学华侨华人资料中心通讯》2008 年第 3 期。

胞，黄宗祐连同杨厚载、黄锦涛、谭如堂、黄槐三、袁锦涛、魏学勤、俞森荣等8名中国商人代表函馆华侨向北海道开拓使租借了台町153号土地183坪①作为义冢。1877年建成，立有"中华义冢"石碑，署名"众商同立"。这是最初的华侨团体，虽其目的仅限于丧葬救济，但在此后集团生活之发展上，其所具意义亦甚重大。②

1885年，侨商潘延初③向日本政府领得山背泊町墓地，建设中华山庄，在华商输出商品价格中各抽厘金千分之四以充经费，专为应付华侨墓地运营之需。嗣后华商渐臻，经营海产品的商号有十余家。函馆华侨商人结成了第一个社团——同德堂，这个团体成员包括广东人、三江人（即江苏、浙江、江西）和福建人，以联络乡谊、商讨贸易为宗旨。后由于三江籍华侨人数占压倒优势并掌握了社团领导权，遂将之改名为同德堂三江公所，推举潘延初、张尊三④为董事，会址设在富冈町三番地。于是死有葬祭，生有交谊，行旅以安，贸易日盛。⑤ 1907年8月，函馆发生一场大火，延烧12390户，同德堂三江公所亦遭焚毁。在张尊三、潘延初等侨领的倡议下，函馆华侨捐款2万日元，在富冈町重建华侨会馆。会馆于1909年6月奠基，1910年12月9日开馆。新馆定名为中华会馆。新建成的中华会馆并不局限于三江籍侨胞，"其他省份之华侨均得参加，泯除省界，以示大同"⑥。中华会馆是在三江公所的基础上发展起来的，它以富

---

① 坪是日本传统计量面积的单位，1坪等于1日亩的三十分之一，合3.3057平方米。
② 宋越伦：《日本华侨概况》，正中书局1988年版，第60页。
③ 潘延初（1850—1927年），出生于湖州旧丝铺，为行商之后代。当过上海成记号店员，该店神户支店店员。明治八年（1875）来函，经营慎昌荣号，是同德堂三江公所副董事。明治四十五年（1911）回国，侄子潘莲大继其职，与张尊二族结姻缘。资料来源：[日]《北海道立志编》，北海道图书出版1904年版，第8—11页。
④ 张尊三（1845—1918年），字安澜，堂名贵，鄞县人。早年经商。1870年赴日本函馆华侨开设的万顺海产号就职。1879年在函馆开设德新海产号（后改裕源成）。曾获"鱼翅大王"称号。1885年起被侨胞推为华商董事（即理事长）达35年。经其努力，在1877年成立的旅日侨胞组织"同德堂"的基础上，创办"三江公所"，后又发展成为中华会馆。先后任公所董事和会馆董事长。1916年在家乡获日本天皇颁授的蓝绶褒章，是唯一受到日本政府赠授此章的中国人。曾被清朝驻日公使保举为四品封典。辛亥革命后，又任中华民国的函馆领事代理，1918年在宁波病逝。资料来源：浙江省文史资料委员会编：《浙江近现代人物录》，浙江文史资料选集第48辑，浙江人民出版社1992年版，第191页。
⑤ [日]斯波义信：《函馆华侨关系资料集·函馆中华会馆记》，大阪大学文学部1982年版，第35页。
⑥ [日]斯波义信：《函馆华侨关系资料集》，大阪大学文学部1982年版，第35页。

有实力的三江籍的海产贸易商为主体,以促进乡谊及联络互助为宗旨,为华侨提供了祭祀、议事、交际和举办公共福利的基地。

辛亥革命前后,函馆的华侨代表人物主要仍是宁波的张尊三和湖州的潘延初。当时函馆的华商特别是三江帮的海产贸易商,大多在上海设有总店,所以当1915年因"二十一条"而掀起抵制日货浪潮时,他们当中便有很多人从函馆撤回中国。到"七七"抗战爆发,虽然当时已有大批三江帮的海产贸易商撤走,但另一方面却有不少福清帮的旅日侨胞从大阪等地迁到函馆,函馆遂成为以福清帮为主的华人聚居地。

函馆中华会馆虽然具备房产建筑以及完备的器具,但地基归日本政府所有。当时的外国人在日本只有租借之权,而没有买卖地的权利。直到1931年日本政府规定"无论外国人可得买地之权利"①,但此时正值中国"九一八"和"一·二八"事件的发生,函馆的华商纷纷回国,买地之事就被耽搁下来。直到北海道振兴商会成立后的1941年,在潘莲夫、张定卿、陈必举、陈永庆、郑为富、王春华、林学华、陈恩竹等人的倡议发起下,在函馆工商会议所会长斋藤荣三郎的斡旋下,以函馆工商会议所的名义向政府拍卖位于富冈街的会馆的建筑用地②,供华侨无偿使用。在90多位华侨的赞助下筹集了10050元买地款项(华侨募捐金额见表2)。中华会馆及其建筑用地实际上成了华侨的公有财产,这使得函馆中华会馆得以永久保存。

表2　　1941年为购买函馆中华会馆的建筑用地华侨募捐簿

姓名	捐款(日元)	姓名	捐款(日元)	姓名	捐款(日元)	姓名	捐款(日元)
杨和进	380	陈辉昌	50	任在洋	100	陈德建	100
郑圣雅	500	杨和顺	50	林友杰	100	陈德春	100
任必泉	500	严时云	50	杨和增	100	林学华	100
杨和定	800	陈贵星	50	薛由宝	100	刘圣櫟	100
潘莲夫	500	杨云随	50	陈进碌	100	薛来梅	100
陈恩竹	600	李世梅	50	杨和详	100	王春华	100

---

① [日] 斯坡义信:《函馆华侨关系资料集·函馆中华会馆募捐簿》,第271页。
② 同上。

续表

姓名	捐款（日元）	姓名	捐款（日元）	姓名	捐款（日元）	姓名	捐款（日元）
陈永庆	500	谢长寿	50	郑道锋	100	薛道雄	10
徐侨良	400	潘启三	50	杨支铨	100	潘荣银	10
杜德有	300	周可生	50	杨运梨	100	林德清	20
林道绍	300	薛伦发	50	林昌利	100	陈敬魁	20
薛攀银	300	邓津山	50	吴登祥	100	杨运进	20
刘凉友	200	杨本宝	20	郭玉树	100	李孝利	20
郑为富	200	郑圣泉	30	杨昌科	50	杨凤官	20
陈必举	200	叶山实	20	陈必泰	50	魏学泉	20
任在香	200	江敏之	20	翁义魁	50	朱顺进	10
叶传连	200	陶承煦	30	李家松	50	谢长澄	10
任恢桂	200	王贯章	10	杨睦演	20	曹龙俭	10
魏敦茶	200	王鸿吉	10	张立文	20	虞社铁	10
杨和铭	200	陈亦嫩	10	徐学芝	20	李宏业	10
贾正记	250	林友璋	10	沙树堂	10	吴登行	20
张定卿	200	刘圣锐	10	豫奎山	10	赵和亭	20
陈有铭	100	施新雄	10	徐荣泉	10	侯培树	20
陈赞平	100	林心侯	20	谢宪倍	10	林和增	10

资料来源：[日] 斯波义信：《函馆华侨关系资料集》，大阪大学文学部1982年版，第271—274页。

函馆华侨社团是以侨商为主体的团体组织，经历了中华义冢—中华山庄—同德堂—同德堂三江公所—中华会馆的演变，日益成为函馆华侨的精神支柱，其发展壮大也推动着中日经济贸易活动，尤其是海产品贸易。

二 函馆中华会馆与中日贸易

近代中日贸易当中，海产品是日本出口中国的大宗货物。日本海产品输出的70%依赖中国的内地消费市场。北海道的函馆作为原产地，以昆布的输出为主，占其贸易总额的百分之八九十，其地位可见一斑。函馆侨商与函馆中华会馆的发展相生相伴，在中日贸易中发挥了巨大作用。

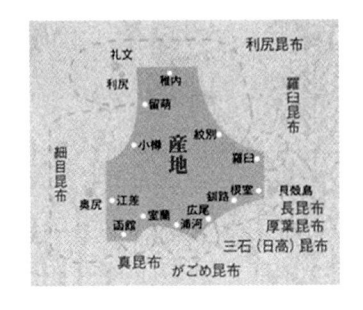

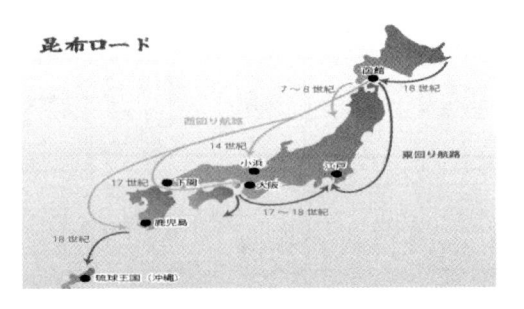

图 1　日本的海带（昆布）主要产地及运销路线

（一）广东帮对中日贸易的开拓与推动

1842 年《南京条约》签订后，五口通商开始，中国沿海城市不少贫苦的劳动者为求生计漂洋过海远渡日本。尤其是广东地区，更有不少人受雇于港、澳等地的欧美商社和使领馆，或任司账，或当翻译，或为什役佣人，[①] 跟随欧美商人来到日本开设店铺，经营贸易。

1859 年函馆开港后，昆布市场开始活跃起来，价格也迅速飞涨，开港之初每百石约 150 两，后逐渐增至每百石为 430 余两[②]。1867 年，在上海设立本店的广东系批发店成记号，前来函馆开设了成记商号分店，以收购海带、鱿鱼、海参等海产物为主要业务。到 1872 年，成记商号输出的海带便从 1867 年的 2 万石增至 9.2 万石[③]。1874 年广东人黄宗祐也开设了东昌盛号。到 1877 年函馆已有注册登记的华人商号近十家，主要有成记号、万顺号、得记号、东和号、福顺号等，他们以函馆为货源地，通过上海等港口将海产品输入中国进行内地转口贸易，以此架起了近代中日贸易的桥梁。

为联络乡谊和商讨贸易，以广东海产商为主的华商成立了同德堂，这是函馆出现得最早的华侨社团。函馆自开发之初，广东籍华侨便作为开拓者作出了积极贡献，为发展中日贸易发挥了重要作用。因此，日本人便统称华侨为"广东样"，他们的店铺和住宅也称为"广东第"。后来，随着函馆三江帮人数的增加和势力的壮大，到了 1878 年以后，广东帮的成记

---

① 罗晃潮：《日本华侨史》，广东高等教育出版社 1994 年版，第 177—178 页。
② 同上书，第 212 页。
③ 同上。

号、东昌盛号的名字在函馆商行里已不再出现。到1879年，在函馆的广东侨胞仅剩陈南养、黄鉴祥、黄三梅、毕鉴堂4户，而后到函馆的广东人也逐渐减少。表3可见广东籍华商商号不断减少的情况。1878年，黄宗祐受成记号店员潘延初引起的诉讼事件牵连，失去了代表地位，离开函馆。黄宗祐退职后，正副代表之职由三江帮占据。

表3　　　　　　　　　　1854—1880期间函馆华商商号

时间（年）	商号
1854（安政元年）	广东人张氏
1859	广东人陈玉松
1860（万延元年）	广东人陈玉松
1866	宁波人梁某（长崎德澄号），四川人仁某
1867	清商成记号
1868（明治元年）	清商成记号
1870	万顺号（张尊三）
1873	公泰号（张尊三），成记号（潘延初）
1874	东昌盛（黄宗祐）
1875	黄宗祐
1876	黄宗祐，万顺号（杨厚载），谭如堂，黄槐三，袁锦涛，东和号（魏学勤），俞森荣
1877	万顺号，得记号，东和号，福顺号，焕章号，成记号，黄北恒，李耀堂，林宗华，苏厚燊
1878	慎昌号，大有号ほか5—6户
1880	万顺（杨·颜·蒋·刁·徐），德顺（袁·黄），慎昌（潘·李），得记（江·张·周·张），东和，畅记

资料来源：［日］斯波义信：《函馆华侨关系资料集》，大阪大学文学部1982年版，第298页。

（二）三江帮时代的中日贸易盛势

1878年前后，随着函馆广东侨胞的渐少，广东帮的发展已呈现出衰退趋势，取而代之的是以慎昌号、得记号等商行为主的三江帮，自此直到"九一八"事变爆发为止，约有半世纪，是三江帮的极盛时代。三江帮的兴起以及发展的最大原因是海带的消费地在长江流域一带，而三江帮与上海南庄集义公所有密切关系。上海南庄集义公所是上海进口日本海产品批发商组成的公会，函馆三江帮定期汇酿金到该所，可见函馆三江帮在以上海为中心的商业网络上，垄断了北海道海产品的出口。[①]

最早到达函馆的三江帮系的华侨是1866年浙江宁波的投机商梁某，他作为长崎德澄号商社的派遣员，与四川人仁某一起在箱馆的海带贸易中牟取了暴利。1870年宁波人张尊三来到函馆做万顺号的掌柜，1878年接任得记号，后开设德新海味号。同年，浙江湖州人潘延初在函馆创办慎昌号。到1879年时，函馆21名清朝商人籍牌显示（见表4），三江帮已有14人，在7家商号中占据万顺、德顺、慎昌、得记4家商号。到1886年时华商共有37人，其中三江帮人数达31人，占据大多数，华人商号有9家，其中三江帮有慎昌、得记、震大、德新、大有、成泰占6家，具体商号情况在表5中可见一斑。于是，在三江帮华商的控制下，华侨社团同德堂改名为同德堂三江公所，并推举张尊三为董事，直到1916年归国，张尊三一直任董事，取得了在函馆华人社会的实际领导权。

表4　　　　　　1879年函馆清国商人籍牌（21名）

序号	人名	出身地	商号	序号	人名	出身地	商号
1	杨厚载	浙江省宁波府	万顺	12	张尊三	浙江省宁波府	得记
2	颜仲元	浙江省宁波府	万顺	13	周芝复	浙江省宁波府	得记
3	蒋光皡	浙江省宁波府	万顺	14	张芹生	江南省江宁府	得记
4	刁广潮	浙江省宁波府	万顺	15	魏学勤	福建省福州府	东和
5	刁永茂	浙江省宁波府	万顺	16	萧红梅	福建省福州府	东和
6	徐鹤源	浙江省宁波府	万顺	17	林贤成	福建省福州府	东和
7	袁敬思	浙江省宁波府	德顺	18	黄鑑祥	广东省广州府	畅记
8	陈南养	广东省广州府	佣工（职业）	19	黄三梅	广东省广州府	畅记
9	黄惠生	浙江省宁波府	德顺	20	毕鑑堂	广东省广州府	顺泰
10	潘延初	浙江省宁波府	慎昌	21	江玉田	安徽省宁国府	得记
11	李长寿	浙江省宁波府	慎昌				

资料来源：［日］斯波义信：《函馆华侨关系资料集》，大阪大学文学部1982年版，第299页。

---

① ［日］许淑真：《从北海道华侨探讨日本华侨社会的特色》，张存武、汤熙勇：《海外华族研究论集》第2卷《妇女、参政与地区研究》，华侨协会总会2002年版，第430—431页。

表5　　　　　　　　1886年函馆清国商人籍牌（37名）

序号	人名	商号	序号	人名	商号
1	余道福	震大	20	陈仁山	德新
2	袁朝	慎昌	21	李潮元	德新
3	潘延初	慎昌	22	黄惠生	成泰
4	蒋光皋	慎昌	23	张忠孚	成泰
5	张尊三	德新	24	孔云琛	成泰
6	徐竹舲	德新	25	李长寿	大有
7	张德清	德新	26	张芹生	得记
8	潘寅卿	大有	27	林达庆	祥记
9	江玉田	得记	28	魏鸿滨	东和
10	黄鉴祥	祥记	29	魏光余	东和
11	魏学勤	源记	30	陈扬开	源记
12	陈南养	/	31	王品兰	源记
13	徐德良	震大	32	刘四福	/
14	刁永茂	震大	33	容胜	/
15	徐永裕	震大	34	陈官禄	/
16	张诗甫	震大	35	林五财	/
17	施锦荣	慎昌	36	魏潮春	/
18	杜松林	慎昌	37	陈钦鍠	源记
19	穆生福	德新			

资料来源：［日］斯波义信：《函馆华侨关系资料集》，大阪大学文学部1982年版，第300页。

作为海产品产地，函馆在中日贸易中占据着重要地位。这一时期函馆海产品对华贸易被侨商所控制，日本政府和商人为了扭转不利局面，采取了一系列措施与侨商争夺市场。首先日本政府扶持日本商人控制函馆海产品的货源，1872年以10万日元基金创办了保任社①，并在函馆设经办处，在上海设立商社进行直接贸易。由于直接运输的刺激造成生产过剩，导致上海方面的货物滞销，运营不到两年时间，该社便解散了。1876年为了对华统购统销海产品，日本政府以60万日元资金成立了"广业商会"，商会成立之时贸易额有所增长，但大体上每年都维持在清商贸易额的百分之三四十。1882年，仅在外商经营额的百分之十以下，并逐年递减，至1885年该商会解散。②日本官方见日商一再受挫，于是在1887年设立北海道厅，翌年即派函馆北海道共同商会会长远藤吉平等人到上海、湖北、湖南、四川等地考察商情，根据调查情况，于1889年以民间资本50万日元成立了日本海带公司，本社设在函馆，办事处在东京，并在上海设分店，在天津、烟台、汉口设代销店，选择15家海带生产者组织公会，整合收购体系，形成生产、集货、运输、销售一条龙的销售模式。

面对实力雄厚、条件优越的竞争对手，张尊三担负起重任，团结华商，把目标集中在非公会会员，高价收购其产品。同时联合上海南庄集义公所，掌握内陆行情，既不滞货也不亏损，抢在日本海带公司前将商品运到上海，终于扭转了华商的不利地位。1896年日本海带公司因负债累累而宣布破产，三江帮华商在竞争中大获全胜。张尊三旅日四十多年，对促进中日贸易，发展日本海产业做出了卓越的贡献，为表彰张尊三的功绩，北海道厅长官为其向日本政府报请，1916年大正天皇授予张尊三蓝绶褒章③，这是中国人首次被日本授予蓝绶褒章。

1895年中日甲午战争以后，中日贸易发展加快，函馆的经济也有了很大的发展，侨居函馆的华侨人数也有明显持续的上升。1877年华侨人数为32人，1886年为37人，1906年达到了76人，人数变化趋势如图示1

---

① 保任社：是以发展北海道的海外开拓事业为目的而设立的，负责函馆—东京—大阪的货物运输、海上保险、物资兑换等业务，开拓使给予日商官费补助，购入船舶进行航运，属于官方体制，不是纯粹的保险公司。

② ［日］斯波义信：《明治时期旅居日本的华侨》，庄景辉著/译，《泉州港考古与海外交通史研究》，岳麓书社2006年版，第580页。

③ 日本于1881年12月制定的褒章制度，褒章奖是奖励对社会做出特殊贡献的人。按照贡献不同，分为红绶褒章、绿绶褒章、黄绶褒章、青绶褒章、紫绶褒章、蓝绶褒章等。对置自身安危于度外，甚至不惜献出生命搭救他人者，授予其红绶褒章；对品德出众者，授予绿绶褒章；对精通业务者授予黄绶褒章；把私有财产奉献给公共事业者，授予青绶褒章；对学术、艺术、运动贡献卓著者授予紫绶褒章；对为社会福利、公共事业做出杰出贡献者，授予蓝绶褒章。

所示。函馆迎来了华侨的黄金时代,华商的生意也因此十分兴旺,他们除了主要从事海产品贸易外,还经营餐馆业、服装业、百货业等。到明治末年,已出现了年贸易额达百万元的大店铺,华侨也从三四十人增加至百余人。

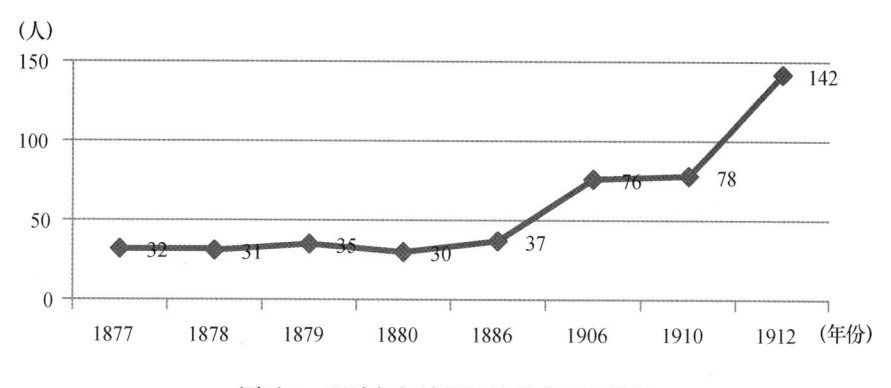

图示 1　明治年间旅居函馆的中国人数量

数据来源:[日]斯波义信:《函馆华侨关系资料集》,大阪大学文学部 1982 年版,第 279—308 页。

1907 年,函馆发生了一场大火,位于富冈町的同德堂三江公所也遭焚毁,后经当时董事张尊三、潘延初发起倡议,向侨商募集款项,重建馆舍,建立了中华会馆,依靠侨商所捐的厘金①和船运回佣②来维持中华会馆的日常开销营运。侨商们在中华会馆的统一领导下,增强团结,共谋福利。当时函馆的华商特别是三江帮的海产贸易商,当 1915 年因"二十一条"而掀起抵制日货的浪潮时,很多人便纷纷归国,但仍有裕源成、丰泰、同康、义记等十几家。"九一八"事变后,函馆的华商从原先仅有的裕源成、义记、隆泰、德胜、恒发减至裕源成和义记 2 家,函馆华商商号的变化情况如表 6 所示。随着商号的减少,函馆与中国之间以海带为主的海产品贸易量也逐年降低(见图示 2)。至此,以海产贸易为中心的函馆与中国的经济关系基本结束,三江帮势力衰退下去,函馆中华会馆迎来了福清帮的兴盛时代。

---

① 厘金:即厘捐。每月根据各公司的营业额,按照规定的比率捐金。
② 船运回佣:即托送货物时,可得 10% 回扣。将所得回扣之 10% 捐出。

表6　　　　　　　　1886—1932期间函馆华商商号

时间	商号
1886（明治十九年）	震大，慎昌，得记，东和，德新，大有，祥记，源记，成泰
1887	震大，慎昌，诚大，德新，大有，源记，成泰
1888	慎昌荣，袁敬思，德新，裕泰
1889	源泰永，裕源成，裕泰，慎昌荣，源茂成，同协和，日新昌，丰泰
1890	裕源成，裕泰，慎昌，源泰永，日新昌，丰泰，震康，裕兴祥，慎昌荣，源茂成，同协和，德大祥
1891	裕源成，裕泰，慎昌，源泰永，同协和，日新昌，丰泰，震康，裕兴祥，源茂成，慎昌荣
1892	裕源成，慎昌，慎昌荣，源泰永，同协和，丰泰，震康，裕兴祥，源茂成，益昌成
1893	裕源成，慎昌荣，源泰永，震康，源茂成，萃丰成，顺泰恒，益昌成，裕兴祥，慎昌，源记，丰泰
1894	裕源成，慎昌荣，源泰永，丰泰，震康，源茂成，源记，萃丰成，顺泰恒，益昌成
1895	裕源成，源泰永，丰泰，震康，源茂成，萃丰成，益昌成，源记
1896	裕源成，源泰永，源德，丰泰，震康，源茂成，萃丰成，益昌成，益号公记，源记
1912（明治四十五年、大正元年）	裕源成，源泰永，源德，源记，丰泰，震康，同康，森大，潘诸，源茂成，益昌成
1913	裕源成，裕春，源茂成，丰泰，源记，震康，同康，惠昌
1914	裕源成，裕春，丰泰，震康，同康，惠昌，源茂成，豫祥
1915	裕源成，新和，裕春，裕春成，东余，丰泰，震康，同康，惠昌，新茂成，豫祥
1916	裕源成，裕春，惠昌，东余，丰泰，震康，同康，新茂成，豫祥，益丰永
1917	裕源成，义记，润利，永源泰，震康，同康，益丰永，新茂成，豫祥，东余
1918	裕源成，义记，盈记，恒发，日华，丰泰，润利，震康，新和，同康，益丰永，永源泰，益丰
1919	裕源成，义记，丰泰，震康，益丰，日华

续表

时间	商号
1920	裕源成，义记，福康，丰泰，震康，兴记，恒发
1921	裕源成，福康，丰泰，震康，义记，恒发，裕成，新利
1922	/
1923	裕源成，新利，福康，丰泰，震康，义记，同和隆，恒发，东盛，牲源
1924	裕源成，源茂享，福康，丰泰，震康，义记，同和隆，恒发，东盛，牲源，德胜
1925	裕源成，源茂享，福康，丰泰，震康，义记，同和隆，恒发，东盛，牲源，德胜
1926（大正15年、昭和元年）	裕源成，源茂享，福康，丰泰，震康，义记，同和隆，恒发，聚康，牲源，德胜，顺记
1927	裕源成，福康，丰泰，震康，义记，恒发，聚康，牲源，德胜，顺记，梅圃
1928	裕源成，福康，丰泰，震康，义记，恒发，聚康，梅圃，德胜，顺记，梅记
1929	裕源成，牲源，福康，丰泰，震康，义记，恒发，聚康，梅圃，德胜，顺记，梅记
1930	裕源成，福康，丰泰，震康，义记，益泰，恒发，聚康，梅记，德胜，广益泰
1931	裕源成，隆泰，义记，恒发，德胜
1932	裕源成，义记

资料来源：［日］斯波义信：《函馆华侨关系资料集》，大阪大学文学部1982年版，第298页。

（三）福清帮对中日贸易的扩展

福建侨胞初到日本，主要聚居在长崎地区，日本对外开放后，其足迹遍布日本各地。1937年抗日战争全面爆发时，福清帮的旅日侨胞从长崎、

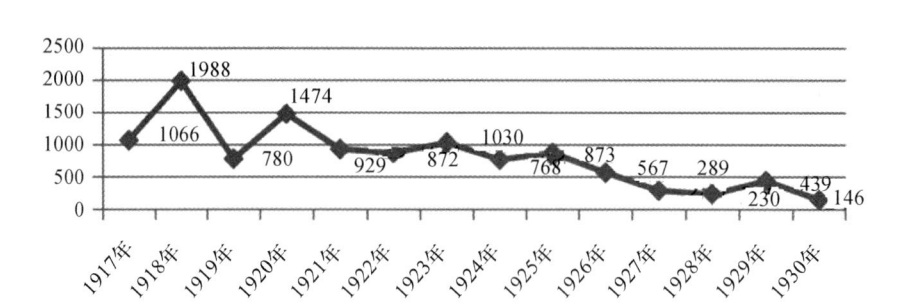

图示2　函馆向中国昆布（海带）出口贸易额（单位：千元）

数据来源：[日]《函馆市史史料编》，函馆市史编さん事务局，1974年，第859页。

大阪等地迁到函馆行贩①，福清帮势力在函馆抬头。函馆由此形成了两大福清帮行贩集团，一为杨本宝，一为林孝新，两人都是20世纪初来到函馆，娶日本人为妻，稍有储蓄后便不再做行贩。杨本宝开设中国饭店，林孝新则开设衣料店。②福清帮的领导人陈必拳也于20世纪初由大阪赴函馆行贩，后储蓄资金在函馆开设了"京染吴服东祥号商店"。

函馆福清帮除同乡外，可分为几个有血缘关系的同姓集团，坚强的纽带使商情得以迅速传达，精神上、物质上合作无间。③如表7所示，到1938年，函馆华侨的36户中，福建籍最多，占29户，浙江籍3户，江苏籍2户。他们的职业已不再主要以经营海产物为主，逐渐多元化，其中主要经营的是服装业，共有30户；此外还有海产商2户、毛皮商1户、料理司1户。中华会馆由三江帮商人改为福清帮为核心的集团，领袖也由福州福清县高山市的陈必拳继任。1940年中华会馆改组为中华振兴商会函馆支部，正副会长及理事多为福清帮，福清帮在函馆的优势至今未变。

---

① 行贩：在地区间往来贩卖、没有固定营业地点的商贩。
② [日]许淑真：《从北海道华侨探讨日本华侨社会的特色》，张存武、汤熙勇：《海外华族研究论集》第2卷《妇女、参政与地区研究》，华侨协会总会2002年版，第435页。
③ 同上书，第436页。

表7　　　　　　　　　　1938年函馆在住华侨户数和职业

序号	户主名	职业	出身地	序号	户主名	职业	出身地
1	潘莲夫	海产商	浙江省湖州城内	19	陈德春	吴服行商	福州福清县高山市
2	张定卿	海产商	浙江省宁波西门外	20	任在香	吴服行商	福州福清县高山市
3	王鸿吉	料理司	/	21	陈必挙	吴服行商	福州福清县高山市
4	瓮义魁	吴服行商	福州福清县南门外	22	陈有铭	吴服行商	福州福清县高山市
5	刘凉友	吴服行商	福州福清县高山市	23	郑为富	吴服行商	福州福清县高山市
6	薛来梅	吴服行商	福州福清县高山市	24	陈德建	吴服行商	福州福清县高山市
7	薛道雄	吴服行商	福州福清县高山市	25	邱意	学生	高等水产学校
8	刘圣境	吴服行商	福州福清县高山市	26	叶山宝	吴服行商	福州福清县南门外
9	林友璋	吴服行商	福州福清县高山市	27	郑圣泉	吴服行商	福州福清县南门外
10	林友杰	吴服行商	福州福清县高山市	28	郑圣雅	吴服行商	福州福清县南门外
11	任宗梅	吴服行商	福州福清县高山市	29	杨昌科	吴服行商	福州福清县高山市
12	陈辉昌	吴服行商	福州福清县高山市	30	陶承熙	毛皮商	江苏省江宁县陶吴镇
13	陈亦嫩	吴服行商	福州福清县高山市	31	李孝兴	吴服行商	福州福清县高山市
14	陈永庆	吴服行商	福州福清县高山市	32	李有核	吴服行商	福州福清县高山市
15	陶承熙	教员	江苏省江宁县禄口镇	33	李有溜	吴服行商	福州福清县高山市
16	陈赞平	吴服行商	福州福清县南门外	34	李有铨	吴服行商	福州福清县高山市
17	林学华	吴服行商	福州福清县高山市	35	李送松	吴服行商	福州福清县高山市
18	陈必泰	吴服行商	福州福清县高山市	36	夏竹清	吴服行商	浙江处州青田县

数据来源：［日］斯波义信：《函馆华侨关系资料集》，大阪大学文学部1982年版，第303页。

函馆华侨社团历经广东帮、三江帮、福清帮更迭交换，对北海道函馆地区的开发与发展起到了不可磨灭的作用，同时对近代中日贸易往来做出了巨大贡献。中日贸易以海产品贸易为大宗，海带、鱼翅、鱿鱼、海参等的大量输入满足了中国国内的需求，特别是海带作为御寒食物，对防止疾病起到了重要作用，对近代中国经济及社会发展产生了深远影响。除此之外，函馆中华会馆也极大地推动了中日之间文化的交流，其中比较典型的就是关帝信仰。

三 函馆中华会馆与关帝信仰的传播

中国唐朝时期关帝信仰开始形成,至宋元时期广为流传,历经元明清各代,备受推崇,被民众所信奉。随着海外贸易的发展,中国的关帝信仰也随之传播到世界各地。传播至日本的关帝信仰,据传早在江户幕府时代便作为当地的一项民间信仰而存在,传闻足利尊氏及德川光圀等也曾有过祭祀关帝之举。①

近代日本的关帝信仰,是和当地华侨的自治团体——中华会馆结合在一起的,中华会馆是旅日华侨出于共同的民族心理需求,为了保卫和扩展他们的生存机会而成立的。他们需要关羽的忠、义、仁、信作为共同的道德信条,维护中华道义和秩序,因而信奉关帝成为中华会馆的精神支柱,关帝庙成为中华会馆的附属部分。其中最具代表性的三座会馆分别是横滨中华会馆、神阪中华会馆和函馆中华会馆。横滨中华会馆于1873年建立,以"联众志,商众事"为宗旨,寄托了横滨华侨的浓浓乡情和团结互助的精神。神阪中华会馆是在1891年时,神阪华侨为打破地域乡邦界限,维护侨胞的共同利益而发起筹建,整座建筑规模宏大,富丽堂皇,成为日本最有气势的会馆。函馆中华会馆成立最晚,于1910年建成,规模宏大,足以和神阪中华会馆媲美。前两座会馆都在二战期间毁于战火,只有函馆中华会馆一直完好地保存至今,成为日本仅存的一座纯中国式的清朝古建筑。函馆中华会馆平面布置图如下图3所示。

函馆中华会馆建筑风格是纯粹的中国传统建筑形式,雕刻工、漆工、木工等共计43名工匠都是专程从浙江、上海请来的,祭坛、瓦片、什器等都是从中国运来的,同时也雇用日本职工。该建筑完全按照中国传统工艺建造,由朱英先生监督工程,全部工程用时三年。会馆外观和内部布局是关帝庙式样的,祭坛、匾额、柱铭、挂轴、木雕诗画和文章处处彰显着侨胞们对中华文化的热爱,对关圣帝的崇拜与敬仰之情。

会馆庙宇正门之上镶嵌着"中华会馆"四个大字,两侧外壁镶嵌着摘自《文选》中陆机《文赋》的句子:"山辉""川媚"(见图3)。进入大门后,嵌在墙壁的是《函馆中华会馆记》碑铭,记载了建造会馆的历

---

① 何国忠:《文化记忆与华人社会》,Institute of China Studies,2008年,第222页。

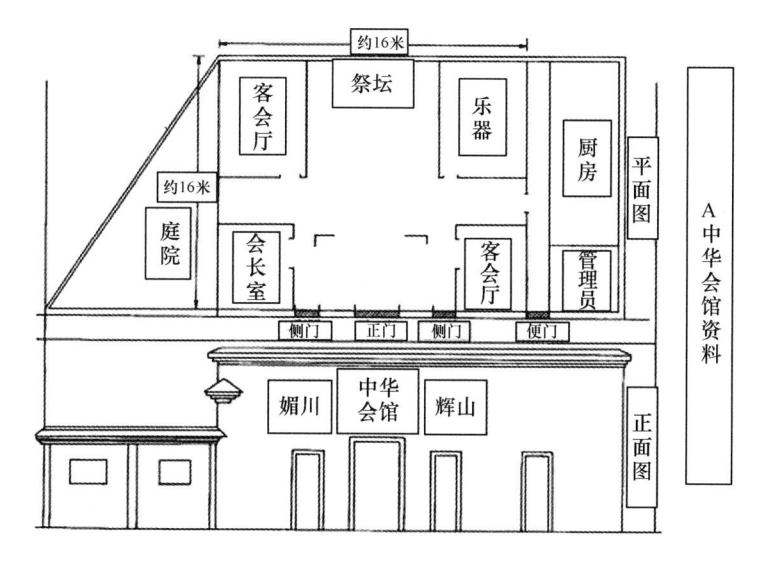

图 2　函馆中华会馆平面图

图片来源：[日] 斯波义信：《函馆华侨关系资料集》，大阪大学文学部1982年版，第27页。

史。内堂的四根大柱悬挂着对联，其中一副是"秉烛非避嫌，千里归来惟由汉；华容岂报德，那时眼下已无曹"。引用《三国志演义》中关羽"千里独行"和"华容释曹"的典故，歌颂了关羽的功德。另一个较显眼的柱铭是"三山今在人间，神之来兮，弱水千寻迎节杖；五月每逢诞日，民有过者，清泉一掬荐蒲花"。此联是大实业家，清光绪甲午状元张謇应邀到日本考察时撰写的。上联将日本函馆喻为海上仙境，称其尽管与中国有"弱水千寻"阻隔，但依然挡不住被尊奉为"神"的关公的到来，并受到隆重的礼遇。下联写此间民众每逢关帝的生日这天，都会按当地的礼节前来拜祭，充分证明了关公文化在日本的影响。关公不仅为旅日华侨所向往乐道，许多日本人士也常去顶礼膜拜。会馆中央是关帝祭坛，祭坛匾额写有"乾坤正直"四个大字，神坛中央供奉着关公神位，供奉牌写有"敕封三界伏魔大帝至圣"，祭坛两侧的柱铭写有"乃圣乃神明万世人伦，至大至刚存两间正气"，其设置布局（如图4），可见其富丽堂皇之貌。中央祭坛关帝祭坛背后的木板屏风上，还精心雕刻有道教的"劝善文"——《关圣帝君觉世真经》，展现了侨胞对关公的崇拜。会馆设置和布局把民间的关帝信仰和中华文化融为一体，宏伟壮丽，是函馆华侨的精神寄托,表达了旅日华侨热爱祖国和祈望中日两国永远友好相处的心愿。

图 3　1913 年函馆中华会馆成员
为庆祝中华民国成立两周年在会馆门口拍摄的照片

图片来源:[日]《函馆市史通说编》,函馆市史编纂事务局,1974 年,第 1059 页。

图 4　函馆中华会馆中央关帝祭坛

图片来源:http://www.hakobura.jp/walk/post-134.html。

关帝在函馆除了被侨胞们尊奉为商业神、财神之外,还被尊为象征中华道义和秩序的权威。会馆每年的祭祀关帝活动,成为华侨精神寄托之所在。每年会馆祭祀评议所对会员收会费以作新年、清明、五月十三、七月半、九月十三祭祀所用。

每年一月一日是日本的新年,在这一天会馆侨胞们会在午前八时至正午时,齐集中华会馆,进行祭拜关公以及团拜年礼的活动。清明日时会馆侨胞在午前九时到坟山进行祭祖祭墓活动,表达对先人的追思。阴历五月十三传说是关公的诞日，在这一天侨胞们会举行关帝公纪念日，午前十一时在会馆进行烧香拜祭。七月十五午前九时到坟山祭祀义庄，九月十三午前十一时到会馆祭祀关公。

中国的关帝信仰伴随着旅日华商而东传日本，成为在日华侨的信仰和精神支柱，同时又随着华侨的经营和留居而在日本生根发芽，"渐融入日本本土的信仰习俗之中，成为日本列岛所信奉的'渡来神'，对日本民间信仰产生了不可忽视的作用"①。1966 年、1967 年，百鸟芳郎教授在进行久米村家谱调查时，访问了冲绳县的阮氏之家②，发现其家庭祭坛中央挂有关帝的画像，右设神坛祭拜观音和妈祖，左设祖先的牌位。关帝神像居于中央，可见关帝信仰在当地民众心中的地位。③ 另据日本东北大学教授、研究关帝信仰在东北亚流播的专家山田胜芳先生考证，北海道的石狩弁天社里目前还保存有"关羽正装图"④。此外，关帝祠庙林立于长崎、横滨、神户、函馆等地，热闹的关帝诞也深受日本人注目，日本横滨、神户等地的中华街依旧保持每年举行"关帝诞"，围绕关帝庙进行拜神祭祀、绕街游行、文艺会等活动，大批日本当地市民也参与其中，烧香拜神，虔诚祈祷。关帝信仰在日本的发展使中国优秀的传统文化流传至日本，丰富了市民阶层的社会生活，加强了中日间的文化交流和民间往来，影响至今。

除了关帝信仰的传播外，函馆中华会馆也大大促进了函馆华侨与当地日本团体和个人的来往交流。会馆建立后，函馆支厅、区役所、裁判所、税务署等政府部门及函馆各会社、商店、新闻媒体部门、个人等纷纷向中华会馆捐款捐物，以支持函馆华侨团体的发展。这些关系的建立与往来，大大加强了函馆华侨与当地日本社会的融和度。

---

① 转引自〔日〕李献璋《妈祖信仰的研究》，泰山文物社 1979 年版，第 527 页。
② 阮氏：明洪武年间，明太祖朱元璋应琉球中山王请求，从福建沿海抽调一批善航海、有文化的人士，派往琉球中山国充任朝贡、航海、教育之职，史称这些人是"闽人三十六姓"，其中有阮姓人，他们受到重用，并享受食采地俸禄的优遇待遇。后来，阮姓人与其他中国人一起定居下来，与当地人通婚，繁衍后代，已传至 16 世。目前，在日阮姓人成立了久米村阮氏门中华会，作为联络宗亲的社团组织。
③ 转引自〔日〕山胁悌二郎《长崎的唐人贸易》，吉川弘文馆 1995 年版，第 299—300 页。
④ 其论述载于日本东北大学东北亚研究中心网（http://www.city.ishikari.hokkaido.jp/hakubutushi/ha_012.htm）。

结　语

近代时期华侨作为中日交流的纽带扮演着重要角色。随着在日华侨人数的增多，华侨社团应运而生，他们有着共同的文化信仰，遵守着共同的民族道义。函馆中华会馆作为近代中日两国经济和文化交流的载体，促进了中日两国以海产品贸易为主的经贸往来，传播了以民间关帝信仰为代表的中华民族优秀的传统文化，对中日两国社会发展、经贸往来及文化交流都产生了积极的影响。

本文为初探研究，尚有很多问题未能涉及。如华侨与函馆地方政府及当地日本人关系的变化过程，华侨的海产品贸易在中日海产品贸易中地位的演变，函馆华侨与横滨、长崎华侨之间的关联等，都值得进一步深入研究。

渤海遗民移居高丽研究

中国社会科学院　孙　泓

渤海族是中国东北地区在公元7—10世纪的一个民族，是由汉化的粟末靺鞨和高丽遗民融合而成。渤海族建立的渤海国是一个包括夫余、沃沮及靺鞨诸部的多民族国家，是当时隶属中国唐朝的一个地方民族政权。公元10世纪初，辽灭渤海，将大批渤海人迁辽东和东蒙，这部分渤海人是渤海人的主体，以后大都融入汉族之中；也有十余万人，大约是渤海人总数的五分之一，迁居高丽，以后加入今韩—朝民族之中。

关于渤海人到底占据了朝鲜半岛的哪些地区？是什么时候占领的？分歧很大。有人主张从大同江、龙兴江以北都是渤海的地方。有人则认为从渤海晚期所建的五京十五府六十二州而言，其中在朝鲜半岛北部所设的只有南京南海府及其所辖的沃、晴、椒三州。[①]

如按前考所说，渤海人早已大批居住在朝鲜半岛北部。若按后者所言，似乎居住在今朝鲜半岛东北部的咸镜道地的是渤海人，但实际上居住此地的是渤海统治下的沃阳人，他们长期居住在这一地区，并没有被迁走。

辽太祖灭渤海时，渤海人有相当数量逃奔新罗。及辽太宗迁渤海人离故地前往辽东时，更有相当数量的渤海人逃亡至高丽。

一　渤海人投奔高丽者

关于渤海人投奔高丽的记载，主要见于《高丽史》及《高丽史节

[①] 孙进己：《东北民族史研究》，中州古籍出版社1994年版。

要》。

据《高丽史节要》卷一"太祖四年（921）春二月，黑水酋长高子罗等百七十人来投。""夏四月黑水阿於间二百人来投。""显宗八年八月黑水靺鞨阿离弗等六人来投，分处江南州县。"①

《高丽史》卷一记载："太祖八年（925）秋九月，丙申。渤海将军申德等五百人来投。庚子，渤海礼部卿大和钧均老、司政大元钧、工部卿大福誓、左右卫将军大审理等率民一百户来附。……其国人来投奔者相继。""十二月戊子，渤海左首卫小将冒豆干，检校开国男朴渔等率户一千户来附。""十年三月甲寅，渤海工部卿吴兴等五十人，僧载雄等六十人来投。""十一年（928）三月戊申，渤海人金神等六十户来投。七月辛亥，渤海大儒范率民来附。九月丁亥，渤海人隐继宗等附。""十二年六月庚申，渤海人洪见等船二十艘载人物来附。九月丙子，渤海正近等三百余人来投。""十七年（934）七月，渤海国世子大光显率众数万来投，赐姓名王继，附之宗籍。特授元甫守白州，以奉其祀，赐僚佐爵，军士田宅有差。十二月，渤海陈林等一百六十人来附。二十一年，是岁渤海人林升以三千余户来投。"

据《高丽史》卷二记载："景宗四年（972）是岁，渤海人数万来投。"

据《高丽史》卷五记载："显宗二十一年（1030）五月，自是契丹、渤海人来附甚众。十月，契丹奚哥、渤海民五百余人来投，处之江南州郡。二十二年三月，契丹渤海民四十余人来投。七月丁卯，渤海监门军大道行郎等十四人来投，丁巳，渤海诸军制官高真祥，孔国王光禄自契丹持牒来投。冬十月丁丑，契丹王守南等十九人来投，处之南地。""德宗元年正月戊戌，渤海沙志明童等二十几人来投。二月戊申，渤海史通等十七人来投。五月丁丑，渤海萨王德等十五人来投，六月丁亥，渤海亏音若巳等十二人来投，乙卯，渤海所乙史等十七人来投。七月丙申，渤海高城等二十人来投。十月丙午，渤海人押司官李南松等十人来奔。""二年四月，渤海首乙分等十八人来投。戊午，渤海可宁等三人来投。五月癸巳，渤海监门队古奇叱火等十九人来投。六月辛丑，渤海先宗等七人来投。十二月癸丑，渤海奇叱火等十一人来投，处之南地。"

---

① 《高丽史节要》卷1，第15、84页。

据《高丽史》卷十四："睿宗十一年十二月渤海四十四人来。"

此外，据《东国通鉴》卷十二载："高丽太祖九年，契丹灭渤海，……于是，渤海世子大光显及将军申德、礼部卿大和钧均老、司政大元钧、工部卿福誉、左右卫大将军大审理、小将冒豆干，检校开国男朴渔、工部卿吴兴等率其众前后奔高丽者数万户。"

另据《辽史·地理志》记载："东京道宁州观察及归州观察都是统和二十九年（1011）伐高丽以所俘渤海户复置。"以后大延琳、高永昌两次起兵失败，渤海人又有奔高丽者，据《高丽史》所载次数达二十余次。

据《渤海国志长编》卷十六载："渤海既亡，其遗民多奔高丽。《辽史》有可考之迹，而《高丽史》叙述尤详。自太祖天授九年迄二十一年，十三年间，渤海官民先后奔者十一次，人数万之多。"

柳得恭著《渤海传》亦载："其忽汗城破，其世子以下奔高丽者十余万人。"

以上所载渤海人投高丽主要是两次，一是大光显投高丽数万人，有的书称十余万人；二是景宗四年之数万人，其余次数虽多，人并不多，加起来也没多少，现对两次主要来投者加以考证。

二 对渤海人投奔高丽两个主要史实的考证

（一）大光显所率渤海人投高丽事

金毓黻《渤海国志长编》卷十六载："渤海既亡，其遗民多奔高丽。辽史有可考之迹，而高丽史叙述尤详。自太祖天授九年迄二十一年之十二年间渤海官民先后来奔者十一次，人有数万之多。"

而同书卷十九又说："《高丽史世家》记载：太祖八年，契丹灭渤海，其将军申德等于是年八月来奔，又十一年七月，渤海世子大光显率众（数万）来投，又年表太祖天授八年，契丹灭渤海国，世子大光显来附，前后所记年月参差，必有一误，考同书崔承老传云：'渤海既为契丹兵所破，世子大光显等领其余众数万户，日夜兼道来投，太祖悯念尤深，迎待甚厚。至赐姓名，又附之宗籍，使奉其本国祖宗之湮祀。'据此，则大光显等于渤海亡后即奔高丽，非迟之于三年后也，《东国通鉴》记大光显出奔高丽于渤海国灭之年，与年表合，惟谓为太祖九年事，与世家年表俱下差一年。考辽史太祖天显元年春正月灭渤海，即高丽太祖九年，《东国通鉴》所记甚确，然则《高丽史》谓在八年，盖一时之疏略耳。"

按辽于公元926年灭渤海，928年迁东丹国于辽东，高丽太祖十七年为公元934年，则大光显并非在渤海亡后即投高丽，而是在迁东丹国于辽东之后投高丽，故，《高丽史》世家不误，而年表误，金毓黻认为应改为926年，亦误。

又大光显所率人数，金毓黻《渤海国志长编》卷十六作数万人与《东国通鉴》作数万户有出入。

据学者考订如下："两书所载人数有出入，《东国通鉴》作'数万户'，《渤海国志长编》作数万人，两者相差五倍。金毓黻之统计，当据《高丽史》卷一所载：'大光显渤海人数万而来。'但据《高丽史·崔承老传》与《东国通鉴》所载，大光显所率均为数万户。又朝鲜柳得恭著《渤海传》也载：'其忽汗城破，其世子以下奔高丽者十数万人'，渤海亡后，徙高丽人数仍以数万户十余万人为是。"①

（二）关于高丽景宗四年（979）渤海人投高丽事

据学者考证："此事《东国通鉴》却未记载，按高丽景宗四年为辽景宗乾亨元年（979），查各史此时别无他故可能引起数万渤海人投高丽，唯有燕颇叛辽奔兀惹城正在此时，据《辽史·景宗纪》记载：保宁七年（975）黄龙府卫将杀都监据以叛，遣其弟安搏追之，燕颇走保兀惹城。"又《宋史》卷四百九十一载：太平兴国元年（976）定安国上书宋言："夫余将昨背契丹，并归本国。"公元979年正在976年后三年。燕颇为黄龙府卫将即渤海之夫余府，所率人不少，可能也有数万，疑《高丽史》将燕颇率扶余府人归定安国算作归高丽，然而此数万人并未真入高丽，辽圣宗时定安国及兀惹等为辽所灭，则燕颇所率人当仍归于辽，不能把这作为渤海人入高丽者。②

---

① 孙进己：《东北民族源流》，黑龙江人民出版社1987年版，第173页。
② 同上书，第174页。

三 渤海人投奔高丽者在渤海人及高丽人中所占比例

这样，渤海人投高丽的总数，当为大光显所率之数万户十余万人，加上林升所率三千户万余人，其他零星加起来二千人左右，以后辽统和二十九年（1011）又在伐高丽时迁回部分渤海人置宁州于辽东。因此，渤海人入高丽者，总数只能是十余万人，这仅占渤海人数十余万户的五分之一。

这些投奔高丽的渤海人，据《朝鲜姓氏漫谈》记载：今朝鲜的密阳大氏、陕溪太氏、永顺大氏、高原太氏均为渤海人后裔，如密阳大氏"始祖大祚荣……末代哀王之子大铎，亡国后率众子孙投新罗国庆尚南道密阳……其为密阳大氏一世祖"。陕溪太氏"始祖大神象……渤海国亡后，大祚荣十代孙大夫贤与其弟知钧，于934年投奔高丽朝"。"永顺太氏、太原太氏"陕溪太氏的分支"①。还应该考虑到渤海大光显投高丽后，赐姓王，附高丽宗籍，则今朝鲜民族中，姓王者中亦有部分渤海人。

四 辽灭渤海回迁中国大陆的渤海人

辽初灭渤海，将渤海改名为东丹国，后来又将东丹国迁至辽东。渤海原有南京南海府，位于今朝鲜半岛东北部，在今朝鲜咸镜道地，后迁至今中国辽宁省海城市。辽曾将大批原居于此的渤海人迁至中原。

据《辽史·地理志》记载："海州南海军节度，本沃沮国地。……渤海号南京南海府，叠石为城，幅员九里，都督沃、晴、椒三州。故县六：沃沮、鹫岩、龙山、滨海、升平、灵泉，皆废。太平中，大延琳叛，南海城坚守，经岁不下，别部酋长皆被擒，乃降，因尽徙其人于上京，置迁辽县，移泽州民来实之。户一千五百。统州二，县一临溟县。耀州刺史，本渤海椒州，故县五：椒山、貂岭、澌泉、尖山、岩渊，皆废。户七百，隶海州。东北至海州二百里，统县一：岩渊县，东界新罗，故平壤城在县西南，东北至海州一百二十里。嫔州，寻远军刺史。本渤海晴州，故县五：天晴、神阳、莲池、狼山、仙岩，皆废。户五百，隶海州，东南至海州一

---

① 李永勋：《朝鲜姓氏漫谈》，辽宁民族出版社1998年版。

百二十里。"

从上面记载"岩渊县,东界新罗,故平壤城在县西南",我们可知这些州县原在朝鲜半岛。上面所述海州的情形,则是辽天显三年(928)以后,辽将南京南海府及其人迁到辽宁海城以后的情形。而"太平中(1021—1030)大延琳叛……因尽徙其人于上京,置迁辽县"。更说明,辽曾多次将原居朝鲜半岛东北部之沃沮,迁入辽东,后又迁至内蒙古东部。

又据《辽史·圣宗纪》记载:"统和二十八年(1010)自将伐高丽……焚开京(今开城)至清江,还。二十九年正月,班师。二月以所俘高丽人分置诸陵庙,余赐内戚大臣。"

据《辽史·地理志》记载:"东京道宁州观察,统和二十九年(1011)伐高丽,以渤海降户置。兵事隶东京统军司,统县一:新安县。归州……统和二十九年(1011)伐高丽,以所俘渤海户复置。"可知辽圣宗统和二十九年,俘获大量的高丽人、渤海人,其中高丽人分置诸陵庙,余则分赐给内戚大臣,主要在今东蒙地区。而渤海人则置宁州及归州,在今辽南。

此外,上京还设有新罗馆,应是辽初新罗未灭亡时所迁新罗人的聚居地,在辽上京附近。

五　渤海南京南海府的具体位置

关于南京南海府的具体位置,过去有三说,其一,认为在咸兴。丁镛《大韩疆域考》提出:"据《新唐书·渤海传》记载:南海之昆布,而我邦三面环海。而惟咸兴之海,产昆布,此为南京之确证也。"日人和田清《渤海国地理考》及《中国历史地图集·东北地区资料汇编》均赞同其说。其二,认为在镜城,松井等《渤海国之疆域》(见《满洲历史地理》卷一)主张其说。其三,认为在北青。金毓黻《东北通史》及孙进己《东北民族史研究》均主其说。

据《三国史记》卷三十七引贾耽《古今郡国志》记载:"自新罗泉井郡至栅城府凡三十九驿。"以一驿三十里计,共 1170 里。据《三国志·东夷传》记载:"北沃沮去南沃沮八百余里",北沃沮即栅城,以两者相减,南沃沮(即南海府所在),距新罗泉井郡为 370 里。则镜城失之过北，而咸兴失之过南，以北青为南海府则大致相当，近年朝鲜学者对北青地区的青海土城进行了考古调查。该城位于北青郡东南 14 公里南大川右岸的广阔平原上，土城周长 2132 米。平面呈东西略长的长方形，现存城墙高 2—3 米，上宽 1 米，底宽 8 米，有角楼马面。城内有东西南北的大道，西门的东北部和北门的东南部有官厅址。位于西门东北部后官厅址出土了具有渤海时期特点的瓦基、鸱屋、留有残片、石设施和柱础石等，出土遗物有建筑构件、生产工具、武器、马具与附件、陶器、瓷器、装饰品等。① 朝鲜学者都肯定此为渤海南京南海府遗址。

沃州为南京南海府之首州故当与府同治，亦在北青之青海土城。其辖县，据《辽史·地理志》记载："故县六：沃沮、鹫岩、龙山、滨海、升平、录泉，皆废。"1987 年 4 月朝鲜在咸镜南道新铺市梧梅里寺洞发掘了渤海时期的建筑址，发现木结构的瓦房址及砖、瓦、陶器、铁器等各种遗物，在建筑址周围分布着很多渤海时期的遗址。东约 6 公里有新浦市中兴里连结山渤海墓群，在下川山下古城址有渤海建筑址，在俗原沙山周围亦有高句丽和渤海建筑址。向北 6 公里北青郡龙井里有渤海时期的龙井山城，东北约 10 公里北青郡荷湖里有青海土城，北青郡坪里也有渤海墓群和山城。这些古城和遗址当与沃州诸县有关。②

晴州，据《辽史·地理志》记载："渤海晴州，故县五，天晴、神阳、连地、狼山、仙岩，皆废。东南至海州一百二十里"，按此距离当为晴州至南海府沃州的距离，而非辽嫔州至海州之距，因此渤海晴州当与南距沃州（北青青海土城）120 里，在今城川上游地。

椒州，据《辽史·地理志》记载："耀州本渤海椒州，故县五：椒山、貂岭、澌泉、尖山、岩渊，皆废。……东北去海州二百里"，此二百里亦渤海椒州去沃州之距。以此推之，渤海椒州应在咸兴附近。据《东国舆地胜览》卷十八咸兴府古迹条："德山洞草原古城，在府东北四十八里，土筑，一千一百四十七尺，今废。退湖古城，在府东六十里，石筑，周四千九百十七尺，今废。中峰古城，在府西二十七里，石筑，周一千三

---

① 李云铎、顾铭学编译：《关于渤海南京南海府的遗址和遗物》，《东北亚历史与考古信息》1990 年 1 期；文一介译：《青海土城及其周边的渤海遗迹》，《东北亚历史与考古信息》1991 年 1 期。

② ［朝］金宗赫、智哲：《新浦市梧梅里金山渤海建筑址发掘简报》，李云铎译，《东北亚历史与考古信息》1990 年 1 期。

十九尺,今废。明堂古城,在府西三十里,土筑,周六千五百十一尺,今废。吾考村古城,在府北三十五里,石筑,周一千七十六尺,今废。"推测椒州及其属县,应该在这些城中,椒州或许就在明堂古城,因其形制最大。

综上,可知渤海南京海府的位置应该在北青地区,仅南京南海府的椒州在咸兴一带。

以上对迁居高丽的渤海遗民的具体史实进行了初步研究,讨论了迁居高丽的渤海遗民的比例,同时考证了渤海南京南海府的地理位置。研究清楚渤海遗民迁居高丽的情况,对研究中朝移民史具有重要的意义。

耶稣会著译与孔子思想向美国的最初传播

四川外国语大学　张　涛

耶稣会，1534年创建于法国巴黎，是天主教的主要修会之一。1583年，利玛窦（MatteoRicci）成为最早抵达中国本土的耶稣会传教士之一。自此以后，直到1773年罗马教廷宣布解散耶稣会，总共有472位会士到访中国。他们为了传教，积极了解中国社会，钻研中国思想文化，留下了许多有关中国的著述。孔子及其思想是这些著述的重要主题。对此，学术界的研究大体分为两类。一部分学者关注耶稣会的儒家经典翻译，认为会士在译介过程中，其原文版本的选择和西文词汇的使用，都重在突出孔子思想与基督教的共同之处。① 另外一部分学者则在意耶稣会的儒家译著对欧洲思想造成的影响，相信通过认识译著呈现的孔子，启蒙思想家找到了他们争论自我、社会和宗教时可以参照的他者。②

---

① 朱雁冰：《〈中国哲人孔子〉中的孔子形象》，《复旦学报》（社会科学版）1990年第3期，第12—17页；Thierry Meynard, *The Jesuit Reading of Confucius: The First Complete Translation of the Lunyu (1687) Published in the West* (Leiden, the Netherlands: Brill, 2015); Liam Matthew Brockey, *Journey to the East: The Jesuit Mission to China, 1579–1724* (Cambridge, MA: Belknap Press of Harvard University Press, 2007), pp. 263–268; D. E. Mungello, *Curious Land: Jesuit Accommodation and the Origin of Sinology* (Honolulu: University of Hawaii Press, 1989), pp. 247–299.

② Lionel M. Jensen, *Manufacturing Confucianism: Chinese Traditions & Universal Civilization* (Durham, NC: Duke University Press, 1997), p. 9; Walter W. Davis, "China, the Confucian Ideal, and the European Age of Enlightenment," *Journal of the History of Ideas*, 44 (Oct.–Dec. 1983), pp. 523–248; Ho-Fung Hung, "Orientalist Knowledge and Social Theories: China and the European Conceptions of East-West Differences from 1600 to 1900," *Sociological Theory*, 21 (Sept. 2003), pp. 260–265; Stefan Gaarsmand Jacobsen, "Chinese Influences or Images? Fluctuating Histories of How Enlightenment Europe Read China," *Journal of World History*, 24 (Sept. 2013), pp. 623–660; Arnold H. Rowbotham, "The Impact of Confucianism on Seventeenth Century Europe," *Far Eastern Quarterly*, 4 (May 1945), 224–242.

但学术界普遍只注意到孔子在欧洲的接受状况，鲜有注意到涉及耶稣会涉孔著述在美国早期的影响。A. 欧文·奥尔德里奇（A. Owen Aldridge）应是为数稀少的这类研究者之一。他发现，耶稣会译介的孔子思想传到北美之后，很快受到本杰明·富兰克林等人的重视，并通过他们，成为美国社会思想的重要组成部分。① 奥尔德里奇的研究揭示了孔子思想在美国的重要起源，具有重大的开拓意义和文献价值。但在同时，由于其成果发表年代较早，受制于有限的文献资料，研究存在进一步拓展的空间。首先，奥尔德里奇将《中国哲学家孔子》作为美国殖民时期孔子信息几乎唯一的来源，忽视了耶稣会其他著作所发挥的作用。其次，耶稣会涉孔著作的影响并非仅仅体现在少数几篇报刊转载，而是存在于报刊、书籍甚至书信、手稿等多种载体。最后，美国早期根据耶稣会著作塑造的孔子绝非单纯的伦理道德家，而是保留了明显的宗教色彩。总之，耶稣会的确是孔子进入美国的最初媒介，但不同于现有研究所显示的情形，多种耶稣会译著发挥了作用，影响广泛而深远，展现的孔子既是具有高尚美德的圣人，也是上帝信仰的坚定维护者，是美国正面孔子形象的最初源泉。

《中国哲学家孔子》

这是近代西方第一本系统介绍孔子和儒家著作的书籍，也是英属北美殖民地最早接触到的与孔子有关的著作，奠定了美国人认知中国圣人的基础。在转载和吸收的过程中，美国人较为完整地呈现了孔子的上帝信仰及其高尚的人格和完美的道德思想，表明美国早期对孔子的全面肯定态度。

《中国哲学家孔子》是耶稣会来华传教士集体努力的结果，其拉丁文版于1687年在巴黎面世。全书洋洋洒洒五百余页，包括作者致法国国王路易十四的话、序言、孔子生平和《大学》《中庸》《论语》的翻译，最后是介绍中国朝代更迭的附录。孟德卫（D. E. Mungello）表示，附录还包含一幅中国地图，标注有中国15个省份、155个主要城市和将近200座耶稣会教堂。但笔者所见的版本没有这一部分。②

---

① A. Owen Aldridge, *The Dragon and the Eagle*: *The Presence of China in the American Enlightenment* (Detroit: Wayne State University Press, 1993), pp. 23-246.

② *Confucius Sinarum Philosophus* (Paris: Danielem Horthemels, 1687); Mungello, *Curious Land*, pp. 259-260.

在拉丁文版面世的第二年，即 1688 年，以其为蓝本的法文节选本《中国哲学家孔子的道德》（以下简称《道德》）出版。三年之后的 1691 年，节选版的英译本在伦敦付梓。至此，易于英属北美殖民地民众阅读理解的两种文本都已出版，为《道德》在美国早期社会的传播创造了条件。事实上，早在 1733 年，由富兰克林创建的美国最为古老的外借公共图书馆"图书馆公司"（Library Company）就已收藏法文版。1752 年的藏书目录中，有伦敦 1724 年印刷的英文版。① 就对英属殖民地和早期美国产生的影响而言，英文版无疑是最大的。它只保留了原书的精华部分，即孔子生平、三大儒家经典的译介和 80 条儒家格言，略去了其他部分。这样，《道德》就完全变成了一本阐述孔子和孔子思想的书。该书贯穿着两条极其明显的线索：一是中国古代社会的上帝意识和孔子为维护这一意识所做的努力；二是堪称典范、"源于耶稣基督教诲"的孔子思想和人格。②

《道德》刻画的孔子传到北美以后，引起当地知识阶层的极大兴趣和重视，并通过他们，被众多民众所知晓。上文提到，图书馆公司在 1752 年的收藏目录中，注明购入了该书的英文第二版（1724）。但英属北美殖民地获得该书的时间，显然大大早于 1752 年。1735 年 1 月 19 日，《纽约周报》刊登的长岛居民来信，就大幅引用《道德》。这应该是此书在美国传播的最早证据。来信占据总共四个版面中的第一和第二版，可见受到重视的程度。作者写道，他的一位朋友因为祖父曾经犯下的罪过，遭到他人指责。他因而想到中国的孔子，认为其高尚的人格为子孙后代赢得了荣誉，"似乎有着某种能够激励（我们）仿效的东西"。写信者完整引用了《道德》第 26—29 页的一整段话，描述孔子的身后殊荣，还抄录了原书孔子格言 9 条，让读者"体会这位哲学家的道德"③。将近两年之后的 1736 年 11 月 15 日，疑为同一人的读者再次致信《纽约周报》，称呼自己

---

① *China on Our Shelves: An Exhibition of Books about China Acquired by the Library Company of Philadelphia Mostly before and during the Heyday of the American China Trade, 1784 – 1840* (Philadelphia: Library Company of Philadelphia, 1984), p. 9; *The Charter, Laws, and Catalogue of Books, of the Library Company of Philadelphia* (Philadelphia: Joseph Crokshank, 1752).

② *The Morals of Confucius, a Chinese Philosopher, Who Flourished above Five Hundred Years before the Coming of Our Lord and Saviour Jesus Christ*, 2nd ed. (London: F. Fayram, 1724), Advertisement, pp. 5 – 8, 19, 21 – 22, 26 – 29.

③ "Long - Island, January 13," *New - York Weekly Journal*, Jan. 19, 1735, 1 – 2; *Morals of Confucius*, pp. 112 – 14.

为"平和的彼得"(Peter Peaceable),似乎要与孔子的人格榜样和道德思想保持一致。《纽约周报》同样用前面两版,刊登了"彼得"从《道德》摘选的孔子格言 15(实为 16)条,内容涉及为政、美德、修身、贫富等。①

这只是殖民地报纸摘录的开端,随后还有更长篇幅的转载。1737 年,从 1 月 24 日到 2 月 13 日,《纽约周报》连续四周在显著版面,完整刊登了《道德》介绍《大学》的部分。六年之后的 1743 年 2 月 20 日,该报继续刊登《道德》有关《中庸》的内容。文末尽管有"待续"字样,笔者并未看到有后续部分。② 至于《周报》是否就此停止转载,有待笔者或学界同仁进一步考证。紧随《纽约周报》,富兰克林编辑的《宾夕法尼亚报》在 1737 年 3 月 7 日和 21 日也转载《大学》部分。转载两次之后,该报如《纽约周报》一样,未再继续刊登《道德》章节,原因不明。③ 但通过两份报纸,孔子遵循天道,力图以古代圣人为榜样,重塑社会公正和美德,敦促统治者施行德政仁治的形象跃然纸上。

即便到了 19 世纪前半期,《道德》仍然是美国社会开展道德伦理教育的重要素材。1835 年,有心之人搜集了包括该书在内的数种典籍,集结成册,以《凤凰:古本珍本集》之名出版。编者表示,自己六年多以前偶然获得《道德》一书,便萌生了要"把这些古代文献公之于众"的念头。他在评论中赞扬孔子的道德思想,但认为孔子作为立法者,明显逊于同时代的穆罕默德和苏格拉底等人。这不同于《道德》完全褒赞孔子的基调,反映出时代发展——尤其是批判孔子的声音增强——对美国孔子形象的影响。④《凤凰》出版之后,美国数家报纸刊登书讯,《道德》位

---

① "Mr. Zenger," *New-York Weekly Journal*, Nov. 15, 1736, pp. 1–2; *Morals of Confucius*, pp. 114–18.

② "From the Morals of Confucius," *New-York Weekly Journal*, Jan. 24, 1737, pp. 1–3; "The Continuation of the Morals of Confucius," *New-York Weekly Journal*, Jan. 30, 1737, pp. 1–3; "The Continuation of the Morals of Confucius," *New-York Weekly Journal*, Feb. 6, 1737, pp. 1–3; "The Continuation of the Morals of Confucius," *New-York Weekly Journal*, Feb. 13, 1737, "From the Second Book of the Morals of Confucius," *New-York Weekly Journal*, Feb. 20, 1743, pp. 1–2.

③ "From the Morals of Confucius," *Pennsylvania Gazette*, Feb. 28 – Mar. 7, 1737, pp. 2–3; "Continuation of the Morals of Confucius," *Pennsylvania Gazette*, Mar. 14 to Mar. 21, 1737, pp. 1–2.

④ *The Phenix: A Collection of Old and Rare Fragments* (New York: William Gowan, 1835), v, ix, pp. 13–37.

列《凤凰》目录简介的醒目位置。① 另一些报纸在刊登书讯的同时，给予了热情洋溢的评价。费城的《国民报》称赞说，此书"印刷精美"，把"此前只有极少数美国人能够接触的独特文献"呈现在大众面前；新泽西州的《纽瓦克每日商报》认为该书"有价值"；波士顿的《美国旅行者报》称呼本书为"一件珍品"，希望"每一个行业的绅士"都乐意购买。②

分散的引用同样见证着《道德》产生的广泛影响。P. 多德里奇（P. Doddridge）牧师在演讲中引用智者知人的孔子思想，要求布道者了解听众的内心，富有创造性，展现"自然而真挚的智慧"，有的放矢，避免无功而返。牧师表示，他是从《道德》知晓这一思想的。③ 1828 年 6 月，《新和谐报》节录《道德》正文第一部分，显示伏羲与诺亚之间可能存在的亲缘关系，证明古代中国人已经知晓并且以各种方式崇敬上帝，而孔子的著作则是受到上帝启迪的结果。④ 1842 年 4 月 9 日，《新世界》杂志批评中国的偶像崇拜，引用《道德》的说法，相信中国人最早的上帝信仰被来自印度的佛教"污染"，导致偶像崇拜一发不可收拾。孔子尽其所能，试图阻止，最终未能成功。⑤

在其他情形下，出版物尽管没有引用《道德》中的观点文字，却直接或间接提到该书，证明又扩大了其影响力。例如，纽约牧师塞缪尔·米勒（Samuel Miller）称赞耶稣会会士柏应理（Philippi Couplet）翻译了孔子著作，从而在研究东方的学者中占据着令人尊敬的位置。此处所指，就是《孔子的道德》。该书的广告就把柏应理和殷铎泽（Prosperi Intorcetta）列为两位最主要的原作者。⑥ 1825 年纽约出版的《全球传记词典》在介

---

① "The Phenix," *Evening Post*, Mar. 31, 1835, 1; "New Books," *Daily National Intelligencer*, May 23 and 26, 1835, p. 4; "Ancient Fragments," *Southern Patriot*, Jul. 9, 1835, p. 1.

② "New Publications," *National Gazette and Literary Register*, Apr. 16, 1835, p. 3; "The Phenix," *Newark Daily Advertiser*, Jun. 1, 1835, p. 2; "Ancient Fragments," *American Traveller*, May 26, 1835, p. 3.

③ P. Doddridge, *Lectures on Preaching, and the Several Branches of the Ministerial Office* (Boston: Manning and Loring, 1808), 14; *Morals of Confucius*, p. 129.

④ "The Antiquity and Philosophy of the Chinese," *New-Harmony Gazette*, Jun. 11, 1828, pp. 258–59; *Morals of Confucius*, pp. 2–8.

⑤ "Chinese Idolatry," *New World*, Apr. 9, 1842, p. 235.

⑥ Samuel Miller, *A Brief Retrospect of the Eighteenth Century*, Vol. 1 (New York: T. and J. Swords, 1803), p. 84; *Morals of Confucius*, Advertisement.

绍柏应理时，着重提及《道德》所依据的《中国哲学家孔子》，认为该书"既有价值，又很独特"，"出色地"介绍了中国的历史、礼仪和宗教。① 1826 年 3 月，多家报纸谈及一个股票交易骗局，认为有人急于抛掉手中的俄国或者其他外国债券。但其他文章批驳这一论调，讽刺原文作者写作时心不在焉，可能正在思考下一篇文章需要引用《孔子的道德》中的哪些段落。② 这篇评论的读者，即便对于中国文化兴趣不大，也有可能找来《道德》，一探究竟。

此外，美国人还可购买从图书馆借阅的《孔子的道德》。该书有多少美国版本，笔者未作统计。但可以肯定的是，美国出版商确有明显兴趣。例如，现存于美国古文物学会图书馆的一份材料显示，纽约书商威廉·高恩（William Gowan）1834 年即将出版的图书就包括《孔子的道德》英文版。③ 上文提到的图书馆公司是已知最早收录该书的公共图书机构。但提供本书借阅服务的图书馆远不止这一家。在富兰克林创办的另一图书机构——美国哲学会图书馆——1824 年的目录中，就有《孔子的道德》；哈佛大学 1830 年的图书馆目录列有《孔子的道德》所依据的拉丁文本《中国哲学家孔子》；1844 年，康涅狄格州哈特福德青年学院（Young Men's Institute）的阅览室目录，既有 1835 年纽约印刷的《孔子的道德》，也有收录该书部分内容、前文已经论及的《凤凰》一书。④ 诸如此类的图书机构应该还有很多，为耶稣会编译的《中国哲学家孔子》及其英文版《孔子的道德》在北美殖民地和早期美国流传创造了便利条件。

---

① *Lempriere's Universal Biography*, Vol. 1 (New York: R. Lockwood, 1825), p. 469.

② "The Morning Herald," *Columbian Centinel*, Mar. 11, 1826, p. 2; *Providence Patriot & Columbian Phenix*, Mar. 15, 1826, p. 2; *Independent Inquirer, and Rhode - Island Journal*, Mar. 16, 1826, p. 4.

③ William Gowan, Books Preparing for Publication, Broadsides, American Antiquarian Society Library, Worcester, MA.

④ *Catalogue of the Library of the American Philosophical Society, Held at Philadelphia for Promoting Useful Knowledge* (Philadelphia: Joseph R. A. Skerrett, 1824), p. 89; *A Catalogue of the Library of Harvard University in Cambridge, Massachusetts*, Vol. 3 (Cambridge, MA: E. W. Metcalf, 1830), p. 87; *Catalogue of the Library and Reading Room of the Young Men's Institute, Hartford* (Hartford, CT: Case, Tiffany and Burnham, 1844), p. 63, 223.

李明和杜赫德的影响

李明（Lewis le Comte）于1687年（即《孔子的道德》出版之年）来华，1692年回到法国。他与传播孔子信息直接相关的，是1738年伦敦出版的《中华帝国十年旅行回忆录》。因为李明已在1728年去世，本书是否有更早的版本，笔者未作考证。杜赫德（P. du Halde）未曾来过中国，但他根据来华耶稣会会士送回的材料，撰写了《中华帝国全志》。其中包含大量与孔子有关的内容，在早期美国广为传播。这两位耶稣会成员，对美国人认识孔子所作出的贡献，仅在殷铎泽、柏应理之后。

总体而言，李明和杜赫德关于孔子的描述和评价延续了耶稣会此前的赞赏风格。但相比《孔子的道德》，两人的阐述更为详细，也更生动，表明他们可能接触到了更多的文献资料。《道德》没有提及的"齐人归女乐，季桓子受之，三日不朝。孔子行"（《论语·微子》）事件，在李明《回忆录》和杜赫德《全志》里都有绘声绘色的描述，显示孔子刚正不阿、不愿同流合污的品格。两人还用生动的语言刻画出孔子的相貌，让这位远古圣人不再是一个抽象的名字，而是栩栩如生的人物，拉近了孔子与读者的距离。李明写道，孔子谈不上英俊潇洒，前额外凸，"损害长相"。除此之外，孔子"身材合适匀称，行为庄重，声音洪亮尖锐"。杜赫德的描述大同小异，但提及孔子肤色茶青，双眼很大，胡须长而黑，鼻子稍扁。①

李明和杜赫德分别增加了不同的细节，让孔子这个东方的历史人物更加丰满生动。在李明笔下，孔子的虔诚不但体现于预测"西方之人，有圣者焉"（《列子·仲尼》），也见于日常生活。如在吃饭之前，他必定匍匐在地，将食物敬献给"至高无上的上天主宰"。为显示孔子少而有志，李明错把孔子与子思之间的对话当做孔子与祖父之间的讨论："夫子闲居，喟然而叹。子思再拜请曰：'意子孙不修，将忝祖乎？羡尧舜之道恨不及乎？'夫子曰：'尔孺子，安知吾志？'子思对曰：'伋于进膳，亟闻

---

① Lewis le Comte, *Memoirs and Remarks Made in Above Ten Years Travels through the Empire of China* (London: John Hughs, 1738), pp. 197 – 198, 201; P. du Halde, *The General History of China*, vol. 3, 3rd ed. (London: J. Watts, 1741), pp. 296 – 297, 302.

夫子之教：其父析薪，其子弗克负荷，是谓不肖。伋每思之，所以大恐而不懈也'。夫子忻然笑曰：'然乎！吾无忧矣。世不废业，其克昌乎?'"（《孔丛子·记问》）。另外，李明还说，孔子十五岁时，曾经当面斥责位高权重之人贬低古代圣书，险些遭到报复而丧命。李明似乎混淆了孔子自言"吾十有五而志于学"（《论语·为政》）和《史记·孔子世家》关于"宋司马桓魋欲杀孔子"的记载，借此突出孔子为求真理而不畏权贵。杜赫德同样提及"桓魋欲杀孔子"，但杜撰了桓魋举刀的场面，展现孔子的临危不惧。事实上，桓魋赶到时，孔子已经离去，他只好拔树泄恨。杜赫德另外一个独特之处是，他认为孔子在古希腊哲学家泰利斯（Thales）、毕达哥拉斯（Pythagoras）、苏格拉底等人之上，"达到了人类智慧可及的顶点"。此外，闻听孔子死讯，鲁哀公哀叹"旻天不吊，不憖遗一老"（《史记·孔子世家》），在杜赫德的叙述中亦有体现。孔子为世人敬仰的形象就更为鲜明了。①

　　两本著作在早期美国的影响极为广泛深远。众多图书馆的收藏自然不在话下。各种形式的引用和摘录是处可见。1786年的《宾夕法尼亚先驱报》就曾长篇转载李明关于中国的描述。李明对佛教颇为不屑，却对孔教非常尊重，称其为中国宫廷和官员的宗教，孔子则是一位"优秀的道德哲学家"。1802年的一本出版物在讲述西方人的世界旅行时，引用了相同的段落。② 1823年2月的一份宗教刊物也摘录李明阐述孔子天命观、人命观、修身观的文字，敦促人们敬畏上天，谦逊为人，热爱邻里。③

　　至于杜赫德针对孔子发表的见解，其在美国最早引起反响的时间似乎应该是1744年。是年，《美国历史纪事杂志》全文刊登了杜赫德著作介绍孔子的部分。④ 1749年，本杰明·富兰克林在从费城写给友人的信中，明显引用了杜赫德著作提供的信息。他告诉对方，"东方著名的改革家孔

---

① Le Comte, *Memoirs and Remarks*, pp. 194 – 196; Du Halde, *General History of China*, p. 293, 299, 301.

② "A Description of CHINA, by Lewis Le Comte, with an Account of the Customs and Manners of Its Inhabitants," *Pennsylvania Herald, and General Advertiser*, Aug. 9, 1786, p. 20; William Mayor, *An Historical Account of the Most Celebrated Voyages, Travels, and Discoveries, from the Time of Columbus, to the Present Period*, vol. 11 (Philadelphia: Samuel F. Bradford, 1802), p. 286.

③ Le Compte [Comte], "Confucius," *Religious Inquirer*, Feb. 8, 1823, p. 56.

④ "An Essay on the Description of China in Two Volumes. From the French of Pere Du Halde," *American Magazine and Historical Chronicle*, Nov. 1744, pp. 615 – 620.

子"在试图革除社会弊端时,首先针对"显要人物"(grandees);所以,如果希望革新社会,就必须从上层开始,让他们发挥带动作用。富兰克林的 grandees 一词,只在杜赫德介绍孔子时出现过。我们因此可以判定,富兰克林的见解应该是在阅读杜赫德的中国著作之后形成的。① 1796 年,费城哲学会的一位成员称赞古代圣人阻止了人类的堕落,推动人们向美德的方向迈进。他明确表示,此言的重要证据之一,就是杜赫德的观点:中华帝国在漫长的历史进程中,依靠"孔子绝妙的道德体系和国人理性的祖先崇拜",保证了很高的道德水准。② 普及日食知识的文章怀疑古代很多记录,却相信中国的记载,因为杜赫德证实,孔子记录的 36 次日食,仅有两次有误,两次存疑。③

早期美国著名的植物学家约翰·巴特拉姆(John Bartram)是杜赫德孔子信息的另一位忠实接受者。在纽约曼哈顿的皮尔庞特·摩根图书馆(Pierpont Morgan Library),保存着巴特拉姆的一份手稿。手稿题目为"美国植物学家和哲学家老约翰·巴特拉姆手书中国哲学家孔子的生平与性格",但写作日期不详。巴特拉姆也没有说明其孔子信息的来源。但鉴于他 1777 年去世,对照其去世前北美殖民地可能存在的涉及孔子的文献来看,手稿应该是基于杜赫德的著作。除了都极力赞赏孔子,手稿和杜赫德的文字有着几处特别的共同点。其一,在当时已传入北美的《孔子的道德》、李明和杜赫德著作中,仅有杜赫德明确提到,孔子生于周灵王二十一年。巴特拉姆手稿的开篇之句就是:"在中国皇帝灵王统治时期,即基督诞生前 551 年,著名的哲学家孔子出生。"其二,杜赫德将孔子与古希腊哲学家泰利斯、毕达哥拉斯和苏格拉底比较,并把孔子置于他们之上。这在几部涉及孔子的著作中也是唯一一例。巴特拉姆写道,"在宗教与道德的纯洁性方面,他(孔子)比毕达哥拉斯和苏格拉底更加优秀"。其三,手稿中间一段几乎直接摘抄自杜赫德的著作:

---

① "From Benjamin Franklin to George Whitefield, 6 July 1749," accessed Jul. 17, 2016, http://founders.archives.gov/? q = Confucius&s = 1111311111&sa = &r = 1&sr = #print_view.

② Charles H. Wharton, *A Short and Candid Enquiry into the Proofs of Christ's Divinity; in Which Doctor Priestley's Opinion concerning Christ, Is Occasionally Considered* (Philadelphia: Ormrod & Conead, 1796), p. 8.

③ "Astronomy," *Family Magazine; or, Monthly Abstract of General Knowledge*, May 1836, p. 204.

The whole doctrine of this great Philosopher tended to restore human nature to its original dignity & that first purity lustre which it has received from heaven & which had been sallied with ignorance & the contagion of vice. The means he proposed to attain this end was to obey the Lord of Heaven, to honor & fear him, to love our neighbor as ourselves, to subdue irregular inclinations. Never to make our passions the rule of our conduct; to stick to reason, to listen to it in all things; to do nothing, to say nothing, to think of nothing contrary to it. （巴特拉姆）

The whole Doctrine of this great Philosopher tended to restore human nature to its former Lustre, and that first Beauty which it has received from Heaven, and which had been sallied by the darkness of Ignorance, and the Contagion of Vice. The means he proposed to attain this end was to obey the Lord of Heaven, to honor and fear him, to love our Neighbors as ourselves, to conquer irregular Inclinations, never to take our Passions for the Rule of our Conduct, to submit to Reason, to listen to it in all things; to do nothing, to say nothing, to think of nothing contrary to it. （杜赫德）

画线部分是不同之处，可见巴特拉姆仅仅替换了杜赫德著作英译本的某些用词，整段话除此之外几乎原封未动。① 当然，巴特拉姆加入了自己的想象和从其他资料来源获得的信息。如孔子思想在日本的崇高威望，似乎在杜赫德的著作里就没有明显体现。

把李明和杜赫德著作同时作为参照，这在早期美国的孔子形象建构领域同样常见。1793 年 9 月，《新罕布什尔杂志》刊登的一封来信就是例子。为表示崇敬孔子，来信者自称"孔子门徒"（Confucii Discipulus）。信件内容明显糅合了李明和杜赫德著作的诸多细节，如李明笔下孔子吃饭之前必须献祭上天的场景以及杜赫德书中孔子的婚姻与子嗣情况等。但作者在信件末尾不无忧心地写道，灵魂不朽是宗教的核心教义，而"孔子的追随者"却未就此达成一致，只是关心现世的幸福，没有任何神圣的仪式。② 这种疑虑在早期美国较为罕见。它预示着，新

---

① Life & Character of the Chinese Philosopher Confucius in the Hand Writing of John Bartram the Elder the American Botanist and Philosopher, Literary and Historical Manuscripts, Pierpont Morgan Library, New York City.

② "To the Editor," *New Hampshire Magazine*, Sept. 1793, pp. 199 – 202.

教占据主导的美国社会有可能批判属于天主教的耶稣会所传递的孔子信息，尽管在18世纪末19世纪初，耶稣会建构的正面孔子形象仍然大有市场。

在整合李明和杜赫德的孔子信息方面，1772年伦敦出版的《中国旅行者》更加引人注目。该书封面指出，素材选自杜赫德、李明和其他旅行者的文献。事实也的确如此。本书第一部分就是"孔子生平"，99%的内容乃原封不动地摘自李明和杜赫德的前述两本著作，甚至把孔子与子思的讨论当作孔子与祖父的对话这一错误都被原文照录。因为篇幅更长，孔子跌宕起伏的人生经历、虔诚的上帝信仰、矢志不渝的革新志向、高尚完美的道德思想、流传后世的主要论著，都有更加详尽的描述。[1]

该书出版以后，旋即传入北美，众多出版物竞相引用。引用情形大致如下。第一，宗教读物收录，用孔子的所谓上帝意识，证明宗教能够促进人性、智慧和道德等。[2] 第二，传记辞典将孔子作为人类历史上的重要名人收录。[3] 第三，《中国旅行者》的孔子生平被作为教育素材。在某些书籍中，"孔子生平"被视作优美散文，供青少年学生阅读，既提高他们的阅读和表达能力，又培养他们的美德和宗教情操。小杰西·托里（Jesse Torrey, Jr.）为社会读者和在校学生编写的《道德教师》指出，收录"孔子生平"的意义，在于展示能够促进社会和平与政府精神的道德法则、政治规则和政策原则。1823年，本书第三版面世，托里在报纸上刊登广告，宣称该书通过陶冶年青一代的情操，"必将对

---

[1] *The Chinese Traveller, Containing a Geographical, Commercial, and Political History of China*, Vol. 1 (London: E. and C. Dilly, 1772), pp. 1 – 13.

[2] Joseph Clark, *Evidences on the Christian Religion, Designed Chiefly for the Rising Generation* (Philadelphia: Kimber, Conrad, and Co., 1806), pp. 52 – 57; Lindley Murray, *The Power of Religion on the Mind, in Retirement, Affliction, and at the Approach of Death* (New York: Mahlon Day's Press, 1838), pp. 11 – 15.

[3] James Hardie, *The New Universal Biographical Dictionary, and American Remembrancer of Departed Merit*, Vol. 2 (New York: Johnson & Stryker, 1801), pp. 96 – 102; J. Kingston, *The New American Biographical Dictionary; or, Memoirs of Many of the Most Eminent Persons That Have Ever Lived in This or Any Other Nations* (Baltimore: Warner and Hanna, 1810), pp. 64 – 66.

我国未来的道德体系产生有益影响",呼吁各地报纸广而告之。①

其他耶稣会成员的作用

除了《孔子的道德》、李明和杜赫德的著作之外,耶稣会其他成员撰写的著作也在早期美国的孔子认知上留下了印记。美国出版物引用的部分虽然不如前面三部作品那样全景式描述和评价孔子,但延续了耶稣会肯定孔子及其思想的基本线索。

18世纪末19世纪初,随着越来越多的新教传教士踏足中国,他们建构的孔子思想不信上帝的异教形象逐渐成为主流。但即便在此背景下,仍有少数充满宗教色彩的出版物以耶稣会著作提供的信息为依据,坚持认为孔子有着明显的上帝意识,试图证明上帝的确是世界的主宰。1804年费城出版的一本著作就是如此。作者引用了耶稣会来华传教士卫匡国(Martin Martinius)的观点,声称孔子保留了中国古代信奉救世主的某些痕迹。卫匡国特别提及,一位"已经皈依基督教的中国哲学家"指出,孔子用"西狩获麟"结束《春秋》,不但预见了救世主将肉身成人,而且告知了这一事件将要发生的确切年代。卫匡国引述此人的话说,麒麟被杀和耶稣降生出现在前后两个年代轮回中的同一年,孔子听闻麒麟被杀而哭,实则不是因为悲伤,而是"喜极而泣",因为他从这一事件中既看到了救世主的降临,也想到了他将经历的苦难。②

来华耶稣会会士中最后一位大汉学家钱德明(Jean-Joseph-Marie Amiot),因把《孙子兵法》译介到西方而闻名于世。但针对中国人的信仰,钱德明的见解也引起了美国人的注意。约翰·埃文斯(John Evans)在分析基督教主要教派的书籍中,采信钱德明的观点,相信孔子和中国古代社会是有着上帝信仰的。书中写到,钱德明神父经过极其细致的研

---

① Rev. John Adams, *The Flowers of Modern Travels*; *Being Elegant, Entertaining and Instructive Extracts, Selected from the Works of the Most Celebrated Travellers*, Vol. 1 (Boston: John West, 1797), pp. 204 – 214; Daniel Staniford, *The Art of Reading* (Boston: John Russell, 1800), pp. 129 – 131; Jesse Torrey, Jr., *The Moral Instructor, and Guide to Virtue and Happiness* (Ballston Spa, NY: U. F. Doubleday, 1819), pp. 45 – 52; "Education," *Daily National Intelligencer*, Apr. 7, 1823, p. 4.

② Samuel Burder, *Oriental Customs: or an Illustration of the Sacred Scriptures* (Philadelphia: William W. Woodward, 1804), pp. 335 – 336.

究得出结论,认为经由孔子之手得以传世的经书中,上帝信仰无处不在,证明中国的远古思想与摩西之前由上帝钦定的选民的思想基本相同。①

当美国人把目光转向孔子的道德体系,他们从耶稣会著作中所看到的,仍然是上帝铺天盖地的影响。《真理之光》引用耶稣会传教士卫方济(Francois Noel)的看法,声称孔子及其追随者的著作体现了"上帝镌刻在他们心中的法则"。② 纽约城市大学的哲学与历史教授 C. S. 亨利(C. S. Henry)译自法文的哲学史教材,多处引用法国耶稣会传教士韩国英(Pierre Martial Cibot)的《孝经》译介。韩国英认为,《孝经》不但是孔子思想的载体,而且贯穿着"神授律法"(Divine law)。在点评中,亨利批评孔子将政治、国家与家庭混为一谈,用个人顺从代替个人自由,从而导致中国社会停滞不前。但他没有反驳韩国英关于上帝影响孔子思想的论断,说明他认同耶稣会对孔教进行的宗教解读。③

与此同时,早期美国利用耶稣会成员提供的信息,佐证中国的历史起源跟西方一样,不会早于《圣经》中的大洪水时期。大洪水据信几乎导致了远古人类的灭亡,幸有诺亚方舟,人类历史才又重新开始。不论是耶稣会还是后来的新教传教士都强调,中国和西方的确切历史都是在大洪水之后。因此,耶稣会的判断与新教立场都是早期美国宣扬《圣经》记载科学性的重要证据。例如,两本谈论地球演变的著作引述法国耶稣会会士宋君荣(Antoine Gaubil)翻译的《书经》宣称,孔子从尧开始叙事,而尧在位之时,正是洪水泛滥之际:"汤汤洪水方割,荡荡怀山襄陵,浩浩滔天"(《书经·尧典》)。这与《圣经》关于大洪水的记载不谋而合。作者总结说,如果不是确有其事,语言、宗教和法律大相径庭的民族,在历

---

① John Evans, *A Sketch of the Denominations into Which the Christian World Is Divided*, *Accompanied with a Persuasive to Religious Moderation* (Worcester, MA: Thomas & Sturtevant, 1807), pp. 30 – 31. 摩西(Moses)生活于公元前 13 世纪,是犹太人的最高领袖。根据《圣经》记载,摩西受上帝之命,带领希伯来人离开埃及,迁徙到巴勒斯坦,摆脱奴役。

② *The Light of Truth in the Mind of Man*, *the Only Rule of Faith and Practice* (Philadelphia: Atkinson & Alexander, 1824), pp. 27 – 30.

③ C. S. Henry, trans., *An Epitome of the History of Philosophy*, vol. 1 (New York: Harper & Brothers, 1846), pp. 80 – 81.

史起源问题上不可能如此一致。①

美国出版物引用分散的耶稣会论著，目的基本与转载《孔子的道德》、李明和杜赫德的著作时保持了一致，都在证明上帝信仰的普适性，突出孔子在此信仰引导之下，在人格、道德、思想领域所达到的完美程度。也有极个别的出版物引用耶稣会观点，说明其他主题。比如，1796年10月，《纽约杂志》摘译法国耶稣会会士、汉学家格鲁贤（l'Abbe Grosier）的著作，显示孔子对于中国人非理性的殡葬祭祀风俗造成的影响。文章末尾总结说，中国人祭祀已故亲人的做法之所以成为无人能够违反的法律，就是因为孔子建议"祭如在"（《论语·八佾》），而中国人又奉孔子思想为圭臬。② 在另一篇文章中，宋君荣的叙述让美国杂志相信，孔子崇拜"腐蚀"了中国犹太人的信仰，虽然他们保留了某些犹太教的仪式。③

结束语

基于耶稣会信息的正面孔子形象，从美国的殖民时期开始，延续到18世纪末、19世纪初。在世纪之交，英国的新教传教士来到中国。为显示与耶稣会的区别，英国传教士摒弃调和策略，强调孔教相对于基督教的低劣。这种认识很快传到新教占据主导地位的美国，负面的孔子形象开始在美国流传。1830年，美国传教士来到广州，加深了美国孔子形象的负面色彩。

当然，18世纪初以后，针对中国的祖先崇拜和孔子崇拜，耶稣会内部也有纷争，导致所谓的"礼仪之争"。很多耶稣会成员抨击殷铎泽、李明等人正面评价孔子的努力。④ 但否定孔子的耶稣会观点并未在北美殖民地引起多大反响。之所以如此，既因为反对调和策略的耶稣会成员没能写

---

① M. Cuvier, *Essay on the Theory of the Earth* (New York: Kirk & Mercein, 1818), pp. 157 – 159; Baron G. Cuvier, *A Discourse on the Revolutions of the Surface of the Globe, and the Changes Thereby Produced in the Animal Kingdom* (Philadelphia: Carey & Lea, 1831), pp. 134 – 148.

② "Manner of Burying the Dead in China," *New York Magazine, or Literary Repository*, Oct. 1796, p. 532.

③ "The Jews in China," *Museum of Foreign Literature, Science, and Art*, Nov. 1826, pp. 472 – 473.

④ Brockey, *Journey to the East*, 184 – 98; Mungello, *Curious Land*, pp. 292 – 297.

出如《孔子的道德》那样影响极为深远、能引起大西洋两岸密切关注的著作，也因为 18 世纪前半期的欧洲出现了启蒙运动。启蒙思想家急于寻找能够替代欧洲陈旧思想的新颖模式，耶稣会著作中道德高尚的孔子及其思想恰巧符合这一需求，而北美的社会和思想精英——如富兰克林等——又是欧洲启蒙运动的崇拜者和效仿者。两种因素共同作用，让贬低孔子的耶稣会观点难以在早期美国立足和传播。

  19 世纪前半期，随着美国启蒙运动逐步退出历史舞台以及美国传教士、商人和政府对华态度的强硬，以耶稣会著述为基础的正面孔子形象日渐淡化，将孔子思想视为低劣异教的社会舆论逐步成为主流。但耶稣会开始的正面看待孔子道德思想的线索以更为低调的方式延续了下来。这应该是耶稣会留给美国孔子认知的最大遗产。

19世纪中期北京天主教"北堂藏书"的命运①

北京外国语大学　柳若梅

天主教"北堂藏书"即天主教在北京活动数百年间积累下来的丰富图书，现在北京的图书馆中仍处于尘封的状态。19世纪中期，在天主教传教士遭驱逐、北京天主教面临后继无人之际，被当时住在天主教南堂的主教葡萄牙传教士毕学源委托给经中俄两国协约认可、在北京具有合法地位的俄国东正教驻北京使团。第二次鸦片战争后的1860年，俄国特使伊格纳季耶夫将这批图书归还北京天主教的主教法国传教士孟振生（Mouly）。此后北京天主教方面几次整理编目。本文根据俄罗斯档案馆收藏的关于19世纪俄国接收天主教遗留财产和图书馆的档案资料，查索19世纪以来俄罗斯人的相关记载和北京的法国天主教传教士的记述，力求全面钩沉19世纪俄国东正教驻北京使团与天主教遗留图书的联系，进一步揭开"北堂藏书"命运的神秘面纱。

一　俄国东正教与中国

公元988年，基辅大公弗拉基米尔经过多方考察，将拜占庭基督教定

---

① 本文撰写过程中得到知名旅葡学者金国平先生的帮助和南京大学历史系黄鸿钊教授的鼓励；本文中所使用的俄文档案的获得，得益于俄罗斯科学院院士米亚斯尼科夫（В. С. Мясников）、俄罗斯联邦外交部帝俄对外政策档案馆馆长波波娃女士（И. Попова）的帮助；本文所涉及的拉丁文资料，得到北京外国语大学拉丁语专家麦克雷（Micele Ferrero）先生、欧洲语言文化学院拉丁语教师李慧的翻译和帮助，涉及的法文资料承蒙北京外国语大学法语系教师全慧翻译、欧洲语言文化学院拉丁语教师李慧翻译，特此致谢。

为基辅罗斯的国教,开启了俄罗斯民族一神崇拜的时代。从此,基督教文化赋予罗斯文化以极大的推动力量,在罗斯各公国,基督教文化与罗斯原有文化交融共进,形成俄罗斯民族独特的精神价值。公元1054年,基督教分裂为以君士坦丁堡为中心的东方教派和以罗马为中心的西方教派,东方教派号称保持了基督教传统,是正统的基督教,自称"正教""东正教";西方教派号称是普世宗教,自称"公教""天主教"。东正教在俄罗斯国家的历史上充分发挥其凝聚作用,鼓舞罗斯人在与外族的战争中取得一次次胜利。

公元395年,内外交困的罗马帝国分裂为东罗马和西罗马。罗马帝国的共治皇帝狄奥多西一世就不赞同教会拥有政治权力,加之后来狄奥多西一世赋予基督教以罗马帝国国教的位置,因此,在狄奥多西一世统治的罗马东部地区和后来的东罗马帝国,教会以君权神授为名辅佐皇权,在很大程度上神权听命于皇权。俄国从拜占庭即东罗马帝国所接受的,就是相对于皇权来说的这种意义上的基督教。在俄国,东正教作为俄罗斯民族的精神核心支撑俄罗斯摆脱蒙古人的统治,以莫斯科公国为中心发展起统治的中央集权的俄罗斯国家,在这一过程中,东正教力量不断壮大,对于听命于皇权的位置也渐有不从,引发教会势力与皇权发生分歧。到了彼得一世统治时期,教权与皇权纷争的结果,是彼得一世借牧首去世之机取消了牧首制,成立由世俗官员参与重大事务决策的圣主教公会,圣主教公会的重大指令,需经沙皇确认方可生效,沙皇有权否决圣主教公会的决定。由此教会彻底依附于皇权,成为维护皇权的工具。

俄国开始努力与中国建立联系,也是在彼得一世时期。俄国的外交目的,从一开始就是尽可能地接近中国,并同中国划定比较有利的边界和积极的贸易关系①。由于受到对华贸易巨额利润的吸引,彼得一世时期甚至垄断了一些重要获利商品的贸易。但是,俄国针对中国的这一愿望并未得到中国的回应,甚至每逢中俄边境出现不顺,俄来华贸易便屡屡受挫。为确保贸易顺畅,俄国迫切需要在中国设立常设机构,协调中俄事务。因此,在得知中国有东正教徒(如雅克萨等中俄战事中归顺或俘获的俄俘)

---

① Николай Бантыш‑Каменский. Дипломатическое собрание дел между российским и китайским государствами (1619–1792 г.). Казань, 1882. 中译本见 [俄] 尼古拉·班蒂什—卡缅斯基:《俄中两国外交文献汇编》,中国人民大学俄语教研室译,商务印书馆1982年版,第10页。

后，俄国提出向中国派出东正教使团，为中国信仰东正教的居民提供宗教服务，经过精心策划，终于在1716年末（又说1716年初）将东正教使团送入中国东正教教徒的居住地——中国首都北京。在选拔入华东正教士时，彼得一世要求"惟天主起见，行事宜谨慎，戒鲁莽，以免结怨于中国官员及在当地安营扎寨多年的耶稣会士。为此，需要的，不是学有根底，而是谙于世故的司祭"①。至第二次鸦片战争之后《天津条约》签订之前，北京的俄国东正教传教士与天主教传教士之间一直保持着相互尊重支持的良好关系。

二 俄国赴华使节与北京耶稣会教士

从1675年俄国外交使臣斯帕法里出使中国起，俄国来华使节直接接触到北京的天主教传教士、特别是北京的耶稣会教士，换言之，俄国来华使节与中国的沟通主要通过北京的耶稣会士进行。斯帕法里出使之前俄国沙皇赋予的使命之一便是，"力求在北京的耶稣会教士将中国早期给俄国的四封中国公函译成拉丁文，因为在莫斯科过去没有、现在仍没有中文翻译，以致俄国大君主对中国朝廷当时的要求至今仍无所悉"②。斯帕法里在京期间，耶稣会士南怀仁担任翻译，使团抵达后的安置接待、觐见康熙皇帝礼仪的演练、康熙御前应答、与清政府谈判回复文书的传达等，都通过耶稣会教士进行。回国后撰写的《中国漫记》③中的信息除去北京的亲身经历外，其余几乎全都来自耶稣会教士。斯帕法里回国之际，南怀仁还请求致信俄国沙皇一封书信，信中除禀告斯帕法里在北京得到中国皇帝的隆重礼遇外，还请求俄国沙皇眷顾自己以及整个耶稣会，同时将自己的天文学著作上呈俄国沙皇。耶稣会教士不仅在康熙御前为中俄沟通效力，还

---

① Е. П. Скачков. Очерки истории русского китаеведения. М. 1977. Стр. 37. 中译文转引自张绥《东正教和东正教在中国》，学林出版社1986年版，第185页。
② ［俄］尼古拉·班蒂什—卡缅斯基编著：《俄中两国外交文献汇编》，商务印书馆1982年版，第42页。
③ ［俄］尼古拉·斯帕塔鲁：《中国漫记》，蒋本良、柳凤运译，中国工人出版社2000年版。

曾为康熙皇帝转达致俄国沙皇的信①。1686年俄国新皇登基后派两名专使维纽科夫和法沃罗夫到北京向康熙皇帝送上求和国书，两名专使在北京觐见康熙时由葡萄牙耶稣会教士徐日昇和南怀仁居中翻译②。1689年中俄尼布楚谈判和最终条约的签订，葡萄牙耶稣会教士徐日昇和法国耶稣会教士张诚在其中发挥了非常重要的作用。尼布楚谈判这一重大事件，集中体现了在华耶稣会教士保障在华传教地位、清政府为保障中俄边界安宁、俄国为争取边界利益和与清政府建立持久关系所进行的艰难努力。1692年俄国派在俄经商的丹麦商人伊兹勃兰特为使臣使华，伊兹勃兰特于1693年11月抵达北京，11月12日觐见康熙皇帝，耶稣会教士——法国人张诚、葡萄牙人安多等作为翻译。使团训令中所规定的、需要了解的关于中国的信息，通过耶稣会教士的帮助得以完成任务③。伊兹勃兰特使团在京期间，应耶稣会教士的邀请，经康熙皇帝恩准，还参观了天主教南堂，④庄严华美的天主教南堂经俄国使团的记录为欧洲和俄国所知。康熙五十一年出使卡尔梅克的图理琛使团回程时带回了俄国东正教驻北京使团，据随使团来华的劳伦茨·朗格的日记记载，在京期间从德国耶稣士纪理安那里得到了不少有价值的信息⑤。1719年俄国派近卫军大尉伊兹马伊洛夫为特命

---

① 康熙二十五年（1686），康熙皇帝委托前往耶稣会莫斯科教区的闵明我带给俄国沙皇一封信函，"这封信寄到伊斯帕甘城，交给耶稣会教士卡罗利·马夫里奇·沃塔，卡罗利又把它送到阿斯特拉罕，交给耶稣会教士康德拉季·捷乌皮洛夫斯基，后者于1690年3月18日在莫斯科上呈交了此信。"［俄］尼古拉·班蒂什—卡缅斯基编著：《俄中两国外交文献汇编》，商务印书馆1982年版，第62—63页。

② 见［俄］尼古拉·班蒂什—卡缅斯基编著：《俄中两国外交文献汇编》（商务印书馆1982年版，第66页）一书："博格德汗通过一位近臣及耶稣会教士托马斯·佩雷拉（即徐日昇——本文作者按）和斐迪南·维尔比斯特（即南怀仁——柳按）向专使问道……"

③ 见［俄］尼古拉·班蒂什—卡缅斯基编著《俄中两国外交文献汇编》（商务印书馆，1982年版，第95页）一书："博格德汗对同俄国所订合约非常满意，没有破坏和约的意图；中国人打算在额尔古纳河上游附近建一座城供呼图克图居住，还要在阿穆尔河岸靠近结雅河之处再建另一座城；呼图克图和斡齐赖汗已带领所属各兀鲁思臣服于博格德汗；从中国往俄国运进宝石，中等和上等绸缎，深色单幅棉布利润较大；从俄国运往中国则以各种貂皮、银鼠皮、猞猁皮、北极狐皮、兔皮及其他皮货较为有利；脑温城城墙是中国人用木料建成的，在伊兹勃兰德逗留期间，给城墙填了土，配备了枪炮和弓箭，以巩固城防，并开设了相当数量的小铺子与俄国人做生意，但是禁止中国商人从那里到俄国去。"

④ ［荷］伊兹勃兰特·伊台斯、［德］亚当·勃兰德：《俄国使团使华笔记》，北京师范学院俄语翻译组译，商务印书馆1980年版，第224—226页。

⑤ ［俄］斯卡奇科夫著，米亚斯尼科夫编：《俄罗斯汉学史》（П. Е. Скачков, Очеркиисториирусскогокитаеведения. М., 1974），柳若梅译，社会科学文献出版社2011年版，第33页。

使臣前往北京。该使团于1720年11月18日抵达北京，1721年3月2日从北京启程返回俄国。在京近四个月的时间里，与北京的天主教传教士广泛接触，拜访天主教南堂、北堂、西堂、东堂，接触到北京所有耶稣会教士和北京的天主教多明我会、方济各会教士，留下丰富的记录。18世纪初期，中俄边界摩擦依旧不断，中国要求俄国归还蒙古逃人也未得到俄方的回应，于是清政府和俄国断绝了一切信函往来和贸易关系。于是俄国委派四等文官萨瓦·弗拉季斯拉维奇伯爵为特命全权使臣出使中国。该使团于1727年10月21日抵达北京，11月4日得以觐见雍正皇帝，耶稣会教士巴多明随侍在侧，此行萨瓦与巴多明结为至交，并在巴多明的帮助下结识内阁大学士马齐，从而使《恰克图条约》有利于俄国。中俄《恰克图条约》签订后，依约派往中国的俄国商队的队长劳伦茨·朗格得到北京的耶稣会教士赠送的汉语和满语书8套，计82本，这些书成为彼得堡科学院汉语和满语藏书的开端①。

三 彼得堡科学院与北京耶稣会教士

彼得堡科学院早期的中国书籍收藏与北京耶稣会教士之间的联系远不止于此。1730年，彼得堡科学院院士拜耶尔出版了《中国博览》（*Muserm Sinicum*）一书，在欧洲引起轰动。实际上该书中的很多内容都与由1715年起多次出使北京的朗格和北京的耶稣会教士相关。拜耶尔在1730年与正在筹备第二批赴华商队的朗格会面时还得到朗格赠送的一把中国尺子和关于中国长度、重量单位的资料，《中国博览》中的西欧、俄国、中国长度重量单位对照表就是以这些资料为基础撰写的。1731年9月1日拜耶尔写给北京耶稣会士的信、赠送给他们的《中国博览》和德国天文学家基尔赫的《天文学观测选编》，都在朗格带领第二批俄国商队（1732年3月22日至9月8日期间在京）进京时转交，宋君荣于1732年7月3日写了回信，回答了拜耶尔关于中国的天文学书籍、中国的历法、耶稣受难日食相关的问题，介绍了北京的法国传教士在中国语言、历史的翻译与研究方面的工作，也表达了他们对欧洲学

---

① ［俄］斯卡奇科夫著，米亚斯尼科夫编：《俄罗斯汉学史》（П. Е. Скачков, Очеркииcтo-риирусскогокитаеведения. М. , 1974），柳若梅译，社会科学文献出版社2011年版，第36页。

术信息和欧洲消息的渴求①。此次朗格返回俄国时带回了耶稣会士宋君荣、戴进贤、巴多明、严嘉乐、徐懋德写给拜耶尔和德利尔的一批信件，为科学院图书馆带回了北京出版的中文书，其中包括巴多明的汉拉字典和《海篇》《字汇》。② 1734年9月，朗格来到科学院提出可以帮助科学院同北京的耶稣会教士建立通信联系，沟通学术信息。在当年10月4日的《彼得堡消息》（Санкт‐Петербургские ведомости）上刊登了相关的消息。

曾任驻中国商务代表、即将带领第六批商队前往中国宫廷的朗格在造访皇家图书馆和珍宝馆时对那里的中国物品一一进行了说明，同时仔细查看缺少哪些物品，所缺少的物品在此次赴华时将得到补充。然后朗格召开了科学院大会，会上德利尔教授比较了科学院原有的中国地图和朗格带回的中国地图，而拜耶尔教授则研究了朗格带回的中国书籍。此后地图交给了德利尔教授，书籍则交给了拜耶尔教授。最后科学院成员与朗格一起商议了与在北京的三个耶稣会（传教团）就学术事务通信，并确定了这一点，这对于传播学术、丰富皇家图书馆和珍宝馆的馆藏能有不少的帮助。

在1731年至1777年间，彼得堡科学院通过俄国往来中国的商队和使团，一直与北京耶稣会教士保持着通信联系，两者间互通信息，交换书刊，更有北京耶稣会教士的文章在彼得堡问世，如彼得堡科学院的刊物《彼得堡科学院通讯》（*NoviCommentarii*）上先后刊登宋君荣③、刘松龄④、金济时⑤、

---

① ［捷克］严嘉乐：《中国来信》，丛林、李梅译，大象出版社2002年版，第142—146页。
② Т. А. Пан, О. В. Шаталов, Архивныематериалыпоисториизападноевропейскогоироссийскогокитаеведения. Санкт‐Петербург‐Воронеж. 2004. Стр. 39.
③ Gaubil Antoine. Observationes astronomicae Pekini habitae（annis 1753 – 1756）a R. R. P. P. Gallis Societatis Jesu. Mercurius in Sole visus. *Novi Commentari*i, t. V, p. 473 – 480. Summa p. 46 – 49. Additamentum. *Novi Commentarii*, t. IX, p. 499 – 502. Summa, pp. 49 – 53.
④ Hallersein Augustin. Mercurius in Sole observatus Pekini Sinarum anno 1756 die 7 Novemtis. *Novi Commentarii*, t. IX. pp. 503 – 512. Summa p. 53 – 54. De differentia meridianorum Petropolitani et Pekinensis. *Novi Commentarii*, t. XIX, pp. 630 – 635. Summa, pp. 70 – 71.
⑤ Collas. Observationes Pekini Chinarum institutae excerptae ex litteris R. P. Collsas ad Stephanum Rumovski anno 1772 die 5 maii datis. Observationes a p. Dolliero super cometam anni 1769 institutae. *Novi Commentarii*, t. XVIII, pp. 647 – 655. Summa, pp. 62 – 63.

韩国英①的文章；戴进贤、徐懋德、严嘉乐合写的文章发表于拜耶尔的《中国的时间和时间周期》②一书中；宋君荣③、汤执中④分别有文章发表于18世纪和19世纪彼得堡的书刊中。除上述在彼得堡问世的文章外，目前在俄罗斯科学院档案馆、东方文献研究所档案馆、喀山大学图书馆藏有巴多明关于中国医学的文章⑤和关于中国生活习俗的文章⑥，宋君荣关于1735—1736年间北京天文观测的文章⑦和关于中国历史年表一书的文章⑧，蒋友仁翻译成拉丁文的《尚书》（*Chou King* 书经），韩国英1772—1777年间寄来的4篇文章⑨，另外还有宋君荣的北京地图。历次从北京带回的信件中先后有宋君荣、戴进贤、徐懋德、严嘉乐、刘松龄等北京耶稣会会士绘制的天文观测图和地理图⑩。彼得堡科学院方面向北京耶稣会发出信件的有12人：拜耶尔、德利尔、杜维尔努阿、阿姆曼、里赫曼、克拉特岑什泰因、盖宾什特列依特、采依格尔、鲁莫夫斯基、米勒、格梅林和克拉什宁尼科夫；北京耶稣会士向彼得堡发出信件的有17人：巴多明、戴进贤、严嘉乐、徐懋德、宋君荣、孙璋、陈善策、傅作霖、刘松龄、汤执中、魏继晋、蒋友仁、方守义、杨自新、钱德明、韩国英、金济时。这

---

① Cibot P. Descriptio Phalle quinquanguli seu fungi Sinensium Mo－ku－sin. Novi Commentarii, t. XIX, pp. 373－378.

② Koegler Ignatius, Pereyra Andreas, Slavicek Carolus. Ephemerides planetariae ex undecim annorum. *De horis Sinicis et cyclo horario*, Petropoli. 1735. pp. 23－32.

③ Gaubilius. Escerpta es Sinensi quaedam description itineris Pekingio per Siberiam versus Chlamyccos Astracanenses facti. SammlugRussicher Geschichte. IV part, sect 3, 6 vol. Petropoli. 1734－1735.

④ Incarville. Catalogue des plantes et autres jbjets d'histoire naturelle en usage en Chine. *Memoires de la societe Imperiale des naturalists de en Chine*. Vol. III. 1812. pp. 103－128. Vol. IV. 1813. pp. 26－48.

⑤ Parrenin. Письмо о *Lues venerea* в китае и о способах лечения этой болезни（21－III－1737 г.）

⑥ *Circaritussinicos.* 这是拜耶尔1738年收到的来自巴多明的资料，都是关于中国习俗问题的。转引自 Т. А. Пан, О. В. Шаталов, Архивные материалы по истории западноевропейского и российского китаеведения. Санкт－Петербург－Воронеж. 2004. Стр. 88.

⑦ 关于 *La Chronologie Chinoise du livre Tsou Chou* 的评论，转引自前引书。

⑧ *La Chronologie Chinoise du livre Tsou Chou*，转引自前引书。

⑨ 这四篇文章是《论古代长寿人的生活》（*Essai sur la longue vie des homes dan l'antiquité*）（1772年）、《中国园林》（*Essal sur hes jardins de plaisance*）（1774年）、《蘑菇的种植》（*Notice sur la culture des champignons*）（1775年）、《伞菌》（*Des agaries*）（1777年），以上法文和"彼得堡科学院与北京耶稣会士"一节中的拉丁文为北京外国语大学欧洲语言文化学院李慧老师帮助翻译。

⑩ Т. А. Пан, О. В. Шаталов, Архивные материалы по истории западноевропейского и Российского китаеведения. Санкт－Петербург－Воронеж. 2004. Стр. 88.

些信件所使用的语言有拉丁文、法文，内容涉及汉语和满语、中国历史和文学、天文学、地理、医学、物理和自然史。除与彼得堡科学院院士保持通信外，彼得堡科学院主席、科学院秘书也曾与北京耶稣会士通信，信件内容涉及交换图书、交换植物种子、推举宋君荣、刘松龄、韩国英为彼得堡科学院荣誉院士等。根据《彼得堡科学院会议记录》记载以及学术界的发掘情况判断，通信应有约145封，但目前保存可见的只有85封。彼得堡科学院与北京耶稣会士的通信和书刊交换，丰富了彼得堡皇家图书馆和珍宝馆的中国图书和中国物品，丰富了北京耶稣会图书馆的欧洲和俄国书籍，丰富了他们关于欧洲学术界的信息。

四 俄国东正教驻北京使团与北京天主教传教士

正如第八届俄国东正教驻北京使团（1794—1807年在京）团长所言[①]，所有生活在北京的修士大司祭注定都与北京的耶稣会教士交往。由于中俄关系十分不稳定，俄国商队时常因中俄边境的纠纷而被禁止进入中国，每逢此时，在北京的俄国东正教团人员就处于与俄国隔绝的状态，无法得到关于俄国和欧洲的任何消息。长期在北京生活、在宫廷任职的天主教传教士，对于俄国东正教使团人员来说，既能了解北京宫廷和欧洲的必要信息，同时远离祖国之中北京耶稣会士与他们同属于基督教世界的身份、甚至耶稣会士日常生活中的小事，都会令俄国驻北京东正教使团人员感到慰藉。第一届东正教使团团长列扎依斯基抵达北京后，与天主教神父马国贤互相拜访来往，马国贤日记中记载："这位院长的举止庄重而威严，服装和陈设都异常整洁。当他走出教堂的时候，胸前佩戴着十字架，手中拿着主教的权杖。"[②] 列扎依斯基明确向马国贤表示自己没有指望能给中国人洗礼，只为俄俘的后代的宗教生活服务，这与彼得一世对入华东

[①] 凡生活在北京的修士大司祭都必须和耶稣会教士交往。因为除此之外，他从俄国得不到任何消息，而从传教士那里则可以知道不少新闻，而且通过他们可以比较方便、比较确切地打听到当地的事情；同时还因为他在当地没有其他人可以结识，因为只要一结识满人和汉人，他们隔上一个月就会前来借钱，而借到钱后，都不能很快归还，有时甚至借出去的银两一去就不复返了。[俄] 尼伊维谢洛夫斯基编：《俄国驻北京传道团史料》第一册，商务印书馆1978年版，第53页。

[②] [意] 马国贤：《清廷十三年：马国贤在华回忆录》，李天纲译，上海古籍出版社2004年版，第78页。

正教使团的谕令完全一致。甚至为了不与北京的天主教传教士发生冲突，在马国贤面前甚至"装得像个天主教徒"。后来贫困潦倒时，列扎伊斯基依然是"想去走访那些耶稣会教士"①。第五届东正教使团团长去世后，北京的耶稣会会士操办葬礼安葬，安放墓碑，并在墓碑背面刻上了中文的祭文。② 百年后的北京，在天主教在华传教活动式微之时，俄国东正教使团一方面顾及清朝对天主教的态度而不敢过多表现出对天主教传教团之间的友好关系，一方面毕竟以往得到不少北京天主教传教团的帮助，且与天主教同属基督宗教，对北京天主教的态度非常微妙。尽管如此，在德天赐事件中，天主教逢绝处之时，清政府因为怀疑所有的天主教传教士而将德天赐的信件交给俄国东正教使团团长索夫罗尼·格里鲍夫斯基以了解其内容。危难之时索夫罗尼借口不太懂信件所写的语言，婉言拒绝解读，从而使信中涉及的那些传教士免于牢狱甚至灭顶之灾③。

即使天主教传教士在北京的地位已是岌岌可危，俄国东正教驻北京使团与北京天主教传教士之间依旧保持着新使团到京后相互拜访的传统。在俄国第九届、第十届使团交接之时，1821年4月18日，北京的葡萄牙主教毕学源向俄国东正教使团驻地派出4辆按中式装饰精美整齐的四驾马车，接俄国东正教使团全体成员前往天主教南堂做客（实际只有新旧两位使团团长、监督官、主要随行人员得以前往），参观南堂后，主客把酒相谈，兴致不尽。④ 1830—1831年间第十届、第十一届使团交换之际，毕学源主教再次邀请俄国客人到南堂做客。主人仔细准备餐食甜点咖啡，并正装陪餐，显示出招待之隆重。主客畅谈欧洲、俄国、中国时事，坦诚相待。⑤ 在北京惨淡经营的天主教传教士，与俄国东正教使团成员来往、接

---

① ［俄］尼伊维谢洛夫斯基编：《俄国驻北京传道团史料》第一册，商务印书馆1978年版，第38页。

② ［俄］阿夫拉阿米祖父辑：《历史上北京的俄国东正教使团》（Краткаяистория Русскойправославноймиссиив Китае），柳若梅译，大象出版社2016年版，第35页。

③ Е. Ф. Тимковский, Путешествие в Китай через Монголию, в 1820 и 1821 годах. СПб., 1824. стр. 65 – 68. Крузенштерн И. Ф. Первое российское плавание вокруг света. М.: Эксмо. 2011. С. 382. 伍宇星译：《19世纪俄国人笔下的广州》，大象出版社2011年版，第24页。

④ Е. Ф. Тимковский（吉姆科夫斯基），Путешествие в Китай через Монголию, в 1820 и 1821 годах（1820年至1821年经蒙古到中国行记）. СПб., 1824. стр. 221 – 226、269 – 271.

⑤ М. В. Ладыженский, Дневник, веденный в Пекине с 1 – го декабря 1830 – го года. 《中国福音报》（Китайский благовестник）1910年第7期，第13页。

待他们来教堂做客成为生活中的愉悦之事；弥留之际值得托付的对象也只有俄国东正教传教士。

天主教传教士多年在北京经营、传教，他们撰写翻译的关于中国的书籍，成为北京东正教传教士研究中国的重要资料。天主教传教士所积累的教理教义书籍，都为东正教传教士所利用，以之为蓝本，编写整理出适合用于向俄俘后代宣传东正教的读本，如第九届俄国东正教驻北京使团团长比丘林就从耶稣会会士1739年刊刻的教理问答读本中摘录编纂出讲解东正教的教理普及册①；1816年在比丘林与福文高的通信中交换理解和翻译《圣经》的心得②。1795年起，俄国东正教驻北京使团开始建设自己的图书馆。在1821—1830年间，修士大司祭彼得（第十届东正教使团团长）认为在天主教遭驱逐之际，耶稣会士翻译撰写的汉语、满语、蒙古语基督教书籍非常珍贵，日后将很难再得到这些书，所以全力收集，在丰富俄国东正教驻北京使团图书馆的同时，也为彼得堡的亚洲博物馆、外交部图书馆和俄国的一些大学图书馆购买了不少，目前仍是俄罗斯相关图书馆的珍贵馆藏。

五　俄国东正教驻北京使团与天主教遗留图书馆

1838年，在北京的最后一名欧洲天主教传教士、1800年入华的葡萄牙耶稣会士毕学源在京去世。毕学源身后遗留的天主教财产，依其遗嘱交由其故交——第十一届俄国东正教使团团长韦尼阿明保管和处理③。遗嘱中并没有提到图书馆④，图书馆什么时候、怎样移交给了北京东正教使

---

① ［俄］阿夫拉阿米祖父辑：《历史上北京的俄国东正教使团》（Краткая историй Русской православной миссии в Китае），柳若梅译，大象出版社2016年版，第56页。
② 见俄罗斯科学院东方文献研究所档案馆的档案资料：ф. 7, оп. 1, ед. хр. №39, Письма Пекинского католического мисионера Ферейра. Налатинскомязыке, впапковом переплете. 42 л., 1816 – 1821, 23 * 24。
③ 关于天主教遗留财产的处理，详见柳若梅《19世纪葡萄牙天主教在华遗留财产与俄罗斯东正教驻北京使团》，载《行政》（澳门）2012年第1期，第109—121页。
④ 毕学源遗嘱内容如下："请求尊敬的俄国神甫魏若明——若其不在，则请求其继任者——在我死后为我依例举行葬礼；同时，将南堂墓地托付于他，以便保管和实行必要之修复；此外，在我死后请其将在我房中能找到的一切物事进行变卖，所获资金交给我的国家，交至负责人手中。毕学源立于1830年7月6日。"见 J. Van den Brandt, L'Archimandrite Benjamin Morachevich et la fin du Nan – T'ang. *Le Bulletin Catholique de Pekin*, 400 (*June – October* 1948), p. 451. 中译文由北京外国语大学法语系全慧老师翻译。

团，现在很难确定。方豪在谈到这批图书时也提到移交日期已不可考①。从现有中、俄、法、拉丁语资料来看，有三个说法。按惠泽霖的推断，既然毕学源在遗嘱中没有提到图书馆，就应当是图书馆的善后事宜已经安排好。一些书中有俄文题识和1821—1830年间在北京的第十届东正教使团团长修士大司祭彼得（加缅斯基）的签名，落款时间是1828年4月和5月，说明此前图书馆便已移交。②方立中神父在1948年的文章中提到："在天主教遭受迫害期间，天主教传教团曾把他们的珍贵物品转移到了东正教传教团，其中有一个图书馆。部分财物被魏若明司祭买下。"③可以认为方氏的说法与惠氏的推断是一致的。但是，俄文资料并不支持惠泽霖神父的推断。苏联时期著名的汉学史家、目录学家斯卡奇科夫（П. Е. Скачков）称："1838年，在北京的最后一个西欧传教士、1800年入华的葡萄牙耶稣会士毕学源在京去世。毕学源生前曾请求韦尼阿明·莫拉切维奇为其死后变卖财产并将所得钱款转交给澳门的葡萄牙教会。在毕学源遗嘱中保存有相关条款。莫拉切维奇将毕学源的财产变卖后，托一个中国基督徒将部分钱款转寄往澳门。亚洲司得知此事后，认为此事'会对俄国东正教驻北京使团造成很大的危险'，而坚决禁止东正教使团同澳门的一切往来。毕学源去世后，葡萄牙耶稣会图书馆的丰富藏书转给了东正教使团，为后来的教士和随员学生广为使用，而其中一小部分较为生僻的天文学书籍，则被运往彼得堡。1860年，由俄国特使伊格纳季耶夫转给了法国的传教士。"④虽然该书中没有进一步指出这一说法的依据，但作者和编者认为图书馆的移交是在1838年毕学源去世之后，这一说法应该是有依据的。因为斯卡奇科夫的《俄罗斯汉学史》是以档案资料为基础而作，原本卷帙浩繁，只是在苏联无神论意识形态主导之下因其中过多的东正教传教士内容而遭大幅删减。另有俄文资料显示，是"在韦尼阿明团长时间，图书馆（指俄国东正教驻北京使团图书馆——柳按）突然

---

① 《北堂图书馆藏书志》，见《方豪六十自定稿》下册，页一八三八。

② 惠泽霖原著：《北堂书史略》，李国庆译注，载《北堂图书馆藏西文善本目录附录部分》，国家图书馆出版社1999年版，第1949年。第31页。

③ J. Van den Brandt, L'Archimandrite Benjamin Morachevich et la fin du Nan - T'ang. *Le Bulletin Catholique de Pekin*, 400（June - October 1948），p. 456. 中译文由北京外国语大学法语系全慧老师翻译。

④ ［俄］斯卡奇科夫著、米亚斯尼科夫编：《俄罗斯汉学史》（П. Е. Скачков, Очеркиисториирусскогокитаеведения），柳若梅译，社会科学文献出版社2011年版，第210页。

变得巨大丰富,由于中国政府下令葡萄牙传教士必须终止在中国人中间传教,葡萄牙传教士收藏的图书宝库连同天主教会财产转到了东正教使团"①。韦尼阿明是第十一届俄国东正教驻北京使团的团长,任职时间是1831—1840年,这个时段与斯卡奇科夫所说的时间一致。但是,在俄国东正教驻北京使团1848年的工作记录中称"此时东正教使团接收了葡萄牙图书馆的天文学藏书,这是波利卡尔普神父作为使团团长做的最后一件工作"②;该书中还提到在波利卡尔波使团(1840—1849年在京)期间,随团学生"戈什克维奇还为葡萄牙传教士藏书做了目录"③,这个时期与斯卡奇科夫的时间有差距,但是按这个说法,1848年俄国东正教使团接收天主教图书馆,之后便安排随团学生整理编目,似乎也说得过去。尽管图书馆委托给北京东正教使团的时间只能暂且存疑,但戈什克维奇书目上的题识却可以提供一些可靠信息。查阅俄联邦外交部帝俄对外政策档案馆保存的戈什克维奇书目,在书目末尾有三段小字,第一段是:"前任使团团长按此书单完整交出。——修士大司祭波利卡尔普";第二段是:"新任使团团长按此书单交接。——使团监督官柳比莫夫,1850年1月2日";第三段是:"新任使团团长按此书单完全接收。——修士大司祭巴拉第,1850年1月2日"。修士大司祭是每届俄国东正教驻北京使团团长的东正教职级,波利卡尔普是1840—1849年间驻北京的第十二届东正教使团团长,此时即将离任,因而是"前任使团团长"。也就是说,波利卡尔普在北京任期即将结束时,与新一届使团的交接工作内容中有关于这批图书的交接。从第五届东正教使团起,俄国方面设立了监督官护送新使团来北京、组织新旧使团的交接工作,护送旧使团安全返回俄国,护送第十三届使团的监督官是柳比莫夫。第二段小字显示,1850年1月2日,在监督官柳比莫夫见证之下,前任使团团长将这批书完整交给了新一届使团团长。柳比莫夫护送抵达北京的第十三届东正教使团团长是修士大司祭巴拉第。第三段小字显示,巴拉第完成这批图书的收验后,于1850年1月

---

① Китайские Благовестник(中国福音报),№ май–июнь, 1939. Стр. 47.

② [俄]阿夫拉阿米祖父辑:《历史上北京的俄国东正教使团》(Краткая история Русской православной миссии в Китае),柳若梅译,大象出版社2016年版,第78页。

③ 同上书,第80页。

2 日在书目上签字。① 也就是说，1850 年 1 月 2 日，在护送新使团到京、接回旧使团回俄监督官柳比莫夫的见证之下，安排整理编目的第十二届使团团长波利卡尔普和第十三届使团团长巴拉第，依目录查验核对，确认无误后三人在目录上签字，完成交接。

1860 年，俄国特使伊格纳节夫将这批图书交给了北京的天主教法国主教孟振生（Mouly）。1861 年和孟振生一起来北堂的狄仁吉神父开始为这批书籍整理编目②，1949 年，惠泽霖神父等历经艰难推出了《北堂西文善本目录》③ 现被称为"北堂图书馆藏书"。第十二届俄国东正教使团随团学生戈什克维奇为这批图书所做的目录，现今保存在俄罗斯联邦外交部帝俄对外政策档案馆④，该书目包括图书 3348 种，按主题分为 117 类。而狄仁吉神父所编北堂书目包括图书 5929 种，按主题分为 21 大类，具体对照如下：

北堂书目：圣经 205

俄书目：1 类圣经 30 种 + 2 类圣经倒说 9 种 + 3 圣经阐释 56 种 + 4 圣经重要词语索引和圣经阅读资料 15 种和 8 种 = 118 种

北堂书目：教父学 123 种

俄书目：相关图书 137 种，包括第 5 类神父和教会导师著作 35 种 + 第 6 类神学家著作 36 种 + 第 7 类神学体系和教程 66 种

北堂书目：神学教义及伦理学 637 种

俄书目：相关图书 233 种，包括第 9 类神学教义和分析 53 种 + 第 11 类道德神学 152 种 + 第 26 类道德哲学 28 种

---

① 见俄联邦外交部帝俄对外政策档案馆（Архиввнешнейполитики Российскойимперии МИДРФ）资料：Ф. ГА 1–5, оп. 4, г. 1823. Д. 1（п. 44），л. 143 об.

② Jean-Baptiste-Raphael Thierry, Catalogus Bibiothecae Dom s Pe–tan Congregationis Missionis Pekini Sinarum（北堂耶稣教遣使会 1861 年图书目录）．1861．

③ Lazarist Mission, Peking. Catalogue of the Pei–T'ang Library. Peking Lazarist Mission Press. 1949. 关于该书目的编撰详见雷强《北堂善本书目的编撰过程》，载《文汇报》2016 年 7 月 15 日第 W13 版。

④ 俄联邦外交部帝俄对外政策档案馆资料，Ф. ГА 1–5, оп. 4, г. 1823. Д. 1（п. 44），л. 91–144 об.

北堂书目：辩证神学及神秘主义 204 种

俄书目：相关图书 67 种，包括第 10 类神学辩论 55 种 + 第 25 类玄学 12 种

北堂书目：教规法及民法 204 种

俄书目：相关图书 177 种，包括第 17 类教规法 55 种 + 第 14 类耶稣会其章程和规则 80 种 + 第 15 类教会决议 19 种 + 第 16 类教皇令 14 种 + 第 90 类国民的权利和义务理论、训练规律 13 种 + 第 91 类法理学 13 种

北堂书目：布道及教义问答 300 种

俄书目：相关图书 341 种，包括第 8 类教义问答 65 种 + 第 12 类牧教神学 61 种 + 第 19 类虔诚思考 215 种

北堂书目：辩证神学及神秘主义 204 种

俄书目：第 10 类神学辩论 55 种

北堂书目：历史 531 种

俄书目：相关图书 247 种，包括第 74 类古代历史学家 39 种 + 第 75 类古代历史著作 12 种 + 第 76 类普通历史学 13 种 + 77 类国家和城市的特殊历史 19 种 + 第 78 类个别时期和事件的历史 24 种 + 第 79 类普通教会历史 19 种 + 第 80 类个别教会和地方的历史 17 种 + 耶稣会历史 25 种 + 第 84 类历史实例 43 种 + 第 85 类古代风俗道德等研究 11 种 + 第 87 类历史年表 25 种

北堂书目：祷告书 173 种

俄书目：相关图书 187 种，包括第 21 类教堂祷告书 79 种 + 第 18 类教堂辞令 84 种 + 第 20 类教堂祷告、仪式、节日 24 种

北堂书目：禁欲主义 700 种

俄书目：第 13 类禁欲主义 87 种

北堂书目：哲学 265 种

俄书目：相关图书 137 种，包括第 23 类哲学著作及其阐释 57 种 + 第 24 类哲学教程和逻辑辩证法共 45 种 + 第 27 类哲学史 35 种

北堂书目：几何学及水文学 96 种

俄书目：相关图书 45 种，包括第 32 类几何 26 种 + 第 94 类航海 19 种

北堂书目：文学 178 种

俄书目：相关图书 88 种，包括第 105 类文学、希腊和拉丁经典作品 49 种 + 第 108 类辩论、作诗法及例子 26 种 + 第 111 类语文学评论 13 种

北堂书目：数学 378 种

俄书目：相关图书 195 种，包括第 28 类古代数学家的开创性著作 34 种 + 第 29 类现代数学家的著作 13 种 + 第 30 类普通数学 37 种 + 第 31 类算术代数 39 种 + 第 33 类三角 15 种 + 第 34 类高级分析 5 种 + 35 类数学表格 200 种 + 第 49 类数学和天文学的各种定理

北堂书目：天文学及日晷测时学 438 种

俄书目：相关图书 316 种，包括第 36 类普通天文学 30 种 + 第 37 类天文学教程和民间天文学 19 种 + 第 38 类物理天文学 14 种 + 第 39 类天文学 21 种 + 第 40 类实用天文学 7 种 + 第 41 类宇宙学和数学地理学 13 种 + 第 42 类星座目录和星图 10 种 + 第 43 类天文学表格 12 种 + 第 44 类星历表 27 种 + 第 43 类天文观测 12 种 + 第 44 类星历表 27 种 + 第 45 类天文学表格 29 种 + 第 46 类天文学和数学工具 31 种 + 第 47 类日晷学 23 种 + 第 49 类数学和天文学的各种定理 17 种 + 第 50 类占星术 11 种 + 第 88 类日历 13 种

北堂书目：物理及化学 178 种

俄书目：相关图书 117 种，包括第 51 类物理 33 种 + 第 52 类气象学磁学电学 37 种 + 化学 14 种 + 第 54 类自然魔法物理和数学中的有趣命题 19 种 + 第 55 类炼金术 14 种

北堂书目：机械学及工艺学 131 种

俄书目：相关图书 56 种，包括第 97 类工艺学 9 种 + 第 98 类机械技术计量学 11 种 + 理论机械流体静力学和流体动力学 29 种 + 第 95 类工程艺术 7 种

北堂书目：自然史 148 种

俄书目：第 56 类普通自然史 15 种

北堂书目：医药学 308 种

俄书目：相关图书 269 种，包括第 28 类植物学 24 种 + 第 59 类植物学体系和教程、植物解剖与生理学 7 种 + 第 60 类动物学 20 种 + 第 61 类动物解剖与生理学 7 种 + 第 62 类人体解剖与生理学 26 种 + 著名医生著作全集 24 种 + 第 64 类卫生学、普通病理学和内科学、诊断学 12 种 + 第 65 类特殊内科学 53 种 + 第 66 类外科学和产科学 22 种 + 第 67 类生药学制药学和处方学 34 种 + 各种医学定理 20 种 + 通俗医学相面术 20 种

北堂书目：语言学 120 种

俄书目：相关图书 187 种，包括第 106 类最新拉丁语 38 种 + 第 107 类欧洲语言 63 种 + 109 类词典 41 种 + 第 110 类语法学文选和对话 37 种 + 第 112 类汉语埃及文字标准字 8 种

北堂书目：传记 196 种

俄书目：相关图书 115 种，包括第 82 类圣徒行传 61 种 + 第 83 类著名人物传记 54 种

北堂书目：杂类 316 种

俄书目：相关图书 54 种，包括第 114 类百科全书 11 种 + 第 11 类学术团体论集、杂志 11 种 + 印刷和其他 24 种 + 书目 8 种

北堂书目：
俄书目：第48类地球仪的应用10种 + 第70类普通地理学31种 + 第71类特殊地理学15种 + 第72类古代地理学17种 + 第73类旅行13种 = 76种

北堂书目：
俄书目：第89类政治18种北堂书目：
俄书目：第92类普通军事艺术战略学30种 + 第93类军事实践9种 = 39种

北堂书目：
俄书目：第100类农业和农业经济21种北堂书目：
俄书目：第101类建筑学25种 + 第102类雕塑美术绘画10种 + 第103类透视14种 + 第104类音乐和歌唱、乐谱18种 = 67种

北堂书目：
俄书目：第113类教育学12种北堂书目总计：5929种
俄书目总计：3348种

统计第十二届俄国东正教使团随团学生戈什克维奇所做书目中的3348种图书，可知其中摇篮本图书共有58种，出版于1484—1550年间，16世纪图书581种，17世纪图书1762种，18世纪图书858种，19世纪图书37种，此外还有一些图书由于缺少标注年份页等原因无法纳入统计。

但这并不是1860年俄国方面交给北京天主教孟振生的所有图书。在俄国东正教驻北京使团新旧交接工作完成后，又根据亚洲司1849年5月6日签发的第1514号许可，1850年，第十二届俄国东正教驻北京使团回国时，从上述所列书目中，从中选出14种数学著作（其中摇篮本图书3种、16世纪图书6种、17世纪图书4种、无出版年图书1种）和29种天文学著作（其中摇篮本图书6种，16世纪图书5种，17世纪图书16种，18世纪图书2种），即选出数学著作和天文学著作共计43种，运往彼得

堡普尔科夫天文台①，现在仍藏于俄罗斯圣彼得堡的普尔科夫天文台图书馆。也就是说，1860年俄国方面归还给北京天主教的图书总数的3305种，其中摇篮本图书约49种、16世纪图书约570种、17世纪图书约1742种，18世纪图书馆约856种，19世纪图书约37种，还有一些缺失出版年份页的图书近百种。这才是1860年俄国归还给北京天主教的所有图书。

  以上是19世纪20年代至40年代间俄国东正教驻北京使团接收天主教遗留图书馆和1860年归还该批图书的基本情况。这一事件集中反映了以清朝为中心的中国与欧洲、中国与俄国、俄国与欧洲的微妙关系。另一方面，这三千多部内容丰富、几乎覆盖了欧洲文明各领域成就的图书宝库在清朝的存在和被传教士用于其中华活动之中，将欧洲的文化成果推广于中国，形成中西文化交流、中俄文化交流历史上的一大盛事。

---

① 见俄联邦外交部帝俄对外政策档案馆资料：Ф. ГА 1 – 5, оп. 4, г. 1823. Д. 1（п. 44），л. 144 об.

对近代以来中国留学史的几点认识

北京外国语大学　李雪涛

中国留学史研究的意义

尽管在《旧唐书·东夷传·日本》就有"留学生"一词："贞元二十年，遣使来朝，留学生橘逸势、学问僧空海。元和元年，日本国使判官高阶真人上言：'前件学生，艺业稍成，愿归本国，便请与臣同归。'"日本江户时代产生的兰学（Rangaku，らんがく），是一种透过与长崎出岛的荷兰人交流而由日本人发展而成的学问。在18世纪中叶所谓的"留学"，就是去长崎学荷兰语。明治前后去欧洲都叫"留学"。但近代以来中文语境下使用的"留学""留学生"，是对日语的借词，"留学"所指的是晚清同治以来，中国人到欧美和日本等接受各类教育。

胡适（1891—1962）于1912年发表《非留学篇》，指出了当时中国出洋留学的四大弊端："留学者，吾国之大耻也！留学者，过渡之舟楫而非敲门之砖也；留学者，废时伤财事倍功半者也；留学者，救急之计而非久远之图也。"[①] 至于"留学当以不留学为目的"的原因，对于面对"五千年未有之变局"，以救亡图存为目的的胡适一代青年人来讲是可以理解的。因此，清末民初出国留学的仁人志士大都选择军备、西政、西艺、西学等实科来救亡图存。[②] 但今天看来，留学是永远也不会终止的，特别是世界已经逐渐成为一体的当代，各种文化间的同步性和相互依赖愈来愈强烈。生活在全球化今天的人们，更不会停止跟其他民族的交流和互动，因

---

① 耿云志、宋广波编：《学问与人生》，外语教学与研究出版社2011年版，第370页。
② 舒新城：《近代中国留学史》，上海文化出版社1989年影印版，第136页。

为每种文明体系的进步总离不开与异质文明的交流与融合。美国历史学家麦克尼尔（William H. McNeill, 1917—2016）甚至认为"与外来者的交往是社会变革的主要推动力"①。留学自始至终承担着促进各国、各地区的沟通与共同进步的使命，是人类文明传播的重要依托。它通过教育帮助不同地域、不同种族的人群实现了相互沟通。20世纪70年代末改革开放后的中国留学生，在很大程度上依靠国外的各种奖学金和基金。进入新世纪以来，随着国家留学基金委的资金的不断增加，由中国政府和中国民间支持的奖学金学生的比重不断上升。今天不只是中国莘莘学子负笈国外，也有大量由中国政府支持的海外学生到中国来留学，逐渐形成了一种平等往来的、真正意义上的互动。

实际上，早在20世纪初康有为（1858—1927）逃离祖国之初，他已经认识到了在国内遍寻、苦读关切中国社会时弊的西学新书，远不如自己亲自到欧洲考察来得便捷。于是他后来提出了"当读中国书，游外国地"的主张，认为："以互证而两较之，当不至为人所恐吓，而自退于野蛮也。"② 跟这种考察相比，留学的方式尽管耗用的时间较长，但更能比较彻底地达到康有为的目的，亦即将游历见闻，参照本土文化，进而考察历史与当下的得失。在地域上，留学需要负笈他国，在方式上，也需要进入学校教育或研究机构，并以学习研究为主要目的。

20世纪30年代，著名中外交通史家张星烺（1889—1951）先生认为，自明代中西交通以来，欧化东传之媒介，大致可分三种：一是由欧洲商贾、游客、专使及军队之东来，二是由宗教家即传教士之东来，三是由中国留学生之传来。③ 留学生这个群体，在中国新文化的建构中，做出过巨大的贡献，他们同时也是社会变革的中坚力量。正是由于这场史无前例的巨大留学运动，使得中国文化在近代改变了发展方向。而舒新城（1893—1960）也认为："无留学生，中国的新教育与新文化决不至有今日……现在教育上的学制课程，商业上之银行公司，工业上之机械制造，

---

① ［美］麦克尼尔：《变动中的世界历史形态》，见夏继果、本特利主编《全球史读本》，北京大学出版社2010年，第3—21页，此处引文见第13页。
② 康有为：《欧洲十一国游记二种》，收入《走向世界丛书》，岳麓书社2008年版，第115页。
③ 张星烺：《欧化东渐史》，商务印书馆2011年版，第4页。

无一不是从欧美日模仿而来,更无一不是假留学生以直接间接传来。"① 在中国从传统农业社会向近代工业社会转变的进程中,留学生起到了非常关键的作用。这些从西方国家以及日本留学回来的人士,成为传播新文化的媒介,他们是社会变革的先锋。甚至毛泽东(1893—1976)也指出:"那时,求进步的中国人,只要是西方的新道理,什么书也看。向日本、英国、美国、法国、德国派遣留学生之多,达到了惊人的程度。国内废科举,兴学校,好象雨后春笋,努力学习西方。"② 直接接触异质文化使得他们获得了现代意识,并且成为西方文明的载体,促进带动了整个知识阶层的转型。他们的存在使中国真正拥有了现代意义上的具有批判精神的"知识分子"。他们引进了近代西方的教育思想和教育体制,培养了一大批近代化教育的师资,加速了中国教育从私塾走向近代化的进程,从革命思潮的传播,到社会自然科学的引进,乃至语言文字的改革,都涵盖其中。英格尔斯(Alex Inkeles,1920—2010)认为:"人的现代化是国家现代化必不可少的因素。它并不是现代化过程结束后的副产品,而是现代化制度与经济赖以长期发展并取得成功的先决条件。"③ 人的现代化是现代化赖以进行并取得成功的先决条件,并且个人现代化还构成了现代化的目标,现代化追求经济发展,其根本目的还是在于人的发展和人的解放,因此个人现代化是社会现代化最有价值的目标。作为文化交流史中的重要一环,留学的起因、国别和性质深刻地影响着中国的近代知识的产生和发展,中国文化甚至也因此改变了行进的方向,变换了形态和性质。实际上,留学生已经成为了影响近代中国变革的一支重要力量。他们的发展轨迹,反映了中国走向世界的历史进程,以及中国人对世界认识的逐步深入。

作为一种跨文化的实践活动,留学是与异域的相遇,是一种他者的眼光与陌生现实的相遇。留学行为导致异质文化之间在生活方式、价值观念、意识形态等方面的交流碰撞,有时甚至会产生极端的社会变迁。留学之所以重要,首先在于它超越了本土的视野,用另外一种眼光来看待世界。其次,对于留学生来讲,同样的学科可能会产生完全不同的意义,因

---

① 上揭舒新城《近代中国留学史》,第1页。
② 《论人民民主专政》,《毛泽东选集》第四卷,人民出版社1991年版,第1469页。
③ [美]英格尔斯:《人的现代化》,殷陆君编译,四川人民出版社1985年版,第8页。

为他们有着跟本土的学生完全不同的脉络。留学又是一种时空过程。时间的维度在留学过程中常常会让人进入未来的场景，构成了留学生所在国的传统时间与所到之处的当下时间及其所预感到的未来交织在一起。而空间的转移不但有地理形态的骤变，更有人文环境的巨大差异。实际上，从一种空间向另外一种空间的延伸，使得留学生们的眼界得到了拓展。近代中国积贫积弱的特殊现象，也常常使得留学生个人的漂泊体验与国家的苦难遥相呼应，有着与母体文化难以割舍的血脉关系。留学生的留学所在国、学科等背景及其留学经历本身，都会对其后来的政治和社会行为产生深刻的影响。因此，这批人的身份认同必然要放在中华民族的近代以来的历史中才能得以理解。

除了书本上与国内完全不同的知识体系和研究方法之外，随着在异域所遇到的愈来愈多"匪夷所思"的新事物，自我所属的文化及身份认同的危机，新的空间体验，必然与所在国家的社会文化间形成反差，并在此基础之上对自己的身份认同及文化身份进行反思。因此他们往往会引发一些深刻的洞见和富有启发意义的观点。

留学生是一枚硬币的两面：一方面，他们在国外生活、读书，向国内传播前沿的思想、文化乃至科学知识，很多的学科也正是通过留学生的引进才在中国发展起来的；另一方面，他们也向所在国介绍中国文化，以及让更多人了解中国方面，他们也发挥了积极的、不可替代的作用。崭新的知识结构以及对现代文明的深入观察和切身感受带来的思想观念的改变，使他们身上呈现出了传统与现代的相互交织现象。留学生的本土意识也正是在融入世界潮流的时刻得以凸显。

作为中外关系史的中国留学史

2014年12月，北京外国语大学成立了全球史研究院，我认为留学史的研究理应成为全球史中中外互动的一个很重要部分。一部近代中国留学史，实际上就是一部学习西方物质文化、制度文化，并逐步深入精神文化层面之中的历史。早期的留学史是将西方近代以来的知识与救国自强相结合的留学运动史，留学生们承担着特殊的历史使命。留学成为与中国近现代的政治转型、文化转型密切相关的一项事业。实际上西方和日本的近代教育直接在中国留学生那里孕育出了改革和创新的内在动力。而在中国从传统的农业社会向近现代社会的转型中，留学生们也承载着现代与传统的复杂关系，在异国和母国的多重身份转化中，他们也常常会成为中西之间的矛盾体。拿德国为例，早在清末的时候，1876年李鸿章曾派遣卞长胜、朱耀彩、王得胜、杨德明、查连标、袁雨春、刘芳圃等7名天津海防各营的下级军官赴德学习军事技术，这被看作是近代中国人留学德国的开始。① 这之后，中国赴德留学人数不断增加。北洋政府时期（1912—1927）有众多赴德留学的著名人士，包括在政治上有影响的周恩来（1898—1976）、朱德（1886—1976）等，在学术界有影响的辜鸿铭（1857—1927）、蔡元培（1868—1940）、陈寅恪（1890—1969）、宗白华（1897—1986）等。五四运动的领袖人物蔡元培（1868—1940）、陈独秀（1879—1942）、胡适则分别代表了当时自欧洲、日本和美国归来的留学知识团体。他们对西方制度文化、精神文化的引进，直接导致了中国传统文化的解体。南京国民政府时期（1927—1949）出国留学逐渐形成了一种风气。在蔡元培主持中央研究院期间（1928—1940），大部分重要的成员都是曾经的留欧、留美、留日的学生，在科学以及文史方面把握着学科的重要方向。1949年之后，因为中国仅与东欧社会主义阵营的国家建立外交关系，就两个德国而言中国只往民主德国派留学生。直到1972年中国与联邦德国建交后，才又开启了同西德大学的交流。1990年两德统一后，中国与德国之间的学生、学者交流进一步加强。今天除了DAAD（德国学术交流中心）驻京办事处外，很多德国大学在中国都直接设有驻京办事处，以便更好地服务中国学生前往德国留学。

改革开放之后，以西方发达国家为目的地的留学生教育开始迅速发展，一开始主要是外国各种基金会的支持。这些曾经的留学生，如今在不同的部门（大学、研究机构、企业等）担任着重要的职位，他们记录下来他们留学期间的难忘而珍贵的经历，介绍他们当时的生活和学习情况，他们在促进中外文化交流方面发挥重要作用，同时也帮助今天的读者了解当时这些留学国家社会的各个方面。留学生的目标并不在留学本身，最重要的是他们对人类其他文明的认知与留学经验。

曾在国外生活多年的留学生们的回忆录，与一般的游记还不一样。一

---

① 请参考徐健《晚晴官派留学生研究》，载《史学集刊》2010年第11期，第72—79页，此处见第73—74页。

般说来留学生们对西方社会、思想了解得更深入。游记是印象式的描摹，很少像这些留学生会结合自己所学的专业，不仅对当时的生活进行回忆，对社会情况进行系统性的阐释，其中也包括对学术史来讲非常重要的史料，并常常介入文化比较的理性模式。一部留学史蕴藏着有关对自我、他者认知，文化冲突、融合等等的无尽命题，是对留学生的文化冲突、适应、吸收、涵化、嬗变及传播的研究。在这一深层次的文化交流过程之中，由于受到母体文化的影响，留学生们对曾经的留学国文化的译介并非简单的翻译，其中的情形非常复杂。

中国留学史研究所面临的问题与未来的发展

改革开放以来，有关留学史的研究得到蓬勃发展，包括南开大学、江苏师范大学在内的国内几家高校都成立了相关的研究中心，并且已经取得了很多成就。但这些研究所关注的往往是留学生们留学之前的生平以及从海外归来之后的贡献和影响，而对他们影响重大的在异质文化中求学的经历，常常一笔带过。

留学史绝非仅仅是中国在晚清到民国时期特有的现象，全球史的视角来看，这也是全球化以来知识迁移的必然。全球史研究强调去中心主义，强调互动，使得我们有另外的一种看待历史的方式。我们知道，从19世纪上半叶到第一次世界大战之前，美国曾派几千名留学生到德国留学。奥斯特哈默（Jürgen Osterhammel，1952 – ）认为，现代大学制度是一小群贵族改革者（von Stein，Hardenberg）和胸怀理想的哲学家（Fichte，Hegel，Schleiermacher）——而威廉·冯·洪堡（Wilhelm von Humboldt，1767 – 1835）则成为这两类人的联络人——在柏林创立，时间是1803年后，特别是1806年后……尽管当时产生的现代大学——其原型是1810年创立的柏林大学——保留了它从中世纪延续下来的一些意识和象征，但它本质上是革命时代的革命性创新。[1] 正是这些留学德国的学生，在回国后将德国大学的观念带回了美国。

留学史研究是一个跨学科的研究，需要不同专业、不同背景人共同的

---

[1] ［德］于尔根·奥斯特哈默：《世界的演变：19世纪史》（全3册），强朝晖、刘风译，社会科学文献出版社2016年版，第1462页。

参与。留学史涉及近现代以来的大部分学科，并且正是由于这些留学生的努力，才使得很多现代学科在中国得以建立。目前我们所做的仅仅是学术史的梳理和研究。因此，需要各个学科的学者们的支持，才可能做得深入。以 1939 年《留德同学录》为例，在书后的"留德同学各科人数详表"中就有 57 个科目之多，[1] 涉及社会科学（文法——政经、其他）、自然科学（理化——物理、化学、其他；工程——土木、电工、机械；医药）的多个分支。[2]

如果将中国留学史的研究对象作内部研究和外部研究区分的话，对留学期间的考察显然是最为核心的，是真正的内部研究。而留学之前和之后的阶段，以及留学政策等的研究，基本上属于外部研究的范畴。从知识迁移史的角度来看，留学生在异域大学中的学习、生活，包括与国外学者之间的交往，是形成他们知识谱系的重要一步，是他们知识生成的原点。他们在国外的大学中，上过哪些课程，所跟随的导师是哪些，他们撰写的学位论文的内容，以及当时评阅者的评语等等，都有待挖掘。实际上对留学生在留学过程中文献档案的搜寻、钩沉、整理、运用，是具有重要历史意义的研究工作。除了新的理论的引入和方法创新之外，国内留学史研究的问题在很大程度上是由于没有深入挖掘各种文献史料，尤其是国外的档案。近年来，我们在德国、奥地利等德语国家的大学档案馆中找到了一些 20 世纪上半叶中国留学生的档案资料，包括：入学资料、简历、学位申请资料、学位论文、评语等，异常珍贵。我们的团队也试图通过这些档案资料的研究，接续上这些留学生在留学之前与留学之后的知识上的断裂。同时也在此基础之上，着重考察知识的迁移情况。

从各个方面来讲，晚清到民国间的中国留学运动，基本上没有去除掉"病灶"心态，因此，这是一种将西学新知与救国自强相结合的"政治留学"。留学生们承担着特殊的使命——救亡图存的急需及对美好社会的追求，亟须对传统社会进行政治和文化的近代转型。因此，对这样一个人群的研究，决不能仅仅局限在知识迁移的范围之中。伽达默尔（Hans - Georg Gadamer, 1900 - 2002）在谈到施莱尔马赫（Friedrich Schleiermacher, 1768 - 1834）的名言"我们必须比作者理解他自己更好地理解作者"

---

[1] 中华民国留德学生会编：《留德同学录》，1939 年 9 月。第 50 页。
[2] 出处同上，第 49 页。

时认为:"施莱尔马赫把理解活动看成对某个创造所进行的重构(den rekonstruktiven Vollzug einer Produktion)。这种重构必然使许多原作者尚未能意识到的东西被意识到。"① 对历史的重构当然意味着超越原来的历史,对于很多历史文本的解读,都是当时的作者所没能想到的。在所谓的效果历史(Wirkungsgeschichte)中,伽达默尔特别强调一种"丢弃自己"(Von – sich – absehen)的"自身置入"(Sichversetzen)的方法:"当然,就我们必须真正设想其他处境而言,这种丢弃是必要的。但是,我们必须也把自身一起带到这个其他的处境之中。只有这样,才能实现了自我置入的意义。"接下来伽达默尔举例说:"例如,如果我们把自己置身于某个他人的处境中,那么我们就会理解他,这也就是说,通过我们把自己置入他的处境中,他人的质性、亦即他人的不可消解的个性才被意识到。"② 也就是说,对待历史的言说方式,首先应当尽可能地还原一个历史语境,置身于他人的处境之中,去接近和理解历史之中的人物和思想。而这样一个历史语境的营造需要从具体的文本和时代背景出发,从而理解和体会历史人物的精神。这在留学史的研究中,尤其如此。如果不了解近代以来中国社会的情况,也很难理解留学生们的所作所为。

　　留学生所涉及的知识与文化绝不仅仅局限于所在国,留日的学生就在日本接触到了大量输入日本的欧洲知识,以及现代的民族主义观念。而近代世界的民族国家观念,正是通过这一批留学生译介到中国来的。曾经在日本留学七年之久的鲁迅(1881—1936),一生都在致力于"国民性"(kokuminsei)的分析与批判。顾彬(Wolfgang Kubin, 1945 –)认为,对于自己国人的思考是中国现代性的一部分,它是与1902年的梁启超(1873—1929)关于"新民"的思考一脉相承的。从思想史上看,这位改良者是受到日本对赫尔德(Gottfried Herder, 1744 – 1803)的"民族精神"(Volksgeist)接受的影响,"国民性"这个概念就是从日本引进了中国。③ "国民性"的概念是从梁启超的"新民"而来,而"新民"又源自日本对赫尔德"民族精神"的翻译。因此,留学史的研究,是真正意义

---

① [德]伽达默尔:《真理与方法——哲学诠释学的基本特征》"第2版序言",洪汉鼎译,上海译文出版社1999年版,第248—249页。
② 同上书,第391页。
③ [德]顾彬:《二十世纪中国文学史》,范劲等译,华东师范大学出版社2008年版,第35页。

上的跨多种文化的历史研究。

从晚清到 1949 年，中国在海外留学的学生总人数超过 10 万人，量的积累自然会带来质的突破。而我们近年来的研究往往只集中关注其中很少的一部分"精英"。北京外国语大学全球史研究院目前正在准备建设"中国留学史数据库"（History of Chinese Students Studying Abroad Database，HCSSAD）。数据库以单一人物的简历纪录为中心，并通过留学时的学术交往、学位论文等项，展开个人与其他人物的关系网络，形成所谓的"关系型"资料库。虽然 HCSSAD 通过单个人检索实现，但这种个体不是独立存在的，数据库通过搜索搭建了这些历史人物之间的关系网络。相比于其他数据库，HCSSAD 的最大优势，在于实现了文本的编码化：将一个个单独的词条，通过编程的方式，形成了所谓的"关系型"数据库（relation database）。

因此，作为全球史一部分的留学史在研究方法、研究范围以及文献资料方面都有待进一步拓展。

太仓航海文化遗存调查

上海中国航海博物馆　顾宇辉　朱金龙

一　太仓航海历史概况

太仓位于我国东部海岸的中心地带，地处长江入海口，属长江流域和太湖流域汇合而成的长江三角洲经济腹地，具有优越的自然和地理条件。其境内的浏河镇（即刘家港）位于太仓东南部，浏河（古称娄江）自西向东由境内汇入江海，境域位于太、嘉、宝三区县交汇处，隔江与崇明相望。约六千年前，太仓境内陆地尚在浅海中；西周、春秋时，在江、海、湖的共同作用下，境内陆地露出水面并与西部冈身涨连。秦汉时，形成濒海新冲积平原区。唐宋时，境内长江岸线继续东移淤高，濒海地势日渐隆起。元明时，受地质、天文、潮汐等因素共同作用，长江主流通过南支河口入海渐渐成为趋势。境内水域深广，刘家港成为"带江控海的商贾之区，漕运要津，为海邦乐土"。太仓地处亚热带季风区，又临海洋，境内冷暖气流交替活跃，四季分明，但有时会遭台风、寒潮、冰雹等天气侵袭。

春秋时太仓属吴地，吴王曾经在此置仓。楚国打败越国后，春申君被封在吴地，置东西两仓。今太仓属东仓，"太仓"由此得名。三国时，作为娄江入海口的自然港湾，太仓是吴政权的海防要地。据《越绝书》载，吾人"习于水战，便于舟用"，在太仓以东海面曾发生多次海战。晋唐时期，经过垦殖，发展成为著名的滨海渔村。北宋景祐元年，范仲淹在苏州任职期间亲临太仓，发动兵民"开茜泾、凿潟漕、疏浚五大浦"，拓潟漕塘通娄江，为浏河成为海道漕运创造条件。元初，海盗出身的朱清、张瑄奉旨以太仓为基地开创海道漕运航线，首航造海船 60 艘，运粮 4.6 万石，从浏河口出长江口，取海道北行，抵达直沽（天津）。海道漕运航线的开辟，有力带动了太仓海运发展，促进太仓港市的繁荣。据《弘治太仓州志》载，"海外诸蕃因得于此交通市易，是以四关居民，闾阎相接，粮艘海舶，蛮商夷贾，辐辏而云集，当时谓之六国码头"，刘家港由此成为闻名遐迩的东方大港。南来北往商旅不绝，位于澛漕口的天妃宫香火大盛，浏河镇一度名为"天妃镇"。到了明代初期，刘家港以其特殊的地理位置、优越的港区条件、丰沛的物质供给以及杰出的航人才储备，成为郑和下西洋的起锚之地。自永乐三年至宣德八年（1405—1433），郑和率领舟师从太仓七下西洋，书写了中国航海史的辉煌篇章。伴随郑和航海，太仓作为对外交往的口岸重要性日益凸显，番舶、商贾、钦差、贡使往来更加频繁，同时与航海相关的产业，比如造船、绳索、帆具、铁锚的生产制造业也勃兴发展。明朝中后期，"海禁"政策切断了太仓的海外贸易与往来。但是，当地的船家流民长久习惯以海为生计，民间海上走私勃兴。其中有些人驾驶大船，亦盗亦商的武装走私对刘家港沿岸的生活造成损害。康熙二十四年清政府开海禁，由于通江达海的地理位置和广阔的经济腹地依托，太仓逐渐恢复了繁盛的海上贸易，在沿海与内地的中转贸易中发挥着重要作用，其中以北洋航线贸易尤盛，南洋贸易也有一定规模，但整体是以近海贸易为主。到了清代中后期，尤其是鸦片战争以后，上海港的崛起与轮船航运业的兴起，对太仓航线以沙船为代表的木帆船航运业造成了冲击，刘家港的航运之利逐渐被外商轮船取代。清末，太仓海航举步维艰，后有英商与上海同茂洋行在太仓境内开设小火轮公司，开通苏州到太仓的小火轮为商旅提供交通便捷。辛亥革命后，太仓港曾再度繁荣，成为南北货运的集散地。后来历经战乱破坏，港口满目疮痍，海航事业日渐萎缩。1949 年后，太仓作为南北航运交通要道的枢纽功能逐步恢复，从而进入新的历史阶段。

图 1　太仓境内古海洋生物化石（存于太仓博物馆）

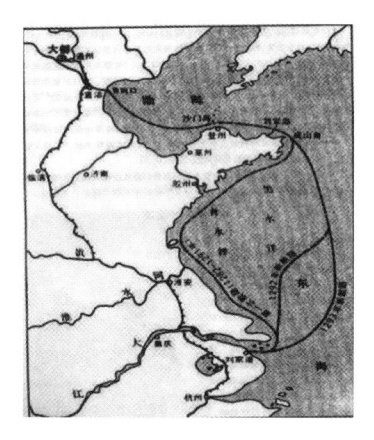

图 2　元代的海运漕运航线图　　　　**图 3　清代浏河下游入海图**

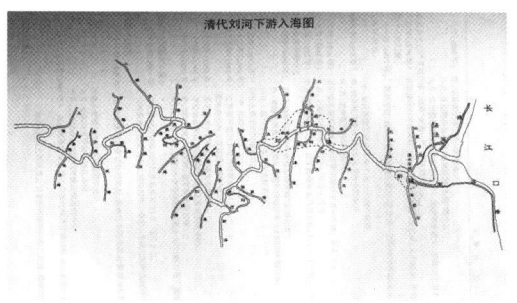

二　太仓航海文化遗存

太仓是我国古代重要的海防要地、粮仓储地与商贸港口。特别在元明两代，伴随海道漕运以及郑和七下西洋等重要事件，太仓成为扬名海内外的东方大港，素有"六国码头""天下第一港"之美誉。历史上，太仓因其独特的地理位置、优越的港区条件、丰沛的物质生产与补给功能、杰出的航海人才储备成为中国古代航海实践的重要基地；同样，繁盛的航运业、辉煌的航海实践也对太仓的经济、文化发展产生了深远影响,在太仓境内留下了许多遗存,成为中国航海历史文化的重要见证。调查组通过实地考察、业务走访、与太仓境内专业研究人士交谈,形成了对太仓境内航海文化遗存的整体认识;在此基础上,结合地方史志、研究论著以及相关文献,搜集整理太仓境内涉及航海的文化遗存,共整理出约19处。

(一) 地上史迹

1. 天妃宫

浏河天妃宫,又名"天妃灵慈宫",俗称"娘娘庙",始建于宋宣和五年,早先由旅居娄江口的闽粤海商于浏河口北岸五杨池(龙王湾)建灵济宫,祭祀妈祖林默娘为灵济夫人。据元郑元祐《重建漕天妃宫碑》记载,元代至正二年,因受海潮侵袭,原建于龙王湾的天妃宫渐坍,江浙行省参知政事燕山图鲁遂拨中统钞二万五千贯予以重建,常熟海商刘文明也捐资万余贯,将天妃行宫迁至漕口"土植燥刚,户向高平"之地。明代永乐初年,郑和船队在太仓集结出海,曾经先后三次对天妃宫进行大规模扩建兴修。清代至民国,天妃宫历经官方与民间力量不断修葺。中华人民共和国成立后,尤其在20世纪80年代以来伴随郑和下西洋的相关纪念活动,政府再次对天妃宫古迹进行修复、扩建,于1985年将郑和纪念馆设建于此,2005年纪念郑和下西洋600周年,天妃宫(郑和纪念馆)再次大规模修建,因其所具有的重要历史价值成为国家重点文物保护单位。

目前,天妃宫位于浏河镇新东街90号,占地6277平方米,合计6.42亩,建筑面积1531平方米。现有建筑主要由前殿(山门)、正殿遗址(复原)、后殿、配殿(原城隍庙)、碑廊、六角亭、廊等组成,其中后殿和廊庑为原存建筑物。后殿又称天妃的寝殿。后殿大楼坐北朝南,上下两层砖木结构,古朴规整,门楣雕刻海浪托日和巨龙戏水的图案,总体凸显了明代建筑风格。后殿中央供奉天妃金塑神像、"岠山小姐神像",墙壁上的磨漆壁画以妈祖救难海上为主题,包括郑和船队遇风险、妈祖显灵庇佑的图案。院中塑有妈祖汉白玉雕像,其服饰、神态、手势与福建莆田湄洲岛的妈祖雕像极为相似,院中东西各列石碑一座,分别为根据明人钱谷之收录碑文重刻的《通番事迹之记》以及为纪念浏河天妃宫《浏河天妃宫返三清碑》。后殿东南隅建有碑廊,碑廊内贮有关于天妃宫史迹的碑刻

13 通，历史跨度从清代至民国年间，碑文以记述历代绅商捐资修建天妃宫为主线，内容涉及当时浏河以及太仓境内渔市船商、市舶管理以及纠纷处理等社会经济生活层面（详见"发掘文物"第 1 处）。课题组考察时，得知 1985 年起建于天妃宫内的郑和纪念馆已于 2009 年搬迁至位于浮桥镇新港区的郑和公园。

作为太仓境内一项重要的历史遗迹，浏河镇天妃宫见证了史上太仓在社会政治、经济、军事与宗教文化等方面的概貌与变迁，尤其突出了太仓以港兴市的历史渊薮与发展轨迹。可以说，天妃宫自身的历史即为太仓海航史、港市史的写照，其缘起、兴盛、变迁与衰退与太仓的海航事业息息相关，对我们深入了解太仓的航海历史文化具有重要价值，具体包括以下几方面：

首先，为追溯宋元时期刘家港以澹漕口为重心的港区结构提供线索。天妃宫最早是由宋代宣和年间旅居太仓的闽粤商人捐资兴建而成。作为具有鲜明地域特色的海神信仰，妈祖信仰随闽粤商人传入太仓境内并立祠祭祀，表明北宋时期闽粤商旅在太仓具有一定的人口规模，并形成固定的生活族群，而人口的流动是地区航运贸易繁盛的结果。刘家港位于娄江口，是江南地区重要的通海门户。早在隋唐时因水陆交通的便捷条件转运漕粮、帛货而著称，因此刘家港又名"澹漕口"。北宋知州范仲淹亲临太仓，拓浚澹漕塘通娄江，舶商往来驻足，货物汇聚港市开始形成，交易活跃，成为浙东、闽粤商艘辐辏之地。到了元代，伴随漕粮海运的历史契机，刘家港勃兴为南粮北运的大港口，"粮艘海舶，蛮商夷贾，辐辏云集，时谓之'六国码头'"。此时六国码头以澹漕口为重心，辐射至嘉定石家塘码头与太仓南码头，港区内帆樯如林，店肆鳞次栉比，蕃客商贾往来，繁盛至极。据元郑元祐《重建澹漕天妃宫碑》记载，元代至正二年，因受海潮侵袭，原建龙王湾的天妃宫宫基渐坍，后被迁址重建于澹漕口东。之所以迁址至澹漕口，一方面由于此地"土植燥刚，户向高平"，避免海潮侵袭；另一方面，也与此时澹漕口作为"六国码头"的重心相关。可以说，澹漕口的港市特征是天妃宫落址于此的原因，同时天妃宫的落成又进一步促进港市繁盛。港区往来商贾众多，香客如云，天妃宫的香火极盛，一度浏河镇又名为"天妃镇"。史上以"天妃"作为一个市镇的命名，为数不多。天妃宫不仅是浏河镇地区作为信仰祭祀的建筑场所，而且由于其聚合了太仓港区、航运、经济、人口与信仰，内在关联成为一种具有鲜明地域特色的文化空间。

其次，为研究郑和下西洋提供实证资料。天妃宫在史上大规模修葺以及盛名播迁的另一个因素与郑和下西洋密切相关。从永乐三年至宣德八年（1405—1433）的 28 年中，郑和七下西洋起锚地都在太仓。每次出航前，郑和亲率文武前往天妃宫朝拜进香，祈求妈祖护航。期间，曾经三次对天妃宫进行修葺，尤以第七次下西洋宣德五年修葺规模为最甚，勒石立碑《通番事迹之记》，嵌于天妃宫大殿壁内，并亲植西域海棠于前庭。可惜清宣统年间大殿焚毁，该碑从此湮灭。碑文为明人钱谷之《吴都文粹续集》录以传世。1935 年史学家郑鹤声发现碑文，引发中西交通史学家的兴趣。1985 年纪念郑和下西洋 580 周年重修天妃宫时，根据碑文重刻此碑。《通番事迹碑》全称《娄东刘家港天妃宫石刻通番事迹碑》，又称《天妃宫石刻通番事迹记》碑，碑文开头以"敕封护国庇民妙灵昭应弘仁普济天妃"起笔，历叙"自太仓开洋"，抵达"西域忽鲁谟斯等三十余国"，历经海上艰险、幸得天妃护佑经历。第二段记述了历次修葺天妃行宫情形，表达对妈祖的敬肃；第三段重点叙述了郑和与同齐王景弘等人六下西洋的经过情况，包含了历次下西洋的时间、目的、到达的地方以及经历的重要事件（比如生擒海寇陈祖义）等重要史实信息。该碑与福建长乐《天妃灵应之记》在立碑时间、碑文内容上堪称"姊妹碑"，对于深入研究郑和下西洋提供了宝贵的物证。

最后，为了解江南地区妈祖信仰的播迁、发展提供史证。"凡是有华人的地方就有妈祖文化"，妈祖作为华人世界的海上守护神在华人宗教信仰中具有重要地位。从宋代开始，妈祖信仰的发展在国家层面上经历了宋朝使臣出使高丽琉球、元朝海上漕运、明朝郑和下西洋、清朝施琅征服台湾等几个重要阶段，民间方面主要经历了宋元明清东南沿海地区不断往东南亚和南洋移民、民间私人海上贸易的勃兴，逐渐成为一种普世性的海洋信仰。在传播上，国内通过北线传播至江浙沪、山东、天津等地，通过南线分别抵达广东、香港、澳门，并横渡台湾海峡向台湾地区发展。目前学界关于东南沿海一带的妈祖信仰研究中，江苏地区的妈祖信仰还有待于开掘。太仓的天妃宫位于江苏境内，且与元朝海上漕运、郑和下西洋等事件密切相关，在鼎盛时期一度以"天妃镇"作为地方命名，这是一个值得研究的现象，为深入了解江南地区妈祖信仰的播迁、发展提供了重要的史证与实体。

图 4　20 世纪 80 年代修葺前的天妃宫 　　图 5　20 世纪 80 年代修葺竣工的天妃宫

图 6　天妃宫现址：浏河镇新东街 90 号 　　图 7　天妃宫：全国重点文物保护单位

图 8　外楼门楣 　　图 9　主楼外观

图 10　主楼前矗立的妈祖雕像 　　图 11　1985 年重刻的通番事迹碑

图 12　主楼内的磨漆壁画　　　　　图 13　主楼内的磨漆壁画

图 14　天妃宫内的铁炮　　　　　　图 15　铁炮铭牌

表1　　　　　　　历代修葺天妃宫及天妃宫要事记一览①

序号	年　代	具体情况
1	南朝梁天监年间（502—519）	建灵慈寺于浒漕口东侧（今天妃宫址）
2	宋宣和五年（1123）	旅居娄江口闽粤海商于北岸五杨池（龙王湾）建灵济宫，始祭祀妈祖林默娘为灵济夫人
3	南宋庆元四年（1198）	加封灵济夫人为灵惠妃，改灵济宫为灵惠宫，捐资整治灵惠宫
4	元至元二十三年（1286）	重建灵惠宫于原址右侧
5	元延祐元年（1314—1320）	灵慈寺遭大火焚毁
6	元至正二年（1342）	江浙行省参知政事燕山图鲁移地于原灵慈寺废址，重建天妃行宫

①　《浏河镇志》编纂委员会：《浏河镇志》，中央文献出版社2002年版。

续表

序号	年代	具体情况
7	明洪武二年（1369）	属直隶苏州府昆山县辖……整修天妃宫祠
8	明永乐七年（1409）	六月 郑和船队第二次返航回泊刘家港，修治天妃行宫
9	明永乐十四年（1416）	重葺天妃行宫，精塑天妃神像
10	明宣德五年（1430）	大修天妃行宫。冬，立通番事迹碑于宫壁中
11	明嘉靖四十年（1561）	苏松太兵副使熊桴捐俸买宫地13亩5分5厘，重修天妃行宫
12	清康熙二十一年（1682）	海疆平定，清廷以为神助，加封天妃娘娘为天后圣母。浏河镇天妃行宫改称天后行宫
13	康熙二十四年（1685）	开海禁，浏河港启开近海贸易。设镇海关于天后宫西侧五路堂，稽查海舶出入
14	康熙二十七年（1688）	冬，天后宫东侧的三官阁改立文昌阁
15	雍正元年（1723）	秋，浏河镇商民捐重资修建天后行宫。市镇商贸日趋繁盛
14	乾隆五年（1740）	重建天后行宫，大殿为无梁建筑，前殿置戏楼
15	清道光十四年（1834）	林则徐任江苏巡抚，大浚刘河全程……整治天后行宫
16	清咸丰七年（1857）	九月，本镇绅商张镜清等捐资重建天后行宫
17	清宣统三年（1911）	天后行宫不慎失火，大殿焚毁
18	民国二年（1913）	吴仲裔创立明德女子初等小学于梢火神庙。浏河初等小学堂移至天后宫西侧，改称天后宫初等小学
19	民国四年（1915）	推行国民义务教育。天后宫初等小学改称浏河乡第一国民小学校
20	民国十四年（1925）	7月14日浏河镇各校师生借天后宫演剧三天，募捐救济实业工人
21	民国二十四年（1935）	绅商张德肇、傅一清等捐资重修天后行宫
22	1952年	组建浏河文化站于天妃宫后原育婴堂
23	1983年	9月23日江苏省副省长李执中来浏河镇考察，决定修复天后行宫古迹
24	1984年1月	由省、市、县共同出资55万元，调集著名工匠开始重葺天后行宫

续表

序号	年代	具体情况
25	1984年12月	将散落残存于境内的13块碑刻汇集成天后行宫碑廊
26	1985年	7月11日修葺一新的天后行宫改称郑和纪念馆,并隆重举行郑和纪念馆揭幕仪式。

2. 水带桥

水带桥始建于唐天宝年间,位于浏河镇澛漕河与老浏河交汇之处。据地方志记载:"唐天宝年间,娄江口为吴越之粟帛海运馈于渔阳之货埠。澛漕口建拱形大石桥。"文中"拱形大石桥"即为水带桥。

浏河口作为苏州的通海门户,留有暹罗、倭国、夷洲、琉球等国远洋海舶进出长江口史料。水带桥的桥名正与唐代中日邦交有关。日本学者宫本泰彦的著作《日中文化交流史》一书指出,"前期遣唐使以北路涉黄海于山东登陆为主,后期则以南路泛东海入长江口港湾泊岸,再经苏州转大运河趋唐都长安。"唐代开元、天宝年间日本派的遣唐使,多次经由苏州入海启程返回。在清初学人徐崧、张大纯编辑的苏州地方文献专集《百城烟水》中提出"所谓东吴、吴门者,属太仓以循海道"。可见,太仓浏河为日本遣唐使登录或启程的重要门户。人们为纪念中日一衣带水的邻邦情义,将遣唐使走过的桥命名为"水带桥"。目前的水带桥历经修整,但不失古风,其位置毗邻天妃宫,即隋唐时期的澛漕口所在。考察过程中,课题组了解到太仓境内石拱桥众多,至今保存状态良好的就有5座,建于元代的这些石拱桥与古代太仓繁盛的航海业也具有重要关联。繁盛的航运业促进市镇、内河交通的发展,众多石拱桥的建造即为了满足由发达航运业所产生的交通需求。

3. 阅兵台

早在南宋抗金时,抗金名将韩世忠就在浏河口南岸筑将台,校阅水师。明清时期,东南沿海常遭倭寇侵袭,为备战倭寇水军在浏河口用巨石累筑高台,建厅堂,校阅水师。现存的阅兵台位于浏河口南江堤内侧,由兵台、炮台、厅堂、碑刻几部分组成。2013年浏河镇人民政府对阅兵台进行维修,并将原来处于室外的乾隆三十三年《建造阅兵台记》等3块重要碑刻移入室内,加以保护。

图 16　水带桥

图 17　阅兵台匾额题词　　　**图 18　兵台雄峙**

4. 元代水军都万户遗址

元代水军都万户于元至正十二年立，其原址位于 20 世纪 80 年代的太仓第二招待所东边（即今太仓市南洋广场路西），现已无存。

5. 元潮音阁遗址

元代潮音阁遗址原位于太仓市东门街周泾桥北块，现无存。

图 19　20 世纪 80 年代的水军都万户遗址　　**图 20　20 世纪 80 年代的元潮音阁遗址**

6. 元代海运总兵公馆遗址

元代海运总兵公馆原址位于太仓市娄东西亭子桥堍，现无存。

7. 铁锚弄

据载，在元明二代该巷因遍设打造出海使用铁锚的作坊而被命名为"铁锚巷"。其原址位于今太仓市武陵街北段，现无存。

图21　20世纪80年代的元代海运总兵公馆遗址

图22　20世纪80年代的铁锚巷旧址

8. 古拱桥

太仓位于长江入海口，境内河网纵横、水系发达，历代留下了许多桥梁。众安桥（原名"井亭桥"）与金鸡桥位于太仓今南郊镇附近，仅距1.5公里。南郊镇古城"南码头"，是元明海运仓所在地。这些石拱桥所横跨的河塘是古代太仓自内河至长江入海的必经通道，为架通内河与海运的运输需要而建。太仓境内众多的石拱桥从内河交通角度反映了元明时期太仓海航事业的繁盛发展，也成为航海遗迹的组成部分。

图23　太仓元代石拱桥一览表

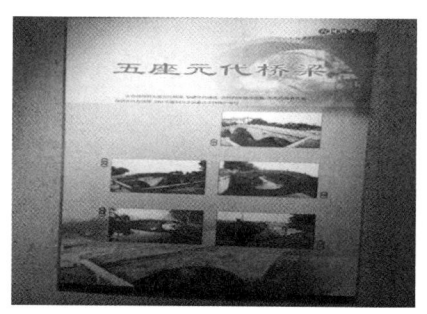

图24　五座元代的石拱桥

9. 元代海运仓遗址

海运仓遗址位于太仓市城厢镇南郊，主要由两个长方形土台组成。其中，北部土台东西长 400 米、南北宽 250 米，东南土台南北宽 100 米、东西长 140 米左右。据史载，海运仓始建于元代，扩建于明代，主要贮存从江南各地征集的粮食，再运至京都、辽东以备军需。明代海运仓的规模达到"九百一十九间，时运粮七十万石"。海运仓遗址的考古发现为史料提供了实证，不仅印证了太仓"天下粮仓"得名的由来，也证实了 700 多年前中国南北海运呼应的历史。2008 年，苏州博物馆与太仓市文物部门联手对太仓"海运仓"遗址进行考古调查；同年海运仓遗址作为古遗址被选编写入国家文物局主编的《2008 年第三次全国文物普查重要新发现》一书，并申报全国重点文物保护单位。2013 年 5 月，被国务院核定公布为第七批全国重点文物保护单位。

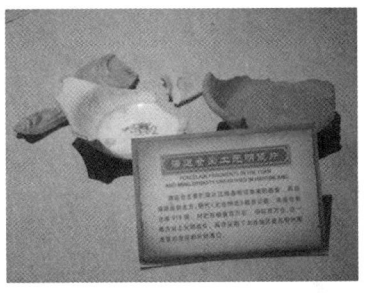

图 25　海运仓遗址　　**图 26　五海运仓出土的元明瓷片**

10. 郑和纪念馆

1985 年，伴随郑和下西洋的相关纪念活动，修葺一新的浏河天妃宫内改称为郑和纪念馆。2005 年后，太仓港港口开发区管理委员会对港区建设进行整体规划，在港区滨江大道以南建造郑和公园，定位为"打造成为集观光旅游、弘扬文化、普及航海知识为主题的多元化旅游景点"。作为公园主题的重要组成部分，郑和纪念馆从浏河镇搬迁至郑和公园。2009 年 7 月 11 日，太仓首届旅游文化节成功举行，郑和纪念馆正式对外开放。该纪念馆旨在以文物、史料展现郑和航海的历史，向观众普及航海知识、宣扬航海精神，凸显太仓与航海的深刻渊源。该馆收藏了大量与郑和下西洋相关的文物，主要包括海运仓遗址出土的钱币、元明瓷器残片以及刻有梵文的青花瓷器等,同时注重以太仓与航海事业的渊源为主线,勾勒出太仓的海航史迹,对了解太仓郑和下西洋时期太仓境内的贸易经济、造船航海技术、中外交往等具有历史意义。

图 27　郑和纪念馆外观

图 28　五展厅

图 29　永乐、宣德年间的钱币

图 30　海运仓出土的元明青瓷片

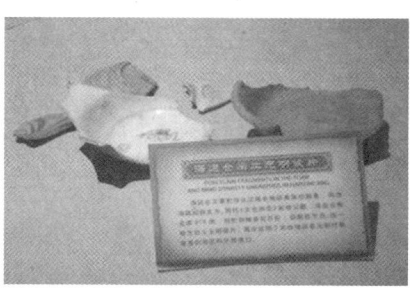

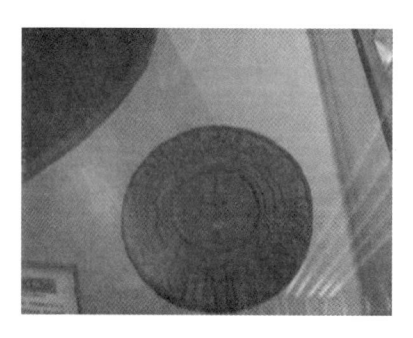

图 31　航海水罗盘

图 32　明代牵星板

（二）出土与发掘文物

1. 天妃宫碑廊中的碑刻

太仓自古人文荟萃，留下许多石刻碑文。1984年，在修葺天妃宫时，政府将散落残存在太仓境内的碑刻汇集整理，共计13块，镶护在天后宫东侧轩廊中。碑廊全长84米，呈南北转东西走向，碑廊内碑刻历史跨度从清代至民国年间，碑文以记述历代绅商捐资修建天妃宫为主线，内容涉及当时浏河以及太仓境内渔市船商、市舶管理以及纠纷处理等。这些碑刻一方面为了解天妃宫的修建历史提供了线索，同时也为研究明清时期太仓境内的社会经济生活提供了重要的考察维度。碑刻由北向南依次为：永禁刘河镇船商与民居滋事碑记（清乾隆四十四年）；刘家河把总邵公应魁记（明万历年间）；刘河镇治水爰事碑记（清乾隆五十八年）；奉宪勒厂永禁索取渔船规费碑记（清光绪九年）；奉宪严禁书役创立本对坐图名目碑记（清道光十二年）；奉宪禁事券照（清乾隆十六年）；刘河抗禁霸虐碑记（清雍正八年）；整饬苏松兵备按察副使熊公平海碑记（明嘉靖年间）；奉宪□□禁止碑（清乾隆四十五年）；重修天后行宫碑记（清康熙四十二年）；重修天后宫碑记（民国二十四年）；浏河天妃宫修建大记（1985年）；通番事迹碑（1985年重刻）。

图33 奉宪勒厂永禁索取渔船规费碑记　　**图34 奉宪严禁书役创立本对坐图名目碑记**

图35　奉宪□□禁止碑　　　图36　重修天后宫碑记

2. 海宁寺碑刻

该碑全名为《昆山州重建海宁寺禅寺碑》，1982年8月被发现于太仓县城厢镇海宁寺，该碑立于延祐二年，碑文为元代书法家赵孟頫撰写，内容记录了元代朱清、张瑄首倡海运漕粮的史实，并记有海舶"取道兹境"前往阇婆国的事迹，成为元代漕粮海运的重要物证。

图37　海宁寺遗址　　　图38　海宁寺碑刻

3. 铁釜

该铁釜口径178厘米，底径164厘米，边阔7厘米，高87厘米，属大型古代筑器，早年被发现于太仓北门外苏州府造船厂厅，后被移于海宁寺内，现存于弇山园内。据明代朱国桢《涌幢小品》载：此釜铸于元代，历为苏州府船厂浸泡通番海船篾缆所用。

图 39　20 世纪 80 年代的铁釜　　图 40　现存于弇山园内的铁釜

4. 周闻墓志铭

该墓志铭发现于 1983 年，全题为"明武略将军太仓卫副千户尚侯声远墓志铭"，碑 51×51 厘米见方，全文共 28 行，满行为 27 字，共计约 669 字。周闻，本姓尚，字声远，太仓卫武官，曾经连续参加郑和船队第三次至第七次下西洋，其间第六至第七次之间还参加此短途航行，因出海有功由卫百户升任副千户。志文中详细记录了周闻五次随郑和船队下西洋的往返年月以及所到达国家地点，为郑和下西洋年代以及相关研究提供了珍贵的史料，具有重要的学术参考价值。

5. 张氏善香墓志铭

该墓志铭与周闻墓志铭同时被发掘，全题为"明故宜人张氏墓志铭志"，碑大 42×42 厘米见方，全文 22 行，满行为 25 字，共计约 478 字。志文记录了周闻夫人张善香一生的经历，其中包括周闻随郑和下西洋后，张氏勤劳持家、勤劳淑娴的事迹。文中特别提到了周闻五次随郑和下西洋的壮举，"永乐七年选安人之夫……从内臣出使西洋诸番等国公干，……历二十余载"。另外，文中还提到张氏"纺绩织纴"，反映了当时太仓、江南一带民间棉纺织业的发展，对于进一步研究太仓刘家港作为郑和七下西洋出海口的经济因素、产业基础具有参考价值。

图41　周闻夫妇墓志铭　　　　　图42　墓志铭文

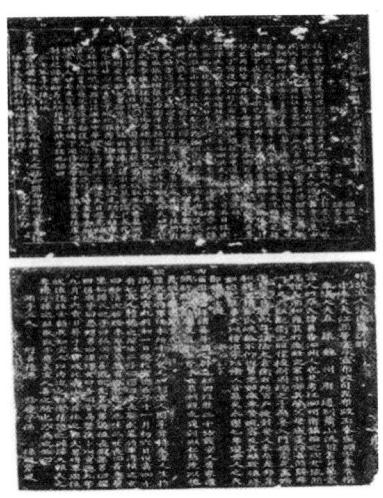

6. 海船大舵杆

1989年在太仓城内卖秧桥以南出土古代海船大舵杆一件，全长6.05米，舵叶部分残长4.1米，舵杆直径约30厘米，上有两个长方形孔和四处铁箍，附近还有宋元青瓷残片。据研究论证该舵杆为元代海船遗物，对于研究元代海运漕粮以及造船具有重要意义。

7. 半径湾元代沉船

该沉船于1993年2月在太仓城东半泾湾水利建设中被发掘。出土时，船长19.5米，宽4.6米，共有13个舱，伴随古船出土的是一些零星的宋元青瓷片和明代青花瓷片。根据船史学家、上海交通大学辛元欧教授的研究鉴定：该船为平地沙船，为元末明初漕运所用。

图43　海船大舵杆　　　　　图44　半径湾元代
（现存于太仓博物馆）　　　漕运船出土现场（1993年）

图 45　随沉船出土的元明青花瓷 　　**图 46　太仓市区以"半泾"命名的道路**

8. 海船缆绳

绳长 31 米、直径约 12 厘米，用于古代海船系缆，出土于半泾湾沉船出土地点附近。根据专家研究，此缆绳有可能是半泾湾沉船的构件。目前存于太仓博物馆。

图 47　海船缆绳（现存于太仓博物馆）

9. 沉船圆木

1974 年在太仓城东南方向半径湾北岸发现了十多块方木、圆木，其中最长的方木长 4.9 米，最长的圆木达 10 米多，还发现了一些铁钉。经造船厂技术人员分析：方木、圆木似为古代沉船船板，根据其长初步估计船体有 20 米长，7—8 米宽，为明代沉船。由于历史原因，这些圆木惜未由文物部门收存。

三 小结

综上所述,太仓因其独特的地理位置、优越的港区条件、曾经繁盛的航运业和辉煌的航海实践,在境内留下了许多航海文化遗存。这些遗存主要分布在以浏河刘家港为重心的古代港区和以南码头为代表的太仓城区,具有历史延续性强、分布广等特点,类型包括地上史迹遗址、出土发掘文物和以海洋信俗为代表的非物质文化遗产;主题涉及海上漕运、郑和下西洋、海贸、造船、海防、海神信仰、中外交流等多方面,历史跨度从唐宋至元明清。这些文化遗存对于研究太仓、江苏以及整个苏沪地区的海航史、航运史以及区域经济文化、社会变迁都具有重要的历史价值。其中一些发掘性文物目前存于太仓市博物馆、郑和纪念馆,得到较好的保护与利用;但是伴随城市化建设与土地开发,一些遗址类文化遗存未能得到有效保护,导致今天在太仓境内已难寻踪迹,实为遗憾。一些保存下来的遗址,比如海运仓以及2014年11月新近发掘的太仓元代沉船等,其历史价值的深度开掘和持续性保护工作都有待于进一步研究展开,这也是航海文博研究工作者的职责与义务。

附表 太仓境内航海文化遗存概况

(一) 地上史迹类

序号	名称	地点	建造年代	文物级别/现状
1	水带桥	澛漕河与老浏河交汇处	唐天宝年间	
2	天妃宫	太仓浏河镇	宋宣和五年	国家重点文物保护单位
3	阅兵台	浏河口南侧	南宋建炎四年	太仓市级文物保护单位
4	水军万府遗址		元至正十二年	原建筑无存
5	元潮音阁遗址	原址在太仓城内东门街周泾桥北堍	元代	原建筑无存

续表

序号	名称	地点	建造年代	文物级别/现状
6	元代海运总兵公馆遗址	娄东西亭子桥塽	元代	原建筑无存
7	元代海运仓遗址	太仓南码头	元代	被列为第七批全国重点文物保护单位
8	铁锚巷	位于今武陵街北段	元明时期	无存
9	石拱桥		元代	
10	郑和纪念馆	太仓港口开发区滨江大道以南	2009年7月11日对外开放	

（二）出土发掘文物类

序号	名称	发掘时间	发掘地点	文物年代	现状
1	天妃宫碑刻			自明代至民国	镶护于天妃宫碑廊（共计13通）
2	海宁寺庙碑	1982年	太仓城厢镇海宁寺故址	该碑立于延祐二年	存于弇山园
3	铁釜		太仓北门外苏州造船厂故址	元代	存于弇山园
4	周闻墓志铭	1982年10月	太仓北门树萱斋	明代	存于太仓博物馆
5	张氏善香墓志铭		太仓北门树萱斋	明代	存于太仓博物馆
6	海船大舵杆	1989年11月	太仓城内卖秧桥以南		存于太仓博物馆
7	半径湾沉船	1993年2月	太仓城东半径湾	元代	不详
8	古船缆绳	1993年2月	城东半径湾	元代	存于太仓博物馆
9	沉船圆木	1974年	太仓城东南	明代	无存

附　　录

一　中国中外关系史学会第九届会员代表大会暨"海陆丝绸之路的历史变迁与当代启示"学术研讨会日程表

5月25日（星期四）上、下午　报到
地点：中国海洋大学学术交流中心一楼大厅
内容：签到、确认房间、领取材料、会务组安排就餐

5月25日（星期四）晚上中国中外关系史学会理事会扩大会议暨大会预备会议
时间：19:30—20:30
地点：中国海洋大学学术交流中心二楼海大厅
召集与主持：中国中外关系史学会秘书处
中国海洋大学海洋文化研究所

5月26日（星期五）全天会议
7:00—8:00 早餐（学术中心餐厅）
8:30—9:05 开幕式
主持人：曲金良（中国海洋大学海洋文化研究所所长、教授）
地点：学术中心阳光厅（一楼）
内容：中国海洋大学于志刚校长致辞
中国中外关系史学会丘进会长致辞

与会嘉宾代表致辞（海南大学副校长王崇敏）
中国海洋大学文学与新闻传播学院修斌院长致辞
9：05—9：20：合影留念
地点：水产学院阶梯
9：20—11：10 中国中外关系史学会第九届会员代表大会全体会议
主持人：丘 进（中国中外关系史学会会长）
11：10—11：20 茶歇
11：20—12：10 大会报告
主持人：张倩红（中国中外关系史学会副会长）
地　点：阳光厅（一楼）
报告人：耿　昇（中国社会科学院研究员，学会名誉会长）
王晓秋（北京大学教授，中外关系史研究所所长）
12：10—14：00 就餐、休息
14：00 下午各分会场研讨开始

第一会场　海大厅（二楼）
14：00—15：50 第1场　主持人：柳若梅　　点评人：韩 香
报告人：古小松　乌云高娃　石云涛　刘国良　俞祖华　万 明
15：50－16：10 茶歇
16：10—18：00 第2场 主持人：俞祖华　　点评人：乌云高娃
报告人：柳若梅　韩 香　朱建君　闵锐武/田圣宝　冯立军　李未醉　贾丛江

第二会场　青岛厅（二楼）
14：00—15：50 第1场 主持人：朱悦梅　　　点评人：陈国灿
报告人：曲金良　魏志江　钱婉约　刘永连　王泉伟　张晓东
15：50－16：10 茶歇
16：10—18：00 第2场 主持人：魏志江　　　点评人：刘永连
报告人：方民镐　王 涛　朱悦梅　陈国灿　郭 渊　陈文源　王少泉

第三会场　香港厅（二楼）
14：00—15：50 第1场　主持人：朴灿奎　　点评人：王 勇

报告人：丘 进　周永卫　张 勇　杨富学　纪丽真　徐亚娟
15:50-16:10 茶歇
16:10—18:00 第2场　　主持人：杨富学　　点评人：张 勇
报告人：王 勇　张 涛　朴灿奎　曲玉维　宋燕鹏　詹 嘉　周丽妃
18:30　晚 餐

专场："一带一路"青年学者论坛
20:00—21:30 地点：青岛厅（二楼）
主持人：赵成国　　点评人：孙立新
参加人员：北京师范大学、吉林大学、景德镇陶瓷大学、南开大学、山东师范大学、首都师范大学、四川外国语大学、武汉大学、西北民族大学、云南大学、中国海洋大学、中央民族大学（以上高校以音序）博硕士研究生发言、研讨；
欢迎研究生导师和相关与会学者参加。

5月27日（星期六）全天会议
7:00—7:50 早餐
8:00 上午各分会场研讨开始

第一会场　海大厅（二楼）
8:00-9:50 第1场　　主持人：马建春　　点评人：黄纯艳
报告人：黄卓越　周金琰　廖大珂　萧 成　杨秀英/刘惠
9:50-10:10 茶歇
10:10—12:00 第2场　　主持人：黄卓越　　点评人：廖大珂
报告人：毕旭玲　黄纯艳　张一平　赵国辉　姚 胜　孙文政/祁丽

第二分会场　青岛厅（二楼）
8:00-9:50 第1场　　主持人：钱婉约　　点评人：阎根齐
报告人：孙 泓　祝曙光　王崇敏　顾宇辉/朱金龙　王利兵　洪 刚
9:50-10:10 茶歇
10:10—12:00 第2场　　主持人：王崇敏　　点评人：李雪涛
报告人：色 音　阎根齐　刘明翰　李淮东　鲍志成　夏代云

第三分会场　香港厅（二楼）

8:00－9:50 第1场　　主持人：贾丛江　　点评人：刘凤鸣

报告人：孙立新　张礼恒　王晨光　马树华/景菲菲　王臻　胡优静

9:50－10:10 茶歇

10:10—12:00 第2场　　主持人：丛喜权　　点评人：张礼恒

报告人：石建国　张倩红　刘凤鸣　闫兴　王天军　王东方 12:00 就餐、休息

14:00 下午各分会场研讨开始

第一会场　澳门厅（二楼）

14:00—16:30 主持人：王禹浪　　点评人：祝曙光

报告人：修斌　张铁江　雪莲　张安福　郭万平　康健　刘西诺　赵成国

第二会场　阳光厅（一楼）

14:00—16:30 主持人：张一平　　点评人：廖肇羽

报告人：段渝/邹一清　廖肇羽　韩东育　马建春　王禹浪/丛喜权　李雪涛　王明前　刘啸虎

16:30－16:45 茶歇

16:45—18:20 大会闭幕式

主持人：韩东育（东北师范大学副校长、教授）

地　点：阳光厅（一楼）

16:45—17:05 第一场汇报（黄纯艳）

17:05—17:25 第二场汇报（石云涛）

17:25—17:55 第三次汇报（杨富学）

　　　17:55—18:10 大会总结（段渝）

　　　18:10—18:25 闭幕词（万明）

18:30　晚餐

5月28日（星期天）青岛－胶州湾历史调研

负责人：赵成国、闵锐武、朱雄（178-6427-6258）
7：00—8：00 早餐
8：15—12：00 调研胶州湾海洋历史变迁
12：00—14：30 午餐、休息
14：30—17：30 调研青岛历史文化遗迹
18：00 晚餐（学术交流中心）

二　中国中外关系史学会第九届理事会名单

副秘书长以上负责人（常务理事）名单
名誉会长：耿　昇
会　长：万　明
副会长：廖大珂　张一平　田卫疆　郑炳林　韩东育　朱亚非
　　　　段　渝　王　欣　王禹浪　王　勇　朴灿奎　张倩红
　　　　曲金良　马建春　李雪涛　邹振环　林文勋　杨富学
秘书长：孙　泓
副秘书长：乌云高娃　赵现海　柳若梅　张绍铎　修　斌　刘永连
　　　　庞乃明　曲玉维　丛喜权　宋燕鹏（2018年增补）
　　　　柏　峰（2018年增补）
学术委员会主任：蔡鸿生　周伟洲
委　员：李金明　阎纯德　林士民　黄启臣　王连茂　李向玉
　　　　郁龙余　纪宗安　王晓秋　贺圣达　庄国土　石源华
　　　　丘　进　武　斌　苗圃生

理事名录
（排名不分前后）

万　明　王邦维　常绍民　柳若梅　陈尚胜　于向东　龚缨晏
李国强　王启龙　黄兴涛　田卫疆　吴志良　王东平　张泽洪
廖大珂　王　川　朱亚非　汤开建　古小松　邹振环　郭卫东
王　欣　李鸿宾　李庆新　孙　泓　李宗勋　冷　东　周永卫
曲金良　谢必震　聂德宁　吴　兵　钱　江　王　臻　王元林

马建春	王　勇	江滢河	朴灿奎	任万平	郭万平	张铁江
刘凤鸣	廖肇羽	袁晓春	王心喜	秦和平	董莉英	木霁弘
张天政	丁毓玲	沈　岩	丁万录	徐晓望	张一平	金正耀
牛汝极	马少甫	刘国防	郭声波	戴建兵	杨富学	赵现海
石云涛	段　渝	孙光圻	孙卫国	白　芳	孙文政	蔡振翔
张绍铎	李树辉	阎根齐	尹伟先	郑炳林	卢海燕	程存洁
曲玉维	许全胜	李　渡	钱婉约	尚永琪	乌云高娃	李云泉
林精华	徐建平	华林甫	年继业	陆　芸	王海燕	高　凯
庞乃明	李树军	田　澍	张倩红	马　德	王禹浪	鲍志成
朱悦梅	冯立军	刘永连	韩　香	徐俊峰	李雪涛	王文轶
崔向东	李随安	丛喜权	谢春河	修　斌	杜常顺	陈志刚
王　桃	张安福	萧　成	徐亚娟	柏　峰	韩东育	宋燕鹏
王越旺	吴德义	林文勋	魏志江	郑洁西	陈国灿	黄纯艳
陈红彦	刘百陆	俞祖华	李未醉			

三　中国中外关系史学会第九届会员代表大会暨"海陆丝绸之路的历史变迁与当代启示"学术研讨会《青岛共识》

在不久前结束的"一带一路国际合作高峰论坛"上，"加强国际合作，共建一带一路，实现共赢发展"成为会议的主题。中国中外关系史学会自1981年成立以来，一直致力于古代丝绸之路研究，于2017年5月26—28日，召开第九届全国会员代表大会暨"海陆丝绸之路的历史变迁与当代启示"学术研讨会，与会学者达成如下共识：

一、鉴古知今知未来，大力加强古代陆海丝绸之路的研究，挖掘利用和发展丝绸之路文化遗产，提供现实启示。

二、把握机遇，关注社会发展需求，应接时代挑战，组织综合性、专题性课题研究，将学会建设为丝绸之路发展的高端智库。

三、讲好中国故事，传承丝路精神，以海纳百川的胸怀，求同存异，包容互鉴，增进丝路沿线国家与地区的合作共赢。

四、建立起整体丝绸之路视野下中外关系史研究的学术共同体，搭建国际合作的学术交流平台，发挥学会的优势，每年合作举办丝绸之路国际论坛与系列讲座，助推"一带一路"建设，迎接当代丝绸之路繁荣兴盛时代的到来。

以上四点共识，我等共勉，天下鉴之！

中国中外关系史学会第九届会员代表大会
暨"海陆丝绸之路的历史变迁与当代启示"学术研讨会
全体代表
二〇一七年五月二十七日 于青岛

四 中国中外关系史学会第九届会员代表大会暨"海陆丝绸之路的历史变迁与当代启示"学术研讨会论文目录

第一部分：五月二十六日阳光厅

试论丝绸之路精神与一带一路理念 ················ 王晓秋
从西方发现中国茶叶到海上茶叶之路的繁荣 ············ 耿昇

第二部分：五月二十六日第一分会场

自秦至宋初：交趾与内地之关系 ·················· 古小松
忽必烈开拓海上丝绸之路的原因 ·················· 乌云高娃
唐诗咏海上丝路舶来品 ······················ 石云涛
中国古代的"四海会同、四海一家"之天下观念 ·········· 刘国良
从传统到现代：海上丝绸之路的近代转型 ············· 俞祖华
15世纪海上丝绸之路上的货币 ··················· 万明
中国"一带一路"与蒙古国"草原之路"对接探究 ········· 岳西宽
唐代来华波斯商贾与海上丝绸之路 ················ 韩香
"海上丝绸之路"上的中澳早期交通：海参链 ··········· 朱建君
18世纪中西海上丝绸之路与中瑞文化贸易交流
　——以"哥德堡号"为证 ·················· 闵锐武　田圣宝
"中澳航线"——一段被"忽略"的"海上丝绸之路" ······ 冯立军

古代丝绸之路对世界经济的重大贡献及启示 …………… 贾丛江
朝鲜李朝通事与明鲜贸易 …………………………………… 李未醉
东亚海上文化线路遗产的保护 ……………………………… 王学萱

第三部分：五月二十六日第二分会场

关于中琉关系历史与琉球群岛定位的几个问题 ………… 曲金良
"共享安全"：中国古代传统的对外安全思想及其理论基础 …… 魏志江
朝鲜王朝贡参考 ……………………………………………… 刘永连
历史比较视野下的明清海洋政策 …………………………… 王泉伟
显庆五年后唐朝百济治理政策散论二则 …………………… 张晓东
论朝鲜对外认识和政策向近代开国意识的转变
　　——简议晚清中国与这一转变的关联 ………………… 方民镐
18 至 19 世纪南沙群岛英文地名的形成与演变 …………… 王　涛
明清海疆行政建制的区划原则 ……………………………… 朱悦梅
环东海文化圈的历史考察与现实思考 ……………………… 陈国灿
英国对南海地图的绘制及对南沙岛礁的命名 ……………… 郭　渊
明朝澳门关税制度考辨 ……………………………………… 陈文源
北部湾地区在海上丝绸之路中地位变迁研究 ……………… 王少泉

第四部分：五月二十六日第三分会场

长春真人西觐事迹三议 ……………………………………… 丘　进
早期华南海上丝路民间贸易的重新审视 …………………… 周永卫
泰山灵岩寺史料所见之中外佛教交流 ……………………… 张　勇
从粟特僧侣到中土至尊——僧伽大师信仰形成内在原因
　　探析 ………………………………………………………… 杨富学
中西文化交流史上的杰出人物：德国传教士、汉学家卫礼贤
　　与中国 ……………………………………………………… 纪丽真
从克路士《中国志》到门多萨《中华大帝国史》
　　——16 世纪东来欧人的"中国印本"探究 ……………… 徐亚娟
耶稣会著译与孔子思想向美国的最初传播 ………………… 张　涛
韩国非主流"研究者"群体的高句丽史认识倾向 ………………
　　　　　　　　　　　　　　　　　　　　　　… 朴灿奎　赵宇然

徐福东渡的几个基本问题 …………………………………… 曲玉维
观念、组织与社群想象
　　——19世纪英属槟榔屿邱氏宗族组织建构与社群形塑 …… 宋燕鹏
威廉·卡尔夫描绘的景德镇青花瓷 ……………………………… 詹嘉
妈祖信仰的海外传播与中外文化交流 ………………………… 周丽妃

第五部分：五月二十七日上午第一分会场

19世纪初来华新教传教士对东南沿海地区方言的研习与
　　撰述 ………………………………………………………… 黄卓越
妈祖与海上丝绸之路一隅 ……………………………………… 周金琰
大航海时代葡萄牙人在漳州的活动 …………………………… 廖大珂
日本萨摩藩对琉球的控制及其隐蔽政策研究 ………………… 杨洸
《悲愤琉球》：明清以降中琉关系之文学鉴证 ………………… 肖成
明代中期使臣笔下的朝鲜
　　——以董越《朝鲜赋》为例 …………………… 杨秀英　刘　惠
唐宋时期长三角海港体系的变迁及其功能研究 ……………… 毕旭玲
从"内陆人"到"沿海人"：宋代福建和浙东沿海地区海洋性
　　地域特征的形成 ………………………………………… 黄纯艳
南海史的研究范围及其分期问题 ……………………………… 张一平
西船东来与"未有之变局" …………………………………… 赵国辉
历史、现实、国际法——中日钓鱼岛争议再考察 …………… 姚胜
宋金海上之盟历史经过考察 ……………………… 孙文政　祁丽

第六部分：五月二十七日上午第二分会场

渤海遗民移居高丽研究 ………………………………………… 孙泓
近代拉美航线上的日本移民船与移民输送
　　——兼与拉美航线上的中国移民输送 ………………… 祝曙光
深刻研究南海文明成果为国家海洋战略服务 ………………… 王崇敏
太仓航海文化遗存调查 …………………………… 顾宇辉　朱金龙
航路与贸易：南海渔民的跨海流动 …………………………… 王利兵
中国海洋文化的"天下观"及其当代价值 …………………… 洪　刚
草原丝绸之路与"一带一路"建设色音

论南海古代海上丝绸之路与海南渔民的航海 …………… 阎根齐
海上丝绸之路盛世与郑和下西洋的重大贡献 …… 刘明翰　陈月清
元明交替之际的内亚局势与汉藏交通的兴起 …………… 李淮东
"丝路模式"及其当下意义 …………………………………… 鲍志成
《更路簿》的航线探析 ……………………………………… 夏代云

第七部分：五月二十七日上午第三分会场

从外国领事馆的设立看近代青岛的国际化 ……… 孙立新　胥晨曦
袁世凯对在朝华商的保护与管理 …………………………… 张礼恒
青岛城市外交：历史、现状与进路 ………………………… 王晨光
积不相能：青岛的日侨与华人之关系（1923—1937）
　　…………………………………………………… 景菲菲　马树华
入清为质：昭显世子在清与朝鲜关系中的活动探析 ……… 王臻
从日本地方自治的输入看清末地方自治的移植性 ………… 胡优静
论习近平总书记"一带一路"倡议的国际战略属性 ……… 石建国
犹太人与丝绸之路 ………………………………… 张倩红　贾森
唐代丝绸之路的繁荣对当代"一带一路"建设的启迪
　　——以东方海上丝绸之路为例 ………………………… 刘凤鸣
国家崛起背景下"一带一路"战略的生成、困境与推进
　　途径 ……………………………………………………… 闫兴
丝绸之路上的体育文化交流 ………………………………… 王天军
由丝绸之路到一带一路的思考 ……………………………… 王东方

第八部分：五月二十七日下午第一分会场

琉球地位的变迁及其复杂性 ………………………………… 修斌
黑龙江地域内的犹太人及其后裔考察研究 ………………… 张铁江
函馆中华会馆与近代中日交流 …………………… 赵成国　陈娜
试论蒙古帝国对外政策的形成原因 ………………………… 雪莲
丝绸之路视阈下汉唐时期山东丝绸古道研究 ……………… 葛美珠
万历朝鲜之役的现实与想象
　　——以刘綎在朝鲜史料中的形象变化为例 …………… 魏子健
20世纪50—70年代中越关系的变化

——以西沙群岛争端为视阈 ………………………… 刘子坤
丝绸之路文化遗产保护与塔里木盆地的特殊性分析 ………… 张安福
宋日硫黄贸易述略 ………………………………………… 郭万平
近代祁门红茶对外贸易述论 ……………………………… 康　健
云南出土贝币所见早期中外交流 ………………………… 刘西诺

第九部分：五月二十七日下午第二分会场

略论古蜀艺术形式与近东古文明的关系 …………… 段　渝　邹一清
环塔里木历史文化遗产的当代价值研究
　　——环塔里木突厥化和伊斯兰化都是彻底的伪命题 ……… 廖肇羽
二战后海上丝绸之路沿线国家经济发展战略考察
　　——以马来西亚、斯里兰卡、希腊为个案 ………………… 王明前
元代流行宫廷与民间西域饮品辑述 ……………………… 马建春
近年来韩国隋唐五代时期中外关系及中外交流史研究综述 … 刘啸虎
我对近代以来中国留学史的几点认识 …………………… 李雪涛
唐代义净时期中印文化交流图景
　　——以义净代表作为中心考察 …………………………… 孟　亮
汉武帝经略西域的地缘战略对当代中国外交的影响 ………… 郭书婷
琉球蔡大鼎及其诗文创作反映的中琉关系 ………… 王庆云　杨　帆
海上丝绸之路海外史料中的浙江商人 ……………… 袁晓春　张粤俊
清前期宫廷中的西医东渐 ………………………………… 段乃粲
《中朝商民水陆贸易章程》签订后中韩人参贸易探论 ……… 余　辉
丝绸之路霸主考 …………………………………………… 董鹏飞
中国与丝路沿线国家海洋生态文化的交流与共生 ………… 徐文玉
南海海洋文化遗产视角下的中外交流研究 ………………… 郝志刚
中西互动：早期经济全球化进程中大明王朝的角色及其
　　效应 ……………………………………………………… 朱　雄
中国民间信仰的海外传播——以关公信仰为中心 ………… 苗旭慧
一国两制视野下重构台湾老兵的社会身份 ………………… 曹瑞冬

五 "海陆丝绸之路的历史变迁与当代启示"学术研讨会论文综述

大力推进"一带一路"建设,是我国当前的重大国家战略。历史上的"丝绸之路"包括陆上丝路与海上丝路,滥觞于先秦,形成于秦汉,其后不断发展、繁盛。陆路与海路上的政治、经济、社会、文化交流交汇、互通互融。这就为中外关系史学者进一步深化中外海陆"丝绸之路"历史以及当代"一带一路"历史空间与历史内涵的研究开辟了道路,同时也推进了海陆丝绸之路视域下中外关系史研究的新思路、新方法与新史料,并对海陆丝绸之路的历史变迁、对外关系、交通航线变迁、经济社会文化以及历史遗产保护等方面的研究产生了深远的影响。

"海陆丝绸之路的历史变迁与当代启示"中国中外关系史学会第九届会员代表大会暨学术研讨会由中国中外关系史学会与中国海洋大学共同主办,于 2017 年 5 月在青岛成功举办,109 位来自全国高校与科研机构的学者到会,提交学术论文一百零五篇,是中外关系史研究的一次盛会。此次大会共有三个主题报告,设三个分会场,15 个学术专场,以及一个青年学者专题论坛,与会专家学者围绕海陆丝绸之路的历史变迁与当代建设、中国古代对外关系理念及政策、中国本土与朝鲜半岛关系、中国本土与日本列岛的关系、中国本土与琉球群岛的关系、"海陆丝绸之路"与交通航线的变迁、"海陆丝绸之路"上的中外宗教文化交流、"海陆丝绸之路"与中外经济社会的交流与共生、海陆"丝绸之路"历史遗产的当代价值,青岛与世界:一个中国城市的案例等共十个专题,进行了为期两天的热烈讨论。

(一)"海陆丝绸之路"的历史变迁与当代建设

王晓秋在《试论丝绸之路精神与一带一路理念》的主题报告中表达了对丝路研究的深切愿望,希望研究者能连接历史与未来,沟通中国与世界,提高对一带一路战略的历史觉悟,加深对一带一路沿线国家的国情、民情的历史认知。耿晟的《从西方发现中国茶叶到海上茶叶之路的繁荣》则通过对不同品种的茶叶在国外传播的梳理,认为茶叶使中华文化传向了全世界,同时也为世界文明的进程以及人类命运共同体作出了贡献。

刘凤鸣的《唐代丝绸之路的繁荣对当代"一带一路"建设的启迪——以东方海上丝绸之路为例》认为当下中国倡导和推进的"丝绸之路经济带"和"21世纪海上丝绸之路"建设，能从唐代东方海上丝绸之路繁荣中得到深刻的启迪。刘明翰、陈月清的《海上丝绸之路盛世与郑和下西洋的重大贡献》以世界史的视角对郑海上丝绸之路和郑和下西洋做了宏观的论述，认为中国的"天下观"及其影响下的对外关系和政策有着极强的感召力和历史意义。韩东育的《关于东亚世界新思路盲区的分析》不仅展示了理论与观点的创新，也充分表达了现实关照。

王东方在《由丝绸之路到一带一路的思考》中认为一带一路战略的提出得到了丝绸之路的启发，并给史家们提出了应该重视历史学科，使其起到基础学科的作用。俞祖华的《从传统到现代：海上丝绸之路的近代转型》则认为我们今天"一带一路"战略的提出是对古丝绸之路的传承和提升，也是对近代被迫开放交流的扭转与超越。石建国在《论习近平总书记"一带一路"倡议的国际战略属性》中认为"一带一路"是我国现阶段名副其实的国际战略，是中国特色社会主义政治经济学、国际关系学发展的最新成果。闫兴的《国家崛起背景下"一带一路"战略的生成、困境与推进途径》则认为尽管"一带一路"战略当前的整体实施情况良好，但须充分注意到这一过程中所面临的问题，并采取有效措施对这些问题加以妥善解决。乌云高娃则在《忽必烈开拓海上丝绸之路的原因》中考察了元代陆上丝绸之路的畅通及受阻情况，认为元代海外贸易远超过了汉唐时期，海上丝绸之路已经非常发达。

（二）中国古代对外关系理念及政策

刘国良的《中国古代的"四海会同、四海一家"之天下观念》认为古代中国能作为世界万邦的核心，并被蛮族、夷族、戎族精神、文化、经济、政治所依赖，是其制度化建构和文明发展的结果。洪刚在《中国海洋文化的"天下观"及其当代价值》中认为中国古代以天下一体而形成的"世界之海"的观念是解决当前世界海洋利益争端和海洋生态危机的有益思路。魏志江的《"共享安全"：中国古代传统的对外安全思想及其理论基础》则认为中国古代"共享安全"的思想是对传统和平主义外交理念和睦邻、善邻的外交政策的继承和发展，奠定了东亚传统的国际安全观的外交实践基础。朱悦梅在《明清海疆行政建制的区划原则》中运用历史地理学的研究方法，以明清时期海岛政区化过程为线索，认为海岛作为行政区划成为疆域管理的一部分，是中央王朝疆域管理的重要内容之一。王泉伟的《历史比较视野下的明清海洋政策》则得出了明清时期中国海洋政策上的消极态度有很强偶然性的结论。雪莲在《试论蒙古帝国对外政策的形成原因》中分析了促使蒙古帝国采用积极开放的对外政策的原因，认为这些因素使蒙古帝国制定并形成了积极开放的外交政策。

古小松的《自秦至宋初：交趾与内地之关系》通过对中国在交趾（交州、安南）地区五个时间段治理的分析，认为交趾在这一千多年中的政治、经济、文化都有了巨大的发展。毕旭玲在《唐宋时期长三角海港体系的变迁及其功能研究》中认为，唐宋时期长江三角洲海港所代表的开放、包容的特质逐渐融入到长三角地区的人文精神中，培养和造就了对中国传统文化有重要影响的江南士大夫群体。廖大珂的《大航海时代葡萄牙人在漳州的活动》通过考察葡萄牙人在漳州的贸易地点、航线，认为漳州在大航海时代的东亚贸易体系中占有重要地位。

（三）中国与朝鲜半岛的关系

孙泓在《渤海遗民移居高丽研究》中以公元10世纪辽灭渤海，大批渤海人迁居高丽为背景，依据史料记载对迁居高丽的渤海遗民的事例、所占比例及南京南海府的地理位置展开了详细的研究和考证。张晓东的《显庆五年后唐朝百济治理政策散论二则》通过研究唐朝在百济推行羁縻制度，认为从军事的角度看唐朝在唐丽战争之后推行的百济治理政策结果是失败的。刘永连的《朝鲜王朝贡参考》则认为朝鲜凭借高丽参有效、有力地结好中国王朝，解决了一些重大政治难题，抹平了不少误解或摩擦，润滑了双边关系，在中朝友好关系形成的历史进程中起到过相当重要的作用。李未醉在《朝鲜李朝通事与明鲜贸易》中认为朝鲜李朝通事成为明鲜贸易的参与者，在明鲜两国的经贸往来中发挥了巨大作用。杨秀英、刘惠的《明代中期使臣笔下的朝鲜——以董越〈朝鲜赋〉为例》则以弘治元年（1488年）董越作《朝鲜赋》为背景，认为这一时期两国之间虽有语言交流的障碍，但朝鲜方面依旧遵守礼仪秩序表达对明朝"宗主国"的尊重。

王臻的《入清为质：昭显世子在清与朝鲜关系中的活动探析》通过对昭显世子入清为质的前后过程的分析，反映出朝鲜、清朝以及晚明三方关系的变化过程。方民镐在《论朝鲜对外认识和政策向近代开国意识的转变——简议晚清中国与这一转变的关联》中认为晚清中国被卷入近代条约体制，实际上是包括朝鲜在内的东亚世界完全卷入"西势东渐"大势的开始。张礼恒的《袁世凯对在朝华商的保护与管理》认为华商经济不仅深刻影响了朝鲜的生民，并且部分地左右了朝鲜的国计，有力地配合了清政府的对朝政策。

朴灿奎、赵宇然的《韩国非主流"研究者"群体的高句丽史认识倾向》以史学史的视角来梳理了近年韩国非主流学者的主要动态及主流学界的回应，认为从纯粹历史学的视角来看，韩国正统主流史学界与我们站在同一阵营里，因此无须对非主流"研究者"的言论过于敏感反应，更没必要与之论理。刘啸虎的《近年来韩国学界隋唐五代中外关系及中外交流史研究综述》认为2010年以来韩国的隋唐五代时期中外关系及中外交流史研究取得了一定进展，但同时还存在着一些问题亟须解决。

（四）中国与日本列岛的关系

胡优静的《从日本地方自治的输入看清末地方自治的移植性》认为中国近代意义上的地方自治由国外输入而来，但并不是完全移植西方。姚胜在《历史、现实、国际法——中日钓鱼岛争议再考察》中认为中日在钓鱼岛主权问题上有着尖锐的矛盾，争端比较激烈，而如何在当前国际关系、政治秩序及国际法规则之下妥善解决这个遗留至今的问题，是一项重大课题。赵成国、陈娜的《函馆中华会馆与近代中日交流》认为函馆中华会馆是一个华商的集成团体和发挥民族精神、保护提高商人的经济活动和地位的自治组织，为近代中日经济、文化交流作出了巨大贡献，影响至今。陈国灿在《环东海文化圈的历史考察与现实思考》中认为，对环东海文化圈的历史考察和分析，可以从另一个角度为今天东亚区域合作与发展、推进中日韩海洋共同体的构建提供一种新的思考和路径。钱婉约的《略论日本茶道中的儒释道思想因素》以茶的精神来进行文化比较，认为中国茶文化主要经历了三个阶段：唐代古典阶段，宋代浪漫主义阶段，宋时传入日本，宋以后是现实主义阶段。

(五) 中国与琉球群岛的关系

曲金良的《关于中琉关系历史与琉球群岛定位的几个问题》在中外学界研究成果的基础上,针对其中一些尚未厘清、意见不一的基本概念、理念和历史与现实认知问题,作了进一步系统的辨析和确认。修斌的《琉球地位的变迁及其复杂性》通过辨析古代琉球、近世琉球、近现代琉球的"国家"和"区域"特性及其复杂性,阐述中、琉、日之间的历史渊源和相互关系,认为学界有必要超越以往对琉球问题局限于琉球自身或中琉关系、日琉关系、琉萨关系等单边和双边的视角,将琉球放在东亚区域乃至东西接触的全球背景下考察。肖成的《〈悲愤琉球〉:明清以降中琉关系之文学鉴证》认为《悲愤琉球》用报告文学笔法编撰了一部特殊的"琉球全史",将中日东海问题、美日操纵下的台海问题,以及中国与东南亚诸国之间的南海问题都做了清晰的根源与流脉梳理。王庆云、杨帆的《琉球蔡大鼎及其诗文创作反映的中琉关系》则通过蔡大鼎个人在中琉关系中的人生经历、情感投射及其诗文记录,来论证晚清中琉关系在人际关系、文学关系、政治关系、社会生活以及情感关系等多个层面的样貌。

(六) "海陆丝绸之路"与交通航线的变迁

阎根齐在《论南海古代海上丝绸之路与海南渔民的航海》中认为无论是福建渔民还是海南渔民都为南海"海丝"的开辟和繁荣做出了宝贵贡献。夏代云的《〈更路簿〉的航线探析》通过对诸多《更路簿》版本的考证,反映了海南在帆船时代渔民的生产方式、贸易方式、移民方式。张一平的《南海史的研究范围及其分期问题》认为依据南海史自身的演变规律可以把它的历史进程划分为五个阶段,南海史的研究对当今中国与东南亚关系、南海区域的和平发展将有所裨益。

王涛在《18至19世纪南沙群岛英文地名的形成与演变》中认为从航线的角度来看,中国海南的渔民更早也更全面地开发利用了南沙群岛海域的航线,并在这里生产和生活,南沙群岛主权应属于中国。朱建君在《"海上丝绸之路"上的中澳早期交通:海参链》中通过对明清时期中澳海参交通线的梳理,希望推进对这一具有历史意义和现实意义的中澳海参链的历史认知与遗产认知。冯立军在《"中澳航线"——一段被"忽略"

的"海上丝绸之路"》中也认为由中国海商和"望加锡海参捕捞者"早在16世纪即开辟了连接中澳之间的"海参之路"实属"海上丝绸之路"的一部分。李淮东的《元明交替之际的内亚局势与汉藏交通的兴起》认为汉藏交通是欧亚陆路交通在西域与中原之间的道路延伸和确保明朝西部边疆安全、稳定的重要战略保障。

(七)"海陆丝绸之路"与中外宗教文化交流

丘进的《长春真人西觐事迹三议》通过丘处机西游往返旅程所载史料,展示了蒙元时期"丝绸之路"主要干线的走向与形态,以及西游过程中东西社会文化的异同与特点。张勇的《泰山灵岩寺史料所见之中外佛教交流》以有关灵岩寺的史料为根据,从僧人、建筑和雕刻等方面入手,钩稽出历史上灵岩寺与海外文化的交流情况。曲玉维在《徐福东渡的几个基本问题》中通过探讨徐福东渡的原因、起点、出海次数、所带人数多少以及东渡终点这五个问题,认为徐福是中国海上丝绸之路的最早开拓者。

杨富学、张田芳的《从粟特僧侣到中土至尊——僧伽大师信仰形成内在原因探析》认为僧伽长期活动于民间,凭借自己的神通治病救人,利益众生,渐而形成独具特色的僧伽大师信仰。孟亮在《唐代义净时期中印文化交流图景——以义净代表作为中心考察》中认为义净时期中印经海上丝绸之路的文化交流图景对今天研究中印关系史、海上丝绸之路发展史具有重要意义。柳若梅在《19世纪北京东正教传教士和天主教遗留图书》中提出拜占庭接受东正教的时间不正确,应根据基督教分裂为东正教和天主教的时间来确定1854年开始东正教对拜占庭起作用。周金琰在《妈祖与海上丝绸之路一隅》中认为妈祖文化在"海上丝绸之路"活动中功不可没,产生了极大的影响。

(八)"海陆丝绸之路"与中外经济社会的交流与共生

万明在《15世纪海上丝绸之路上的货币》中以货币的视角拓宽了海上丝绸之路研究的维度和深度,从货币流通的历史,打开洞察印度洋海上贸易的一扇门,为全球化从海上开端做出了坚实的铺垫。刘西诺的《云南出土贝币所见早期中外交流》梳理了南方丝路早期出土海贝及外国材料中关于使用贝的记载,并分析了其背后的历史变迁。周永卫在《早期华南海上丝路民间贸易的重新审视》中认为广义的海上丝路是可以包含西南丝路或南方丝路的，海上丝路早期的民间贸易在中外文化交流史上有着重要地位，应重新审视和定位。韩香的《唐代来华波斯商贾与海上丝绸之路》认为波斯商胡促进了唐代海上丝绸之路的发展，而继之而起的阿拉伯人等的兴起与早期波斯商贾的努力和贡献是密不可分的。郭万平的《宋日硫黄贸易述略》从全球史的视角梳理并分析了宋日硫黄贸易的实态，探讨贸易往来与东亚海域的国际关系、文化交流的互动关系，认为贸易往来促进了异质文化的相互交流。康健的《近代祁门红茶对外贸易述论》梳理了祁门红茶对外贸易的发展，认为祁门红茶贸易路线在近代发生了重大变迁，外销对象也进行了转移。

陈文源的《明朝澳门关税制度考辨》对明朝澳门关税的历史演变考察，以及对中西文献中关于"船税""泊费""以船之大小为率"等词句的内涵辨析，认为明朝澳门关税只有单一货税，不存在"船税"，且货税征自葡商。闵锐武、田圣宝的《18世纪中西海上丝绸之路与中瑞海上贸易：以"哥德堡号"为例》则认为研究"哥德堡"号和瑞典东印度公司的历史，十分有助于加深对18世纪中西关系和中西海上丝绸之路的认识。袁晓春、张粤俊在《海上丝绸之路海外史料中的浙江商人》中考证了宁波的海商、船员曾活跃于我国海内外航路的历史，认为宁波商人所代表的浙商尚有待于人们进一步挖掘和研究。

张涛的《耶稣会著译与孔子思想向美国的最初传播》通过耶稣会内部对孔子形象认知变化的过程，认为耶稣会是孔子进入美国的最初媒介，是美国孔子正面形象的最初源泉。黄卓越的《19世纪初来华新教传教士对东南沿海地区方言的研习与撰述》通过对比19世纪初传教士研习官话与方言之间的关系，认为东南沿海地区的"方言热"自19世纪60年代始已有减弱。

张倩红、贾森的《犹太人与丝绸之路》认为犹太人作为世界上最早的商业民族是丝绸之路的开拓者、维系者与受益者，是东西方经贸、政治、文化等交流的友好使者。张铁江在《黑龙江地域内的犹太人及其后裔考察研究》中认为深入研究黑龙江地域内的犹太人史能够促进中国东部陆海丝绸之路经济带的发展，有利于加强中国与以色列、中国与世界各国犹太人的文化交流与经贸合作，是推动中犹两大民族之间传统友谊发展的重要力量。

黄纯艳的《从"内陆人"到"沿海人"：宋代福建和浙东沿海地区海洋性地域特征的形成》认为福建和浙东沿海地区以工商业为主的经济结构催生了民众向海谋生的生计方式及新的海洋观念，使宋代福建和浙东沿海地区表现出了整体和系统的海洋性地域特征。徐亚娟的《从克路士〈中国志〉到门多萨〈中华大帝国史〉——16 世纪东来欧人的"中国印本"探究》认为东来的欧洲人以亲身经历或道听途说撰写东方行纪，激励着更多的欧洲传教士、商人、外交家沿着新航路东来探险。宋燕鹏在《观念、组织与社群想象—19 世纪英属槟榔屿邱氏宗族组织建构与社群形塑》中以 19 世纪槟城五大姓之一的邱氏作为研究对象，认为各不相同的宗族组织反映的是南来华人在槟榔屿纷繁复杂的社会环境中寻求血缘组织庇护的愿望。李雪涛在《我对近代以来中国留学史的几点认识》中指出了留学生在中外文化交流中的重要作用，同时也提出了中国留学史研究面临的问题与未来的发展。

段渝、邹一清的《略论古蜀艺术形式与近东古文明的关系》通过对古代巴蜀与近东古文明二者艺术和艺术形式进行比较研究，证实了古代亚洲交通大动脉和文化交流线路的存在，证明了中国文化开放性的事实。詹嘉在《威廉·卡尔夫描绘的景德镇青花瓷》中剖析威廉·卡尔夫系列静物画器物与食品，论证了景德镇陶瓷，特别是青花餐具在欧洲人日常生活中的重要地位。王明前的《二战后海上丝绸之路沿线国家经济发展战略考察——以马来西亚、斯里兰卡、希腊为个案》认为海上丝绸之路沿线国家在二战后均以自由化市场经济为主要战略价值取向。

(九)"海陆丝绸之路"历史遗产的当代价值

石云涛的《唐诗咏海上丝路舶来品》通过探讨海上丝绸之路传入中国的舶来品在唐诗中的反映，认为文化交流为唐诗创作提供了许多新奇意象，也见证了中外文化交流的盛况。顾宇辉、朱金龙的《太仓航海文化遗存调查》通过对江苏省太仓地区唐宋至元明清的涉海类史迹、文物的梳理，认为这些遗迹对于研究太仓、江苏以及整个苏沪地区的海航史、航运史以及区域经济文化、社会变迁都具有重要的历史价值。

王天军的《丝绸之路上的体育文化交流》认为丝绸之路揭示了体育文化传播的轨迹，见证了丝绸之路沿线国家体育文化的交流与繁荣。马建春的《元代流行宫廷与民间西域饮品辑述》通过对西域饮品在元代流行的梳理，认为这种大一统下不同地域、不同族群社会文化的密切交融，促进了这一时期中华物质文明多样性特征的形成。张安福的《丝绸之路文化遗产保护与塔里木盆地的特殊性分析》认为目前塔里木地区文化遗产的保护面临着特殊困境，有效保护这些文化遗产对于弘扬丝绸之路文化、提高国家文化软实力意义重大。

（十）青岛与世界：一个中国城市的案例

孙立新、胥晨曦的《从外国领事馆的设立看近代青岛的国际化》认为通过对领事馆报告研究近代青岛乃至近代中国和中外关系，特别是对于研究近代青岛城市国际化的发展历程具有不可替代的重要意义。纪丽真的《中西文化交流史上的杰出人物：德国传教士、汉学家卫礼贤与中国》从中西方文化交流的角度解读卫礼贤对中国的认识，认为卫礼贤的汉学研究不但使欧洲普通民众摆脱了以往对中国的陌生状态，也扭转了部分欧洲人通过来华商人、传教士、政治家所形成的狭隘中国观，为东西方文化交流做出了贡献。景菲菲、马树华的《积不相能：青岛的日侨与国人之关系（1923—1937）》以1923年至1937年为背景，认为驻青日侨与华人的关系不甚和睦，冲突时有发生。而且随着中日间军事、经济形势的变化，青岛日侨与中国人之间的关系，也随之展现出不同的面相。王晨光在《青岛城市外交：历史、现状与进路》中认为青岛的城市外交应主动把握和对接国家总体战略，以此更好地服务城市的发展。

（十一）从游于舞雩之下：青年学者论坛

"一带一路"青年学者论坛是本次会议为青年学者设置的一个学术交流专场，参加者有来自全国各大高校的硕博士研究生以及青年教师学者，研究内容涉及分会场讨论的各个专题，充分体现出史学界对新一代年轻学者的希望与寄托。

余辉的《〈中朝商民水陆贸易章程〉签订后中韩人参贸易探论》探讨了中朝双方贸易趋向自由发展后朝鲜商人直接进入内地贩卖人参的情况，认为两国的贸易往来都受到政治、外交等的影响。魏子健在《万历朝鲜之役的现实与想象——以刘綎在朝鲜史料中的形象变化为例》中梳理了朝鲜史料中刘綎形象变化的过程，并通过这一变化看出朝鲜人对明朝援朝将领的复杂感情与变化。刘子坤的《20世纪50—70年代中越关系的变化

——以西沙群岛争端为视阈》分析了越南侵占我国西沙群岛的国内外原因和中越之间的得失,并认为想要实现我国民族的伟大复兴、国家的和平崛起,加强海洋意识教育已经刻不容缓。王涛在《鸦片战争中的外国海图》中通过大量的海图资料,研究考证了鸦片战争中英国人进攻线路的问题。段乃粲的《清前期宫廷中的西医东渐》认为清前期宫廷内的中西医交流只是一种表面上的共存,并没有在医理、文化层面达成一致,也并未给当时的中国社会带来深远的影响。

东北师范大学副校长韩东育教授在评价本次青年学者论坛时认为,年轻学者对国际关系问题和史学研究已经有了自己独到的思考、见识,他提出:第一,当前的年轻一代已经成长起来了,尤其在学养、思考能力、想象力等方面决不在老一辈学者之下;第二,年轻学者已经能从细处做起,用材料讲话,进入一个非常好的学术状态,并逐步摆脱了理论框架的束缚,突破学术"第一岛链"指日可待。青年学者的成长是本次会议最令人欣慰的成果之一,同时也是本次会议最大的亮点。

结　语

本次会议既有老一辈学者浓浓的家国情怀,也有中年学者强烈的现实关照,还有年轻学者的锐意进取。四川师范大学巴蜀文化研究中心的段瑜教授在大会总结报告中对本次会议做了四点概括:第一,研究对象的扩大,不仅局限于历史研究,也有对现实问题的探讨,将海陆丝绸之路的历史与现实结合,做到了以史为鉴;第二,对中外有关新史料的挖掘和运用,尤其是外国资料的运用,拓展了海陆丝绸之路研究的深度和广度;第三,研究范围的拓展,尤其在海上丝绸之路方面,不仅关注传统的南海、东海以及太平洋方面的研究,而且进一步拓展到印度洋以及东北亚方面;第四,更加重视丝绸之路研究的整体性视野,揭示不同时期海陆丝绸之路的变化及发展。

当然,本次会议尚有改进之处。一是文献资料需要进一步挖掘,目前的研究对资料的运用还比较有限,相当多的外国文献还没有利用起来;二是对西北的西域丝绸之路和西南的南方丝绸之路研究较少,整体丝绸之路研究有很大空间。

综上所述,"海陆丝绸之路的历史变迁与当代启示"学术研讨会从不同历史时期，多层面、多角度地论述了海陆丝绸之路的精神实质，成果丰硕，内容丰富，新见迭出，交锋激烈，视野开阔，考证严密，体现了多学科之间的交融与碰撞，为当代海陆丝绸之路政策实施的问题给出了史学回答，对"一带一路"视域下中外关系史的研究有着重要的推进作用。本次会议覆盖的学术问题，不仅体现了当前中外关系史研究的学术水准，也体现了各学科之间的交叉融合，表达了中外关系史学者为国家"一带一路"战略提供历史的、科学的经验和借鉴的决心，具有强烈的现实关照与针对性，足以显示历史研究以史为鉴、开拓未来的作用。

中国海洋大学文学与新闻传播学院　马树华　史子峰